献给上海,
　　一座海纳百川、
　　　　永远进取的城市。

上海市"十二五"地方本科院校内涵建设项目资助

上海旅游资源图志

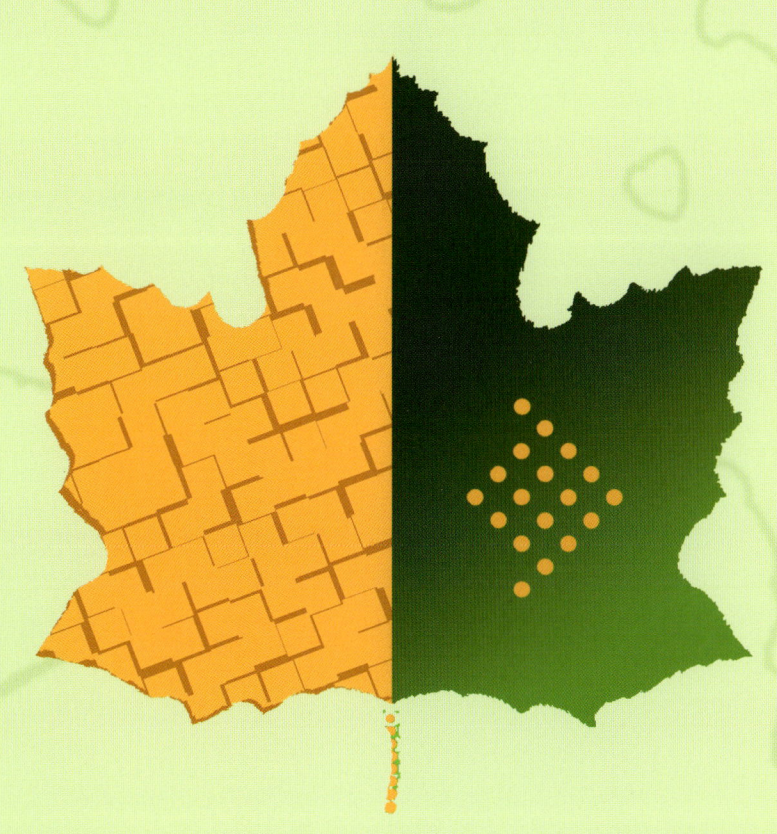

《上海旅游资源图志》编写组　编著

上海科学普及出版社

《上海旅游资源图志》编委会

主　　任：杨劲松　道书明　张民选　杨建荣
副 主 任：沈山州　程梅红　杨卫武　王智勇
秘 书 长：杨　帆　苏光建　高　峻　徐　伟
成　　员：陈中茂　郭本厚　马以宏　陶腊仙　任少南　刘　毅
　　　　　陈志杰　孙忠明　王建忠　阎丽伦　蔡潇飞　封建华
　　　　　柳　霞　李文忠　王玲锦　鲁　瑛　沈永平

《上海旅游资源图志》项目组

组　　长：高　峻
副 组 长：梁保尔　吴国清　胡小猛
编撰人员：周　琦　付　晶　陈　亮　姚小梅　陈华英
调查人员（按拼音字母为序）：

邴振华	陈华英	付　晶	董淑倩	高　娜
郭家秀	过文婷	韩　冬	黄　真	黄芝英
江　珊	李文苗	李燕艳	梁　帅	刘　嫄
刘雪婷	路　瑶	沈依慧	石　进	宋　玲
孙瑞红	王　娟	王亚惠	向　阳	徐薛艳
许跃中	杨国玺	叶欣梁	叶晓琳	殷　晶
于曰美	姚小梅	张　萍	张秀全	周　琦
朱红兵	朱　娜	朱文婷	朱亚茹	

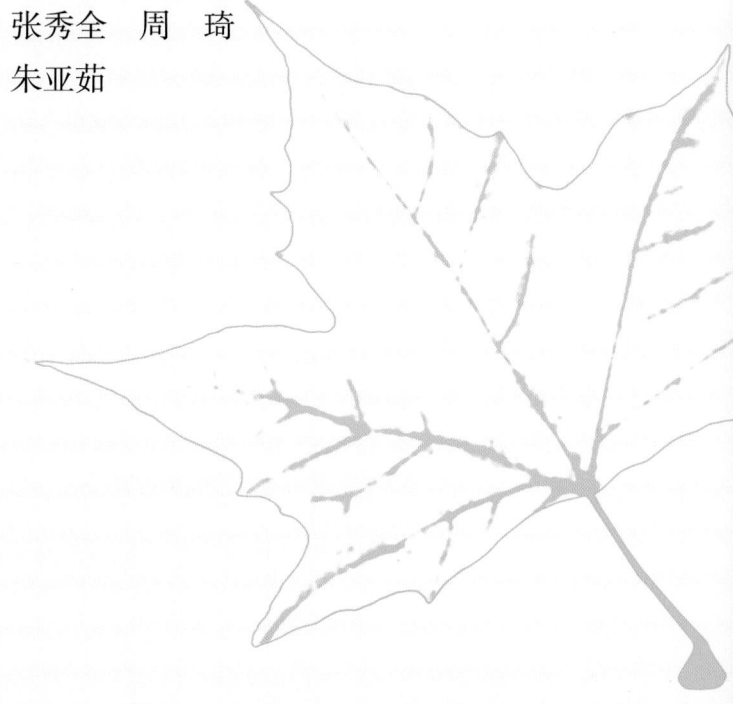

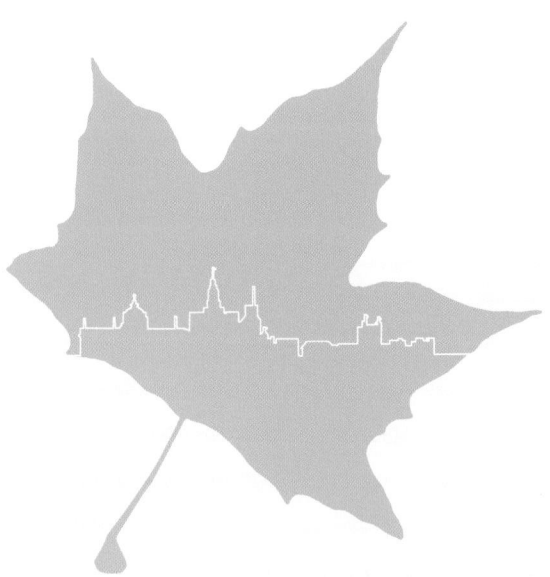

　　旅游业的发展离不开旅游资源，旅游资源是发展旅游业的重要基础，因此，加强旅游资源的科学保护与合理利用，对于促进旅游业的可持续发展具有十分重要的意义。国家旅游局历来高度重视旅游资源的科学保护与合理利用。在已经颁布并实施的《旅游景区质量等级的划分与评定》、《民族民俗文化旅游示范区认定》、《国家生态旅游示范区建设与运营规范》、《旅游度假区等级划分》等国家标准中，在国家旅游局组织编制的旅游业五年发展规划及新疆喀纳斯、丝绸之路、香格里拉、青藏铁路沿线等重点区域的旅游规划中，都把加强旅游资源保护的理念贯穿始终，并将其作为标准中的实施细则和规划中的重要内容。为强化各级旅游部门的旅游资源保护职责与工作，2007年国家旅游局制定并实施了《旅游资源保护暂行办法》，特别是刚刚颁布并实施的《旅游法》进一步强化了各级政府和旅游部门的旅游资源保护职责，明确要求旅游发展规划"应与环境保护规划以及其他自然资源和文物等人文资源的保护和利用规划相衔接"。

　　至2013年，《旅游资源分类、调查与评价》（GB/T18972—2003）（简称国家标准）颁布并实施已经十周年了。为了搞好旅游资源调查工作，提高保护与利用工作的科学化水平，2003年，国家旅游局制定并经国家标准部门颁布了《旅游资源分类、调查与评价》的国家标准，支持河南省和浙江省依据该标准开展本省的旅游资源调查试点工作。十年来，旅游资源调查工作已经在许多省市成功地开展，为各级政府系统掌握本地区的旅游资源状况，科学地开展资源保护和利用工作发挥了十分重要的作用。目前，旅游资源调查工作已经走上了常态化和机制化的道路。

　　上海，是中国改革开放的重要前沿阵地；上海，又是在世界范围内具有重要影响力的大都市。借助自身发达的交通网络、城市要素以及国际知名度，上海已经成为一个典型的都市型旅游城市。近年来，上海的旅游业取得了跨越式的发展，特别是2010年世博会在上海的成功举办，为上海旅游业的腾飞插上了翅膀。

　　上海师范大学高峻教授是我国知名的中青年旅游专家。他和他的团队从2008年至今，克服诸多困难，完成了上海的旅游资源调查工作，作为调查工作的重要成果——《上海旅游资源图志》一书于今日与各位读者见面，本图志的出版为上海建设世界著名旅游城市提供了重要的参考资料。我相信，这一具有科学性、基础性的调查工作成果将为上海旅游业的发展奠定重要的理论基础。

　　党的十八届三中全会就全面深化改革做出了一系列的战略部署，明确提出要"加快生态文明制度建设"。旅游业的发展一定要紧紧围绕这一目标，在立足严格保护的前提下，

序一

把旅游资源转化为旅游产品。建设旅游产品，要清楚自己所拥有的旅游资源是什么，要明白这些旅游资源能干些什么，最后才是解决怎么干的问题。因此，旅游资源调查是十分重要的基础性的工作。

当前，我们正处在全面深化改革和建成小康社会的关键时期，这也是旅游业大有作为的"黄金机遇期"。建设世界旅游强国、把旅游业培育成国民经济的战略性支柱产业和人民群众更加满意的现代服务业，是我们今后一个时期的重要任务。只要我们同心协力，这一战略目标是一定能够实现的！

吴文学
国家旅游局副局长
2013 年 11 月 20 日

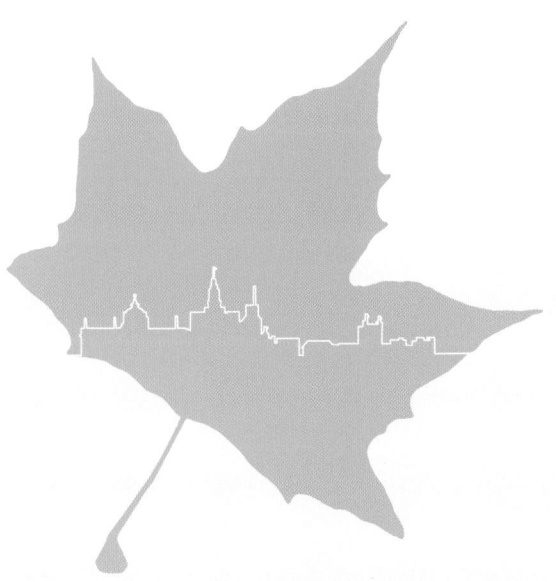

　　1997年，上海市委、市政府提出上海旅游业的发展方向定位为都市型旅游。近10年来，上海都市型旅游发展迅速，广受瞩目。2012年，上海接待的入境旅游者达800万人次，国内旅游者达2.5亿人次；国际旅游外汇收入55.82亿元，国内旅游收入3 224.39亿元。上海都市型旅游发展的重要经验是扩大和丰富了旅游资源的概念，一些上海的城市基础设施可以作为旅游资源加以利用，如南浦大桥、洋山深水港、上海磁浮列车示范运营线、东方明珠广播电视塔和虹桥综合交通枢纽等，这些城市基础设施的建设充分体现了上海在不同阶段的发展速度和发展高度；上海是较早开展工业旅游和创意旅游的城市，上海大众汽车有限公司和宝山钢铁股份有限公司推出的工业旅游广受欢迎；许多由工业遗产改建的创意产业园区成为今天上海市民和外来游客休闲、旅游的重要场所。同时，上海在发展旅游业的过程中十分强调旅游活动不仅仅在旅游景区（点）内开展，而且应当与都市文化资源有机地结合起来，如龙华历史文化风貌区、老城厢历史文化风貌区、枫泾古镇历史文化风貌区、朱家角古镇历史文化风貌区等。

　　2010年上海世博会又为上海旅游业迎来了新一轮大发展的契机。为深入贯彻落实科学发展观，弘扬上海世博会精神，传承上海世博会经验，加快上海旅游业发展，建设世界著名旅游城市，充分发挥旅游业在促进上海经济发展方式转变和经济社会协调发展，建设经济繁荣、社会和谐、环境优美的社会主义现代化国际大都市中的重要作用，2011年上海市委、市政府颁发了《关于加快上海旅游业发展，建设世界著名旅游城市的意见》(简称《意见》)。《意见》明确了今后上海旅游业发展的指导思想，要顺应国内外旅游业发展趋势，以深化都市旅游为发展方向，以建设世界著名旅游城市为发展目标，以空间重塑、结构调整、功能完善为发展主线，以融合、创新、提升为发展要求，优化空间布局，整合社会资源，加快产业融合，创新旅游产品，提升服务质量，完善产业体系，拓展国内外市场，促进区域联动，不断增强上海旅游业的国际竞争力和影响力。《意见》提出了上海要成为长江三角洲地区的门户集散地和国内外知名的旅游目的地；要把上海建设成为国际旅游集散地，着力打造"五个目的地"，即国际都市观光旅游目的地、国际都市时尚购物目的地、国际都市商务会展目的地、国际都市文化旅游目的地、国际都市休闲度假目的地。《意见》还要求将上海基本建设成魅力独具、环境一流、集散便捷、服务完善、旅游产业体系健全、旅游产品丰富多样、旅游企业充满活力的世界著名旅游城市。为此，我们更加需要全面地梳理和掌握上海旅游资源的分布规律。

　　两年来，在上海市旅游系统的各级领导及相关工作人员的大力支持和积极配合下，由

序二

上海师范大学高峻教授率领的上海旅游资源调查项目组成员开展了大量的实地调查工作，最终完成了上海旅游资源的调查工作，编撰了《上海旅游资源图志》一书，为上海都市型旅游进一步发展奠定了重要的基础。

在此，感谢上海旅游系统的全体工作人员，感谢上海旅游资源调查项目组的成员，同时也要感谢社会各界人士的热诚帮助。

杨劲松
上海市旅游局局长
2013年12月1日

　　上海是一座伟大的城市，她的开放性和包容性孕育了海纳百川的城市精神。自 1843 年上海开埠以来，在长达 170 年的历史中，上海融汇中西文化，开拓创新，为中国现代化发展提供了从精神到物质的各项最基本的准备。上海师范大学邻近徐家汇地区，该地区是近代中国东西方文化交流的枢纽，得先辈之精气。上海师范大学秉承厚德、博学、求是、笃行的精神，在近 60 年的发展历程中，特别是改革开放以来，积极服务于上海地方经济建设和社会发展，日新月异，成绩斐然，从原来传统的师范院校逐步发展成为教师教育特色鲜明、人文教育尤为见长的综合性大学，经多次评估均位居中国高校前 100 位。教育、艺术和旅游成为学校的三大特色学科，其中旅游教育及其培养的人才在国内外获得良好的声誉。

　　我很早就认识高峻教授，他是我校培养的优秀中青年教师，在工作中脚踏实地，积极进取。2003 年，他从 2010 年上海世博会申办工作领导小组办公室挂职回来，上海市教委又委派他去上海旅游高等专科学校工作，并担任副校长。10 年来，高峻教授勤勉劳作，成果颇丰。除了担任行政管理工作外，高峻既是一名优秀的地理学工作者，也是一名出色的旅游学者。他作为上海师范大学环境科学博士点带头人和中国旅游研究院都市旅游研究基地首席专家，先后主持国家自然科学基金项目、国家旅游局重大科研课题、上海市政府决策咨询课题等 60 多项科研项目；主持的与联合国世界旅游组织合作的《中国城市旅游发展报告》得到国际同行的好评，与澳大利亚昆士兰大学合作编撰的《中国－澳大利亚旅游发展比较研究》一书，澳大利亚旅游部部长和中国国家旅游局局长为之作序；此外，他还先后主持了长江三角洲地区、西藏自治区珠穆朗玛峰地区、新疆喀什地区、四川阿坝藏族自治州和海南省等一批旅游规划项目，积极为地方经济建设和社会发展贡献才智，得到国家旅游局和地方政府的高度赞扬。

　　从 2008 年开始，在上海市教委高水平特色项目的支持下，高峻教授带领团队开展了长达数年的上海旅游资源调查工作，任务艰巨，困难重重。无论寒冬炎夏，高峻教授及其团队始终不畏艰苦，认真细致地开展实地调查工作。他们的足迹遍及上海每一个角落，获取了大量的第一手信息资料，基本掌握了上海旅游资源分布的特点和规律，全面了解了上海各区（县）旅游发展的现状。为摸清一个旅游资源单体的实际情况，或者为拍摄一张理想的照片，他们往往多次前往同一个地点反复勘察、核实。经过多年的努力，他们所取得的丰硕成果不仅为上海旅游研究工作提供了翔实的资料，而且填补了上海旅游资源调查工作的空白，为上海建设世界著名旅游城市奠定了重要的基础。在调查工作结束后，他们又花了 3 年时间开展编辑出版《上海旅游资源图志》的工作。本图志纪录的近 900 个旅游资源单体和 1 000 多幅彩色照片凝聚着作者的大量心血，也体现了众多单位和社会各界人士的无私支持和热心帮助。希望高峻教授及其团队以更大的智慧和才能，刻苦专研、不断进取，为学科建设出力，为学校争光，为把中国建成为世界旅游强国而奋斗。

陆建非
上海师范大学党委书记
2013 年 12 月 20 日

前言

总论　1

浦东新区
25

徐汇区 103

长宁区
175

普陀区 215

闸北区
253

虹口区
273

杨浦区 327

黄浦区
361

静安区 511

[目 录]

上海旅游资源图志

闵行区 557

宝山区 583

嘉定区 627

松江区 667

青浦区 717

金山区 757

奉贤区 797

崇明县 829

未分区 855

附录 899

后记

　　旅游资源是旅游产业发展的重要基础，它是指自然界和人类社会凡能对旅游者产生吸引力，可以被旅游业开发和利用，并产生经济、社会和环境效益的各种事物和因素。认识和掌握区域旅游资源的分布特点和规律，有助于更好地促进地方旅游业的发展。长期以来，国家和各级地方政府都十分重视旅游资源的调查和评价工作。2003年，国家质量监督检验检疫总局发布的《旅游资源分类、调查与评价》（GB/T18972—2003）（简称国家标准），为全国各省市自治区开展旅游资源调查工作提供了统一的规范和标准。同年，河南省和浙江省开展了全省旅游资源的普查工作。这一工作，为全国各省市自治区开展旅游资源调查提供了有益的经验。

　　目前，上海市政府提出要把上海建设成为世界著名的旅游城市，这就意味着发展上海的旅游业要做到高瞻远瞩，进一步摸清上海旅游资源的基本特点及其分布规律，用开阔的视野去认识和研究上海旅游业及其发展趋势。具体来说，就是要对当地的旅游资源进行深入细致的调查研究，从而制定旅游发展规划，打造特色旅游产品；还要协调好各部分的利益相关者，明确旅游产业的开发阶段和时序，为进一步制定旅游产业发展的相关政策奠定基础。

　　自2008年5月起，在上海市教育委员会高水平特色项目"上海旅游资源与文化发展创新基地"的支持下，上海师范大学旅游学院高峻、梁保尔、吴国清和胡小猛等教授，带领30多位硕士、博士研究生，开展了长达数年的上海旅游资源调查工作。项目组的实地调查工作主要集中在2008年5～8月、2009年1～2月和8～9月这3个时间段。自2010年起，项目组开始对整个调查工作进行了多次的补充和更新，并且对所获得的大量信息进行综合分析和整理。本次调查工作的主要内容包括对各个旅游资源单体进行实地考察，采集其地理位置的数据，拍摄图像资料，了解开发和保护状况及其周边的交通情况等。多年来，项目组成员冒着严寒酷暑，实地走访了分布在上海各区（县）的旅游资源单体，坚持不懈地开展科学调查工作，获得了大量的第一手信息资料。本次上海旅游资源的调查工作覆盖了上海所有的区（县），所调查的旅游资源单体数超过了1000个。

　　在调查工作开展期间，项目组结合上海的实际情况，确立了上海旅游资源调查工作的基本原则、调查依据和分类体系，最终顺利地完成了上海旅游资源调查工作。

　　2010年11月6日，在江苏省苏州市举行了上海旅游资源调查工作专家评审会，来自国家旅游局规划财务司、中国科学院地理科学与资源研究所、上海市旅游局、上海师范大学、中国旅游报社的领导和专家，以及本项目负责人和部分参与者都出席了会议。评审会

前言

由我国著名的旅游规划与资源专家、中国科学院地理科学与资源研究所郭来喜研究员主持。与会专家认真审读了调查工作成果，听取了项目负责人高峻教授的汇报，展开了热烈的点评和审议。专家组一致认为，自我国国家标准发布以来，上海成为第三个正式开展旅游资源调查的省（直辖市）级行政单位。在上海市旅游局的大力支持下，项目组依据国家标准，结合实际，首次全面、系统地对上海全市的旅游资源的总量、类型、级别及其特点和分布规律进行了调查和分析，并且做出了综合性的评价。这项工作的开展，对培育具有国际市场竞争力的旅游产业，进一步提高上海都市型旅游的发展水平，促进上海建设世界著名旅游城市具有重大的意义。虽然本次调查的工作量大、难度高，但是项目组成员运用科学的方法，建立完善的研究体系，按照规范的操作流程，系统地开展了上海旅游资源的调查工作。本次调查工作依据国家标准，结合上海的实际情况，对都市型旅游资源的普查范围、类型、方法和标准等进行了创新性的研究，从而制定出了上海旅游资源的分类体系。这是一项具有国内领先水平的、优秀的科研成果，并且具有很强的可操作性，为全国其他同类型地区开展旅游资源的调查工作提供了全新的样板。参与上海旅游资源调查工作评审会的专家们希望本项目组能够依据此成果，进一步开展上海旅游资源提升发展的战略研究，并且提出具体的措施。

旅游资源调查是一项非常艰苦的工作，本次调查工作中最大的难度是项目组要对每一个旅游资源单体进行实地的调查和记录。在以往的区域旅游规划工作中，也会涉及旅游资源的调查工作。一般的调查研究方法主要是针对重点的旅游资源进行实地调查，其他的旅游资源则依靠收集资料来进行，因此这一类调查工作的系统性和完整性明显不足。而旅游资源调查的国家标准则要求项目组针对每一个旅游资源单体进行实地的调查和走访，记录下每一个单体的经纬度、行政区域、旅游交通和开发现状，并且拍摄图像资料，因此本次调查工作完全符合国家标准。在拍摄图像资料时，需要考虑季节变化、天气情况、时间和光线等诸多不确定因素。为了获得比较理想的图像资料，往往需要项目组成员多次前往实地进行取景，完成拍摄工作。

本次调查工作的成果是以图书的形式出版，所以在每个区（县）所选取的旅游资源单体必须具有代表性。本次调查工作强调系统性和完整性，力求覆盖上海地区每个区（县）的主要旅游资源。由于不同的区（县）具有各自不同的特点及资源条件，因此在收录旅游资源单体时要注意整体的均衡性。此外，还要调查和研究上海地区每个区（县）的自然地理、人文历史等，确保其科学性。

  改革开放以来，上海的经济建设和社会发展迅速，城市面貌日新月异。生活在如此繁华的大都市里，人们的思想观念更具有开放性和包容性。所谓旅游资源，也是一直处于动态发展过程中的，原来那些不被认为是旅游资源的单体现在可能已经成为了重要的旅游资源，一些旅游资源的潜在价值通过挖掘而得到了提升，因此新的旅游景点不断涌现。同样，由于种种原因，另一些旅游资源单体会逐渐消失。自上海旅游资源调查工作开展以来，被调查的旅游资源单体数超过了1 000个，本图志仅收录了886个主要的旅游资源单体。

  自开埠以来，上海经历了170年的发展历程，形成了独具魅力的海派文化。本次调查工作为我们认识上海这座伟大的城市提供了丰富的信息和翔实的资料。

  我们为上海而骄傲，为上海而自豪！

《上海旅游资源图志》编写组
2013年10月1日

总论

上 海 旅 游 资 源 图 志

为了更好地掌握上海旅游资源类型、数量、质量和分布的情况，加快旅游资源的保护和开发利用，推动上海建设世界著名旅游城市的进程，《上海旅游资源图志》项目组自2008年5月起展开上海旅游资源调查工作。调查工作依据2003年国家质量监督检验检疫总局发布的《旅游资源分类、调查与评价》（GB/T 18972—2003）（简称国家标准），结合上海旅游资源的实际情况进行。调查主要集中在2008年5～8月、2009年1～2月和8～9月3个时间段，2010～2013年还进行了多次的补充调查工作。调查工作覆盖了上海市所有的区（县），被调查的旅游资源单体数量超过1 000个。调查工作的主要内容包括对旅游资源单体进行实地考察、采集地理位置数据、拍摄图像资料、了解其保护和开发状况以及周边交通情况等。

一、旅游资源调查依据

为了系统、全面地掌握上海旅游资源分布的基本情况及其特征，有必要依据国家标准，结合上海的实际情况，确定上海旅游资源调查工作的基本原则，明确需要调查的旅游资源单体的类型，保证上海旅游资源调查工作能够顺利地进行。

（一）国家标准对旅游资源调查的基本规定

旅游资源是构成旅游业发展的基础，现行的国家标准由国家旅游局提出，由中国科学院地理科学与资源研究所和国家旅游局规划发展与财务司起草，由全国旅游标准化技术委员会归口并解释，它是我国首部正式发布的旅游资源调查规范。

国家标准明确指出，旅游资源是"自然界和人类社会凡能对旅游者产生吸引力，可以为旅游业开发利用，并可产生经济效益、社会效益和环境效益的各种事物和因素"。旅游资源单体是指"可作为独立观赏或利用的旅游资源基本类型的单独个体，包括'独立型旅游资源单体'和由同一类型的独立单体结合在一起的'集合型旅游资源单体'"。旅游资源调查就是"按照旅游资源分类标准，对旅游资源单体进行的研究和记录"。

国家标准明确对下述单体进行重点调查：

◆ 具有旅游开发前景，有明显经济、社会、文化价值的旅游资源单体；
◆ 集合型旅游资源单体中具有代表性的部分；
◆ 代表调查区形象的旅游资源单体。

同时，这部标准对不列入调查的旅游资源单体也作了如下说明：

◆ 明显品位较低，不具有开发利用价值的；
◆ 与国家现行法律、法规相违背的；
◆ 开发后有损于社会形象的或可能造成环境问题的；
◆ 影响国计民生的；
◆ 某些位于特定区域内的。

根据国家标准的阐述，旅游资源调查是根据实际情况对区域的主要旅游资源单体进行调查，并在此基础上进行分类和评价。

（二）上海旅游资源调查的基本原则

由于现行的国家标准对某些旅游资源基本类型的释义较为宽泛，这给项目组选定调查对象增加了难度。经分析与讨论后，项目组依据国家标准，结合上海地区的实际情况，确定上海旅游资源调查的基本原则。

1. 将上海市官方网站和年鉴等正式公布的旅游资源作为调查依据

上海旅游资源调查对象的确定，首先参考相关的官方网站和年鉴等正式公布的与旅游相关的资源单体名录，包括全国重点文物保护单位、国家A级旅游景区、全国工（农）业旅游示范点、国家级非物质文化遗产、上海市文物保护单位、上海市优秀历史建筑、上海市历史文化风貌区、上海特色商业街《上海旅游年鉴》（2007和2008）中所收录的景区（点）、上海红色旅游景点，以及《中国旅游景区景点大辞典》中所收录的上海旅游景区景点等。

2. 具有重要历史价值和文化内涵的代表性旅游资源

项目组选取具有代表性的旅游资源开展调查。其中，有历史上的重要事件发生地、知名人物生活地，如古文化遗址、革命遗址、名人故居等。另外，还有与近代史有密切联系的展现上海百年历史文化的旅游资源，如上海市历史文化风貌区，既能体现传统地域文化的特色，又能体现海派生活的风貌；又如江南造船厂旧址、杨树浦水厂、杨树浦煤气厂、杨树浦发电厂等均为中国百年工业的历史缩影；再如徐汇中学历史建筑（原徐汇公学）、徐家汇藏书楼等所展示的是近代史上西学东渐的缩影。

3. 具有重要文化艺术价值或具有高科技含量的代表性建筑

建筑被誉为"凝固的音乐"，是人类历史文化遗产中极为重要的一个组成部分。项目组选取了具有代表性的上海市优秀历史建筑，如上海外滩建筑群、马勒别墅、国际饭店等，它们是具有重要文化艺术价值的历史建筑。同时，还选取了一些具有代表性的现代建筑，这些建筑或成为上海的地标性建筑，或建筑物本身具有高科技含量，如上海环球金融中心、金茂大厦、东方明珠广播电视塔、上海长江隧桥、东海大桥等。

4. 保护或维修现状良好的旅游资源、具有较好景观风貌价值的旅游资源

旅游资源的保护、开发及其是否能够可持续发展等，一直是备受社会各界重视的大问题。项目组选取了保护或维修现状良好的旅游资源单体，如展现上海民居风情的石库门、花园洋房、里弄住宅、公寓等，还选取了具有较好景观风貌价值（尤其是人文景观）的旅游资源单体，如衡山路、淮海路、多伦路等。

5. 重要的野生动物保护区域、自然环境保护区域

随着工业化、城市化的发展，越来越多的人树立起走向自然、返璞归真的理念。本图志收录了长江口中华鲟自然保护区、崇明东滩鸟类国家级自然保护区、九段沙湿地自然保护区等国家级自然保护区以及上海市级自然保护区。在这些保护区内，人们可以尽情地观赏野生动植物，充分满足城市居民渴望融入大自然的迫切愿望。

6. 反映人们日常生活的休闲场所

休闲场所释义较为宽泛，可入选范围较大。项目组选取了公园绿地，包括主题乐园及游乐场所。上海地区的公园和绿地是城市绿化、城市景观的重要组成部分，它们为人们提供锻炼、社交，以及举办各类公共文化活动的场所，是城市居民在周末、节假日（黄金周）进行户外休闲活动的好地方。此外，一些能让城市居民体验到与城市环境不同的自然景观和生活方式的农家乐旅游资源单体也在迅速发展。

7. 对外开放或具有潜在开放能力的旅游资源

在本次调查工作中，强调被调查的旅游资源单体的对外开放程度和可进入性。因此，项目组首先选择可以对外开放的旅游资源单体，如博物馆、纪念馆、宗教场所等，其次选择可以进入的旅游资源单体，如新华路211弄、329弄花园住宅，两弄由一条马蹄形柏油小马路贯通，区域内坐落着几十栋欧式花园别墅。如今这些洋房或被锁在高墙深院之中，

或已经成为民居，但仍有慕名者前来参观。此外，对于一些具有潜在开放能力的旅游资源单体进行选择性的调查并收录到本图志中，如位于延安中路的八路军驻沪办事处旧址，还有其周边的中共二大会址纪念馆、平民女校旧址、广场公园等。

8. 能反映当地文化、历史、艺术特点，具有代表性的非物质文化遗产

非物质文化遗产涉及文学、舞蹈、曲艺、美术、民俗和手工技艺等各个方面，其内容丰富，具备审美价值、历史价值和文化价值，因而成为重要的旅游资源，可以促进人们更加深入地体验地方传统文化的精髓。本图志收录了可以反映上海历史、文化和艺术特点的具有代表性的国家级非物质文化遗产，如沪剧、浦东说书、奉贤滚灯和龙华庙会等。

9. 具有全国影响力的赛事或与旅游相关的节庆活动

上海的节庆活动常年不断，能吸引大批国内外的旅游者。本图志收录的节庆活动为上海具有跨地区影响力的、知名度较高又比较稳定的旅游节、文化节、体育比赛等，主要选取了已列入《上海统计年鉴》的各类节庆活动，以及与旅游相关的国际型赛事等。

10. 饮食、土特产、树木、事件和名人等旅游资源暂不收录

在本次调查工作中，对 GAA 菜品饮食、GAB 农林畜产品与制品、GAC 水产品与制品、GAD 中草药材及制品、GAF 日用工业品暂不作调查①。如上海本帮菜在保持传统特色的同时，汲取其他帮派之所长，形成"海派本帮"之特色，各上海本帮菜馆都力推自己的特色菜，并对上海本帮菜不断进行改良，因此很难确定哪些菜品才是上海本帮菜的典型。此外，对于上海土特产的主要选取依据也较难确定，如上海市著名商标的认定每年一次，两年有效，且数量较大。鉴于上述情况，本图志对上述旅游资源暂不收录。

在上海市林业局公布的名木古树名单中，一级保护 220 棵、二级保护 1 092 棵；千年古树 8 棵、百年古树 1 299 棵。鉴于名木古树数量较大，本图志对基本类型 CAC 独树暂不收录②。

改革开放以来，上海在经济、文化等方面发展迅速，在上海这座城市所发生过的历史事件和现代事件不胜枚举，本图志对基本类型 HAB 事件暂不收录③。

在上海，各行各业具有影响力的重要知名人士数不胜数，仅上海辞书出版社出版的《上海名人辞典》就收录了 2 800 余位上海名人，本图志对基本类型 HAA 人物暂不收录④。

二、调查区域环境

上海位于 30°40′～31°53′N，120°51′～122°12′E，地处长江三角洲前缘，东濒东海，南临杭州湾，西接江苏、浙江两省，北界长江，长江与东海在此交汇。全市总面积 6 340.5 平方千米，东西最大距离约 100 千米，南北最大距离约 120 千米。上海正当我国南北弧形海岸线中部，交通便利，腹地广阔，地理位置优越，是一个良好的江海港口。历经 2 000 多年的沧桑巨变，上海已经从吴淞江下游的一个渔村发展成为如今的国际化大都市。

（一）自然与生态环境

1. 地质地貌

上海地处长江三角洲前缘河口和杭州湾之间，地表以下为厚达 300 余米的沙砾、淤泥构成的疏松层，属冲积、海积、湖积第四系，距今约 300 万年。最古老的地层距今约 19 亿年。

注：①、②、③、④未列入第 12 页表 1 中。

基岩地表出露分布零星，为低山残丘。大面积基岩处于地下300米深，有沉积岩、变质岩、侵入岩、火山岩，以火山岩为主，约占总基岩面积的三分之二。

距今约7 000年，上海地区绝大部分被海水淹覆，仅西部地区局部露出，成为滨海湖沼低地。距今7 000～3 000年，自今江苏省常熟福山一带，以南、南东方向形成数条近于平行的密集贝壳沙带，延伸至如今的上海南部漕泾、柘林一带海边，向南延伸段没于杭州湾。吴淞江以北，自西向东有浅冈、沙冈、外冈、青冈、东冈5条贝壳沙带和沙带，吴淞江以南自西向东有沙冈、紫冈、竹冈、横泾冈4条贝壳沙带。依据各沙带延伸的位置，显示出不同时期形成的海岸线。距今3 000～1 700年，今浦东新区花木、北蔡、周浦、下沙、航头一线形成北、北西方向的断续沙带，与宝山盛桥、月浦沙带构成一条平行于西部冈身的古海岸线，冈身以东至下沙沙带间的中部地区已成陆。距今1 700～1 000年，下沙沙带以东至今里护塘故址之间浦东中部、黄浦江以西地区已成陆。距今约500年，浦东海岸线为呈南向分汊状的东、西沙带。西沙带以东的滨海地区，为近600年发育形成的新陆地。西部的青浦、松江、金山湖沼平原地区，在吴淞江南北贝壳沙带形成时已基本成陆。近2 000年来，受地体下沉、东江淤废、吴淞江萎缩等影响，局部地区有较大的水陆演变。崇明岛是中国第三大岛屿，也是最大的河口冲积岛，唐武德年间（618～626年）开始露出水面。长兴岛成陆于清咸丰年间（1851～1861年），横沙岛则于清道光二十三年（1843年）开始露出水面。

上海境内除西南部有少数丘陵山脉外，为坦荡低平的平原，是长江三角洲冲积平原的一部分，平均海拔高度约4米。陆地地势总趋势是由东向西低微倾斜。以西部淀山湖一带的淀泖低地为最低，海拔高度仅2～3米；在泗泾、亭林、金卫一线以东的黄浦江两岸，为碟缘高地，海拔高度约4米；浦东钦公塘以东地区为滨海平原，海拔高度4～5米。西部是上海唯一的山林资源集聚地，有天马山、佘山、薛山、凤凰山等。现已建成佘山国家旅游度假区、佘山国家森林公园、辰山植物园、天马山等景区（点）。海域上有大金山岛、小金山岛、浮山岛（乌龟山岛）等，大金山岛海拔高度103.04米，为上海境内最高点。在上海北面的长江入海处，有崇明岛、长兴岛、横沙岛。崇明岛是由长江挟带下来的泥沙冲积而成的，海拔高度3.5～4.5米。岛上保存了大量的地质遗迹和地貌景观，现已建成崇明岛国家地质公园。横沙岛的功能定位是"休闲度假岛"，长兴岛的功能定位是"海洋装备岛"。

2．气候条件

上海地区属北亚热带海洋性季风气候。气候温和湿润，四季分明，日照充分，雨量充沛，春秋较短，冬夏较长。上海地区的一年四季，春季一般从4月2日至6月15日，约75天；夏季一般从6月16日至9月17日，约94天；秋季一般从9月18日至11月19日，约63天；冬季一般从11月20日至次年4月1日，约133天。多年累计的平均气温上海市区约15.8℃，郊区15.2～15.7℃。7月最热，市区平均气温为27.8℃；1月最冷，市区平均气温为3.5℃。市区气温平均年较差24.3℃，日较差7.5℃。平均无霜期约228天。上海地区降水丰沛，年平均降水量1 149毫米，70%集中在4～9月。全年60%以上的雨量集中在5～9月的汛期。上海地区平均降雪日6.2天，积雪日2.8天。年均日照时数1 930小时。4～8月盛行东南风，11月至次年2月盛行西北风。影响上海的天气系统有台风、东风扰动、温带气旋、梅雨、寒潮。西太平洋副热带高压静止锋稳定在长江下游及上海附近时，形成了多雨、闷热、潮湿的梅雨天气。台风多出现在5～11月，7～9月占全年的83%～89%，8月最多，占全年的36%～39%。

3．水文条件

上海市地处长江入海口、太湖流域东缘。境内河道（湖泊）面积约500多平方千米，河面率为9%～10%；全市河道长度20 000余千米，河网密度平均每平方千米3 000～4 000米。境内江、河、湖、塘相间，水网交织，主要有黄浦江及其支流吴淞江（苏州河）、蕰藻浜、川杨河、淀浦河、大治河等。

长江有丰沛的水资源，大通水文站多年测得的平均径流量29 300秒立方米，有9 600亿立方米的淡水泄入河口。长江口河段在上海境内全长148千米，航运条件良好。黄浦江是长江最后一条支流，全长约113千米，大部分地区河宽为300～700米，其上游接纳太湖流出的诸河，贯穿上海，至吴淞口汇入长江口。

苏州河发源于太湖瓜泾口，在上海市区外白渡桥附近汇入黄浦江，全长125千米，其中上海境内约54千米，为黄浦江主要支流。苏州河在上海市境内的河段上现有30多座桥，俨然成为一座"桥梁博物馆"，其中外白渡桥、乍浦路桥、四川路桥为上海市优秀历史建筑。上海的湖泊集中在与江苏省、浙江省交界的西部洼地，最大的湖泊为淀山湖，湖面东西宽8.1千米，南北长14.5千米，环湖周长约35千米，面积为62平方千米，湖区大部分在青浦区境内，南是金泽镇，北部一角属江苏省昆山市。现已建成淀山湖风景区，周边其他景点有朱家角古镇、上海大观园、东方绿舟、太阳岛等。

4．生态环境

上海自然植被稀少，类型比较单一，草本植被面广，群落结构简单，组成种类单纯。针叶林、常绿阔叶林、落叶和常绿阔叶混交林、落叶阔叶林主要分布在松江区的佘山等低山残丘地区，以及大金山岛和小金山岛。滨海盐生植被分布于沿江、沿海的大堤内外两侧含盐量较高的地区。沼生植被分布于宝山区、崇明县、浦东新区和杭州湾北岸的滩涂，以及淀山湖周围的洳淀沿岸。在湖泊、河流、池塘、稻田，以及长江口、杭州湾近岸等大面积水域广布水生植被。约有500种乡土植物，350种外来植物。动物区划属东洋界中印亚界华中区东部丘陵平原亚区，是东洋界和古北界成分相互混杂的过渡地带。哺乳动物约40种，其中华南兔分布最广、数量最多。爬行动物约32种，两栖动物有13种。鱼类资源约203种，其中长江河口的鱼类约112种，杭州湾近海的鱼类约81种，黄浦江、吴淞江约有鱼类51种。鸟类约424种，本地繁殖的留鸟50种，候鸟374种；长江口、杭州湾海岸带的滩涂、长江口沙洲、淀山湖湖滨约有150种湿地鸟类。无脊椎动物种类多、数量大。长江口、杭州湾北岸的浮游动物种类约105种。园林土壤中弹尾目昆虫约69种。

自20世纪90年代以来，上海先后建立了金山三岛海洋生态自然保护区、崇明东滩鸟类国家级自然保护区、九段沙湿地自然保护区和长江口中华鲟自然保护区四大自然保护区，这些自然保护区已经成为上海生态环境建设的重要组成部分。

（二）历史与人文环境

1．境域变化与建置沿革

上海地区，春秋属吴。战国先后属越、楚。唐天宝十年（751年），吴郡太守奏准设立华亭县，上海地区始有相对独立的行政区划。南宋嘉定十年十二月初九（1218年1月7日）立嘉定县，上海地区始有两个独立行政区划。南宋咸淳三年（1267年）在上海浦西岸设置市镇，定名为上海镇。元至元十四年（1277年），华亭县升府，次年改称松江府，仍置华亭县隶之。元至元二十八年（1291年），元朝中央政府把上海镇从华亭县划出，批准上海设立上海县，标志着上海建置之始。

元代上海立县，面积约2 000平方千米，县域约在今苏州河以南市区、青浦区、闵行区和浦东新区。到清嘉庆十五年（1810年）缩小为600平方千米，县域约在今苏州河以南市区（现黄浦区）、浦东新区、闵行区。县城为今黄浦区人民路、中华路环线内区域。清道光二十三年（1843年）上海开埠，清道光二十五年（1845年）上海县洋泾浜以北一带划为洋人居留地，后形成英租界。清道光二十八年（1848年）虹口一带划为美租界。清道光二十九年（1849年）上海县城以北、英租界以南一带划为法租界。清同治二年（1863年），英、美租界合并为英美公共租界，清光绪二十五年（1899年）又改称为上海国际公共租界。此后，租界多次扩大。1943年7月30日和8月1日，汪伪政府宣布收回公共租界和法租界。1945年11月24日，国民政府外交部宣布接收公共租界、法租界，上海租界的历史结束。西方文化进入上海，逐渐对上海的城市景观和城市生活产生重要影响，特别是大量西方建筑的出现成为上海城市景观的重要象征，外滩更是成为近现代各种建筑风格的汇聚之地。同时在中西方文明交汇融合的基础上孕育出具有上海特色的地域文化——海派文化。

1912年1月，中华民国成立。裁松江府、太仓州，上海地区属江苏省，有上海县、华亭县（后改名松江）、嘉定县、宝山县、川沙县、南汇县、奉贤县、金山县、青浦县和崇明县（10个县）。1925年，北洋政府允准上海改为淞沪市。1927年7月7日，上海特别市成立，直辖于中央政府，上海始有直辖市一级建置。

1949年中华人民共和国成立之后，上海仍为中央直辖市。1958年1月、11月、12月，江苏省上海县、宝山县、嘉定县、松江县、川沙县、南汇县、奉贤县、金山县、青浦县和崇明县（10个县）先后划入上海市，上海市有14个区、11个县。经多次行政区划调整，目前上海市辖浦东新区、徐汇区、长宁区、普陀区、闸北区、虹口区、杨浦区、黄浦区、静安区、闵行区、宝山区、嘉定区、松江区、青浦区、金山区、奉贤区（16个区）和崇明县（1个县）。

2. 文化传统

上海曾是吴越属地，其文化传统与吴越文化密切相关。晋代，华亭出现陆机、陆云文士，有书法《平复贴》存世，现小昆山上有二陆草堂。隋唐时，沪地有《黄竹子歌》《江陵女歌》《子夜歌》，以及白苎舞、拂舞、白符鸠舞等吴越歌舞流行。宋代，书法家米芾在青龙镇任镇监时，在此常参与书画活动。元朝统一后，松江地区成为山水画创作最活跃之处，涌现出温日观、曹知白和马琬等画坛名士。其时北方杂剧流入，府城设演出场所"勾栏"，士大夫家宴亦常伴有歌舞、戏曲。明代，上海绘画兴盛，遂形成松江画派，其领袖人物为董其昌。在戏曲方面，随着北方杂剧的衰落，海盐腔、余姚腔、弋阳腔、太平腔逐渐入沪。明万历年间（1573～1619年），昆山腔传入，备受沪人青睐，一时风行，私人家班和民间班社大量涌现。至清代，沪地多处寺庙建有庙宇戏台。清康熙十五年（1676年），沙船商建沙船会馆，出现了上海第一座会馆戏台。民间婚丧喜庆盛行丝竹、锣鼓鸣奏，出现了划旱船、滚灯等极富地方特色的民间舞蹈。清道光二十三年（1843年）上海开埠后，随着城市近代化的发展及商业的日益繁荣，吸引了各地演出团体和艺人到沪献艺。在昆班、徽班、京班争胜演变的同时，其他地方戏曲也从农村各地先后进入上海这座大城市，并不断地在演出竞争中发展。浦东"东乡调"逐渐从本滩、申曲演变成为沪剧；浙江绍兴嵊县一带的"的笃班"、"小歌班"从绍兴文戏演变为越剧；流行于江苏省、浙江省和上海地区的独脚戏发展出了滑稽戏；发源于苏州地区，流行于苏浙一带的评弹涌进上海的茶楼和书场。从清咸丰元年（1851年）到宣统三年（1911年），全市各类大小茶园（剧院）先后有约114家，以广东路、福建路、福州路一带最为集中，有约71家，大多上演京剧。奉贤滚灯、沪剧、滑稽戏等均被列为全国非物质文化遗产。

上海自开埠至建立起租界，全国各地及世界各国的各色人等纷纷涌入，各种文化元素

在此相互碰撞，尤其是西方文化与中国传统文化互相冲突并融合，首先在绘画、京剧等艺术领域产生出有别于中国文化传统的艺术风格，进而辐射至社会的各个层面，逐渐形成了较为稳定而又独特的海派文化。海派文化的特点就是海纳百川、兼容并蓄，中西结合、雅俗共融。海派文化既不受陈规束缚又敢于创新，注重个体风格，强调商业性等。

1949年中华人民共和国成立后，在较短的时间内先后建立起了各类艺术剧院和国营电影制片机构，创办了戏剧、音乐、舞蹈、美术院校，兴建和改建了文化广场、大舞台、音乐厅、杂技场、美术馆等演出展览场馆，并按系统、按地区组建了上海市工人文化宫、青年宫、少年宫、群众艺术馆和区（县）群众文化活动中心。改革开放后建成的上海大剧院、上海城市规划展示馆、上海博物馆、上海科技馆、东方艺术中心等，成为崭新的、具有海派文化标志的大型文化建筑。上海与世界各国的文化交流不断加强，交流的领域也不断扩大，其中包括上海国际电影节、上海电视节、上海国际艺术节等重大国际文化交流活动，以及国际旅游交易会等。近年来，上海还举办了许多重量级赛事，如上海ATP1000网球大师赛、上海F1（中国）大奖赛、世界斯诺克上海大师赛等。

3．人居环境

开埠之前，上海县城厢内的建筑为江南传统民居。建于明嘉靖至万历年间（1522～1619年）的圆弧状古城墙，被专家们公认为是打破了"天圆地方"式中国传统的古城墙，在如今的大境阁内还保留了一段珍贵的圆弧状古城墙。文庙是上海中心城区的一个祭祀儒家文化创始人孔子的庙学合一的古建筑群，大千胜境坊和文庙棂星门的石牌坊简洁、古朴又端庄。上海老城隍庙、海上白云观是道教的宫观。豫园和三山会馆旧址里的古戏台是上海地区尚存的清代古戏台，其飞檐高挑，如同孔雀开屏。豫园的湖心亭及其附近的茶楼，以其亲水的设计与布局，充分体现出江南建筑设计风格的灵动性。建于清康熙年间（1662～1722年）的沪上沙船业的商船会馆和清宣统年间（1909～1911年）的福建果商的三山会馆，是江南地区保存较好的会馆建筑群，反映出上海商业兴盛的历史风貌。

明清时期，松江地区冠冕云集、商贾辐辏，文人雅士、迁客骚人多会于此，故上海地区保留了不少明清时期的私人宅邸和园林。如松江区的雕花楼、浦东新区的颖川小筑（今吴昌硕纪念馆）等，它们都是声名远播的官邸民宅。另外，还有松江区的醉白池公园、颐园，嘉定区的秋霞圃、古猗园，青浦区的课植园等。

上海地区地处江南，河网密布、田园阡陌。一座座如弯月般的砖桥、石桥架在清粼粼的河面上，跨过小镇的河道两边，依傍在宅旁、屋旁。江南的桥大多是优美的石拱桥，它们是上海历史建筑的瑰丽珍宝，是江南风貌不可缺少的重要元素。青浦区金泽镇就是一个远近闻名的古桥之乡。

1842年，上海成为对外开放的通商口岸。第二年，上海正式开埠。自此，上海开始了国际化大都市的历史进程。随着老城厢以外的公共租界和法租界在黄浦江、吴淞江（即苏州河）的芦苇滩上建立，以及西方侨民在上海（特别是在租界内）的政治、经济、文化和社会活动的不断开展，欧陆风格和欧美风格的建筑不断出现，逐渐发展成为上海的主流建筑，成为体现海派文化的重要风景线之一。租界成为上海新的城区，还出现了早期的外国领事馆、洋行、商店，以及工厂、教堂、俱乐部和独立式住宅等新型建筑物。这些建筑物大多是一二层楼的砖木混合结构的"券廊式"建筑和欧洲古典式建筑。英国驻沪领事馆（今中山东一路33号花园住宅）、徐家汇藏书楼等，都是19世纪著名的欧式风格的建筑。进入20世纪以后，欧陆风格的钢筋混凝土框架结构建筑在上海大量涌现，并且在1919～1937年达到高峰。以美国摩天楼为主要风格的建筑在外滩、南京路等租界地区频频出现，与此同时，还出现了大型百货公司、大型饭店、高级影剧院,以及高层公寓等建筑。这一时期,欧洲现代运动波及上海,从古典主义转向现代主义这一建筑设计理念的转变,使得钢框架结构的设计风格在高层建筑中成为主要的建筑形式。1923年建成的汇丰银行大楼(今中山东一路12号大楼),1927年建成的上海海关大楼等,标志着西方复古主义建筑设计风格在上海的建筑中达到顶峰。1934年建成的国际饭店则是现代派建筑艺术风格中最具代表性的建筑。

沿黄浦江边的外滩(今中山东一路)是上海西式建筑最集中、最具有代表性的地方,这里分布着50多幢各种欧陆风格的大厦,构成了风格迥异、格调和谐的建筑群。奇妙的哥特式尖顶、古希腊式穹窿、巴洛克式廊柱、西班牙式阳台,以及各种华美的雕塑、壁画等令游客流连忘返。这里的每一幢建筑,都堪称世界建筑史上的杰作,因而具有"万国建筑博览会"之称。1996年,上海外滩建筑群被国务院列为全国重点文物保护单位。

上海的近代建筑,因社会政治、经济、文化和自然环境等因素有其鲜明的特征。沿黄浦江一带主要集中了近代行政、商业和金融业的建筑;以跑马厅旧址(今人民广场)为中心地区,形成了南京路、淮海路、福州路、金陵路和西藏路的商业建筑;向西沿苏州河、向东沿黄浦江汇集着许多工业建筑;高级住宅主要集中于西区,这是20世纪20年代后期租界扩张的结果。随着城市人口的不断增加,上海租界内开始出现一种被西方称为"联排房屋"的民居,人们把这样的民居称为石库门房子。石库门的单体平面及其结构脱胎于我国传统民居中二合院、四合院的住宅形式,受江南民居风格的影响较大,其住宅的入口处用的是石库门,住宅建筑外观仍继承江南民居的传统,而在住宅建筑的细部上则模仿西式建筑的手法。老式石库门建筑出现在清同治年间(1862～1874年),主要集中在如今的黄浦区等市中心地区。后期的老式石库门里弄,大多是在民国初年(1914～1916年)建成的。在20世纪20年代以后,上海的里弄建筑有了新的发展,出现了一种称为新式石库门里弄的住宅,一般为联接式住宅,其结构、装饰较好,有卫生设备,有的还有小花园、矮围墙、阳台等辅助设施。新式石库门里弄住宅吸收了西式建筑的元素,它们多集中在公共租界的西区,居住者多为高级职员和工商业主。当时,除了石库门里弄外,还有花园式里弄和公寓式里弄。花园式里弄是在20世纪40年代出现的,其屋面是机红瓦或瓦楞白铁。典型的花园式里弄有建于1925年的梵尔登花园(今长乐邨)。公寓式里弄则建于1931～1945年,同样是集中在公共租界的西区。公寓式里弄受西方建筑的影响很大,已经具备了近代公寓建筑的特征。典型的公寓式里弄有位于陕西南路、具有欧洲近代住宅风格的亚尔培公寓(今陕南邨)。

花园洋房是近代上海高品质的住宅建筑,如今在徐汇区、长宁区、静安区、黄浦区和虹口区均有分布。花园洋房主要集中分布在原来西区的法租界。花园洋房的单体布置一般为正屋朝南,地基力求正方,宅前植以雪松、龙柏,中间是一片草坪,设置有大理石塑像或喷泉作为花园的中心,远处置池沼,以求树木倒映,也有利用天然地形作草坪绿化的。为了形成一个私人的小天地,一般周围筑有高墙或竹篱,主屋的西北隅往往连接"下房"或车库。为了美化园地、供主人在室内赏花,大都设有花房(暖气花棚)。主屋前侧多有露台、高台阶,后期的花园洋房则为低地坪,甚至与室内连成一体,仅用大玻璃窗分隔。显然,这是受了西欧近代住宅建筑设计中"注意室内外空间联系"的影响。另外,也有一些花园洋房内不放弃中国传统花园住宅的布置与设计,在宅前垒假山、筑亭阁,形成中西合璧的建筑格局。在晚期建造的豪华型的花园洋房里,除了有主屋、下房、车库和花房外,还增加了网球场、游泳池等运动场地。典型的花园洋房有以英国著名商人马勒的名字命名的马勒别墅、以英籍犹太大商人维克多·沙逊的名字命名的沙逊别墅(原龙柏饭店一号楼),还有愚园路上的王伯群住宅(今长宁区少年宫历史建筑)、延安西路上的嘉道理公馆(今

中国福利会少年宫历史建筑）、太原路上的马歇尔公馆（今太原别墅）、茂名南路上的法国总会（今花园饭店）、瑞金二路西侧的马立斯花园住宅（今瑞金宾馆）、汾阳路上白崇禧曾经住过的白公馆（今汾阳路150号花园住宅）、犹太俱乐部（今上海音乐学院历史建筑）、上海图书馆对面蒋经国曾经住过的逸邨、宋家老宅（今陕西北路369号花园住宅）、思南路上的周公馆等。这些千姿百态的花园洋房，掩映于梧桐树之中、深藏于高墙背后……凝聚着近代中国的历史风云以及超越建筑本身的历史内涵和价值。上海的花园洋房与上海其他类型的近代建筑一起，已经成为上海"时代的缩影"和"历史的年鉴"。

在上海的西式建筑中，还有一类是宗教建筑，主要有徐家汇天主堂、董家渡天主堂、国际礼拜堂、沐恩堂等。

1949年后，旧式里弄得到翻新和改建。从20世纪50年代后期开始，上海建造出多层新式住宅。曹杨新村是上海建成的第一个工人新村。之后，多层住宅逐步成为上海新建住宅的主要类型。60年代，多层住宅以四五层居多；70年代，多层住宅以六七层居多。1975年，上海建造出第一批高层住宅——漕溪北路高层住宅。2008年，上海共建成居民住宅1 899.4万平方米，比上一年度增长3.5%。从此，一批批环境优美、功能完善、安全便捷的居民住宅小区逐渐建成并投入使用。

三、上海旅游资源分类与评价

（一）旅游资源分类

1. 国家标准对旅游资源类型的认定与分类

在国家标准中，将旅游资源分为主类、亚类、基本类型3个层次，每个层次的旅游资源类型有相应的汉语拼音代号。分类中涉及的旅游资源单体是指"可作为独立观赏或利用的旅游资源基本类型的单独个体，包括'独立型旅游资源单体'和由同一类型的独立单体结合在一起的'集合型旅游资源单体'"。在国家标准中还规定，"如果发现本分类没有包括的基本类型时，使用者可自行增加"。

本图志中旅游资源单体的资源类型由3个汉语拼音代号表示，涵盖了主类、亚类、基本类型3个层次。如东方明珠广播电视塔，其资源类型为FCZ，即表示此旅游资源单体所属主类为F建筑与设施类，所属亚类为FC景观建筑与附属型建筑类，所属基本类型为FCZ地方标志性建筑。

2. 上海旅游资源分类

依据国家标准，结合上海旅游资源的现状，本图志对上海旅游资源分类结构做出相应调整。具体调整如下所述。

（1）删除本图志未涉及的旅游资源类型

主要是两类，一类是上海地区没有的旅游资源类型，一类是上海地区虽然有却难以收录的旅游资源类型，如树木和事件等。

本图志未涉及的主类1个：D天象与气候景观。

本图志未涉及的亚类13个：AB沉积与构造、AC地质地貌过程形迹、AD自然变动遗迹、BC瀑布、BD泉、BE河口与海面、BF冰雪地、CA树木、CB草原与草地、CC花卉地、DA光现象、DB天气与气候现象、HA人事记录。

本图志未涉及的基本类型103个：AAB谷地型旅游地、AAC沙砾石地型旅游地、AAE奇异自然现象、AAF自然标志地、AAG垂直自然地带、ABA断层景观、ABB褶曲景观、

ABC 节理景观、ABD 地层剖面、ABE 钙华与泉华、ABF 矿点矿脉与矿石积聚地、ABG 生物化石点、ACA 凸峰、ACB 独峰、ACC 峰丛、ACD 石（土）林、ACE 奇特与象形山石、ACF 岩壁与岩缝、ACG 峡谷段落、ACH 沟壑地、ACI 丹霞、ACJ 雅丹、ACK 堆石洞、ACL 岩石洞与岩穴、ACM 沙丘地、ACN 岸滩、ADA 重力堆积体、ADB 泥石流堆积、ADC 地震遗迹、ADD 陷落地、ADE 火山与熔岩、ADF 冰川堆积体、ADG 冰川侵蚀遗迹、AEB 岩礁、BAB 暗河河段、BAC 古河道段落、BBC 潭池、BCA 悬瀑、BCB 跌水、BDA 冷泉、BDB 地热与温泉、BEA 观光游憩海域、BEB 涌潮现象、BEC 击浪现象、BFA 冰川观光地、BFB 长年积雪地、CAA 林地、CAB 丛树、CAC 独树、CBA 草地、CBB 疏林草地、CCA 草场花卉地、CCB 林间花卉地、CDB 陆地动物栖息地、CDD 蝶类栖息地、DAA 日月星辰观察地、DAB 光环现象观察地、DAC 海市蜃楼现象多发地、DBA 云雾多发区、DBB 避暑气候地、DBC 避寒气候地、DBD 极端与特殊气候显示地、DBE 物候景观、EAA 人类活动遗址、EAC 文物散落地、EAD 原始聚落、EBA 历史事件发生地、EBC 废弃寺庙、EBD 废弃生产地、EBG 长城遗迹、EBH 烽燧、FAI 军事观光地、FAJ 边境口岸、FBA 聚会接待厅堂（室）、FCD 石窟、FCE 长城段落、FCF 城（堡）、FCG 摩崖字画、FCJ 人工洞穴、FDE 书院、FDG 特色店铺、FDH 特色市场、FEC 悬棺、FFE 栈道、FGA 水库观光游憩区段、FGB 水井、FGC 运河与渠道段落、FGE 灌区、FGF 提水设施、GAA 菜品饮食、GAB 农林畜产品与制品、GAC 水产品与制品、GAD 中草药材及制品、GAF 日用工业品、GAG 其他物品、HAA 人物、HAB 事件、HBA 文艺团体、HCB 民间节庆、HCE 宗教活动、HCG 饮食风俗、HCH 特色服饰、HDC 商贸农事节。

（2）增加国家标准分类中没有包括的基本类型

本图志增加了虽然在国家标准中不存在，但是在上海地区所特有的旅游资源类型共 4 个：在 F 建筑与设施主类的 FA 综合人文旅游地亚类中增加 FAZ 创意产业集聚区基本类型，在 F 建筑与设施主类的 FC 景观建筑与附属型建筑亚类中增加 FCZ 地方标志性建筑基本类型，在 F 建筑与设施主类的 FF 交通建筑亚类中增加 FFY 交通枢纽、FFZ 交通运营线 2 个基本类型。

3. 旅游资源基本类型释义的调整与说明

（1）依据旅游资源单体的基本属性列入相应的基本类型

在选定调查对象的过程中发现，同一个旅游资源单体根据其基本属性与使用目的可分别列入两种不同的基本类型。在本图志中规定，首先依据旅游资源的基本属性列入相应的基本类型。如同样被上海市林业局列为公园的旅游资源单体根据其基本属性列入不同的基本类型：佘山国家森林公园列入 AAA 山丘型旅游地，龙华革命烈士纪念地、宝山烈士陵园列入 FEA 陵区陵园，上海植物园、上海动物园、上海野生动物园列入 FAH 动物与植物展示地。

（2）将国家标准中有关基本类型的涵盖范围扩大

国家标准中的 FDD 名人故居与历史纪念建筑基本类型，是指"有历史影响的人物的住所或为历史著名事件而保留的建筑物"。上海地区除了具有名人故居外还有专为纪念名人而设立的纪念馆，如陶行知纪念馆；上海地区具有很多历史纪念性建筑，如上海外滩建筑群等，这些名人纪念馆和具有历史价值的建筑被一并列入该基本类型。另外，国家标准中的 BBA 观光游憩湖区基本类型属于 BB 天然湖泊与沼泽亚类，滴水湖属于人工湖泊，也一并被列入该基本类型。

（3）几种基本类型的说明

FDA 传统与乡土建筑：主要指单幢住宅建筑，如公寓、花园住宅。

FDC 特色社区：主要指住宅区，如新村、里弄。

FDD 名人故居与历史纪念建筑：主要指名人的故居或名人纪念馆，与历史事件有关的建筑，具有历史纪念价值的建筑，或历史遗留建筑。

FAB 康体游乐休闲度假地：如农家乐、游乐场等。

FAD 园林游憩区域：如园林、公园等。

FAE 文化活动场所：如博物馆、陈列馆等。

FBC 展示演示场馆：如演出场所、展览馆等。

FDB 特色街巷：如商业街、休闲街、餐饮街等。

FAG 社会与商贸活动场所：商店。

上海旅游资源分类结构如表 1 所示。

表 1 上海旅游资源分类结构

主类		亚类		基本类型
A 地文景观	2	AA 综合自然旅游地 AE 岛礁	3	AAA 山丘型旅游地、AAD 滩地型旅游地 AEA 岛区
B 水域风光	2	BA 河段 BB 天然湖泊与池沼	3	BAA 观光游憩河段 BBA 观光游憩湖区、BBB 沼泽与湿地
C 生物景观	1	CD 野生动物栖息地	2	CDA 水生动物栖息地、CDC 鸟类栖息地
E 遗址遗迹	2	EA 史前人类活动场所 EB 社会经济文化活动遗址遗迹	4	EAB 文化层 EBB 军事遗址与古战场、EBE 交通遗迹、EBF 废城与聚落遗迹
F 建筑与设施	7	FA 综合人文旅游地	35	FAA 教学科研实验场所、FAB 康体游乐休闲度假地、FAC 宗教与祭祀活动场所、FAD 园林游憩区域、FAE 文化活动场所、FAF 建设工程与生产地、FAG 社会与商贸活动场所、FAH 动物与植物展示地、FAK 景物观赏点、FAZ 创意产业集聚区*
		FB 单体活动场馆		FBB 祭拜场馆、FBC 展示演示场馆、FBD 体育健身场馆、FBE 歌舞游乐场馆
		FC 景观建筑与附属型建筑		FCA 佛塔、FCB 塔形建筑物、FCC 楼阁、FCH 碑碣（林）、FCI 广场、FCK 建筑小品、FCZ 地方标志性建筑*
		FD 居住地与社区		FDA 传统与乡土建筑、FDB 特色街巷、FDC 特色社区、FDD 名人故居与历史纪念建筑、FDF 会馆

续表

主类	亚类		基本类型
	FE 归葬地		FEA 陵区陵园、FEB 墓(群)
	FF 交通建筑	35	FFA 桥、FFB 车站、FFC 港口渡口与码头、FFD 航空港、FFY 交通枢纽*、FFZ 交通运营线*
	FG 水工建筑		FGD 堤坝段落
G 旅游商品	1	GA 地方旅游商品	1	GAE 传统手工产品与工艺品
H 人文活动	3	HB 艺术	8	HBB 文学艺术作品
		HC 民间习俗		HCA 地方风俗与民间礼仪、HCC 民间演艺、HCD 民间健身活动与赛事、HCF 庙会与民间集会
		HD 现代节庆		HDA 旅游节、HDB 文化节、HDD 体育节
数 量 统 计			
7 个主类	18 个亚类		56 个基本类型（其中带*的为增加的基本类型）

(二) 旅游资源丰度

旅游资源丰度，是指在一定地域内旅游资源集中的程度。它是度量一个区域旅游资源开发潜力、丰富程度的重要指标之一，也是对一个旅游地进行开发建设和可行性论证的科学依据。

1. 各类型旅游资源丰度

本图志共收录旅游资源单体886个，涵盖了7个主类、18个亚类、56个基本类型，各类型的单体数量分别如下所述。

A 地文景观：AAA 山丘型旅游地（3个），AAD 滩地型旅游地（2个），AEA 岛区（5个）。

B 水域风光：BAA 观光游憩河段（3个），BBA 观光游憩湖区（4个），BBB 沼泽与湿地（5个）。

C 生物景观：CDA 水生动物栖息地（1个），CDC 鸟类栖息地（1个）。

E 遗址遗迹：EAB 文化层（2个），EBB 军事遗址与古战场（1个），EBE 交通遗迹（3个），EBF 废城与聚落遗迹（4个）。

F 建筑与设施：FAA 教学科研实验场所（13个），FAB 康体游乐休闲度假地（51个），FAC 宗教与祭祀活动场所（93个），FAD 园林游憩区域（153个），FAE 文化活动场所（88个），FAF 建设工程与生产地（16个），FAG 社会与商贸活动场所（5个），FAH 动物与植物展示地（6个），FAK 景物观赏点（1个），FAZ 创意产业集聚区（14个），FBB 祭拜场馆（4个），FBC 展示演示场馆（14个），FBD 体育健身场馆（13个），FBE 歌舞游乐场馆（1个），FCA 佛塔（12个），FCB 塔形建筑物（1个），FCC 楼阁（3个），FCH 碑碣（林）（9个），

FCI 广场（6 个），FCK 建筑小品（8 个），FCZ 地方标志性建筑（3 个），FDA 传统与乡土建筑（29 个），FDB 特色街巷（28 个），FDC 特色社区（68 个），FDD 名人故居与历史纪念建筑（115 个），FDF 会馆（2 个），FEA 陵区陵园（3 个），FEB 墓（群）（10 个），FFA 桥（22 个），FFB 车站（1 个），FFC 港口渡口与码头（4 个），FFD 航空港（1 个），FFY 交通枢纽（1 个），FFZ 交通运营线（2 个），FGD 堤坝段落（3 个）。

G 旅游商品：GAE 传统手工产品与工艺品（9 个）。

H 人文活动：HBB 文学艺术作品（1 个），HCA 地方风俗与民间礼仪（2 个），HCC 民间演艺（18 个），HCD 民间健身活动与赛事（1 个），HCF 庙会与民间集会（1 个），HDA 旅游节（7 个），HDB 文化节（5 个），HDD 体育节（5 个）。

2. 各区（县）旅游资源丰度

本图志共收录 886 个旅游资源单体，分布于上海市的 17 个区（县）。在进行统计时，将未分到各个区（县）的旅游资源单体如非物质文化遗产、大型节庆活动和国际性体育赛事等旅游资源单体归入"未分区"。各区（县）旅游资源所涵盖的主类数量、亚类数量和基本类型数量都不相同，具体情况如表 2 所示。

表 2　上海市各区（县）旅游资源丰度

名　称	单体数量	主类数量	亚类数量	基本类型数量
浦东新区	87	4	10	24
徐汇区	71	1	6	22
长宁区	35	1	3	10
普陀区	36	2	4	9
闸北区	17	1	4	8
虹口区	49	2	7	13
杨浦区	38	2	5	11
黄浦区	141	3	7	19
静安区	41	1	4	11
闵行区	22	1	4	9
宝山区	48	2	7	16
嘉定区	46	3	7	15
松江区	63	2	7	19
青浦区	44	3	7	13
金山区	40	5	9	14
奉贤区	38	3	7	14
崇明县	28	4	8	13
未分区	42	2	4	8

由表2可见，黄浦区旅游资源单体总数为141个，占全市总数的15.91%，主要原因是黄浦区与卢湾区合并后集中了人民广场、南京东路、豫园、上海老城隍庙、淮海路等上海主要景区（点），区境内涉及3个历史文化风貌区，而且优秀历史建筑较多，因此黄浦区旅游资源单体数量明显高于其他区（县）。需要说明的是，黄浦江与苏州河（除苏州河十八湾以外）的主要观光段位于黄浦区，本图志将其归入黄浦区；另外，淮海路上最繁华的商业路段也位于黄浦区，因此本图志将其归入黄浦区。浦东新区旅游资源单体总数为87个，占全市总数的9.82%，主要原因是浦东新区与南汇区合并后旅游资源单体数量增加。另外，洋山深水港是上海打造国际航运中心的核心工程，通过东海大桥与浦东新区芦潮港相连，因此本图志将其归入浦东新区。除黄浦区与浦东新区外，旅游资源单体数量较多的区（县）还有徐汇区和松江区；旅游资源单体数量较少的区（县）是闸北区17个、闵行区22个、崇明县28个。旅游资源类型较为丰富的是位于郊区的区（县），其中金山区的旅游资源单体涵盖的主类最多，有5个主类；浦东新区和金山区的旅游资源单体涵盖的亚类较多，分别有10个、9个。另外，浦东新区和徐汇区的旅游资源单体涵盖的基本类型较多，分别有24个、22个。

上述旅游资源单体总共涵盖7个主类，这7个主类在上海区境内的分布情况则不尽相同。上海市各区（县）旅游资源单体丰度结构如表3所示。

表3　上海市各区（县）旅游资源单体丰度结构

名称	单体总数	A地文景观	B水域风光	C生物景观	E遗址遗迹	F建筑与设施	G旅游商品	H人文活动
浦东新区	87	0	3	0	3	79	0	2
徐汇区	71	0	0	0	0	71	0	0
长宁区	35	0	0	0	0	35	0	0
普陀区	36	0	1	0	0	35	0	0
闸北区	17	0	0	0	0	17	0	0
虹口区	49	0	0	0	2	47	0	0
杨浦区	38	0	1	0	0	37	0	0
黄浦区	141	0	2	0	0	138	0	1
静安区	41	0	0	0	0	41	0	0
闵行区	22	0	0	0	0	22	0	0
宝山区	48	0	0	0	1	47	0	0
嘉定区	46	1	0	0	1	44	0	0
松江区	63	3	0	0	0	60	0	0
青浦区	44	0	1	0	2	41	0	0
金山区	40	2	0	0	1	35	1	1
奉贤区	38	1	0	0	0	35	0	2
崇明县	28	3	4	2	0	19	0	0
未分区	42	0	0	0	0	0	8	34
合计	886	10	12	2	10	803	9	40

由表3可见，F建筑与设施类的旅游资源单体数量明显高于其他主类，该主类的旅游资源单体共803个，占全市旅游资源单体总数的90.63%，其中徐汇区、长宁区、闸北区、静安区、闵行区的旅游资源单体全部为F建筑与设施类。此外，如康体游乐休闲度假地、宗教与祭祀活动场所、园林游憩区域、文化活动场所、特色社区以及名人故居与历史纪念建筑，这些旅游资源单体数量占据了F建筑与设施类旅游资源单体总量的一半以上，而且本图志中新增加的4个旅游资源基本类型都属于F建筑与设施类。H人文活动类旅游资源单体共40个，该主类的旅游资源单体主要是一些节庆活动和体育赛事，85%集中在未分区。B水域风光和E遗址遗迹类的旅游资源分别涉及6个区（县）。旅游资源单体数量最少的是C生物景观类，仅有2个，均位于崇明县。

（三）旅游资源品质

1. 旅游资源品质

在本次调查过程中，结合上海的实际情况，确定了上海旅游资源单体调查的基本原则，并将本图志收录的886个旅游资源单体的品质从高到低分为五级、四级、三级、二级、一级，其中五级旅游资源有104个，占总数的11.74%，共33个基本类型；四级旅游资源有197个，占总数的22.23%，共41个基本类型；三级旅游资源有297个，占总数的33.52%，共37个基本类型；二级旅游资源有180个，占总数的20.32%，共22个基本类型；一级旅游资源有108个，占总数的12.19%，共16个基本类型。

在上海旅游资源单体涵盖的七大主类中，各主类所包含的旅游资源单体总数，以及各等级旅游资源在各主类中的分布情况，可以反映出各主类旅游资源的品质状况。七大主类旅游资源品质如表4所示。

表4　七大主类旅游资源品质

主　类	总数	五级	四级	三级	二级	一级
A 地文景观	10	1	5	3	1	0
B 水域风光	12	2	2	7	0	1
C 生物景观	2	1	1	0	0	0
E 遗址遗迹	10	1	2	5	0	2
F 建筑与设施	803	82	171	266	179	105
G 旅游商品	9	1	1	7	0	0
H 人文活动	40	16	15	9	0	0
合　计	886	104	197	297	180	108

由表4可见，由于F建筑与设施类旅游资源单体的数量远远高于其他主类，因此在各个等级中该主类的数量都占据首位。C生物景观、G旅游商品、H人文活动3个主类旅游资源单体数量较少，但全部为三级以上，可见其品质较好。在A地文景观类旅游资源单体中，四级旅游资源较多。在B水域风光类旅游资源单体中，三级旅游资源较多。在E遗址遗迹类旅游资源单体中，三级旅游资源较多。

表5　上海市各区（县）旅游资源品质

名　　称	五级	四级	三级	二级	一级
浦东新区	9	18	24	25	11
徐汇区	9	29	22	7	4
长宁区	3	10	10	6	6
普陀区	1	4	14	10	7
闸北区	2	3	4	5	3
虹口区	7	14	10	12	6
杨浦区	6	5	10	9	8
黄浦区	26	36	57	15	7
静安区	3	13	17	6	2
闵行区	1	3	9	4	5
宝山区	3	10	10	16	9
嘉定区	3	8	19	8	8
松江区	3	11	22	12	15
青浦区	4	7	16	11	6
金山区	3	5	18	12	2
奉贤区	2	5	12	14	5
崇明县	3	3	10	8	4
未分区	16	13	13	0	0
合　　计	104	197	297	180	108

表5所示为上海市各区（县）旅游资源品质。由表5可见，上海旅游资源单体中三级旅游资源的数量最多，占全市总数的三分之一。多数区（县）的三级旅游资源数量所占比率最大，三级旅游资源、四级旅游资源、五级旅游资源的数量呈金字塔形分布，也有一些区（县），如浦东新区、闸北区、宝山区、奉贤区的二级旅游资源比率最大。黄浦区的五级旅游资源、四级旅游资源和三级旅游资源的数量位居各区（县）之首，分别占全市五级旅游资源总数的25%，四级旅游资源总数的18.27%，三级旅游资源总数的19.19%。未分区的旅游资源单体均为三级以上。

2. 旅游资源品质结构

在国家标准中，五级旅游资源称为"特品级旅游资源"；五级、四级、三级旅游资源被通称为"优良级旅游资源"；二级、一级旅游资源被通称为"普通级旅游资源"。

上海各主类旅游资源优良级比率如表6所示。在此将各主类优良级旅游资源在等级上的分布也列于同一表中。

表6　上海各主类旅游资源优良级比率

名　称	优良级单体数	优良级构成			单体总数	比率（%）	序位
		五级	四级	三级			
A 地文景观	9	1	5	3	10	90.00	5
B 水域风光	11	2	2	7	12	91.67	4
C 生物景观	2	1	1	0	2	100.00	1
E 遗址遗迹	8	1	2	5	10	80.00	6
F 建筑与设施	519	82	171	266	803	64.63	7
G 旅游商品	9	1	1	7	9	100.00	1
H 人文活动	40	16	15	9	40	100.00	1

由表6可见，上海各主类旅游资源优良级比率均在60%以上，除F建筑与设施类外，其余各主类旅游资源单体数量较少，因此出现优良级比率均高于F建筑与设施类的情况，C生物景观、G旅游商品和H人文活动的优良级比率达100%。

上海市各区（县）旅游资源优良级比率如表7所示。由表7可见，上海市优良级旅游资源合计598个，占本图志所收录的886个旅游资源单体总数的比率为67.49%，除未分区旅游资源优良级比率为100%外，旅游资源优良级比率明显高于其他区（县）的是徐汇区84.51%、黄浦区84.40%和静安区80.49%。旅游资源优良级比率最低的是宝山区，为47.92%。

表7　上海市各区（县）旅游资源优良级比率

名　称	优良级单体数	优良级结构			单体总数	比率（%）	序位
		五级	四级	三级			
浦东新区	51	9	18	24	87	58.62	11
徐汇区	60	9	29	22	71	84.51	2
长宁区	23	3	10	10	35	65.71	5
普陀区	19	1	4	14	36	52.78	16
闸北区	9	2	3	4	17	52.94	15
虹口区	31	7	14	10	49	63.27	8
杨浦区	21	6	5	10	38	55.26	14
黄浦区	119	26	36	57	141	84.40	3
静安区	33	3	13	17	41	80.49	4
闵行区	13	1	3	9	22	59.09	10
宝山区	23	3	10	10	48	47.92	18

续表

名　称	优良级单体数	优良级结构			单体总数	比率（%）	序位
		五级	四级	三级			
松江区	36	3	11	22	63	57.14	12
青浦区	27	4	7	16	44	61.36	9
金山区	26	3	5	18	40	65.00	7
奉贤区	19	2	5	12	38	50.00	17
崇明县	16	3	3	10	28	57.14	12
未分区	42	16	13	13	42	100.00	1
合　计	598	104	197	297	886	67.49	—

（四）旅游资源特点

1．人文旅游资源多、自然旅游资源少

在国家标准中，将旅游资源分类结构分为主类、亚类、基本类型3个层次，其中主类包括自然旅游资源（A地文景观、B水域风光、C生物景观、D天象与气候景观）和人文旅游资源（E遗址遗迹、F建筑与设施、G旅游商品、H人文活动）。上海旅游资源未涵盖自然旅游资源主类1个，亚类12个，未涵盖人文旅游资源亚类1个（见表8），为方便比较，把国家标准中的旅游资源分类结构一并列出。从旅游资源分类结构上看，上海旅游资源具有人文旅游资源多、自然旅游资源少的特点。

表8　旅游资源分类结构对比

分　类	国家标准中旅游资源分类结构		上海旅游资源分类结构	
	主　类	亚类数量	主　类	亚类数量
自然旅游资源	A 地文景观	5	A 地文景观	2
	B 水域风光	6	B 水域风光	2
	C 生物景观	4	C 生物景观	1
	D 天象与气候景观	2	—	—
合　计	4	17	3	5
人文旅游资源	E 遗址遗迹	2	E 遗址遗迹	2
	F 建筑与设施	7	F 建筑与设施	7
	G 旅游商品	1	G 旅游商品	1
	H 人文活动	4	H 人文活动	3
合　计	4	14	4	13

2. 自然旅游资源大多集中在郊区

在上海的 24 个自然旅游资源单体中，普陀区的苏州河十八湾以及杨浦区的新江湾城湿地公园 2 个旅游资源单体是位于市区的，黄浦江和苏州河是位于上海市的，其他 20 个旅游资源单体都是位于郊区的。由此可见，上海市的自然旅游资源大多集中在郊区。上海自然旅游资源分布如表 9 所示。

表 9　上海自然旅游资源分布

资源单体	分类	所属区（县）	数量	市区/郊区
崇明岛国家地质公园	AEA 岛区	崇明县		郊区
长兴岛	AEA 岛区	崇明县		郊区
横沙岛	AEA 岛区	崇明县		郊区
明珠湖	BBA 观光游憩湖区	崇明县		郊区
崇明北湖	BBA 观光游憩湖区	崇明县	9	郊区
崇明西沙湿地	BBB 沼泽与湿地	崇明县		郊区
东滩湿地公园	BBB 沼泽与湿地	崇明县		郊区
长江口中华鲟自然保护区	CDA 水生动物栖息地	崇明县		郊区
崇明东滩鸟类国家级自然保护区	CDC 鸟类栖息地	崇明县		郊区
碧海金沙水上乐园	AAD 滩地型旅游地	奉贤区	1	郊区
浏河岛	AEA 岛区	嘉定区	1	郊区
金山城市沙滩	AAD 滩地型旅游地	金山区	2	郊区
金山三岛海洋生态自然保护区	AEA 岛区	金山区		郊区
滴水湖	BBA 观光游憩湖区	浦东新区		郊区
南江东滩野生动物禁猎区	BBB 沼泽与湿地	浦东新区	3	郊区
九段沙湿地自然保护区	BBB 沼泽与湿地	浦东新区		郊区
淀山湖	BBA 观光游憩湖区	青浦区	1	郊区
佘山国家森林公园	AAA 山丘型旅游地	松江区		郊区
天马山	AAA 山丘型旅游地	松江区	3	郊区
小昆山	AAA 山丘型旅游地	松江区		郊区
苏州河十八湾	BAA 观光游憩河段	普陀区	1	市区
新江湾城湿地公园	BBB 沼泽与湿地	杨浦区	1	市区
黄浦江	BAA 观光游憩河段	上海市	2	—
苏州河	BAA 观光游憩河段	上海市		—

3. 旅游资源大多集中在F建筑与设施类

在本图志所收录的886个旅游资源单体中，有803个旅游资源单体属于F建筑与设施类，占总数的90.63%。这些旅游资源单体涵盖了国家标准中该主类中的7个亚类、31个基本类型，并且根据上海的实际情况，增设了4个基本类型。F建筑与设施类的旅游资源是上海最主要的旅游资源，历史建筑是上海城市文化传统的载体，反映出上海历史文化传统的延续和发展，是一种重要的文化旅游资源。历史建筑能够相对全面地传达城市的历史信息，展示城市发展的历史延续和文化特色，其中上海外滩建筑群就是一个很好的例子。19世纪后期，外滩出现了许多外资银行和中资银行，被誉为"东方华尔街"。从20世纪至今，随着建筑技术的不断发展以及我国经济实力的不断提升，在上海外滩建筑群中又出现了不少具有现代建筑设计风格的高楼大厦。整个外滩历史文化风貌区构成了风格迥异、格调和谐的建筑群，被誉为"万国建筑博览会"。对于旅游者来说，这些历史建筑不仅传递着上海的历史文化信息，而且具有多种旅游功能。如：南京路上原为四大公司的上海市第一百货商店、永安百货公司、上海时装商店和上海市第一食品商店，原为中苏友好大厦的上海展览中心，上海邮政总局大楼内的上海邮政博物馆，原为马勒别墅的精品酒店等。此外，上海具有不少文化活动、宗教活动、体育活动的场所，如上海美术馆、兰心大戏院、国泰电影院、龙华寺、沐恩堂、江湾体育中心等。更值得一提的是外白渡桥，它不仅是苏州河上重要的通道，而且承载着城市的荣辱；作为老上海的地标，外白渡桥的交通功能已退居次要地位，它更重要的功能则是成为上海的一道独特的景观。在F建筑与设施类旅游资源中，还有很多花园洋房、里弄住宅等，它们记载了上海的历史和风貌，反映了上海人的生活方式和文化传统，如淮海坊、四明邨、愚谷邨等，其中不乏名人故居。

4. 拥有众多体现城市发展的旅游资源单体

在上海的旅游资源单体中，有很多独特的旅游资源，它们体现了上海社会经济文化建设的成就。第一是上海的一些标志性建筑，它们成为体现上海城市高度和大都市壮观景色的旅游资源。东方明珠广播电视塔集都市观光、时尚餐饮、购物娱乐、历史陈列、浦江游览、会展演出等多功能于一体，塔高468米；金茂大厦和上海环球金融中心集办公、星级酒店、观光、娱乐、商场等综合设施于一体，金茂大厦楼高420.5米，上海环球金融中心楼高492米。第二是体现上海经济发展的旅游资源。上海已经形成十大都市商业中心，其中的南京路旧称"大马路"，东起外滩，西抵静安寺，全长10里（约5千米），近现代时期曾为外国殖民者的租界，被称为"十里洋场"。上海开埠后，南京路即确立了上海近代商业发祥地的地位。20世纪30年代，"十里洋场"已蜚声中外，成为"繁华"的代名词。徐家汇是上海市的商业中心之一，也是重要的公共活动中心，目前已发展成为体现上海城市繁荣的标志性区域之一。创意产业集聚区成为目前上海创意产业发展的一大特色和重要载体。上海创意产业集聚区中的三分之二是对老厂房、老仓库和老大楼进行的保护性和创造性开发，8号桥创意产业园区、M50创意园等都有其各自的主体产业。第三是体现上海文化建设的旅游资源。上海大剧院以"一流的艺术作品，一流的艺术体验，一流的艺术教育"为剧院宗旨，秉承"国际性、艺术性、创意性"的品牌定位，坚持"名家、名团、名作"的节目特色，致力于实现"中国剧院标杆、城市文化名片、文化创意中心"的发展愿景。上海博物馆是一座大型的中国古代艺术博物馆，馆藏珍贵文物12.8万件，其中尤以青铜器、陶瓷器、书法、绘画为特色，其藏品之丰富、质量之精湛在国内外享有盛誉。上海音乐厅作为全国第一家音乐厅，在1959年后的数十年中，一直是上海音乐活动的中心之一，历届上海之春国际音乐节、上海国际广播音乐节都以此为中心场所。

5. 基础设施也成为旅游资源

城市的发展离不开基础设施建设。上海的一些交通设施成为都市旅游资源的一部分。如作为上海国际航运中心洋山深水港港区一期工程的重要配套工程——东海大桥，跨杭州湾北部海域，连接浦东新区芦潮港和浙江省嵊泗县小洋山岛。又如世界上第一条投入商业化运营的上海磁浮列车示范运营线，连接轨道交通2号线龙阳路站和浦东国际机场，全长约30千米，设计最高运行速度为每小时430千米，单线运行时间约8分钟，它既是上海市交通发展的重大项目，也具有旅游观光等多重功能。再如虹桥综合交通枢纽，它具有高速铁路、城际铁路、高速公路、城市轨道交通、公共交通、民用航空等各种运输方式的集中换乘功能。此外，随着城市化进程的不断加速以及人们对城市生态建设的重视，城市公园绿地日益增多。从徐汇区的徐家汇公园到浦东新区的世纪公园，从杨浦区的黄兴公园到黄浦区的人民公园，从长宁区的中山公园到虹口区的鲁迅公园，从黄浦区的太平桥绿地到闸北区的大宁灵石公园，从闵行区的闵行体育公园到宝山区的顾村公园，等等，这些城市里的公园和绿地，既起到了改善人居环境的作用又成为了市民的游憩空间，它们也是上海旅游资源的一部分。

6. 大型文化节庆和体育赛事较多

上海拥有众多现代节庆旅游资源，这些活动都呈现出多样化、商业化的特征。从1990年起，上海旅游节已经举办了20多年。上海旅游节的活动从每年九月中旬开始，历时20多天，涵盖了观光、休闲、娱乐、文体、会展、美食、购物等几个大类近40个项目，每年吸引游客超过800万人次。此外的一些节庆活动，如创办于1993年的上海国际电影节，是中国唯一获国际电影制片人协会认可的国际A类电影节。上海国际艺术节是中外艺术家的盛会，它是我国国家级综合性的国际艺术节。上海之春国际音乐节是2001年由"上海之春"音乐舞蹈月和上海国际广播音乐节合并而成的。该艺术节每年举办一次，主要活动包括音乐舞蹈新人新作展演、上海地区群众性合唱邀请赛、国际广播音乐节目"金编钟"奖展播及评选颁奖活动、国内广播音乐节目主持人大赛等。上海还拥有众多国际性的体育赛事，如上海F1（中国）大奖赛、上海ATP1000网球大师赛、世界斯诺克上海大师赛等。

7. 独特的旅游资源及其文化特征

海派文化，体现在上海的方方面面。建筑，历来是人类文化中最具有表现力的一个组成部分，海派文化在兼收并蓄中造就了风格独特的"万国建筑博览会"，让我们能够在一个城市里看到各种各样建筑风格并存的历史风貌。名人文化，是上海的闪光点，其中较为突出的是衡山路—复兴路历史文化风貌区和山阴路历史文化风貌区，在那里保留着与名人相关的建筑、塑像、墓地等，拥有众多的名人文化资源。上海的名人故居众多，20世纪20~30年代，由于政治、经济、文化等诸多因素，鲁迅、郭沫若、茅盾、康有为、叶圣陶、瞿秋白、沈尹默、内山完造等30余位中外文化名人曾经在多伦路一带居住和工作，留下了众多的故居。鲁迅墓被列为全国重点文物保护单位，位于山阴路历史文化风貌区。周公馆位于思南路73号，这里是1946~1947年中国共产党代表团驻沪办事处；孙中山故居坐落在香山路7号，他和夫人宋庆龄从1918~1924年在此居住了6年；陈独秀故居（即《新青年》编辑部旧址）位于南昌路100弄2号，陈独秀在上海创办了《新青年》，编辑部就设于此。在衡山路—复兴路历史文化风貌区内有众多名人塑像，如田汉塑像、聂耳塑像、普希金塑像；还有名人故居，如巴金故居等。此外，红色旅游文化也得到挖掘和保护，中共一大会址纪念馆、宋庆龄故居纪念馆和陈云故居暨青浦革命历史纪念馆等已被列为上海红色旅游景点，形成了颇具特色的文化旅游氛围。

民俗文化，是一种具有深厚的历史文化基础的文化形态，上海的民俗文化存在于各种节庆资源和具有观光游览功能的资源中，如龙华庙会、豫园灯会等。

四、上海旅游资源调查的资料来源

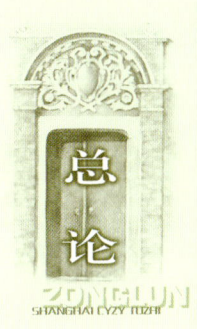

上海旅游资源调查的主要资料来源于如下所述国家级和上海市级的相关资料。

国家级的相关资料包括：全国重点文物保护单位共19处，分别于1961年、1982年、1988年、1996年、2001年、2006年分六批公布；国家级非物质文化遗产共50项，分别于2006年、2008年和2011年分三批公布；国家A级旅游景区共75处，其中AAAAA级景区3处、AAAA级景区35处、AAA级景区37处，分别于2001年、2002年、2004年、2005年、2006年、2007年、2008年、2009年、2010年、2011年和2012年公布；全国爱国主义教育示范基地共12处，分别于1997年、2001年、2005年、2009年分四批公布；全国工（农）业旅游示范点共31处，其中工业旅游示范点15处、农业旅游示范点16处，分别于2004年、2005年、2006年、2007年公布；全国科普教育基地（2010～2014年）共19处，于2010年公布；中国历史文化名镇8个，分别于2005年、2007年、2008年、2010年分四批公布；国家级自然保护区2个，于2005年公布。

上海市级的相关资料包括：上海市文物保护单位共163处，分别于1977～2002年公布；上海市历史文化风貌区共44片，其中中心城区12片、郊区及浦东新区32片，分别于2003年、2005年分两批公布；上海市优秀历史建筑共632处，分别于1989年、1994年、1999年、2005年分四批公布；上海市非物质文化遗产第一批83项，第一批扩展5项；第二批45项；第三批29项，第三批扩展8项；分别于2007年、2008年、2009年和2011年分三批公布。上海市爱国主义教育基地共86处；上海市科普教育基地（2012～2013年）共275处，于2012年公布；《上海旅游年鉴》（2007）收录的上海市博物馆、展览馆、陈列馆共40个；上海市星级公园共94座，其中五星级公园15座、四星级公园24座、三星级公园42座，二星级公园13座，分别于2002～2011年公布；上海特色商业街50条，分别于2007～2010年公布；上海市级自然保护区2个，分别于1992年、2002年公布；《中国旅游景区景点大辞典》收录的上海旅游景区（景点）282处；《上海旅游年鉴》（2007）收录的上海旅游景区（景点）51处；《上海旅游年鉴》（2008）收录的上海市旅游景区（点）327处；《2005～2010年上海市红色旅游发展规划纲要》收录的上海红色旅游景点40处；上海农业旅游推荐单位40个，分别于2009年、2010年公布。

五、上海旅游的未来发展

2010年上海世博会结束后，上海的旅游业又迎来了新一轮大发展的契机。2011年，上海市委市政府发布了《关于加快上海旅游业发展，建设世界著名旅游城市的意见》（以下简称《意见》）。《意见》全面阐述了到2015年上海初步建成世界著名旅游城市的目标、路径、内容和方法，并提出了到"十二五"末，申城旅游业增加值占全市生产总值的比率要提高到8.5%，占服务业增加值的比率达13.5%。"十二五"期间，上海旅游业发展的总体目标和定位是：首先，将上海基本建成魅力独具、环境一流、集散便捷、服务完善、旅游产业体系健全、旅游产品丰富多样、旅游企业充满活力的世界著名旅游城市。第二，要加快"五个目的地"的建设，即吸引力强、美誉度高、世界级景区（点）集聚的国际都市观光旅游目的地，支付便捷、环境舒适、国际和民族品牌云集的国际都市时尚购物目的地，设施完善、服务优良、品牌优势突出的国际都市商务会展目的地，传承创意交融、节庆赛事荟萃的国际都市文化旅游目的地，环境优美、内涵丰富、魅力独特的国际都市休闲度假目的地；要打造中转便捷、衔接顺畅、换乘快速的国际旅游集散地。第三，要积极打造"一圈四区三带一岛"的上海旅游空间格局，"一圈"即中心城区集商务会展、都市观光、美食购物、休闲娱乐、文化创意等为一体的都市旅游中心圈；"四区"即东部为主题游乐与会议展览旅游区，西部为山水游憩与休闲度假旅游区，南部为乡村度假与滨海娱乐旅游区，北部为生态休闲与产业体验旅游区；"三带"即构建黄浦江、苏州河、杭州湾北岸3条水上旅游带；"一岛"即通过创建国家生态旅游示范区，建设农业体验与生态观光为一体的崇明生态休闲度假岛。第四，要遵循"大项目带动大旅游"的基本路径，充分利用2010年上海世博会"一轴四馆"等资源和品牌，打造标志性的2010上海世博纪念园地和商贸会展、文化休闲集聚区。第五，要重点推进国际旅游度假区、佘山国家旅游度假区开发建设。第六，要着力推进迪士尼主题乐园、欢乐谷二期、虹桥商务区和环淀山湖、杭州湾北岸等相关旅游项目建设。第七，要积极推进沿江、沿河、沿湖、沿海的水上旅游综合开发项目建设。第八，要完成苏州河两岸游船公共码头、景观环境改造及配套服务设施等旅游基础设施项目的建设。

在上海旅游业未来的发展中，将进一步加强旅游资源的整合，大力开发具有市场前景的旅游产品，加强旅游实体建设，不断满足上海市民和全国以及世界各国旅游者日益增长的精神需求，并将此作为上海旅游业发展的重点。在《上海市旅游业发展"十二五"规划》中，共入选了19个市级旅游重点项目。旅游产业类重点项目有迪士尼主题乐园项目、极地海洋馆项目、北郊湿地项目、马陆乡村旅游景区项目、佘山国家旅游度假区建设项目、碧海金沙文化旅游创意园、滨海旅游度假区、吴越界河文化旅游区、徐家汇中心综合旅游项目和苏州河第一湾码头项目等。这些重点项目的单项投资额均超过1亿元，总投资额将超过1 000亿元。此外，城市文化遗产旅游的发展也得到各界的关注和重视，历史文化风貌区将成为上海旅游资源中展现历史文脉和城市精神的重要载体，众多的文化遗产将得到更好的保护，并逐步面向公众开放。展望未来，上海旅游业将更好更快地发展，为上海人民、全国人民以及各国旅游者提供更丰富的旅游产品，推进上海早日成为世界著名旅游城市。

浦东新区

上 海 旅 游 资 源 图 志

概况

浦东新区位于上海市东部，东濒东海，南临杭州湾，东北隔长江与崇明县隔江相望，区域面积1 307.87平方千米。2012年度，浦东新区户籍人口281.1万人，辖12个街道（潍坊新村街道、陆家嘴街道、周家渡街道、塘桥街道、上钢新村街道、南码头路街道、沪东新村街道、金杨新村街道、洋泾街道、浦兴路街道、东明路街道、花木街道）和24个镇（川沙新镇、高桥镇、北蔡镇、合庆镇、唐镇、曹路镇、金桥镇、高行镇、高东镇、张江镇、三林镇、惠南镇、周浦镇、新场镇、大团镇、康桥镇、航头镇、祝桥镇、泥城镇、宣桥镇、书院镇、万祥镇、老港镇、南汇新城镇）。2012年度，全区实现地区生产总值5 929.91亿元，增长10.1%。其中，第一产业实现增加值32.89亿元，第二产业实现增加值2 320.75亿元，第三产业实现增加值3 576.27亿元。2012年度，全区接待游客2 780万人次，其中宾馆接待游客283.67万人次，实现营业收入55.18亿元；旅行社接待游客213.50万人次，实现营业收入53.12亿元；景点接待游客2 342万人次，实现营业收入129 355万元。

明嘉靖三十六年（1557年），因海防筑川沙堡城。清嘉庆十年（1805年），在上海县高昌乡滨海地区和南汇县长人乡北部置川沙抚民厅，清嘉庆十五年（1810年），划隶属松江府，这是川沙设治之始。辛亥革命后，改厅为县，仍属松江府。抗日战争时期归属上海特别市，抗日战争胜利后隶江苏省第三专区。1949年后，隶属苏南行政区松江专员公署，1958年改属苏州专区；同年，川沙县、南汇县、青浦县、松江县、奉贤县、金山县、嘉定县、宝山县、上海县、崇明县划归上海市。1990年，党中央、国务院宣布浦东开发开放。1992年，设立上海市浦东新区，撤销川沙县，浦东新区的行政区域包括原川沙县，上海县的三林乡，以及黄浦区、南市区、杨浦区的浦东部分。2009年5月，原南汇区行政区域划入浦东新区。

改革开放以来，浦东新区先后兴建了一批具有相当知名度的文化设施和旅游景点，如东方明珠广播电视塔、上海野生动物园、上海科技馆、世纪公园、上海海洋水族馆、上海鲜花港等。此外，上海桃花节、东海大桥、洋山深水港、滴水湖等也已经成为旅游的新亮点。

浦东新区是上海重要的交通枢纽，在100多千米的江海岸线上布局了洋山深水港、浦东国际机场和外高桥港区等重大功能性枢纽，先进的国际物流港口，航空运输、铁路轨道运输、城际高速路共同构建水、陆、空三位一体的交通体系。境内有我国第一条也是迄今为止唯一的一条磁浮列车示范运营线。G1501上海绕城高速、S2沪芦高速等多条高速公路将浦东新区与上海其他地区紧密相连，并通达江苏省和浙江省。

旅游资源列表

编号	名称	行政位置	资源类型	单体资源等级	地理位置
PD01	东方明珠广播电视塔	陆家嘴街道世纪大道1号	FCZ	5	31°14′28.02″N 121°29′47.52″E
PD02	洋山深水港	浙江省*	FFC	5	30°38′27.18″N 122°03′42.72″E
PD03	东海大桥	浦东新区	FFA	5	30°44′37.22″N 121°58′42.78″E
PD04	张闻天故居	祝桥镇闻居路50号	FDD	5	31°07′54.32″N 121°45′46.68″E
PD05	上海科技馆	花木街道世纪大道2000号	FAE	5	31°13′09.90″N 121°32′13.62″E
PD06	世博会中国馆	周家渡街道上南路161号	FAE	5	31°11′11.12″N 121°29′24.21″E
PD07	上海环球金融中心	陆家嘴街道世纪大道100号	FCZ	5	31°14′04.65″N 121°30′26.83″E
PD08	上海野生动物园	浦东新区南六公路178号	FAH	5	31°03′22.62″N 121°42′41.94″E
PD09	上海磁浮列车示范运营线	浦东新区	FFZ	5	31°12′12.36″N 121°34′28.62″E
PD10	金茂大厦	陆家嘴街道世纪大道88号	FCZ	4	31°14′09.30″N 121°30′00.72″E
PD11	浦东国际机场	祝桥镇	FFD	4	31°08′31.00″N 121°47′39.00″E

注：洋山深水港是上海国际航运中心的核心工程，其行政位置位于浙江省嵊泗县崎岖列岛以北。洋山深水港通过东海大桥与上海市浦东新区相连，因此本图志将此旅游资源单体归入浦东新区。

续表

编号	名称	行政位置	资源类型	单体资源等级	地理位置
PD12	黄炎培故居	川沙新镇兰芬堂74弄1号	FDD	4	31°11′49.74″N 121°42′18.60″E
PD13	世纪公园	花木街道锦绣路1001号	FAD	4	31°13′12.18″N 121°32′33.30″E
PD14	上海鲜花港	浦东新区振东路2号	FAH	4	30°56′53.10″N 121°53′51.24″E
PD15	梅赛德斯-奔驰文化中心	周家渡街道世博大道1200号	FBC	4	31°11′27.43″N 121°29′19.23″E
PD16	上海桃花节	浦东新区	HDA	4	无
PD17	吴昌硕纪念馆	陆家嘴街道陆家嘴东路15号	FDD	4	31°12′45.00″N 121°40′29.94″E
PD18	浦东滨江大道	陆家嘴街道	FAK	4	31°14′17.04″N 121°29′29.88″E
PD19	上海国际会议中心	陆家嘴街道滨江大道2727号	FBC	4	31°14′23.16″N 121°29′33.54″E
PD20	唐墓桥露德圣母堂	唐镇老街40号	FAC	4	31°12′33.69″N 121°39′26.18″E
PD21	上海滨江森林公园	高桥镇凌桥高沙滩3号	FAD	4	31°21′08.00″N 121°31′47.00″E
PD22	东方艺术中心	花木街道丁香路425号	FBC	4	31°13′27.54″N 121°32′16.08″E
PD23	汤臣高尔夫球场	浦东新区龙东大道1号	FBD	4	31°12′49.86″N 121°34′43.98″E
PD24	外滩观光隧道	陆家嘴街道滨江大道2789号	FFZ	4	31°13′45.48″N 121°29′41.88″E

续表

编号	名称	行政位置	资源类型	单体资源等级	地理位置
PD25	中国航海博物馆	南汇新城镇申港大道197号	FAE	4	30°53′56.70″N 121°54′56.60″E
PD26	新场古镇历史文化风貌区	新场镇	FDC	4	31°01′36.48″N 121°38′32.34″E
PD27	高桥古镇历史文化风貌区	高桥镇	FDC	4	31°21′53.27″N 121°30′43.02″E
PD28	老宝山城遗址	高桥镇	EBF	3	31°21′49.84″N 121°34′56.14″E
PD29	川沙古城墙	川沙新镇新川路171号	EBF	3	31°12′21.20″N 121°42′12.80″E
PD30	陆家嘴中心绿地	陆家嘴街道陆家嘴东路160号	FAD	3	31°14′28.00″N 121°30′36.00″E
PD31	钦赐仰殿	陆家嘴街道源深路476号	FAC	3	31°14′18.30″N 121°32′11.30″E
PD32	张江高科技园区	张江镇	FAF	3	31°12′53.16″N 121°34′59.46″E
PD33	孙桥现代农业开发区	张江镇沔北路185号	FAF	3	31°09′48.00″N 121°37′21.00″E
PD34	上海海洋水族馆	陆家嘴街道陆家嘴环路1388号	FAH	3	31°14′34.62″N 121°29′54.78″E
PD35	南汇桃花村	惠南镇北门路289号	FAB	3	31°03′44.04″N 121°44′59.76″E
PD36	滴水湖	南汇新城镇	BBA	3	30°53′47.99″N 121°56′30.03″E
PD37	大团桃园	大团镇赵桥村888号	FAB	3	30°59′19.44″N 121°44′09.96″E
PD38	法华学问寺	三林镇华夏西路399号	FAC	3	31°08′45.99″N 121°28′05.21″E
PD39	上海滨海高尔夫俱乐部	南汇新城镇东大公路5333号	FBD	3	30°58′25.14″N 121°54′01.02″E
PD40	庆云寺	合庆镇龙东大道6907号	FAC	3	31°14′33.54″N 121°42′57.04″E
PD41	上海滨海森林公园	南汇新城镇东大公路5366号	FAD	3	30°57′50.51″N 121°54′41.19″E

续表

编号	名称	行政位置	资源类型	单体资源等级	地理位置
PD42	浦东清真寺	洋泾街道源深路375号	FAC	3	31°14′07.94″N 121°31′56.65″E
PD43	东方明珠塔元旦迎新登高活动	浦东新区	HCD	3	无
PD44	川沙古镇历史文化风貌区	川沙新镇	FDC	3	31°11′53.04″N 121°41′58.32″E
PD45	南汇东滩野生动物禁猎区	南汇新城镇	BBB	3	30°54′15.30″N 121°58′16.67″E
PD46	上海地质科普馆	祝桥镇华洲路1号	FAE	3	31°10′42.00″N 121°46′41.00″E
PD47	九段沙湿地自然保护区	浦东新区	BBB	3	31°12′18.72″N 121°53′41.93″E
PD48	极地科普馆	沪东新村街道金桥路451号	FAE	3	31°15′55.44″N 121°34′11.52″E
PD49	渔乐湾生态园	新场镇笋王路1688号	FAB	3	31°00′44.16″N 121°39′28.50″E
PD50	美特斯邦威服饰博物馆	康桥镇康桥东路800号	FAE	3	31°09′26.04″N 121°36′48.00″E
PD51	川沙公园	川沙新镇城南路411号	FAD	3	31°11′36.84″N 121°41′45.42″E
PD52	张家楼耶稣圣心堂	金桥镇红枫路151号	FAC	2	31°14′39.47″N 121°35′23.21″E
PD53	潮音庵	曹路镇李家盘37号	FAC	2	31°17′40.93″N 121°40′02.85″E
PD54	世纪广场	花木街道世纪大道	FCI	2	31°13′25.02″N 121°32′08.64″E
PD55	福泉古寺	惠南镇文体路11号	FAC	2	31°02′46.26″N 121°45′07.74″E
PD56	玫瑰圣母堂	洋泾街道浦东大道1115号	FAC	2	31°14′30.07″N 121°31′55.53″E
PD57	大自然野生昆虫馆	陆家嘴街道丰和路1号	FAE	2	31°14′31.80″N 121°29′35.22″E
PD58	银行博物馆	陆家嘴街道浦东大道9号7楼	FAE	2	31°14′25.80″N 121°30′28.44″E

续表

编号	名称	行政位置	资源类型	单体资源等级	地理位置
PD59	上海中医药博物馆	张江镇蔡伦路1200号	FAE	2	31°11′41.76″N 121°35′40.62″E
PD60	华夏公园	张江镇华夏东路185号	FAD	2	31°11′40.30″N 121°38′43.84″E
PD61	太平天国烈士墓	高桥镇草高支路548号	FEB	2	31°21′09.24″N 121°33′38.64″E
PD62	崇福道院	三林镇杨南路555号	FAC	2	31°09′01.51″N 121°29′51.67″E
PD63	南汇博物馆	惠南镇文师街18号	FAE	2	31°03′26.16″N 121°45′51.00″E
PD64	古钟园	惠南镇卫星西路11号	FAD	2	31°02′42.72″N 121°44′55.14″E
PD65	南汇嘴观海公园	南汇新城镇	FAD	2	30°53′06.36″N 121°58′08.64″E
PD66	会龙寺	川沙新镇会龙村101号	FAC	2	31°05′36.90″N 121°43′23.22″E
PD67	大团古镇历史文化风貌区	大团镇	FDC	2	30°58′35.94″N 121°44′06.18″E
PD68	航头下沙老街历史文化风貌区	航头镇	FDC	2	31°03′10.98″N 121°35′11.34″E
PD69	康桥横沔历史文化风貌区	康桥镇	FDC	2	31°09′13.62″N 121°38′04.80″E
PD70	六灶古镇历史文化风貌区	川沙新镇	FDC	2	31°07′02.94″N 121°41′41.82″E
PD71	上海林克司乡村俱乐部	合庆镇凌白路1600号	FBD	2	31°14′07.12″N 121°45′04.38″E
PD72	临沂公园	南码头路街道东方路3683号	FAD	2	31°11′11.16″N 121°30′11.16″E
PD73	高桥公园	高桥镇张杨北路5655号	FAD	2	31°20′50.16″N 121°34′10.38″E
PD74	蔓趣公园	周家渡街道洪山路201号	FAD	2	31°10′35.52″N 121°29′43.44″E
PD75	长青公园	上钢新村街道长清路11号	FAD	2	31°10′31.86″N 121°29′05.34″E

续表

编号	名称	行政位置	资源类型	单体资源等级	地理位置
PD76	济阳公园	上钢新村街道耀华路600号	FAD	2	31°10′10.98″N 121°28′33.00″E
PD77	书院人家	书院镇洋溢村现代农业先行区	FAB	1	30°56′33.06″N 121°53′17.82″E
PD78	南汇古城墙遗址	惠南镇卫星东路16号	EBF	1	31°02′44.22″N 121°45′18.18″E
PD79	川沙天主堂	川沙新镇中市街42弄15号	FAC	1	31°11′46.17″N 121°42′18.62″E
PD80	上南公园	周家渡街道德州路198号	FAD	1	31°10′10.74″N 121°29′36.90″E
PD81	塘桥公园	塘桥街道东方路1260号	FAD	1	31°13′08.64″N 121°31′29.16″E
PD82	金桥公园	浦兴路街道台儿庄路362号	FAD	1	31°15′36.84″N 121°35′22.68″E
PD83	梅园公园	陆家嘴街道乳山路180号	FAD	1	31°14′21.30″N 121°31′17.97″E
PD84	南浦广场公园	塘桥街道浦东南路2277号	FAD	1	31°12′20.82″N 121°30′37.50″E
PD85	泾东公园	洋泾街道罗山路286号	FAD	1	31°14′56.22″N 121°33′11.10″E
PD86	泾南公园	洋泾街道羽山路850号	FAD	1	31°14′17.76″N 121°32′59.22″E
PD87	朱家店抗日之战纪念碑	川沙新镇会龙村	FCH	1	31°05′30.72″N 121°42′21.36″E

东方明珠广播电视塔

旅游资源单体

名称： 东方明珠广播电视塔
编号： PD01
资源类型： FCZ
单体资源等级： 5
行政位置： 陆家嘴街道世纪大道1号
地理位置： 31°14′28.02″N
　　　　　　121°29′47.52″E

性质与特征：

　　东方明珠广播电视塔是上海重要的地标建筑，塔高468米，建成时为亚洲第一、世界第三高塔，1994年建成开放。

　　东方明珠广播电视塔由3根擎天柱（直径9米）、3根斜柱（每柱有1球，共3球）、太空舱（高度350米，直径14米）、上球体（高度263米，直径45米）、上球体主观光层、悬空观光廊（高度259米）、下球体（高度90米，直径50米）、下球体室外观光廊、五小球、塔座和广场组成，整座建筑寓意"大珠小珠落玉盘"。东方明珠广播电视塔具有电视发射、浦江观光、餐饮娱乐、会展购物、历史陈列等多种功能。塔内设有上海城市历史发展陈列馆、老上海8号主题餐厅、空中旋转餐厅、东方明珠演艺剧场等旅游设施。可载50人的双层电梯和每秒7米的高速电梯为当时国内所仅有。

旅游区域及进出条件：

　　东方明珠广播电视塔位于陆家嘴金融贸易区、黄浦江畔。交通便利，公交81路、774路、779路等多条线路以及轨道交通2号线等可到达。

保护与开发现状：

　　对外开放。2007年被全国旅游景区质

量等级评定委员会评为国家 AAAAA 级旅游景区。现为上海市爱国主义教育基地。

名称：洋山深水港
编号：PD02
资源类型：FFC
单体资源等级：5
行政位置：浙江省
地理位置：30°38′27.18″N
　　　　　122°03′42.72″E
性质与特征：

洋山深水港是海岛型深水人工港，它是上海国际航运中心的核心工程，通过东海大桥与浦东新区相连。洋山深水港港区位于浙江省嵊泗县崎岖列岛以北，由大、小洋山等十几个岛屿组成，平均水深 15 米。港口北距长江口 72 千米，南距宁波北仑港 90 千米，向东经黄泽洋水道直通外海，距国际航线仅 83 千米，扼守亚洲—美洲、亚洲—欧洲两大国际航线要道，是上海港的中转集装箱码头。2002 年开工，2005 年举行启用仪式，2007 年开放旅游，预计 2020 年全部竣工。

洋山深水港港区规划总面积超过 25 平方千米，包括东、西、南、北 4 个港区，一次规划，分期实施，工程总投资超过 700 亿元。截至 2012 年，洋山深水港拥有 30 多个深水泊位，年吞吐能力达 1 500 万标准箱。北港区、西港区为集装箱装卸区，是洋山港的核心区域。规划深水岸线 10 千米，可布置大小泊位 30 多个，可以装卸世界上最大的超巴拿马型集装箱货轮和巨型油轮。全部建成后，年吞吐能力可达 1 300 万标准箱以上，约占上海港集装箱总吞吐量的 30%，单独计算可跻身世界第五大集装箱港。北港区以小洋山本岛为中心，西至小乌龟岛，东至沈家湾岛，平均水深 15 米，岸线全长 5.6 千米。西港区紧邻东海大桥，平均水深 12 米，码头岸线总长 4 000 米，年设计能力为 700 万标准箱，主要承接长江沿岸各个城市的航运货物，并转运至世界各地。东港区是大型的成品油中转基地，规划建设 1 900 米长的油品码头作业区，也是国家战略储备油库。

洋山深水港

南港区以大洋山本岛为中心，西至双连山、大山塘一带，东至马鞍山，将作为洋山港2020年以后的规划发展预留岸线。港区通过东海大桥连接到芦潮港。

洋山深水港地处风大流急的杭州湾外口，经常有强台风光顾。大、小洋山由十几座不相连的小岛组成，要想在平均水深20多米的岛屿之间，用吹沙填海的方式将岛屿间的海域填平，造出长6千米、宽1~1.5千米、总面积8平方千米的平整陆地，这相当于在1 000个足球场的面积上，将沙子堆到7层楼的高度，沙石抛填总量超过1亿立方米。

洋山深水港观光游览区位于小洋山岛，游览区占地面积约1.5平方千米，4座观景台由长2 600米游览栈道相连。登上1号观景台，可观看海岛的日出；登上位于城子山顶（海拔137.4米）的2号观景台，可一览东海大桥；登上位于大观音山顶（海拔141.7米）的4号观景台，整个深水港及绵延数千米的集装箱码头尽收眼底。

旅游区域及进出条件：

洋山深水港位于杭州湾口外的浙江省嵊泗崎岖列岛，北有32.5千米的东海大桥与浦东新区芦潮港相连。公交龙港快线到深水港商务广场再换乘洋山专线等多条线路可到达。

保护与开发现状：

对外开放。

名称：东海大桥

编号： PD03

资源类型： FFA

单体资源等级： 5

行政位置： 浦东新区

地理位置： 30°44′37.22″N
121°58′42.78″E

性质与特征：

东海大桥是连接上海国际航运中心洋山深水港的跨海大桥，由2座大跨度的海上斜拉桥、4座预应力连续梁桥、蜿蜒的非通航孔桥以及连接两个岛屿之间的一条海堤组成，全长32.5千米。2005年全线贯通。

东海大桥是一座外海跨海大桥，其中陆上段长3.7千米，芦潮港新大堤至大乌龟岛之间的海上段长25.3千米，大乌龟岛至小洋山岛之间的港桥连接段长3.5千米。全桥设主通航孔1处，设辅通航孔3处，最大主航通孔离海面净高40米，净宽400米，可通航万吨级货轮。东海大桥全线按高速公路标准设计，设计基准期为100年，

东海大桥

路面宽31.5米，双向6车道加紧急停车带，设计时速80千米，可抗12级台风、7级烈度地震。

旅游区域及进出条件：

东海大桥起始于芦潮港，北与S2沪芦高速相连，南跨杭州湾北部海域，止于浙江省嵊泗县小洋山岛。公交申港二路可到达。

保护与开发现状：

对外开放。

名称：张闻天故居

编号：PD04

资源类型：FDD

单体资源等级：5

行政位置：祝桥镇闻居路50号

地理位置：31°07′54.32″N
121°45′46.68″E

性质与特征：

张闻天故居为典型的江南乡村民宅，坐北朝南，占地面积686平方米，建筑面积495平方米，砖木结构，一正房，两厢房，始建于1892年。2008年，在张闻天故居西修建张闻天同志生平陈列室，占地面积3 500平方米，建筑面积1 500平方米，展示面积980平方米。生平展示分为诞生求学、投身新文化运动、踏上革命道路、在总书记的岗位上、在中共六届六中全会以后、去东北开拓、外事工作岁月、逆境中的求索、狂澜中升华、追思与遗产10个部分，用大量照片实物生动地展示了张闻天坎坷跌宕、波澜壮阔的一生。

张闻天（1900～1976年）是中国宣传马列主义的先驱者之一，五四运动爆发后，投身于学生运动。1925年加入中国共产党，并赴莫斯科中山大学学习。1931年任中宣部部长，中共临时中央政治局常委。1934年当选为中共中央总书记，并参加长征。1949年后，历任中国驻苏联大使、外交部第一副部长、政治局候补委员等职务。著作有《张闻天文集》。

旅游区域及进出条件：

张闻天故居位于川南奉公路闻居路口。公交浦东24路、龙临专线等多条线路可到达。

保护与开发现状：

对外开放。2001年被国务院列为全国重点文物保护单位。2005年被上海市红色旅游工作协调小组命名为上海红色旅游基地。现为上海市爱国主义教育基地。

张闻天故居

名称：**上海科技馆**

编号：PD05

资源类型：FAE

单体资源等级：5

行政位置：花木街道世纪大道 2000 号

地理位置：31°13′09.90″N
　　　　　121°32′13.62″E

性质与特征：

上海科技馆是上海市人民政府投资兴建的大型社会文化设施，占地面积 6.8 万平方米，建筑面积 9.8 万平方米。2001 年建成开馆。

上海科技馆建筑由地下一层、地面四层以及办公裙楼组成。建筑外观呈螺旋上升态，寓意科学技术的不断进步。中部建有巨大的玻璃球体并嵌于一泓清水间，寓意生命的诞生。上海科技馆内有 11 个常设展区：地壳探秘、生物万象、智慧之光、彩虹儿童乐园、设计师摇篮、地球家园、信息时代、机器人世界、探索之光、人与健康、宇航天地。此外，还设有蜘蛛展、中国古代科技长廊、探索者长廊等。上海科技馆内的巨幕影院、球幕影院、四维影院、太空影院 4 个特种影院组成了规模较大的科学影城，年放映量 1 万场次。

旅游区域及进出条件：

上海科技馆位于浦东新区行政文化中心。交通便利，公交 184 路、640 路、794 路等多条线路以及轨道交通 2 号线、4 号线等可到达。

保护与开发现状：

对外开放。2010 年被全国旅游景区质量等级评定委员会评为国家 AAAAA 级旅游景区。同年，被中国科学技术协会认定为全国科普教育基地。2012 年被上海市科学技术委员会命名为上海市科普教育基地。现为上海市爱国主义教育基地。

上海科技馆

世博会中国馆

名称：世博会中国馆

编号：PD06

资源类型：FAE

单体资源等级：5

行政位置：周家渡街道上南路161号

地理位置：31°11′11.12″N
　　　　　121°29′24.21″E

性质与特征：

　　世博会中国馆分为国家馆和地区馆两部分。总建筑面积16.01万平方米。2007年12月18日开工建设，2010年2月8日竣工。2010年5月1日正式对外开放。

　　国家馆主体造型雄浑有力，宛如华冠高耸，天下粮仓；地区馆平台基座汇聚人流，寓意社泽神州，富庶四方。国家馆和地区馆的整体布局，隐喻天地交泰、万物咸亨。国家馆居中升起、层叠出挑，采用极富中国建筑文化元素的红色"斗冠"造型，四根粗大的方柱托起斗状的主体建筑，斗冠由56根象征56个民族的横梁借助斗拱下小上大的原理叠加而成。建筑面积46 457

平方米，高69米，由地下一层、地上六层组成。国家馆屋顶为酷似九宫格的观景平台，可将浦江两岸的美景尽收眼底。国家馆外观以"中国红"装饰，馆体颜色由上至下依次由深至浅，能在白天不同阳光折射、夜晚灯光投射以及不同视觉高度等条件下，形成统一的具有沉稳、经典视觉效果的红色。

地区馆高13米，由地下一层和地上一层组成，整体建筑呈水平展开之势，形成建筑物稳定的基座，构造出城市公共活动空间。地区馆周边自然转折的空中游廊、台阶步道和园林小品相互衔接完美。地区馆屋顶平台上有2.7万平方米的城市空中花园，浓缩了中国传统园林和现代造景技术，蕴藏着中华文明的智慧和东方神韵。环廊外侧立面印有中国历朝历代的名称，象征着悠久的中国历史。环廊中的小品表面还刻有全国各省市自治区的名称，象征着祖国大地幅员辽阔、资源丰富，各地区、各民族精诚团结、共同进取。地区馆的外墙，采用中国古老的文字篆书作为装饰。"叠篆文字"装饰的地区馆建筑表面，传递着二十四节气的人文地理信息。

旅游区域及进出条件：

世博会中国馆位于上南路博成路口。交通便利，公交82路、83路、177路等多条线路以及轨道交通7号线、8号线等可到达。

保护与开发现状：

对外开放。世博会中国馆现已改建为中华艺术宫，对外开放。

名称：上海环球金融中心
编号：PD07
资源类型：FCZ
单体资源等级：5
行政位置：陆家嘴街道世纪大道100号
地理位置：31°14′04.65″N
　　　　　121°30′26.83″E

性质与特征：

上海环球金融中心是以办公为主，集商贸、宾馆、观光、会议等功能于一体的综合型大厦，建筑高度492米。2008年建成使用。

上海环球金融中心地面楼高101层，建筑层顶高度492米，超过中国台北101大厦（其层顶高度480米）。7～77层为写字楼，79～93层为柏悦酒店，94～100层为观光层。上海环球金融中心观光层以上海都市全景为背景，第100层是位于474米的"观光天阁"，其长度为55米，高度超过了加拿大CN电视塔观光厅（447米）；第94层"观光大厅"，室内净高8米，面积750平方米。地下建有三层，地下二层至地上三层为商业设施。

旅游区域及进出条件：

上海环球金融中心位于陆家嘴金融贸易区，毗邻金茂大厦。交通便利，公交01路、82路等多条线路以及轨道交通2号线、9号线等可到达。

保护与开发现状：

对外开放。上海环球金融中心观光厅2011年被全国旅游景区质量等级评定委员会评为国家AAAA级旅游景区。

名称：上海野生动物园
编号：PD08
资源类型：FAH
单体资源等级：5
行政位置：浦东新区南六公路178号
地理位置：31°03′22.62″N
　　　　　121°42′41.94″E

性质与特征：

上海野生动物园是上海首座国家级野生动物园，占地面积153万平方米。1995年对外开放。

上海野生动物园以仿动物产地的自然环境而设计建造，有步行和车行两种参观方式。动物展区内野生动物以放养为主，辅以散养与圈养，游客可观赏到来自世界各地的200余种、上万余头珍稀动物。全园设食肉动物放养区、食草动物放养区、散养动物区、

上海环球金融中心

珍稀动物圈养区、水禽湖区及火烈鸟区等，各区视不同情况再分设小区。食肉动物放养区位于园区东北部，主要放养老虎、熊、狮子和猎豹等；食草动物放养区位于园区东部中央，主要动物有亚洲象、犀牛、长颈鹿、野马、斑马、牦牛、羚羊、野驴、鹿等。散养动物区则散养着鸸鹋、非洲鸵鸟、袋鼠、孔雀等。珍稀动物圈养区主要圈养大熊猫、小熊猫和金丝猴。水禽湖及火烈鸟区位于园区中部西面。水禽湖中有成群的天鹅、鸳鸯、野鸭等水禽游弋，浅水处有鹤、鹳等涉禽徘徊。展区内地形起伏，水体遍及各处，给游人以回归自然的美感。

旅游区域及进出条件：

上海野生动物园位于南六公路人民西路口。公交惠莘线、南新专线、张南专线等多条线路可到达。

保护与开发现状：

对外开放。2007年被全国旅游景区质量等级评定委员会评为国家AAAAA级旅游景区。2012年被上海市科学技术委员会命名为上海市科普教育基地。

上海野生动物园

名称：上海磁浮列车示范运营线

编号：PD09

资源类型：FFZ

单体资源等级：5

行政位置：浦东新区

地理位置：31°12′12.36″N
　　　　　121°34′28.62″E

性质与特征：

上海磁浮列车示范运营线是目前我国唯一的一条磁浮列车商业运营线，全程30千米，2002年12月31日由中德两国总理亲临剪彩，并开始首列3节编组的磁浮列车单线VIP通车试运行。2006年4月27日正式运营。

上海磁浮列车示范运营线快捷、经济、准点，这种全新的交通工具给人带来前所未有的极速感觉。最高时速430千米，两车交汇相对速度700千米/时，全程行驶约8分钟，是吉尼斯世界记录认证的"现今世界上最快的陆上交通工具"。磁浮列车龙阳路站底层设有"上海磁浮交通科技馆"，它是集中展示磁浮列车技术和知识的专题性科普场馆，分为5个展区，展示面积1 250平方米。

旅游区域及进出条件：

上海磁浮列车示范运营线西起磁浮列车龙阳路站（龙阳路2100号），东至磁浮列车浦东机场站（浦东国际机场T1、T2航站楼间）。交通便利，公交976路、机场三线等多条线路以及轨道交通2号线、7号线等可到达。

保护与开发现状：

对外开放。上海磁浮交通科技馆2012年被上海市科学技术委员会命名为上海市科普教育基地。

名称：金茂大厦

编号：PD10

资源类型：FCZ

单体资源等级：4

行政位置：陆家嘴街道世纪大道88号

地理位置：31°14′09.30″N
　　　　　121°30′00.72″E

性质与特征：

金茂大厦是上海地标性建筑之一，建筑面积29万平方米，建筑高度420.5米，为当时世界第四、中国第一高楼。1994年开工，1999年建成营业。

金茂大厦楼高88层。地上88层，加上塔尖楼层，有93层，地下三层，是集现代化办公楼、五星级酒店、会展中心、娱乐、商场设施于一体，融汇中国塔形风格与西方建筑艺术的多功能摩天大楼。一层到二层为宽敞明亮的门厅大堂；3～50层为大空间无柱办公区；51～52层为机电设备层；53～87层为金茂君悦大酒店；88层为观光厅。观光厅高度340.1米，建筑面积1 520平方米，荣膺上海大世界吉尼斯纪录。2台每秒运行9.1米的直达电梯只需45秒就可以将游客从地下一层送到地上88层的观光厅。与大厦相连的金茂裙房为上海的"时尚生活中心"，裙房一层设有欣赏高雅文化艺术的"金茂音乐厅"。

旅游区域及进出条件：

金茂大厦位于陆家嘴金融贸易区。交

上海磁浮列车示范运营线

金茂大厦

通便利，公交82路、583路等多条线路以及轨道交通2号线等可到达。

保护与开发现状：

对外开放。金茂大厦88层观光厅2001年被全国旅游景区质量等级评定委员会评为国家AAAA级旅游景区。

名称：浦东国际机场

编号：PD11

资源类型：FFD

单体资源等级：4

行政位置：祝桥镇

地理位置：31°08′31.00″N
121°47′39.00″E

性质与特征：

浦东国际机场是上海地区重要的国际交通枢纽之一，占地面积40平方千米。T1航站楼建筑面积27.8万平方米，1999年建成启用；T2航站楼建筑面积48.55万平方米，2008年建成启用。

浦东国际机场航站楼建筑造型为极富现代感的大鹏展翅，全自然采光天顶，大型亲水立交路，体现了"人、建筑、环境"和谐共存的设计理念。浦东国际机场T1航站楼由主楼和候机长廊两大部分组成，三层结构，由2条通道连接。T2航站楼采用三层式航站楼结构，自上而下分为国际出发层（高13.6米）、国际到达层（高8.4米）和国内出发到达混流层（高4.2米）3个旅客活动层。

旅游区域及进出条件：

浦东国际机场位于长江入海口南岸的滨海地带。交通便利，公交机场一线、机场二线、机场三线等多条线路以及轨道交通2号线等可到达。

保护与开发现状：

对外开放。

名称：黄炎培故居

编号：PD12

资源类型：FDD

单体资源等级：4

行政位置：川沙新镇兰芬堂74弄1号

地理位置：31°11′49.74″N
121°42′18.60″E

性质与特征：

黄炎培故居为砖木结构二层江南民宅，占地面积733.2平方米，建筑面积486平方米，三进、二院、两厢房。前身为清咸丰年间（1851～1861年）内阁中书沈树

浦东国际机场

黄炎培故居

镌所建"内史第",1991年修复扩建。黄炎培故居正楼前立有黄炎培半身铜像,上悬陈云手书"黄炎培故居"匾额;内设"黄炎培生平事迹陈列室",展示有历史照片154张、实物50件等。

黄炎培(1878～1965年),川沙城厢镇人。清光绪三十二年(1906年)任上海浦东中学校长。1917年创办中华职业教育社,任理事长。1949年后,历任政务院副总理兼轻工部部长、全国人大副委员长、全国政协副主席、中国民主建国会主任委员等职。

旅游区域及进出条件:

黄炎培故居位于兰芬堂,近川沙古城墙公园。交通便利,公交615路、977路、浦东11路等多条线路以及轨道交通2号线等可到达。

保护与开发现状:

对外开放。1992年被上海市人民政府列为上海市文物保护单位。现为上海市爱国主义教育基地。

名称:世纪公园

编号:PD13

资源类型:FAD

单体资源等级:4

行政位置:花木街道锦绣路1001号

地理位置:31°13′12.18″N
　　　　　121°32′33.30″E

性质与特征:

世纪公园是上海地区规模较大的自然生态型城市园林,占地面积140.3万平方米,2000年建成开园。

世纪公园以大面积的草坪、森林、湖泊为主体,体现出东西方园林艺术精华和人与自然相融合的理念。公园内划分为乡土田园区、湖滨区、疏林草坪区、鸟类保护区、异国园区等片区,设计有高柱喷泉、音乐喷泉、春夏秋冬园、世纪花钟、绿色世界浮雕、镜天湖、卵石沙滩、银杏大道、缘池等不同景观。公园内乔灌相拥、草木葱茏、花树飘香、湖波荡漾。游乐设施有观光车、休闲自行车、游船、游乐园、鸽类游憩区、会展厅、咖啡吧、卖品部等。

旅游区域及进出条件:

世纪公园位于锦绣路花木路口。交通便利,公交184路、640路、794路等多条线路以及轨道交通2号线、7号线、9号线等可到达。

保护与开发现状:

对外开放。2002年被全国旅游景区质量等级评定委员会评为国家AAAA级旅游景区。同年,被上海市绿化和市容管理局评为上海市五星级公园。

世纪公园

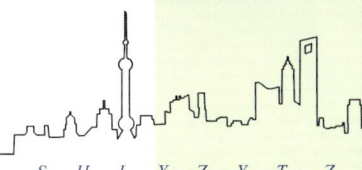

名称：上海鲜花港

编号：PD14

资源类型：FAH

单体资源等级：4

行政位置：浦东新区振东路2号

地理位置：30°56′53.10″N
　　　　　121°53′51.24″E

性质与特征：

上海鲜花港是以花农培训、花卉种植、新品展示、新品研发、种苗出口为主的现代农业示范园区，核心区域占地面积100万平方米，2002年对外开放。

上海鲜花港拥有现代化玻璃温室36万平方米、花卉新品科普展示园28万平方米，以及国际一流的科技研发中心3 200平方米。每年3月底至5月初举行郁金香花卉新品展，6月至9月集中展示睡莲、荷花等水生花卉，10月举办盆栽菊花和露天百合花展。花卉新品科普展示园种植300多种320万株郁金香，千姿百态；园门正对面有一座30米长的白色人工瀑布，东侧耸立着3座风车，一派田园风情。目前有荷兰、德国、比利时、中国台湾等多个国家和地区的企业入驻园区，共同参与投资建设。

旅游区域及进出条件：

上海鲜花港位于振东路，近上海滨海森林公园。公交浦东7路、龙东专线等线路可到达。

保护与开发现状：

对外开放。2006年被国家旅游局命名为全国农业旅游示范点。2009年被全国旅游景区质量等级评定委员会评为国家AAAA级旅游景区。同年，被上海市农业委员会、上海市旅游局共同评为上海农业旅游推荐单位。2012年被上海市科学技术委员会命名为上海市科普教育基地。

名称：梅赛德斯－奔驰文化中心

编号：PD15

资源类型：FBC

单体资源等级：4

行政位置：周家渡街道世博大道1200号

地理位置：31°11′27.43″N
　　　　　121°29′19.23″E

性质与特征：

梅赛德斯－奔驰文化中心原为世博文化中心，建筑面积的地上部分为4.5万平方米，地下部分为2万平方米。整体造型

梅赛德斯－奔驰文化中心

上海桃花节

呈飞碟状，在不同角度与不同时间可呈现出不同的形态：白天如"时空飞梭"，似"艺海贝壳"；夜晚如梦幻迷离，恍如"浮游都市"。寓意着面向未来、昂扬向上的豪迈气概，标志着一个伟大时代的到来以及人们对未来的美好憧憬。梅赛德斯－奔驰文化中心既是国内第一个可变容量适应举办各类活动的大型室内场馆，又是一个世界一流水准的现代文化演艺综合场馆和集综合演艺、艺术展示、时尚娱乐于一体的文化产业集聚区。

旅游区域及进出条件：

梅赛德斯－奔驰文化中心位于世博大道，邻近世博会中国馆。交通便利，公交177路、1030路等线路以及轨道交通7号线、8号线等可到达。

保护与开发现状：

对外开放。

名称：上海桃花节

编号：PD16

资源类型：HDA

单体资源等级：4

行政位置：浦东新区

地理位置：无

性质与特征：

上海桃花节与香山红叶节、洛阳牡丹节齐名，每年3～4月在浦东新区举行，从1991年开始正式举办。

上海桃花节举办地所在的浦东地区处于东海之滨、杭州湾畔，这里河港纵横，物产丰富，风光宜人。浦东新区拥有33平方千米的桃林，种植面积大、品种多。春天，可漫步于田埂小径或休憩于鸟语花丛之中，可沿河休闲垂钓，可品尝南瓜饼、香瓜塌饼、三黄鸡等农家特色食品，可观赏舞狮龙、锣鼓书、丝竹、荡湖船等民间艺术表演。

旅游区域及进出条件：

上海桃花节举办地位于浦东新区，主景点为惠南镇桃花村。公交惠南3路、川芦专线、芦杜专线等多条线路可到达。

保护与开发现状：

对外开放。

名称：吴昌硕纪念馆

编号：PD17

资源类型：FDD

单体资源等级：4

行政位置：陆家嘴街道陆家嘴东路15号

地理位置：31°12′45.00″N

121°40′29.94″E

性质与特征：

吴昌硕纪念馆原称颖川小筑，系福建商人陈桂春私宅，始建于1914年，建成于1917年，体现出典型的中西建筑文化交融的风格，具有较高的历史文化和艺术价值。因其别出心裁地把中西式艺术风格"绞合"在一起，所以当地又称为"绞圈房子"。

该建筑占地面积3 000余平方米，呈长方形，是一幢四进三院二层的四合宅院，由天井、花园、主楼、客厅、厢房、备弄等部分组成。该建筑采用江南传统的木屋架小青瓦屋面，外墙立面则采用青砖、红砖相间的砌筑形式，其山墙立面、檐口线条处处呈现出西方色彩。法国传统的百合花、郁金香、玫瑰花等花纹和中国古老的木刻工艺相结合，在楠木等高级材料构成的屋梁、墙架之间随处可见。该建筑的木结构皆精雕细琢，除雕有花鸟、狮、鹿、骏马等动物外，梁、檩、枋上还镌刻着整套三国演义故事,故享有"浦东雕花楼"之美誉。

1991年浦东开发,因扩建陆家嘴路而拆除了大院的门墙。1996年,在动拆迁过程中保留了这座民宅。经修缮,使其成为陆家嘴开发陈列室。陈列室内展出了许多珍贵的资料和照片。2010年改为吴昌硕纪念馆,馆内分为吴昌硕生平陈列室、大师画室、作

吴昌硕纪念馆

品展示厅3个展区,展示出大师的生平事迹和字画杰作,并珍藏有受教于吴昌硕的近现代名家之作,如齐白石、徐悲鸿、张大千、刘海粟、傅抱石、沙孟海、梅兰芳等的作品。

旅游区域及进出条件:

吴昌硕纪念馆位于陆家嘴中心绿地,南邻金茂大厦。交通便利,公交82路、119路等多条线路以及轨道交通2号线等可到达。

保护与开发现状:

对外开放。2003年被浦东新区人民政府列为浦东新区文物保护单位。

名称:**浦东滨江大道**
编号:PD18
资源类型:FAK
单体资源等级:4
行政位置:陆家嘴街道
地理位置:31°14′17.04″N
　　　　　121°29′29.88″E

性质与特征:

浦东滨江大道集观光、绿化、交通、防汛和服务设施于一体,是着眼于城市生态环境的沿江景观地带,全长2 500米,1997年建成开放。

浦东滨江大道由亲水平台、坡地绿化、半地下厢体、景观道路等部分组成。亲水平台沿坡地逐渐升高,绿草丛中镶嵌着花灌木,道路旁遍植乔木,营造出都市中难得的安逸、憩静氛围;彩灯喷泉、船厂码头和铁锚雕塑等则展示了浦东的历史。沿江有上海国际会议中心、香格里拉大酒店、东方游船码头等著名建筑与设施。夜晚在亲水平台上可凭栏眺望浦西外滩的万国建筑和浦东现代化的摩天楼。

旅游区域及进出条件:

浦东滨江大道位于陆家嘴金融贸易区之滨江地带。交通便利,公交81路、774路、779路等多条线路以及轨道交通2号线等可到达。

保护与开发现状:

对外开放。2007年被上海市商务委员会命名为上海特色商业街。

浦东滨江大道

名称：**上海国际会议中心**
编号：PD19
资源类型：FBC
单体资源等级：4
行政位置：陆家嘴街道滨江大道 2727 号
地理位置：31°14′23.16″N
　　　　　121°29′33.54″E

性质与特征：

上海国际会议中心为上海地标性建筑之一，建筑面积 11 万平方米，1999 年落成使用。

其建筑造型是用 2 个球体来连接中间的主楼。东侧球体上是中国版图，其中的五角星代表北京，圆点代表上海。西侧球体是世界地图。中间的主楼连接 2 个球体的纬线，寓意国际会议中心是通往世界的桥梁。

上海国际会议中心以举办大型国际会议、商务论坛而蜚声海内外，先后承办过财富全球论坛、APEC 领导人峰会、上海合作组织成员国元首理事会会议。

旅游区域及进出条件：

上海国际会议中心位于陆家嘴金融贸易区。交通便利，公交 81 路、774 路、779 路等多条线路以及轨道交通 2 号线等可到达。

保护与开发现状：

对外开放。

名称：**唐墓桥露德圣母堂**
编号：PD20
资源类型：FAC
单体资源等级：4
行政位置：唐镇老街 40 号
地理位置：31°12′33.69″N
　　　　　121°39′26.18″E

性质与特征：

唐墓桥露德圣母堂是上海地区规模较大的天主教堂。19 世纪末期，负责浦东唐墓桥堂区的法国耶稣会会士若望-玛利亚·鄂劳德神父（Joan-Maria Gouraud.S.J. 1855～1903 年）用其母过世后遗留给教会的 10 万银元仿法国露德圣母大殿式样兴建此堂，并奉"露德圣母"为主保。清光绪二十三年（1897 年）竣工。1915 年在堂南侧建筑假山一座，山洞中供奉露德圣母像和圣女伯尔纳德像。该堂建筑风格为哥特式，长 61 米，堂内正厅两翼宽 43 米，钟楼高达 47.5 米，整个教堂高大宽敞，可以容纳约 2 000 人。清光绪二十三年十二月十日（1898 年 1 月 2 日）举行开堂典礼，定为奉、南、川三县总铎座堂，后为上海教区继佘山天主教圣母大堂之后的第二个朝圣地。每年 5 月，来此朝圣者众多。1964 年后，该堂的宗教活动停止。1992 年 9 月修复工程竣工，同年 10 月 11 日，举行隆重的复堂典礼。

上海国际会议中心

唐墓桥露德圣母堂

旅游区域及进出条件：

唐墓桥露德圣母堂位于唐镇老街，邻近唐陆公路。公交182路、636路、浦东2路等多条线路可到达。

保护与开发现状：

对外开放。1999年被上海市人民政府列为上海市优秀历史建筑。

名称：**上海滨江森林公园**

编号：PD21

资源类型：FAD

单体资源等级：4

行政位置：高桥镇凌桥高沙滩3号

地理位置：31°21′08.00″N
　　　　　121°31′47.00″E

性质与特征：

上海滨江森林公园位置独特，西临黄浦江、北临长江，两江汇入东海，它处于"三水"汇聚之间，规划占地面积300万平方米，2007年建成开园。

上海滨江森林公园体现自然化、生态化、人性化的建设理念。主要景区有：特色植物观赏区、湿生植物观赏区、生态林保护区、果园区、蔷薇园、木兰园、杜鹃园、滨江岸线观景区等。园内亭台错落，栈道曲折蜿蜒，鱼池荷花摇曳，岸边鸢尾芬芳，岸上林木葱翠，花丛暗香浮动，林中莺歌蝶舞。

旅游区域及进出条件：

上海滨江森林公园位于高桥镇，邻近上海公安高等专科学校。公交611路、外高桥1路等线路可到达。

保护与开发现状：

对外开放。2010年被上海市绿化和市容管理局评为上海市五星级公园。2012年被上海市科学技术委员会命名为上海市科普教育基地。

名称：**东方艺术中心**

编号：PD22

资源类型：FBC

单体资源等级：4

行政位置：花木街道丁香路425号

地理位置：31°13′27.54″N
　　　　　121°32′16.08″E

性质与特征：

东方艺术中心是上海标志性文化设施之一，总建筑面积4万平方米，2005年正式运营。

从高处俯瞰，东方艺术中心的建筑外形犹如"蝴蝶兰"绽放的五瓣花瓣。这5个半球体建筑正是5个功能不同的大厅：正厅入口、演奏厅（333座）、音乐厅（1 953座）、展览厅、歌剧厅（1 015座）。这5个大厅的立面又分别装饰了特制的浅黄、赭红、棕色、灰色的陶瓷挂件。东方艺术中心举办过世界两大顶级乐团即柏林爱乐乐团和维也纳爱乐乐团的音乐会，还举办过以民族艺术为主要内容的"名家名剧月"活动，

上海滨江森林公园

东方艺术中心

以及年观众量达10万人次的东方市民音乐会。东方艺术中心内设有八音盒珍品陈列馆，是展示欧洲八音盒艺术及其发展历史的专题性博物馆。馆内展区包括古董八音盒和西洋自动人偶两大部分，展出200余件珍藏品。

旅游区域及进出条件：

东方艺术中心邻近世纪大道丁香路口。交通便利，公交815路、983路、987路等多条线路以及轨道交通2号线、4号线、9号线等可到达。

保护与开发现状：

对外开放。

名称：汤臣高尔夫球场

编号： PD23

资源类型： FBD

单体资源等级： 4

行政位置： 浦东新区龙东大道1号

地理位置： 31°12′49.86″N
121°34′43.98″E

性质与特征：

汤臣高尔夫球场是上海市区一个世界级锦标赛标准球场，占地面积140万平方米，建成于1997年。

汤臣高尔夫球场为18洞，标准杆72杆，球道总长7 337码（约6 709米），有良好的设备与环境。球场栽植樟树、枫树等名贵树种1.2万余棵，置有奇岩异石3万立方米作为景观造型，堆叠250万立方米土方作球道和沙坑造型，

汤臣高尔夫球场

使整个球场丘陵起伏，洞洞有型；且树影婆娑，鸟语花香。

旅游区域及进出条件：

汤臣高尔夫球场位于罗山路与龙东大道交汇处。公交989路、浦东11路、浦东22路等多条线路可到达。

保护与开发现状：

对外开放。

名称：**外滩观光隧道**

编号：PD24

资源类型：FFZ

单体资源等级：4

行政位置：陆家嘴街道滨江大道2789号

地理位置：31°13′45.48″N

E121°29′41.88″E

外滩观光隧道

性质与特征：

外滩观光隧道是外滩地区兼具越江交通与旅游观光功能的景观通道，隧道全长646.7米，2000年建成营业。

外滩观光隧道具有六大智能系统，采用先进的连续式轨道自动缆车运输系统以及法国进口的无人驾驶观光缆车，以声、光、电等高科技手段营造出穿越时空的梦幻效果，具有趣味性、娱乐性和刺激性。隧道内配置了12台自动扶梯、2台残疾人专用电梯等，方便游客出入；并设有深海珍奇馆、极地体验馆、古墓探秘展等参观项目。

旅游区域及进出条件：

外滩观光隧道的浦东出入口位于陆家嘴，浦西出入口位于外滩。交通便利，公交33路、81路、774路等多条线路以及轨道交通2号线、10号线等可到达。

保护与开发现状：

对外开放。

名称：**中国航海博物馆**

编号：PD25

资源类型：FAE

单体资源等级：4

行政位置：南汇新城镇申港大道197号

地理位置：30°53′56.70″N

121°54′56.60″E

性质与特征：

中国航海博物馆是经国务院批准并设立的一个国家级的航海博物馆，旨在弘扬中华民族灿烂的航海文明和优良传统，构建国际航海交流平台，培养广大青少年对航海事业的热爱，营造上海国际航运中心的文化氛围。博物馆建筑面积约4.6万平方米，室内展览2.1万平方米，展馆外形犹如两只白色风帆交错互抱，充满动感，且十分醒目。博物馆内集文物收藏、学术研究、社会教育和陈列展示等多种功能。馆内以"航海"为主题，"博物"为基础，分设航海历史、船舶、航海与港口、海事与海上安全、海员、军事航海六大展馆。航海历史馆是中国航海博物馆的重点展馆，该馆以时间为主线分为古代、近代和现代三个展区；同时，历史馆以技术副线为隐线，将浮力渡水、独木舟、帆、桨、橹、舵、指南针等造船和航海技术随时间主线并行展开，让观众更加深入地了解中国航海技术的发明与发展演变过程。位于一楼大厅内的高近70米，长30余米，宽逾8米的巨型明代福船是博物馆的镇馆之宝，展现了从郑和下西洋以来波澜壮阔的中国航海历史。除展馆部分外，还有渔船与捕鱼、航海体育与休闲体育两个专题展区，以及天象馆、4D电影院、儿童活动中心等。

旅游区域及进出条件：

中国航海博物馆位于南汇新城镇，近滴水湖。公交申港3路、龙港快线、三港专线等多条线路可到达。

保护与开发现状：

对外开放。2011年被全国旅游景区质量等级评定委员会评为国家AAAA级旅游景区。2012年被上海市科学技术委员会命名为上海市科普教育基地。现为上海市爱国主义教育基地。

中国航海博物馆

名称： 新场古镇历史文化风貌区
编号： PD26
资源类型： FDC
单体资源等级： 4
行政位置： 新场镇
地理位置： 31°01′36.48″N
　　　　　　121°38′32.34″E

性质与特征：

新场古镇历史文化风貌区位于浦东新区南部，是浦东地区保存比较完整的古镇，距上海市中心36千米。

新场成陆较晚，在元代时还是海塘，曾经打下的石桩后来被泥沙淤没了，又在开挖河渠时被发现。石桩如石笋模样，所以在当地被称为石笋里。最初为下沙盐场的南场，是当时盐民用海水晒盐的场所，原有制盐和收盐的机构从老场迁到了石笋里，故又称石笋里为"新场"。后来，海岸

浦东新区

新场古镇历史文化风貌区之一

线往外移，盐场也逐渐成了盐民居住和交换商品的地方。在新场成镇之时，正值下沙盐场鼎盛时期，盐产量和盐灶之多，胜过浙西诸盐场。随着盐业的不断发展，商人盐贩纷纷聚集到此，于是人口急剧增加。当时镇区歌楼酒肆与商贾云集，其繁华程度曾一度超过上海县城，是当时浦东平原上的第一大镇。后来，历经盐场变迁以及战乱等，虽几经兴衰，但仍保留了江南水乡古镇的文化气息。

新场老街长 3 000 米，有建筑 20 万平方米，保存有完好的"井"字形河道格局，清代和民国时期的老房子保存率在 50% 以上。在穿镇而过的狭窄河道上，雕刻精致的一座座马鞍状石拱桥、傍水而筑的沿河民居、高垒的石驳岸等构成了一幅鲜活的江南水乡图。当地人称新场为"十三牌楼九环龙，小小新场赛苏州"（指镇上原有 13 座牌楼和 9 顶石拱桥）。新场古镇的旧有十景分别为：溪湾石笋、书楼秋爽、雷音晓钟、横塘晚棹、仙洞丹霞、海眼原泉、高阁晴云、上方烟雨、千秋夜月、南山雪霁。

新场古镇多有江南水乡特色的石拱桥，最早的当数始建于元代的白虎桥、雷坛桥、增寿桥等。白虎桥为拱桥，惜桥面损坏，惟留拱形桥洞。明代石桥有众安桥、福安桥、受恩桥、洪福桥、禄荫桥等。清代千秋桥是目前镇区保存最好的石拱桥。如今镇区有 17 座保存完好的马鞍水桥，其中 15 座为清代所建，桥两侧有踏步，状如马鞍，故而得名。新场石桥建筑考究，坚实古朴，桥岸旁有拴缆孔，称"牵牛鼻"，富有江南水乡特色。驳岸是沿河为加固河岸而用砖石垒起的建筑物，全镇有驳岸 3 600 米，其中的二分之一为 1949 年后新建。新场镇宗教活动场所现有南山寺、东岳观和耶稣堂 3 处。

旅游区域及进出条件：

新场古镇历史文化风貌区北至沪南公路，西至新奉公路，南至大治河，东至东横港以东 100 米。公交 628 路、新场 1 路、

新场古镇历史文化风貌区之二

沪南线等多条线路可到达。

保护与开发现状：

对外开放。2005 年被上海市城市规划管理局（现上海市规划和国土资源管理局）划定为上海市郊区及浦东新区历史文化风貌区。2008 年被国家建设部、国家文物局共同命名为中国历史文化名镇。2009 年被全国旅游景区质量等级评定委员会评为国家 AAA 级旅游景区。

名称：高桥古镇历史文化风貌区
编号： PD27
资源类型： FDC
单体资源等级： 4
行政位置： 高桥镇
地理位置： 31°21′53.27″N
121°30′43.02″E

性质与特征：

高桥古镇历史文化风貌区地处浦东新区北部，位于长江、黄浦江和东海交汇处，三面环水，唐代成陆，素有"万里长

江口，千年高桥镇"之美誉。据1963年高桥出土的黄俣墓志铭记载，高桥至少有上千年的历史。高桥的行政建置始于宋代，名为临江乡。在明成化、弘治年间（1465～1505年）已是江东一都会。明嘉靖年间（1522～1566年），沿着"丁"字形的两条河，傍河而建的长街逐渐形成高桥镇的整体格局。

高桥古镇见证了长江口千年来的历史变迁，见证了上海唐宋以来海洋文明的发展历程，具有独特的自然与历史文化内涵。

高桥古镇历史文化风貌区

高桥镇在唐代已经开始成陆，北宋时已有人定居，聚居地为清浦里，也叫清浦场，以耕作捕鱼为生，兼以晒盐、制盐为业。东部的清浦盐场是长江口以南的第一个盐场。元初张瑄开通海运，高桥居民以航海为业，明代所建的永乐御碑即与郑和下西洋有关。明清时期高桥是纺织之乡，居民则以植棉纺织为业，家家纺纱，户户织布，高桥土布风行全国，至解放前高桥镇上尚有多家布厂、布庄和染坊。高桥古镇较好地保留了江南城镇的民俗民间文化，是浦东地区原住民生活的缩影和活化石。高桥是浦东"三刀一针"（泥刀、菜刀、剪刀和绣花针）的发祥地，传统营造技艺、海派绒绣、本帮菜等在上海地区首屈一指，名扬海内外。古镇名士辈出：元代有航海家张瑄，明代有军事家孙元化，清末民初有辛亥志士上海市政建设先驱李平书，营造大家王松云、钟惠山等。

高桥古镇历史文化风貌区较好地保存了形成于明清时期的由"丁字街、丁字河"构成的空间结构，历史文化遗产丰富，现有市级、区级文物保护单位约10处，区级不可移动文物约5处，另有区级预保留优秀历史建筑约60处，名胜古迹和名宅故居拥有量分别占浦东新区的33%和40%。"海塘、海防、海运"是高桥遗产的突出特色。主要历史建筑有钟氏民宅、高桥敬业堂、凌氏民宅、黄氏民宅、仰贤堂等。古宅、古桥、古园林和河道遍布，街巷景观多变，建筑类型丰富，完整地体现了清末民初的古镇文化和居住形态。

旅游区域及进出条件：

高桥古镇历史文化风貌区位于浦东新区的北部，地处高桥镇的中部，西至高桥港，东至杨高北路以西，南至高桥港以南桥街，北至草高支路。交通便利，公交81路、181路、453路等多条线路以及轨道交通6号线等可到达。

保护与开发现状：

对外开放。2005年被上海市城市规划管理局（现上海市规划和国土资源管理局）划定为上海市郊区及浦东新区历史文化风貌区。2010年被国家建设部、国家文物局共同命名为中国历史文化名镇。

名称： 老宝山城遗址
编号： PD28
资源类型： EBF
单体资源等级： 3
行政位置： 高桥镇
地理位置： 31°21′49.84″N
　　　　　　 121°34′56.14″E

性质与特征：

老宝山城遗址所处地域因明永乐十年（1412年）所筑烽堠墩"宝山"而得名。明万历四年（1576年）在山之西麓筑城，城墙高8米余，周长约490米。明万历十年（1582年）受大海潮侵袭，土山坍入江口。清康熙八年（1669年）城亦全部坍沉。清康熙三十三年（1694年）在现址筑宝山城，在旧城西北1 500米处，占地面积4万余

老宝山城遗址

平方米，方形，设 4 门，纵横十字街，有守备署、城隍庙。近百余年间，逐渐荒废，居民拆城砖造屋。今仅留南门残垣，城隍庙旧屋尚存。

旅游区域及进出条件：

老宝山城遗址位于高桥镇东北部，邻近杨高北一路。公交 1027 路、外高桥 2 路等线路可到达。

保护与开发现状：

对外开放。1984 年被上海市人民政府列为上海市文物保护单位。

名称：川沙古城墙

编号：PD29

资源类型：EBF

单体资源等级：3

行政位置：川沙新镇新川路 171 号

地理位置：31°12′21.20″N
121°42′12.80″E

性质与特征：

川沙古城墙是为抵御倭寇入侵而建的，始建于明嘉靖三十六年（1557 年）。城墙当时有 2 000 米长，现残存近 80 米；初建时的 4 座城门，现仅存 1 座。

川沙古城墙现尚存东南一角，城墙上建有岳碑亭、魁星阁、文笔塔等。岳碑亭保存着岳飞勉励友人抗敌而作七绝的手迹拓刻碑。碑文笔力雄浑、挺拔超脱，流露出一股豪气。魁星阁、文笔塔等建筑则掩映于古木繁花中。

旅游区域及进出条件：

川沙古城墙位于川沙新镇观澜小学内。公交 977 路、浦东 11 路、施崂专线等多条线路可到达。

保护与开发现状：

需预约参观。2002 年被浦东新区人民政府列为浦东新区文物保护单位。

川沙古城墙

61

陆家嘴中心绿地

名称：**陆家嘴中心绿地**
编号：PD30
资源类型：FAD
单体资源等级：3
行政位置：陆家嘴街道陆家嘴东路 160 号
地理位置：31°14′28.00″N
　　　　　121°30′36.00″E

性质与特征：

陆家嘴中心绿地为上海地区规模较大的开放式绿地，占地面积 10 万平方米，1997 年建成开放。

陆家嘴中心绿地为三角形绿地，混凝土仿砖路面蜿蜒曲折地勾勒出市花白玉兰的图案。进入绿地，有一个浦东地图形状的人工湖，水域面积 8 700 平方米。湖畔有白色膜结构篷帐，入口处立有一组名为"春"的群雕，展示浦东新区的都市风貌。

旅游区域及进出条件：

陆家嘴中心绿地位于陆家嘴环路、银城中路、陆家嘴东路之间。交通便利，公交81 路、82 路、85 路等多条线路以及轨道交通 2 号线、9 号线等可到达。

保护与开发现状：

对外开放。2002 年被上海市绿化和市容管理局评为上海市四星级公园。

名称：**钦赐仰殿**
编号：PD31
资源类型：FAC
单体资源等级：3
行政位置：陆家嘴街道源深路 476 号
地理位置：31°14′18.30″N
　　　　　121°32′11.30″E

性质与特征：

钦赐仰殿原名金四娘殿，又名东岳行宫，钦赐仰殿为金四娘殿的谐音，是一座历史悠久的道教宫观。清乾隆三十五年（1770 年）重修后改名。相传该殿乃是三国时东吴孙权为母所建。又因梁上有"信官秦叔宝监造"字样，被认为是唐代敕建。据《护城备考》记载："有驱蝗神金姑娘或称金四娘，祀于崇祯间，因田家多赛祭之，钦赐仰殿。殆因是传伪，附会唐建，改奉东岳耳。"说明该殿乃明代为纪念金四娘所建，清代重建后讹传为钦赐仰殿，遂由供奉金四娘改供东岳大帝，并称东岳行宫。1983 年重建开放。

钦赐仰殿占地面积约 7 000 平方米，由牌楼、钟鼓楼、东岳殿、三清殿、藏经楼、仙居楼、偏殿等组成，殿堂宏伟，神像庄严。庭院正面是东岳殿，飞檐斗拱，雕刻精美，

钦赐仰殿

檐下是"钦赐仰殿"匾额。大殿正中上挂"位级天齐"、"岱宸庭"横匾；中供东岳大帝神像，东首为炳灵公，西首为碧霞元君，三清大殿主供道教最高尊神"三清"，即元始天尊、灵宝天尊、道德天尊的塑像。庭院左庑有两配殿：斗姥宫和土地殿；庭院右庑有三配殿：三官殿、土地殿和吕祖殿。后大殿为"金阙玉京"，又称三清阁，阁下供道教信奉的天神"四御"。藏经楼共三层：底层供"六十甲子本命神"，二层为道教文化博物馆，三层是藏经楼。

每年农历三月、四月、七月、九月，钦赐仰殿的香客络绎不绝，农历三月二十八日东岳诞辰，还举行"莲船会"，香火更为旺盛。每逢初一、十五或其他道教节日，四方信众接踵而至，香烟缭绕，热闹非凡。

旅游区域及进出条件：

钦赐仰殿位于源深路，近张杨路。交通便利，公交130路、169路、170路等多条线路以及轨道交通2号线、4号线、6号线、9号线等可到达。

保护与开发现状：

对外开放。钦赐仰殿大殿2002年被浦东新区人民政府列为浦东新区文物保护单位。

名称：张江高科技园区

编号：PD32

资源类型：FAF

单体资源等级：3

行政位置：张江镇

地理位置：31°12′53.16″N
121°34′59.46″E

性质与特征：

张江高科技园区为国家自主创新示范基地，规划面积75.9平方千米，成立于1992年。

张江高科技园区是具有国际竞争力的科技产业集聚区，分为技术创新区、高科技产业区、科研教育区、生活区等功能片区，以集成电路、软件、生物医药为主导产业，集中体现创新、创业的主体功能。园区建有上海生物医药科技产业基地、国家信息产业基地、国家集成电路产业基地等。

旅游区域及进出条件：

上海市张江高科技园区位于浦东新区中部，北靠龙东大道，西依罗山路。交通便利，公交778路、989路、大桥六线等多条线路以及轨道交通2号线等可到达。

保护与开发现状：

对外开放。

张江高科技园区

名称：孙桥现代农业开发区

编号：PD33

资源类型：FAF

单体资源等级：3

行政位置：张江镇沔北路185号

地理位置：31°09′48.00″N
121°37′21.00″E

性质与特征：

孙桥现代农业开发区成立于1994年，其规划面积为9.32平方千米。

孙桥现代农业开发区重点发展种子种苗、设施农业、农产品精深加工、生物技术、温室工程安装制造和旅游休闲观光六大主导产业，产品畅销国内外市场，成为国家农业产业化经营的龙头企业。孙桥现代农业开发区具有一流的工厂化生产设施、先进的科学技术、优美的田园风光和良好的环境条件。

旅游区域及进出条件：

孙桥现代农业开发区位于沔北路孙桥路口。公交 615 路、961 路、990 路等多条线路可到达。

保护与开发现状：

对外开放。2004 年被国家旅游局命名为全国农业旅游示范点。2010 年被中国科学技术协会认定为全国科普教育基地。2009 年被上海市农业委员会、上海市旅游局共同评为上海农业旅游推荐单位。2012 年被上海市科学技术委员会命名为上海市科普教育基地。

名称：**上海海洋水族馆**
编号：PD34
资源类型：FAH
单体资源等级：3
行政位置：陆家嘴街道陆家嘴环路 1388 号
地理位置：31°14′34.62″N
　　　　　121°29′54.78″E

性质与特征：

上海海洋水族馆是超大型的人造海水水族馆，也是一座设有中国长江流域水生动物生态景观的水族馆。建筑面积 2.05 万平方米，主楼和辅楼两幢建筑呈金字塔形，外观奇特。2001 年建成，2002 年正式开放。

馆内建有水底观光隧道，总长 155 米，身处其间，可全方位、多角度地观赏神秘的水底世界。水族馆设有中国展区、南美洲展区、澳大利亚展区、非洲展区、东南亚展区，以及冷水区、极地区、海岸区和深海区九大展区，展出世界各地的海洋动物 450 余种 12 000 尾（头）。

旅游区域及进出条件：

上海海洋水族馆位于陆家嘴金融贸易区。交通便利，公交 81 路、82 路、85 路等多条线路以及轨道交通 2 号线等可到达。

保护与开发现状：

对外开放。2009 年被全国旅游景区质量等级评定委员会评为国家 AAAA 级旅游景区。2012 年被上海市科学技术委员会命名为上海市科普教育基地。

名称：**南汇桃花村**
编号：PD35
资源类型：FAB
单体资源等级：3
行政位置：惠南镇北门路 289 号
地理位置：31°03′44.04″N
　　　　　121°44′59.76″E

性质与特征：

南汇桃花村是一座集郊游、度假、休闲于一体的农家园林，占地面积 33 万平方米，建成于 2004 年。

南汇桃花村

南汇桃花村主要景点有：四柱七楼牌坊、太湖石、奇异瓜果长廊、人工湖、观赏鱼池、游船码头、原生态桃林、禁毒教育馆、农家菜馆等。南汇桃花村有近24万平方米的桃林、4万平方米水域及6万平方米的名贵树木种植林，是历届上海桃花节的主要活动场所。

旅游区域及进出条件：

南汇桃花村位于惠南镇。公交惠南3路、川芦专线、芦杜专线等多条线路可到达。

保护与开发现状：

对外开放。2006年被国家旅游局命名为全国农业旅游示范点。2009年被全国旅游景区质量等级评定委员会评为国家AAA级旅游景区。同年，被上海市农业委员会、上海市旅游局共同评为上海农业旅游推荐单位。

名称：滴水湖

编号：PD36

资源类型：BBA

单体资源等级：3

行政位置：南汇新城镇

地理位置：30°53′47.99″N
121°56′30.03″E

性质与特征：

滴水湖是上海具有景观标志的大型人工湖泊，圆形湖泊直径2.66千米，总面积5.56平方千米，平均水深3.7米，最深处6.2米，正常水位在2.7米时湖水容量为1 620万立方米。2002年开挖，2003年竣工。

滴水湖中有形态各异的3个岛屿：北岛占地面积23.5万平方米，为连着湖岸的半岛，是以海洋文化为主题的游乐区；南岛占地面积14万平方米，是以水上活动为主题的休闲度假区；西岛占地面积6万平方米，建造标志性的高层商务建筑。帆船、帆板、龙船、摩托艇等水上赛事及游船、快艇等亲水娱乐项目为碧波万顷的滴水湖增添了一道靓丽的风景。

旅游区域及进出条件：

滴水湖位于上海市东南隅，近杭州湾与长江口交汇处。公交申港1路、龙港快线等线路可到达。

保护与开发现状：

对外开放。

滴水湖

名称：大团桃园

编号：PD37

资源类型：FAB

单体资源等级：3

行政位置：大团镇赵桥村888号

地理位置：30°59′19.44″N
　　　　　121°44′09.96″E

性质与特征：

大团桃园是集社会效益、生态环保、科普教育、休闲娱乐诸多功能于一体的农业旅游园区，区内有33万平方米的桃林，成立于2008年。

大团桃园是闻名沪上的"大团蜜露桃"的主产地。大团桃园集餐饮、娱乐、会务、生态旅游于一体，以自然生态环境、农业资源、果树资源、田园资源、休闲度假、乡村文化等为基础，为人们提供兼有观光、娱乐、休闲、体验、健身、购物、教育等功能的活动场所和活动形式，从而满足了人们亲近自然、休闲度假、体验情趣、求新求变的消费需求。园区内有20多个桃树品种，除著名的大团蜜露桃外，还有玉露桃、湖锦蜜露桃、黄桃等。在大团桃园里，除了可以欣赏缤纷的桃花世界外，还可以吃到绿色纯正的农家菜，并能享受到蔬菜采摘、踩水车、垂钓、拉网捕鱼及烧烤等农家乐活动的乐趣。

旅游区域及进出条件：

大团桃园位于大团镇，北依上海野生动物园，东靠G1501上海绕城高速，西临S2沪芦高速，距浦东国际机场13千米，离市中心35千米。公交大团2路、南闵专线、龙大专线等多条线路可到达。

保护与开发现状：

对外开放。2009年被全国旅游景区质量等级评定委员会评为国家AAA级旅游景区。同年，被上海市农业委员会、上海市旅游局共同评为上海农业旅游推荐单位。

名称：法华学问寺

编号：PD38

资源类型：FAC

单体资源等级：3

行政位置：三林镇华夏西路399号

地理位置：31°08′45.99″N
　　　　　121°28′05.21″E

性质与特征：

法华学问寺于1997年在浦东新区三林镇原乌泥泾庙旧址上新建，2000年开放。后因2010年上海世博会园区建设的需要，

大团桃园

2004年开始动迁,并于2010年5月在今址正式对外开放。

法华学问寺中的"法华"起自佛教天台宗主要经典《妙法莲华经》,以莲花比喻稀有无上的妙法,宣示寺院以天台法华为宗;"学问寺"则表明寺院的性质:以文化为弘法,以研究为主,促进交流。寺庙坐北朝南,西侧毗邻黄浦江,主入口位于寺院东侧,以简朴的木篱作为山门。寺内主体建筑完全按照唐式建筑的比例进行设计,屋身高大,出檐宽阔,屋面平缓,气势磅礴。大雄殿屋顶采用单檐庑殿式,弧面宽舒,沉降为疏阔飞檐,略掩坚实的台基,相应为宽阔的檐廊。在长条闽南花岗石基石上是五开间的木构殿身。

整个殿堂采用加拿大上等工程木料,并委托海外专业技术加工,在结构上采用现代技术获取室内无柱的大空间。在细部处理中摒弃了传统建筑中繁琐的装饰部分,使得建筑进一步回归自然和纯朴:以层叠的方木代替传统的斗拱支撑宽大的出檐,室内用双曲面的拱顶,且不用电灯照明,门窗简化为落地玻璃和实木推拉门。建筑四个转角的落地窗采用深蓝色钢化镀膜玻璃,既遮挡了外部视线,又使室内获得更多的自然光,并透过玻璃和推拉门将环境中的水池、草地引入室内,使内外空间融为一体,低碳而环保。建筑木结构表面为清水红木色漆,透出木纹质地,彰显朴实简洁的风格。这样的设计,从材质到色泽,既融入了现代的时尚感,又延续了古典的木结构传统。金堂内采用唐式的草垫榻地板,殿正中分别陈列从原寺内移来的"华严三圣",即释迦、文殊、普贤三尊彩绘菩萨像。临东侧殿角放置唐式仿古钟一座。金堂门上正悬牌匾"正遍知",这是与"大雄"一样同列佛祖释迦的十大名号之一,采用此称谓亦显现其与众不同,起到发人深省的作用。

金堂前是空旷的石砌广场,左右环以曲廊,前方贯穿河流,隔河为山门,以竹篱与周围的中环绿化带相应成趣。广场可以在中轴两侧蓄水为池,象征无边苦海,

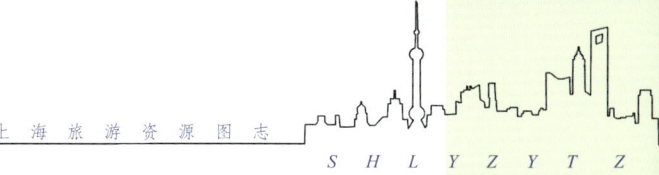

上海滨海高尔夫俱乐部

中轴大道起自河岩的弥勒尊者石雕像，直抵"正遍知"门下。在广场一侧有石雕十八罗汉像，还有一块从乌泥泾庙建寺时即作为镇寺之用的"为甚到此"石，镇石二人多高，上书"为甚到此"契合禅宗"棒喝"之意。此外，法华学问寺周围庭院中已建起"千莲精舍"的草庵竹室，作为茶禅品味之所。

旅游区域及进出条件：

法华学问寺邻近中环路林浦路口。公交973路可到达。

保护与开发现状：

对外开放。

法华学问寺

名称：上海滨海高尔夫俱乐部

编号： PD39

资源类型： FBD

单体资源等级： 3

行政位置： 南汇新城镇东大公路5333号

地理位置： 30°58′25.14″N
121°54′01.02″E

性质与特征：

上海滨海高尔夫俱乐部是专业的高尔夫运动场馆，占地总面积363万平方米，2000年对外营业。

上海滨海高尔夫俱乐部为湖光山色所环绕，苍翠宁静，典雅自然。球场面积250万平方米，包括18洞的仙湖高尔夫球场和18洞的森林高尔夫球场这2个各具特色的球场。仙湖球场由彼得·汤姆森（Peter Thomson）主持设计，柔软又惊险刺激的沙坑、清澈湛蓝的湖水、蜿蜒起伏的球道与原始植物等巧妙地融合在一起，完美地再现了苏格兰的林克斯球场风格。俱乐部设有五星级会所1个、精品酒店1个，真草练习场30道、水上练习场20道以及标准网球场1座。

旅游区域及进出条件：

上海滨海高尔夫俱乐部位于滨果公路东大公路口。公交两滨专线可到达。

保护与开发现状：

对外开放。

69

名称：庆云寺

编号：PD40

资源类型：FAC

单体资源等级：3

行政位置：合庆镇龙东大道 6907 号

地理位置：31°14′33.54″N
121°42′57.04″E

性质与特征：

庆云寺原为猛将庙旧址，1993 年规划将种福庵、海潮寺、观音堂、三官堂、野三官堂、猛将堂六处寺庙合建，占地面积约 7 000 平方米，1995 年破土动工，1997 年举行开光仪式。

庆云寺主要建筑有：大山门、天王殿、鼓楼、钟楼、大雄宝殿、藏经楼、观音殿、念佛堂等。天王殿供奉天冠弥勒菩萨像、护法韦驮像、四大天王像。鼓楼内供奉伽蓝神像。钟楼供奉地藏王菩萨像，有铜钟重 3 吨。大雄宝殿东西长 30 米，前后进深 20 米，殿高 18 米；正殿供奉释迦牟尼像、药师像、阿弥陀像；背靠千手大慈大悲观音菩萨像；两侧为十八罗汉坐像；后有五百罗汉山。

旅游区域及进出条件：

庆云寺位于龙东大道东川公路口。公交 630 路、989 路、浦东 13 路等多条线路可到达。

庆云寺

保护与开发现状：
对外开放。

名称：上海滨海森林公园

编号：PD41

资源类型：FAD

单体资源等级：3

行政位置：南汇新城镇东大公路 5366 号

地理位置：30°57′50.51″N
121°54′41.19″E

性质与特征：

上海滨海森林公园是模拟自然森林风光所营建的人工林地，总面积 360 万平方米，包括森林面积 252 万平方米，占总面积的 70%；河湖面积 90 万平方米，占总面积

上海滨海森林公园

浦东清真寺

的25%；建筑、道路、停车场面积18万平方米，占总面积的5%。2006年正式建成开放。

上海滨海森林公园模拟自然森林风光，最大限度地增加了绿色森林的量，创造了人与自然和谐共处的绿色氛围，并将森林、草地、沼泽、沙滩、水面等组成观赏性、娱乐性俱佳的整体生态系统。公园内旅游、休闲、娱乐、餐饮、住宿、疗养设施完备，功能齐全，提供各类野游、观赏、休闲、娱乐活动。

旅游区域及进出条件：

上海滨海森林公园位于东大公路滨果公路口，毗邻上海滨海高尔夫俱乐部。公交浦东7路、龙东专线等线路可到达。

保护与开发现状：

对外开放。2009年被全国旅游景区质量等级评定委员会评为国家AAA级旅游景区。

名称：浦东清真寺

编号：PD42

资源类型：FAC

单体资源等级：3

行政位置：洋泾街道源深路375号

地理位置：31°14′07.94″N
　　　　　121°31′56.65″E

性质与特征：

浦东清真寺亦称浦东回教堂，原址位于浦东大道吴家厅甲16号，始建于1935年。1984年拨款重修。

1995年1月，根据浦东新区市政建设规划，浦东清真寺迁至源深路今址重建。1998年4月26日动工，1999年3月28日落成。

新建成的浦东清真寺占地面积1 650平方米，建筑规划面积2 250平方米，宣礼塔高达36米。

浦东清真寺设施完善。一楼有水房、接待室、寺管会及阿訇办公室，并附设有餐厅；二楼为礼拜大殿；三楼有讲经堂和会议室；顶楼上设有图书馆。上海伊斯兰协会伊斯兰文化研究室也设于寺内。

文革期间停止宗教活动，1984年后恢复了宗教活动。

旅游区域及进出条件：

浦东清真寺位于源深路，近商城路。交通便利，公交130路、169路、170路等多条线路以及轨道交通2号线、4号线、6号线、9号线等可到达。

保护与开发现状：

对外开放。

东方明珠塔元旦迎新登高活动

名称：东方明珠塔元旦迎新登高活动

编号：PD43

资源类型：HCD

单体资源等级：3

行政位置：浦东新区

地理位置：无

性质与特征：

　　东方明珠塔元旦迎新登高活动是每年元旦在东方明珠广播电视塔举行的上海全民健身运动暨社会各界迎新活动，始于1996年元旦。

　　东方明珠塔元旦迎新登高活动以"新年步步高、节节向上攀"为美好寓意，着力体现上海市民积极向上、勇于攀登的精神风貌。如2010年的活动主题是"虎虎生威奔世博"，意在激发广大市民对2010年上海世博会的期盼，活动分设男子组、女子组、世博志愿者组。

旅游区域及进出条件：

　　东方明珠塔元旦迎新登高活动举办地位于东方明珠广播电视塔。交通便利，公交81路、774路、779路等多条线路以及轨道交通2号线等可到达。

保护与开发现状：

　　对外开放。

名称：川沙古镇历史文化风貌区

编号：PD44

资源类型：FDC

单体资源等级：3

行政位置：川沙新镇

地理位置：31°11′53.04″N

　　　　　121°41′58.32″E

性质与特征：

　　川沙古镇历史文化风貌区位于浦东第一大镇川沙镇。古镇因盐而兴。明初上海有七大盐场，川沙镇（原名八团镇）占有三强。这一带为沿海滩地，盛产食盐。沿海滩涂有10余个洼地可以泊船，其中尤以川沙洼最深最宽，船只能够直达八团老护塘脚下，是理想的运输港湾，八团镇也因此逐渐崛起，成为盐商云集、帆樯林立的浦东大镇，到了明万历年间（1573～1619年），已被称为"滨海巨镇"了。明嘉靖年间（1522～1566年），八团镇及其周围地区倭寇猖獗，朝廷在镇的四周——修筑城墙。城墙筑罢，八团镇就改名为"川沙堡城"，川沙之名由此流传。清嘉庆十年（1805年）城内设置川沙抚民厅；清宣统三年（1911年）辛亥革命时改厅为县，置川沙县公署。至1992年，川沙镇一直是川沙县治和县政府所在地。1992年12月31日，为适应浦东开发开放的需要，川沙县撤销，川沙镇划入浦东新区。

川沙古镇历史文化风貌区主要街区有南市街、中市街、东门街等，沿街建筑保留民国时期的原状，多处宅邸为中西合璧的风格。主要历史建筑有：古城墙、书院、内史第、陶桂松住宅等。中市街附近有天主教堂。

旅游区域及进出条件：

川沙古镇历史文化风貌区位于川沙镇老城厢东部，西抵北市街，南靠城厢小学，北依北城壕路，东至城河以东30米。公交977路、浦东11路、施崂专线等多条线路可到达。

保护与开发现状：

对外开放。2005年被上海市城市规划管理局（现上海市规划和国土资源管理局）划定为上海市郊区及浦东新区历史文化风貌区。

名称：南汇东滩野生动物禁猎区
编号：PD45
资源类型：BBB
单体资源等级：3
行政位置：南汇新城镇
地理位置：30°54′15.30″N
　　　　　121°58 16.67″E
性质与特征：

南汇东滩野生动物禁猎区是以迁徙鸟类及其栖息地为主要保护对象的湿地类型

川沙古镇历史文化风貌区

南汇东滩野生动物禁猎区

禁猎区，是上海重点保护的湿地之一，禁猎区区域面积122.5平方千米，2007年批准建立。

南汇东滩野生动物禁猎区位于长江口南支南岸，长江和钱塘江共同淤积带来的丰富沉淀为东亚及澳大利亚迁徙飞行的鸟类提供了良好的食物来源，因此禁猎区具有丰富的生物多样性，其中又以鸟类最具代表性。近年来，共记录到鸟类203种。常见鸟种有鸊鷉类、雁鸭类、鸥类、鹭类、小型雀形目鸟类等。少见鸟种有国家二级保护动物黄嘴白鹭、白琵鹭、黑脸琵鹭、白额雁、小天鹅、鸳鸯、小杓鹬7种；有国家一级保护动物东方白鹳1种。在世界自然保护联盟2007年公布的受胁等级中，近危（NT）鸟种罗纹鸭、半蹼鹬2种；易危（UV）鸟种黄嘴白鹭1种；濒危（EN）鸟种东方白鹳、黑脸琵鹭2种。

旅游区域及进出条件：

南汇东滩野生动物禁猎区位于浦东新区东南角，东临东海，南濒杭州湾，毗邻滴水湖。公交申港1路、龙港快线等线路可到达。

保护与开发现状：

对外开放。

名称：上海地质科普馆

编号：PD46

资源类型：FAE

单体资源等级：3

行政位置：祝桥镇华洲路1号

地理位置：31°10′42.00″N
　　　　　121°46′41.00″E

性质与特征：

上海地质科普馆是集地质展示、科普、收藏、研究于一体的博物馆，2004年创办。

上海地质科普馆旨在揭示地球的奥秘和大自然的神奇，分为地球厅、矿物岩石厅、地球构造厅、地质地貌厅、古生物厅、宝石厅、国土资源厅、关怀厅、中国历代铜镜馆等展厅和展馆，用丰富的展品和高科技手段，系统地展示出地球的物质组成、演化历史，以及地质现象等内容。其中包括上海地质——过去·现在·未来与上海地面沉降模型、南海海上石油钻采平台、地质探秘、地质勘探大挑战、矿石鉴定室5个高科技互动展示项目。馆外部分按布展内容可分为奇石馆、硅化木长廊、喀斯特溶洞等，其中展出了重2吨的粉红色方解石晶体，以及枝杆完整长38米的硅化木。

旅游区域及进出条件：

上海地质科普馆位于浦东凌空农艺大观园，南依浦东国际机场，北接S1迎宾高速。公交川沙3路、江南专线等多条线路可到达。

保护与开发现状：

对外开放。2006年被国家旅游局评为全国工业旅游示范点。2009年被全国旅游景区质量等级评定委员会评为国家AAA级旅游景区。2012年被上海市科学技术委员会命名为上海市科普教育基地。

上海地质科普馆

名称：九段沙湿地自然保护区

编号：PD47

资源类型：BBB

单体资源等级：3

行政位置：浦东新区

地理位置：31°12′18.72″N
　　　　　121°53′41.93″E

性质与特征：

九段沙湿地自然保护区是长江河口地区唯一基本保持原始自然状态的区域，自然保护区总面积为423.2平方千米，其以丰富的资源而著称。2000年批准设立。

九段沙湿地自然保护区包括上沙、中沙和下沙三个主要沙洲和江亚南沙阴沙。"上沙"高程较高，植被生长良好，主要有芦苇群落、海三棱藨草和藨草群落。沙洲植被类型简单，处于演替初级阶段。九段沙湿地是东亚—澳大利亚迁徙鸟类的重要停歇点，丰富的食物和无人干扰为迁徙鸟类提供了良好的栖息环境。九段沙湿地水域水质良好，许多珍稀、受国家保护的水生生物如中华鲟、白鲟、江豚、海龟等在此出没。九段沙湿地还是中华绒螯蟹的产卵场，凤鲚、刀鲚等重要经济鱼类的繁育地，日本鳗鲡苗的洄游区，生物资源极为丰富。

旅游区域及进出条件：

九段沙湿地自然保护区位于长江口，东临东海，西接长江，西南西北分别与浦东新区和横沙岛隔海相望。目前尚无公共交通船只（管理署工作船和渔船除外）通行。

保护与开发现状：

暂不对外开放。2005年被国务院列为国家级自然保护区。

名称： 极地科普馆
编号： PD48
资源类型： FAE
单体资源等级： 3
行政位置： 沪东新村街道金桥路451号
地理位置： 31°15′55.44″N
　　　　　121°34′11.52″E

极地科普馆

性质与特征：

极地科普馆为极地科学普及与展示场馆，占地面积800平方米，1997年建成开馆。

极地科普馆主要介绍极地地理环境概况、我国极地考察历程和主要成果，由南极展室、北极展室、影像播放室、纪念品室、电脑咨询室、极地广场、邮品服务部等区域组成。展出极地标本三大类36件、极地考察装备四大类26件、极地珍贵照片300幅、各种纪念品五大类328件。

旅游区域及进出条件：

极地科普馆邻近浦东大道金桥路口。交通便利，公交130路、170路等多条线路以及轨道交通6号线等可到达。

保护与开发现状：

对外开放。2010年被中国科学技术协会认定为全国科普教育基地。2012年被上海市科学技术委员会命名为上海市科普教育基地。

九段沙湿地自然保护区

名称：渔乐湾生态园
编号：PD49
资源类型：FAB
单体资源等级：3
行政位置：新场镇笋王路 1688 号
地理位置：31°00′44.16″N
121°39′28.50″E

性质与特征：

渔乐湾生态园是集自然景观、农业景观、渔业景观、人文景观于一体的农业旅游园区，占地面积 23 万平方米，水域面积 3.3 万平方米。

渔乐湾生态园分垂钓区、恐龙馆、百果园、游船码头和儿童乐园等休闲区域。在垂钓区的湖心岛上，可以垂钓、品茗，怡然自得。百果园一年四季都有时令蔬果以及来自大治河的河鲜。餐厅里地道的农家菜让人回味无穷。

旅游区域及进出条件：

渔乐湾生态园邻近沪南公路和 S2 沪芦高速。公交新场 5 路可到达。

保护与开发现状：

对外开放。2009 年被全国旅游景区质量等级评定委员会评为国家 AAA 级旅游景区。同年，被上海市农业委员会、上海市旅游局共同评为上海农业旅游推荐单位。

名称：美特斯邦威服饰博物馆
编号：PD50
资源类型：FAE
单体资源等级：3
行政位置：康桥镇康桥东路 800 号
地理位置：31°09′26.04″N
121°36′48.00″E

性质与特征：

美特斯邦威服饰博物馆是集收藏研究、陈列展览、对外交流和员工培训于一体的服饰专业博物馆，展览面积 2 000 余平方米，2005 年对外开放。

美特斯邦威服饰博物馆采用大通柜、独立展柜、大型立式展屏相结合的展示方式。博物馆长廊是一组展示采桑养蚕、纺纱织布、刺绣裁衣过程的主题铜雕壁画。博物馆其他陈列分为五大板块：衣冠王国，至尊气象；民族华章，缤纷霓裳；民间风韵，时尚新装；精美饰品，生活点缀；绚丽织锦，大千世界。美特斯邦威服饰博物馆征集到了 30 多个民族的服装、织绣、饰品，以及织机、缝纫机、熨斗等共计 8 000 余件藏品。沈从文服饰研究遗作手稿为其镇馆之宝。

渔乐湾生态园

美特斯邦威服饰博物馆

旅游区域及进出条件：

美特斯邦威服饰博物馆位于康桥上海美特斯邦威服饰股份有限公司工业园区。公交632路、周康1路、龙芦专线等多条线路可到达。

保护与开发现状：

对外开放。2006年被国家旅游局命名为全国工业旅游示范点。

名称：川沙公园

编号： PD51

资源类型： FAD

单体资源等级： 3

行政位置： 川沙新镇城南路411号

地理位置： 31°11′36.84″N
　　　　　　 121°41′45.42″E

性质与特征：

川沙公园是一座江南古典式园林，占地面积5.24万平方米，1985年11月竣工，同年12月1日开放。

川沙公园被通城河分成东、西两部分。河西部分以江南传统的造园手法，通过绿化造景和叠山理水，利用廊、榭、墙和树木划分空间，组成景区、布置景点。西部园区在北、西、南三面设园门，以北门为主要入口。北门建门楼、曲墙，置石狮一对。围墙仿无锡"蠡园"，为半透花格有檐墙，墙头上覆小青瓦，白粉墙上漏窗以小青瓦片组成梅花、兰花、双钱、鱼鳞等多种图案，古朴淡雅。园路为自然式，干道多以石板铺砌，小径则用青砖砌成。河东部分为现代化游乐场地，建筑均为混凝土结构的仿古样式。主要景区有清波湖景区、鹤鸣楼、观澜园景区和通城河景区等。

鹤鸣楼占地面积1 600平方米。建筑的形制与武昌重建的黄鹤楼相仿，略小，细部则有所改变。楼层为明五暗七仿古建筑，高54米，建筑面积4 200平方米。楼顶上复金色琉璃瓦，飞檐翘角，上系60个铜铃。各层回廊均有围栏，楼内外画栋雕梁，顶壁彩绘。楼厅竖80立柱，每根高10余米，寓纪念清宣统三年（1911年）至1991年建县80周年之意。楼名取自《诗经·小雅·鹤鸣》中"鹤鸣于九皋，声闻于天"一句，象征川沙近代先后诞生过宋庆龄、张闻天、黄炎培等名人，也象征着今天川沙作为浦东新区的一部分进行开发开放，其发展犹如鹤唳云间。1994年楼上建成蜡像馆，展出中外历史文化名人像。楼内五匾皆名家所题：楼名正匾由赵朴初题，"声闻于天"

川沙公园

由朱屺瞻题,"海天旭日"由陈从周题,"钟灵毓秀"由周慧珺题,"江东妙境"由谢稚柳题。楼底层作商场,楼上设茶室、展览室。楼前有花坛、大草坪,楼南有桃梅山景。

旅游区域及进出条件:

川沙公园位于城南路川沙路口。交通便利,公交182路、188路、611路等多条线路以及轨道交通2号线等可到达。

保护与开发现状:

对外开放。2011年被上海市绿化和市容管理局评为上海市四星级公园。

名称:张家楼耶稣圣心堂
编号:PD52
资源类型:FAC
单体资源等级:2
行政位置:金桥镇红枫路151号
地理位置:31°14′39.47″N
　　　　　121°35′23.21″E

性质与特征:

张家楼耶稣圣心堂原址在张家楼村东北首(现源深路西侧通贸大厦北端)。明崇祯十三年(1640年),信奉天主教的河北张家口人张景乔率三子从浦东张家湾迁居吴家堰西北隅,后此处得名张家楼。清同治四年(1865年)耶稣圣心堂建成,景乔公九世孙张若谷贡献巨大。1932年,浦东另设张家楼总铎区,该堂曾为总铎座堂。1993年张家楼被动迁,2000年6月,张家楼耶稣圣心堂被拆除。2002年4月25日,耶稣圣心堂在今址奠基,2003年6月28日落成复堂。2005年6月19日开设英文弥撒,深受浦东新区附近外籍人士的欢迎。

旅游区域及进出条件:

张家楼耶稣圣心堂位于红枫路,邻近杨高中路。公交609路、977路、995路等多条线路可到达。

保护与开发现状:

对外开放。

张家楼耶稣圣心堂

名称：**潮音庵**

编号：PD53

资源类型：FAC

单体资源等级：2

行政位置：曹路镇李家盘37号

地理位置：31°17′40.93″N
121°40′02.85″E

性质与特征：

潮音庵（观音堂）寺名典出《楞严经》"佛兴慈悲，哀悯阿难及诸大众，发海潮音，遍告诸善男子"；又因原来正殿上供奉观世音像，所以当地老百姓称其为"观音堂"；占地面积3 640平方米，始建于明景泰七年（1456年），后屡经火毁，1934年重建。

潮音庵主殿供奉释迦牟尼像、西方三圣像、南海观音像、地藏像等，傍列十八罗汉像。东厢房供奉文昌帝君、吕纯阳祖师、雷公、电母、施相公等；西厢房为客厅。进门为弥勒殿，供奉弥勒佛像和韦驮像。大殿西侧为玉佛殿和藏经楼；大殿东侧新建报恩塔。庭院内有铁鼎1座。

旅游区域及进出条件：

潮音庵位于李家盘。公交611路、790路、高川专线等多条线路可到达。

保护与开发现状：

对外开放。

潮音庵

名称：**世纪广场**

编号：PD54

资源类型：FCI

单体资源等级：2

行政位置：花木街道世纪大道

地理位置：31°13′25.02″N
121°32′08.64″E

世纪广场

性质与特征：

世纪广场是以时间为主题的雕塑景观露天广场，位于世纪大道南道。

世纪广场为对称式布局，将世纪大道和世纪公园和谐地衔接在一起。广场入口是以日晷为原形设计的大型景观雕塑"东方之光"，使用了24吨槽钢，构建了400平方米台架，不锈钢管用量6 000米。世纪广场涵盖了3个主题：第一主题在长方形的广场中心，以赭红和青色铺地石材为自然基调，大面积运用了硬线条，8根5米高的石柱周围横竖散布着正方体、长方体的石桌、石凳等小品，两侧纵深为50米宽的杨树林和草地，远处有高达13米的"凯旋门八立柱"。第二主题是正方形和圆所构成的下沉式广场，在环形广场水池的簇拥下，2座180°视角的玻璃天幕地铁车站玲珑剔透。第三主题是一座通往世纪公园的天桥，128根石柱灯排列两边直达世纪之门，16座玻璃观光井通往地下层，与前两个主题和谐统一。

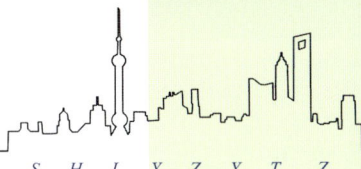

旅游区域及进出条件：

世纪广场位于世纪大道，邻近世纪公园、上海科技馆、东方艺术中心。交通便利，公交 184 路、640 路、794 路等多条线路以及轨道交通 2 号线、4 号线、9 号线等可到达。

保护与开发现状：

对外开放。

名称：福泉古寺

编号：PD55

资源类型：FAC

单体资源等级：2

行政位置：惠南镇文体路 11 号

地理位置：31°02′46.26″N
　　　　　121°45′07.74″E

性质与特征：

福泉古寺始建于元至正二年（1342年），初名"甘霖院"，有大殿及两厢，殿后偏东有"福泉井"，早于寺开凿，故改名为福泉寺。明嘉靖年间（1522～1566年），毁于倭乱。明万历元年（1573年）重建。清同治元年（1862年）毁，仅存明隆庆五年（1571年）所铸古钟一口，今存古钟园。殿南有宋植古银杏两株，一株已枯，一株生长至今。文革中佛像遭毁，房屋移作他用。1978年后落实归还产权，至1993年正式归还使用。有10余尊佛像和菩萨像供奉在大殿和偏殿内。

旅游区域及进出条件：

福泉古寺位于文体路，邻近向阳路。公交惠南 1 路、惠南 4 路、浦东 8 路等多条线路可到达。

保护与开发现状：

对外开放。福泉古寺古钟1986年被南汇县人民政府列为南汇县文物保护单位。

名称：玫瑰圣母堂

编号：PD56

资源类型：FAC

单体资源等级：2

行政位置：洋泾街道浦东大道 1115 号

地理位置：31°14′30.07″N
　　　　　121°31′55.53″E

性质与特征：

玫瑰圣母堂最初兴建于清咸丰年间（1851～1861年），因堂址在傅家宅内，故又名傅家天主堂。清光绪六年（1880年）改奉玫瑰圣母为主保。清光绪十六年（1890年）在原教堂附近另建西式教堂及

钟楼一座，可容纳200人做礼拜，俗称老堂。1918年法籍司铎祁世忠将傅姓教友奉献的老堂前约7 000平方米土地兴建目前这座教堂，俗称新堂，1920年建成。为哥特式建筑，钟楼高耸，堂内装饰精致华丽，可容纳700余人。堂内供奉法国制作的玫瑰圣母像，极其精美，故又称玫瑰圣母堂。

1928年，玫瑰圣母堂成为上海教区继佘山天主教圣母大堂、唐墓桥露德圣母堂之后的第三大圣母朝圣地。文革期间遭破坏。1983年8月开始修复工程，重建23米高的钟楼，祭台正中供奉数米高怀抱小耶稣的玫瑰圣母全身雕像。

旅游区域及进出条件：

玫瑰圣母堂位于浦东大道与华开路交界处。交通便利，公交81路、85路等多条线路以及轨道交通6号线等可到达。

保护与开发现状：

对外开放。

名称： 大自然野生昆虫馆
编号： PD57
资源类型： FAE
单体资源等级： 2
行政位置： 陆家嘴街道丰和路1号
地理位置： 31°14′31.80″N
　　　　　　121°29′35.22″E

性质与特征：

大自然野生昆虫馆是一家展示活体昆虫、另类宠物、两栖爬行动物的专业性展馆，建于2001年，展示面积3 000平方米。

大自然野生昆虫馆分为生态园、昆虫长廊、生态触摸区、两栖爬虫溶洞区、水域触摸区、热带雨林区及科普教室等展示区域，运用高科技手段逼真地模拟并再现出田园、树林、河谷、沙漠、沼泽、雨林等昆虫生存的生态环境，展示了从东南亚、南美洲等地区引进的300余种数万只珍稀品种。通过标识牌、科普画板、自动查询讲解系统、知识讲座等形式推广昆虫等科普知识。馆内有多个参与性项目，如捞鱼、

大自然野生昆虫馆

喂食宠物、制作标本、宠物表演等。

旅游区域及进出条件：

大自然野生昆虫馆位于丰和路，近浦东滨江大道、东方明珠广播电视塔。交通便利，公交81路、774路、779路等多条线路以及轨道交通2号线等可到达。

保护与开发现状：

对外开放。2012年被上海市科学技术委员会命名为上海市科普教育基地。

名称：银行博物馆

编号：PD58

资源类型：FAE

单体资源等级：2

行政位置：陆家嘴街道浦东大道9号7楼

地理位置：31°14′25.80″N
121°30′28.44″E

性质与特征：

银行博物馆是中国工商银行创办的一家金融行业博物馆，展厅面积1 500平方米，2000年开馆。

银行博物馆分三大展示区：历史馆、钱币馆和临时展馆，收藏有银行史料文物近3万件，陈列展品2 000余件。历史馆以上海近代银行160年发展史为主线，从明末清初的钱庄到上海开埠后设立的外资银行，从1897年华人开办的第一家银行——中国通商银行的诞生到上海金融中心的形成，从中国人民银行的建立到党的十一届三中全会后金融业的飞速发展，以翔实的史料、实物及生动的表现手法真实地展现了上海银行业发展的历史沧桑。钱币馆分中国古代钱币、中国近代钱币和中华人民共和国钱币三部分，陈列展品近千件，系统地展示了中国钱币的发展史。

旅游区域及进出条件：

银行博物馆位于浦东大道，近浦东南路。交通便利，公交81路、85路等多条线路以及轨道交通2号线、4号线、9号线等可到达。

保护与开发现状：

对外开放。2012年被上海市科学技术委员会命名为上海市科普教育基地。现为上海市爱国主义教育基地。

银行博物馆

名称：上海中医药博物馆

编号：PD59

资源类型：FAE

单体资源等级：2

行政位置：张江镇蔡伦路1200号

地理位置：31°11′41.76″N
121°35′40.62″E

性质与特征：

上海中医药博物馆是我国博大精深的中医和中药文化的集中展示场馆，由医史综合馆、针灸推拿馆、养生康复馆、中药方剂馆、中医文化馆、中医科教馆、中药标本馆、校史陈列馆组成，馆外是占地面积9 300平方米的百草园、杏林苑等绿色景观园林。博物馆建筑面积6 314平方米，展出面积约为3 940平方米，2005年正式开馆。

上海中医药博物馆之医史综合馆为中国较早的中医药专业展示馆，馆藏石器时代至近现代的中医药文物万余件，展现

上海中医药博物馆

华夏公园

5 000年中医药的发展史及其主要成就，创办于1938年。中药标本馆收藏着中药和中成药产品3 000余件，介绍中药的形态、功效，传播中药科学知识，创办于1958年。校史陈列馆陈列有校史图片、实物700余件，展示出上海中医药大学自1956年建校以来的发展历程，创办于2004年。

旅游区域及进出条件：

上海中医药博物馆位于张江高科技园区上海中医药大学张江新校区内。公交161路、188路等多条线路可到达。

保护与开发现状：

对外开放。2009年被全国旅游景区质量等级评定委员会评为国家AAA级旅游景区。2010年被中国科学技术协会认定为全国科普教育基地。2012年被上海市科学技术委员会命名为上海市科普教育基地。

名称：华夏公园

编号：PD60

资源类型：FAD

单体资源等级：2

行政位置：张江镇华夏东路185号

地理位置：31°11′40.30″N
　　　　　　121°38′43.84″E

性质与特征：

华夏公园原为浦东新区环城绿带的百米林带，面积18.7万平方米，2002年竣工。后又经多次改造，逐渐成为一座以春景为主题的特色郊野公园。

公园内林木葱茏，四季花开，湖水荡漾，竹影斑驳，洋溢着清新与纯净的自然气息，是生态休闲的好去处。公园有樱花区、木兰区、运动休闲区、獐园、野生动物救助站这五大功能区，还有亲水平台、木栈道、景观湖等各种配套设施。

旅游区域及进出条件：

华夏公园位于S20外环高速与华夏东路交界处。公交188路、977路等多条线路可到达。

保护与开发现状：

对外开放。

名称：太平天国烈士墓

编号：PD61

资源类型：FEB

单体资源等级：2

行政位置：高桥镇草高支路548号

地理位置：31°21′09.24″N
　　　　　　121°33′38.64″E

性质与特征：

太平天国烈士墓是为纪念清同治元年（1862年）在高桥地区与清军和洋枪队英勇战斗而牺牲的150名太平军战士所建造的，1954年修复，立"太平天国烈士墓"碑，1985年重建。

太平天国烈士墓东西长41米、南北宽11米，周围50米为保护范围。有花岗石平台600平方米，环以石栏，中间有黑石墓碑，上面刻有"太平天国烈士墓"7个字。

太平天国烈士墓

墓碑两旁立石柱，上置盖顶（石制屋顶），似古代墓葬前的石阙。

旅游区域及进出条件：

太平天国烈士墓位于草高支路，近浦东北路。交通便利，公交508路、815路、浦东11路等多条线路以及轨道交通6号线等可到达。

保护与开发现状：

对外开放。1977年被上海市人民政府列为上海市文物保护单位。

名称：崇福道院
编号：PD62
资源类型：FAC
单体资源等级：2
行政位置：三林镇杨南路555号
地理位置：31°09′01.51″N
　　　　　121°29′51.67″E

性质与特征：

崇福道院俗称圣堂，正一派道观，位于浦东新区三林镇。北宋景祐四年（1037年）建，北宋宣和元年（1119年）赐额。传说原为三国吴陆逊所建家祠，宋朝时期才改祀真武，成为道观，后毁于火。明、清时期屡次重建。1936年，杨思乡任兆铨发起重建，将原有的四进三天井，改制为三进二天井。1987年10月，该院开始边整修边开放。1990年8月，大修竣工。修复后的崇福道院共有三进，头进灵官殿，祀王灵官；二进慈航殿，祀慈航道人（即观音）；东面是天王殿，西面是东岳殿；后殿真武殿，祀真武大帝（玄天上帝）；两旁是星宿殿，祀六十甲子神。院内保存清光绪年间（1875～1908年）"圣堂庙碑"、"道院助修碑"两块石碑。农历三月十五日为道院传统庙会之期，

崇福道院

每年庙会香火旺盛，热闹异常。

旅游区域及进出条件：

崇福道院位于杨南路，近灵岩南路。交通便利，公交784路、986路等多条线路以及轨道交通6号线等可到达。

保护与开发现状：

对外开放。

名称：南汇博物馆

编号：PD63

资源类型：FAE

单体资源等级：2

行政位置：惠南镇文师街18号

地理位置：31°03′26.16″N

　　　　　121°45′51.00″E

性质与特征：

南汇博物馆集征集、收藏、陈列、研究于一体，建筑面积3 510平方米，2005年建成开馆。陈列厅面积1 500平方米，收藏文物3 000多件，展出文物500多件，包括春秋陶罐、远古青铜器、明清瓷器等。固定陈列厅1 000平方米，分为4个部分：一是展示上海地区成陆过程的"上海成陆及浦东新区古海塘"；二是依据元代《熬波图》展示浦东新区制盐史的"煮海制盐"；三是介绍反映浦东新区特有的"婚嫁迎娶"的民俗活动；四是以傅雷、吴仲超为重点的人物介绍。另有500平方米临时陈列厅。

南汇博物馆

旅游区域及进出条件：

南汇博物馆于惠南镇，近拱极路。公交惠南4路、惠南7路、南新专线等多条线路可达到。

保护与开发现状：

对外开放。现为上海市爱国主义教育基地。

名称：古钟园

编号：PD64

资源类型：FAD

单体资源等级：2

行政位置：惠南镇卫星西路11号

地理位置：31°02′42.72″N

　　　　　121°44′55.14″E

性质与特征：

古钟园是仿明建筑园林，因园内青铜古钟而得名，占地面积3.87万平方米，始建于1982年。

古钟园内的古钟在明隆庆五年（1571年）铸造，为镇园之宝。钟口直径1.1米，高1.62米，钟身周长2.8米，重1.6吨。钟身铸有图6幅、铭文2 056字，祈词曰"金声一震，虎啸龙吟，皇风清穆，海道安宁"。园内路面以石板、卵石铺设，曲径通幽；亭、榭、阁、桥、路、沟、渠的布局结构和飞檐翘角的建筑设计以及绿化布局，集中表现了"青瓦白墙、青铜银杏"的特征，再现了古色古香的明代园林风格和生活情趣。园内有钟亭、文源馆、藏拙苑三大景区，还有蟠龙岛、起凤台、日潭、月湖、镜亭、真意池、观潮阁、听雨亭、聚秀堂、真趣轩、十一曲河心桥等九亭七桥以及一舫三廊等古建筑。园内植物配置与古朴典雅的明代风格相适应，以青桐、银杏、水杉、香樟、棕榈、竹类为主体，共计乔木5 900余株，灌木1.48万株。

旅游区域及进出条件：

古钟园位于惠南镇，近沪南公路。公交惠南1路、惠南4路等多条线路可到达。

古钟园

保护与开发现状：

对外开放。2004年被上海市绿化和市容管理局评为上海市二星级公园。

名称：**南汇嘴观海公园**

编号：PD65

资源类型：FAD

单体资源等级：2

行政位置：南汇新城镇

地理位置：30°53′06.36″N
　　　　　121°58′08.64″E

性质与特征：

南汇嘴观海公园是在上海陆域最东南端吹沙填海的滩涂上建造的绿地广场，占地面积1.82万平方米，2006年建成开放。

南汇嘴观海公园的标志性雕塑是世界上最早的指南针"司南"。"司南"重达120吨，不锈钢双层网架构造，寓意"发现、交流和开放"。"司南"南侧为世界方位经纬纪念广场，广场中心是南汇嘴坐标点标识，四周刻有世界十大港口城市经纬度坐标，几何状景观地坪以"开拓"为主题，寓意"秩序、理性和科学精神"。

旅游区域及进出条件：

南汇嘴观海公园位于滴水湖以东，近东海大桥。公交轨道交通2号线龙阳路站转乘龙港快线抵滴水湖可到达。

保护与开发现状：

对外开放。

南汇嘴观海公园

名称：**会龙寺**

编号：PD66

资源类型：FAC

单体资源等级：2

行政位置：川沙新镇会龙村 101 号

地理位置：31°05′36.90″N
　　　　　121°43′23.22″E

性质与特征：

　　会龙寺是周边四镇（六灶、三灶、祝桥、盐仓）百姓和盐商进行佛教活动的场所，初称陆家庵，始建于明洪武十九年（1386年），1998 年重建，2008 年全面完工。

　　会龙寺重建工程分三期实施。第一期建筑面积 4 000 平方米，2003 年 11 月完工，建地藏殿、三千佛殿、圆通殿。第二期建筑面积 5 000 平方米，2006 年底竣工，建大雄宝殿、东厢房、西厢房。第三期建筑面积 1 000 多平方米，2008 年完工，建天王殿、钟鼓楼、山门、放生池和围墙等配套设施。

旅游区域及进出条件：

　　会龙寺邻近 S2 申嘉湖高速。公交祝桥 5 路可到达。

保护与开发现状：

　　对外开放。

名称：**大团古镇历史文化风貌区**

编号：PD67

资源类型：FDC

单体资源等级：2

行政位置：大团镇

地理位置：30°58′35.94″N
　　　　　121°44′06.18″E

性质与特征：

　　大团古镇历史文化风貌区占地面积 12 万平方米，历史建筑多为清末至民国年间所建。1949 年前，浦东有四大名镇，俗称为"金大团，银新场，铜召楼，铁周浦"，大团则为四大名镇之首。

　　大团古镇历史文化风貌区傍河依水，小街盘曲，北大街保存了传统街道的格局，街道两侧留存的建筑多为商铺，体现出"水—建筑—街—建筑"的街区特点。保存较好的历史建筑有大团潘氏宅第、定慧庵、西粮管所等。

旅游区域及进出条件：

　　大团古镇历史文化风貌区位于大团镇，西至永春北路以西 50 米，北至东运河，东至河塘港东 100 米，南至永春西一路。公交大团 1 路、龙大专线等多条线路可到达。

会龙寺

大团古镇历史文化风貌区

保护与开发现状：

对外开放。2005年被上海市城市规划管理局（现上海市规划和国土资源管理局）划定为上海市郊区及浦东新区历史文化风貌区。

名称：航头下沙老街历史文化风貌区
编号： PD68
资源类型： FDC
单体资源等级： 2
行政位置： 航头镇
地理位置： 31°03′10.98″N
　　　　　　121°35′11.34″E

航头下沙老街历史文化风貌区

性质与特征：

航头下沙老街历史文化风貌区占地面积20万平方米，历史建筑多为清末至民国年间所建。

航头下沙老街历史文化风貌区保留有清末至民国年间的历史建筑和较为完整的街巷格局。老街传统特色鲜明，整体尺度较好，体现了航头下沙作为盐业重镇的历史风貌。历史建筑主要有王家祠堂、东刘老式楼房、西刘老式楼房、东协顺洋布店、协昌祥洋布店等。其中建造于清末至民国年间的航头下沙书场最为著名，历经百年，尚完整保存。听众每天只需付2元，就可以在抑扬顿挫的吴侬软语中听书品茶，感悟书里书外的戏剧人生。书场自1957年重修以来，基本保持着原来的风貌：整齐排放的木桌木椅、上了年岁的说书台、身着青布长衫的说书先生……这一切，无不让来自十里八乡的"老听客"们沉浸在恍若隔世的意境之中。

旅游区域及进出条件：

航头下沙老街历史文化风貌区位于航头镇，西至沪南公路，北至咸塘港，东至咸塘港以东50米。公交航头3路、沪南线、浦卫线等多条线路可到达。

保护与开发现状：

对外开放。2005年被上海市城市规划管理局（现上海市规划和国土资源管理局）划定为上海市郊区及浦东新区历史文化风貌区。

名称：康桥横沔历史文化风貌区
编号： PD69
资源类型： FDC
单体资源等级： 2
行政位置： 康桥镇
地理位置： 31°09′13.62″N
　　　　　　121°38′04.80″E

性质与特征：

康桥横沔历史文化风貌区占地面积16万平方米。横沔港南北走向，相对于浦东常见的东西向的运盐河流而言为"横"向；而"沔"为水满之意，该地多水，溪水常满，古称沔溪。多条运盐河流汇入横沔港后，转入盐船港向西通往浦东重镇周浦。清乾隆年间（1736~1795年），在横沔港与盐船港两条河流交汇处逐渐形成了市集，因其枕横沔港而居，便以河为名曰横沔。在以水运为主的

康桥横沔历史文化风貌区

年代，横沔曾是川沙、南汇两县重要的商品集散地。1981年，横沔乡政府往西迁3 000米。形成新镇区之后，这里成为横沔老镇或称横沔老街，并逐渐衰落。

康桥横沔历史文化风貌区保留了老镇傍河依水、小街盘曲的街区格局，老街宽度2～3米，体现了"小五灶"盐场的旧时风貌。其历史建筑多为清末至民国时期所建，少量为明末至清中晚期建筑。历史建筑主要有翔园（康桥镇川周公路2607号）、华氏宅第（康桥镇横沔街42号、44号）等。

旅游区域及进出条件：

康桥横沔历史文化风貌区位于横沔港与盐船港的交叉口。公交632路、川浦线、川奉专线等多条线路可到达。

保护与开发现状：

对外开放。2005年被上海市城市规划管理局（现上海市规划和国土资源管理局）划定为上海市郊区及浦东新区历史文化风貌区。

名称：**六灶古镇历史文化风貌区**
编号：PD70
资源类型：FDC
单体资源等级：2
行政位置：川沙新镇
地理位置：31°07′02.94″N
　　　　　121°41′41.82″E

性质与特征：

六灶古镇历史文化风貌区占地面积20万平方米，历史建筑多为清末至民国年间所建。约北宋熙宁三年（1070年），六灶大部分地区还处于大海之中，后经长江水夹带泥沙沿海岸线向南沉积，约至南宋绍兴十年（1140年），基本形成了陆地。南宋乾道八年（1172年），浦东筑起了捍海塘后，陆地得到固定。六灶名称源于古时的"盐灶"，在当地排为第六，因名"六灶"。以后随海岸线向东延伸，原斥卤之区变成可垦之地，故逐渐转向农业发展时期。

六灶古镇历史文化风貌区老街长约1 500米，东起傅家祠堂，西至环桥，依傍六灶港（旧称"焐水"）一字排开，沿着六灶港，青石老街旧宅栉比，古意盎然，依稀可见河畔的青石古轩道绵延东西。街区格局和整体尺度具有明显的江南水乡特色。历史建筑主要有西市圈门、马家房子、典当房子、萧王庙、城隍庙、镇港庙、关帝庙等。

旅游区域及进出条件：

六灶古镇历史文化风貌区位于川沙新镇，北至周祝公路，东至南六公路。公交628路、惠莘线、龙芦专线等多条线路可到达。

保护与开发现状：

对外开放。2005年被上海市城市规划管理局（现上海市规划和国土资源管理局）划定为上海市郊区及浦东新区历史文化风貌区。

六灶古镇历史文化风貌区

上海林克司乡村俱乐部

名称：**上海林克司乡村俱乐部**

编号：PD71

资源类型：FBD

单体资源等级：2

行政位置：合庆镇凌白路 1600 号

地理位置：31°14′07.12″N
　　　　　121°45′04.38″E

性质与特征：

上海林克司乡村俱乐部是锦标赛级海滨高尔夫球场，占地面积约 67 万平方米，1999 年建成使用。

上海林克司乡村俱乐部球场为 18 洞，标准杆 72 杆，球道总长 7 100 码（约 6 492 米）。建有高尔夫练习场、高尔夫会所、室外游泳池、网球场、上海美国学校以及北美风格的木拼独栋高尔夫别墅等。

旅游区域及进出条件：

上海林克司乡村俱乐部位于三甲港海滨乐园以北。公交 1004 路、川白线等线路可到达。

保护与开发现状：

对外开放。

名称：**临沂公园**

编号：PD72

资源类型：FAD

单体资源等级：2

行政位置：南码头路街道东方路 3683 号

地理位置：31°11′11.16″N
　　　　　121°30′11.16″E

性质与特征：

临沂公园占地面积 2.21 万平方米，1992 年建成开园。

临沂公园的置景吸取了我国传统的一些造园手法，但园林建筑物为现代形式，造型新颖。公园中央为面积 2 900 平方米的池塘景区。池西为长方形水榭，四面是玻璃窗，南边走廊外置栏杆，东首与北面各有一"观鱼台"。池南有一小岛，四周以大石块驳岸，岛上种有 6 株高大的棕榈及一些花灌木。池西南面数十米处是一座龙脊式假山，高约 5 米，上有 6 个小山峰。假山上的瀑布经小溪蜿蜒曲折注入池中，溪上石拱桥横跨，形成小桥流水的景色。公园东侧有一面积为 10.7 平方米的混凝土结构方亭，亭顶以两块长方形水泥板互相叠合成"卜"字形，亭下由东、南两堵互不相连的石墙和北面一根混凝土柱承重。亭

临沂公园

内外铺六角形彩色瓷砖,亭旁植水杉、合欢、罗汉松等多种植物,整个亭子掩映在绿色之中。园西南隅有一面积为48.6平方米的混凝土结构圆亭,亭顶由两块大小不一、形状各异的弧形水泥板交错组成；从亭中看上面有三块弧形覆盖面,亭下亦由一根混凝土柱和东、南两堵互不相连的墙承重,亭内为水磨石地坪。公园西北隅有一斜顶、斜柱、斜凳组成的绿廊,高2米,宽4.2米,长28.7米。廊为混凝土结构,斜坡形封顶板和横梁各半,廊的一面由9根斜柱支撑,柱旁植紫藤,柱间设水泥凳。

旅游区域及进出条件：

临沂公园位于东方路,近浦东南路。交通便利,公交119路、170路等多条线路以及轨道交通6号线、7号线等可到达。

保护与开发现状：

对外开放。2008年被上海市绿化和市容管理局评为上海市三星级公园。

名称：**高桥公园**

编号：PD73

资源类型：FAD

单体资源等级：2

行政位置：高桥镇张杨北路5655号

地理位置：31°20′50.16″N
　　　　　121°34′10.38″E

性质与特征：

高桥公园为社区公共休闲绿地,占地面积4.6万平方米,1990年建成开园。

高桥公园大门建筑设计构思独特,2根门柱高低错落,均以将军红花岗石贴面。门柱顶上有造型似一只展翅欲飞的铝合金海鸥,象征正欲腾飞的浦东；右侧门柱镶有3根汉白玉线条,寓公园位于川沙之意。门内右侧是一间以马赛克贴面的海鸥头状售票房,其后是平顶的园林餐厅,左侧为波浪形折板屋面的服务部。大门内外均为花岗石铺设的开阔地坪,门内有一个立体式扇形大花坛。公园东南大门以北为池亭景区,面积850平方米。池边以太湖石驳岸,

高桥公园

间植桃树和柳树。池北建芙蓉别舍,混凝土结构,平顶,面积67平方米。室内嵌贴瓷壁画,题名"文彩风流"。屋顶有人工水帘泻入池中,游客可以从水帘下穿过。池中间筑有六角形混凝土结构、波浪形折板顶的西式亭一个,面积37平方米,亭南北以混凝土制曲平桥与岸相连。公园中心为碧漪湖,水域面积2 200平方米。沿湖以黄石筑自然式驳岸,湖东植池杉、木芙蓉,湖南棕榈林旁为船码头,其后为西式混合结构波浪形折板屋面的休息长廊,面积51平方米。湖西岸有1座二层混合结构的茶楼,其东立面形如游艇,建筑面积314平方米,楼后是一片桂花林。湖北有名为清溪桥的仿古石拱桥,游船从桥下可通入鱼潜池。公园中部有临江亭,亭下原为1949年前所建的一个混凝土碉堡,经加土成坡,在堡顶建一只仿古六角亭,因高桥在宋代属临江乡,遂以"临江"为亭名。

旅游区域及进出条件：

高桥公园位于张杨北路花山路口。交通便利，公交 81 路、453 路等多条线路以及轨道交通 6 号线等可到达。

保护与开发现状：

对外开放。2008 年被上海市绿化和市容管理局评为上海市三星级公园。

名称：蔓趣公园

编号：PD74

资源类型：FAD

单体资源等级：2

行政位置：周家渡街道洪山路 201 号

地理位置：31° 10′ 35.52″ N
　　　　　121° 29′ 43.44″ E

性质与特征：

蔓趣公园占地面积 1.83 万平方米，1988 年建成开园。初建时，曾拟名为上南公园，后又改为洪山公园，工程竣工时定名为蔓趣公园。

公园内以棚架、绿廊、攀援墙、花坛、草坪的组合为主体，用藤本植物、垂直绿化造景，构成了园景特色。公园门口为一块占地面积 1 100 平方米的天鹅绒草坪，上面有一条长 34 米的石铺小径。这条园路两边有 23 个混凝土制方形棚架，每架 4 柱，形似高低杠，高的一面约 3 米，低的一面约 2.5 米，四柱间的面积约 1.6 平方米，中间种植藤本植物。棚架的西北和东南两面各竖 8 根约 5 米高的钢筋混凝土柱，柱间距约 3 米，柱顶间以弧形铁管相连。柱基部种植的藤本植物顺柱攀援。在公园中部偏东有儿童游戏墙（又称绿色攀援墙），供儿童捉迷藏用。6 堵游戏墙由南向北平行排列，墙与墙间距为 2.2 米，各墙高低长短不一，墙头呈不规则的雉堞形，墙上布满爬山虎，各墙有 1 ~ 2 个门洞，供儿童穿越游玩。公园内共有 9 座组合式混凝土制棚架廊，1 座廊长约 15 米，其余均长约 12 米；其中 3 座位于公园北隅，3 座在儿童园，1 座在公园售品部旁，在公园中央

蔓趣公园

的 2 座为宣传廊，与绿廊相组合。

旅游区域及进出条件：

蔓趣公园毗邻上南八村，北临昌里路，西沿洪山路。交通便利，公交 164 路、170 路等多条线路以及轨道交通 6 号线、7 号线、8 号线等可到达。

保护与开发现状：

对外开放。2008 年被上海市绿化和市容管理局评为上海市二星级公园。

名称：长青公园

编号： PD75

资源类型： FAD

单体资源等级： 2

行政位置： 上钢新村街道长清路 11 号

地理位置： 31°10′31.86″N
121°29′05.34″E

性质与特征：

长青公园占地面积 2.06 万平方米。1985 年建成开园，2009 年改建。

长青公园中央水池中有双象石雕，大象高 5.5 米、长 3 米、宽 1.2 米，小象高 2.9 米、长 2 米、宽 0.8 米，为花岗石石雕。两象的鼻子射出水柱，形成双象戏水状。其北面约 30 米处，有一座骆驼形的抽象雕塑，高 2.9 米，长 5.4 米，为花岗石石雕，昂首翘鼻，气势雄伟。石雕周围是总面积约 5 000 平方米的大草坪，两座石雕的点缀，增加了动感，也成为公园的主要景观。公园的东南部有 3 只高低错落的钢筋混凝土制蘑菇亭，每亭面积约 3 平方米，各亭内均设鼓状混凝土凳。亭周围植有香樟、大叶女贞等常绿乔木，以及垂丝海棠、茶花、桂花等花木，使整个蘑菇亭掩映在绿荫丛中。公园西部有面积为 40 平方米的曲形棚架、组合廊，廊顶是混凝土制的四角宝塔棚顶，廊内设有大理石制成的长条凳，两侧围有红色栏杆，棚架下植有紫藤攀援而上。在公园的西北角有水域面积为 4 660 平方米的池塘，以太湖石、黄石驳岸，池深 2 米，池畔植垂柳、黄馨等。

旅游区域及进出条件：

长青公园位于长清路昌里路口。交通便利，公交 572 路、604 路、627 路等多条线路以及轨道交通 7 号线、8 号线等可到达。

保护与开发现状：

对外开放。

名称：济阳公园

编号： PD76

资源类型： FAD

单体资源等级： 2

行政位置： 上钢新村街道耀华路 600 号

地理位置： 31°10′10.98″N
121°28′33.00″E

性质与特征：

济阳公园是浦东新区成立以后较早建造的一个居住配套公园，占地面积 3.3 万平方米，水域面积 2 500 平方米，1995 年建成开园，2009 年修建。

济阳公园南北狭长如带，西沿济阳路南北筑透墙。公园内布局为仿欧风格。公园北部较宽，有一个人工湖，湖中有亭。南部有草坪、儿童园、网球场、门球场、健身房等游乐活动场地。大门位于公园北

长青公园

济阳公园

部，为10根高6～8米、直径0.5米的水泥柱，上架曲型梁，造型别致，气势雄伟。门外有开阔的广场，门内为彩色地坪，后有一白色大理石砌成的喷水池，喷水时形成一道水帘屏障，池后矗立着一座取名"春"的不锈钢少女塑像。大门南面为内湖，水域面积2 500平方米，湖面上有长14米的穹形钢筋混凝土桥连接东西两岸。桥东北侧建钢筋混凝土结构水榭，红瓦白柱，面积85平方米。榭北设临水平台，面积74平方米。湖南端有高5米的黄石假山，瀑布从北坡泻入湖中。湖四周以黄石作自然式驳岸，湖边植水杉、柳树、桃树等。湖西地面起伏，成片植山茶、杜鹃、玉兰、桂花、香樟等。公园中部有台状高地，占地面积近1 000平方米，高约3米，顶部铺彩色混凝土地砖133平方米，中央置名为"蕾"的不锈钢塑像一座，高地周围遍植红叶小檗。在公园南面的大草坪中，有名为"韵"的不锈钢塑像一座。公园内种植雪松、香樟等高大乔木，桂花、海棠、珊瑚等花灌木，蔷薇、油麻藤等藤本植物，并有珊瑚布置的植物迷宫。

旅游区域及进出条件：

济阳公园位于济阳公园以西，东邻济阳新村，南近德州路，西靠济阳路，北临耀华路。交通便利，公交82路、164路、170路等多条线路以及轨道交通7号线等可到达。

保护与开发现状：

对外开放。

名称：书院人家

编号：PD77

资源类型：FAB

单体资源等级：1

行政位置：书院镇洋溢村现代农业先行区

地理位置：30°56′33.06″N
121°53′17.82″E

性质与特征：

书院人家是集农业开发、生态建设、休闲体验于一体的"农家乐"旅游园区，总面积13.8万平方米。

书院人家以生态农业、农家餐饮、农家风情为特色。走进书院人家，乡土气扑面而来，白墙灰瓦木窗木门的乡间民居掩

书院人家

映在绿树中，宅第错落，邻舍相偎，水井栏杆，小桥流水，清新而宁静。游客在书院人家可以亲身体验舂米、推磨、踏水车、织布等传统的农耕生活，以及采摘蔬果、捕捞虾蟹的乡情野趣，甚至可以下厨掌勺，学做本地"浓油赤酱"的灶头饭菜。

旅游区域及进出条件：

书院人家位于书院镇，近上海鲜花港。公交书院3路可到达。

保护与开发现状：

对外开放。2009年被全国旅游景区质量等级评定委员会评为国家AAA级旅游景区。同年，被上海市农业委员会、上海市旅游局共同评为上海农业旅游推荐单位。

名称：**南汇古城墙遗址**
编号：PD78
资源类型：EBF
单体资源等级：1
行政位置：惠南镇卫星东路16号
地理位置：31°02′44.22″N
121°45′18.18″E

性质与特征：

南汇古城墙遗址始建于明洪武十九年（1386年），当时为防倭寇入侵在三团地区筑南汇城。城墙呈方形，离海仅1.5千米，用条石垒砌，长与宽各为1千米，高7.3米，底宽8米。设有四门，门外各有月城1座，城上设门楼、角楼各4座，敌台4座，箭楼40座，雉楼1 790垛。城外围有护城河，河宽30余米，设有静海关和通济关2座水关。1959年拆除，现仅留一段残垣，长约100余米。

旅游区域及进出条件：

南汇古城墙遗址位于南汇第一中学。公交惠南1路、惠南4路等多条线路可到达。

保护与开发现状：

对外开放。

南汇古城墙遗址

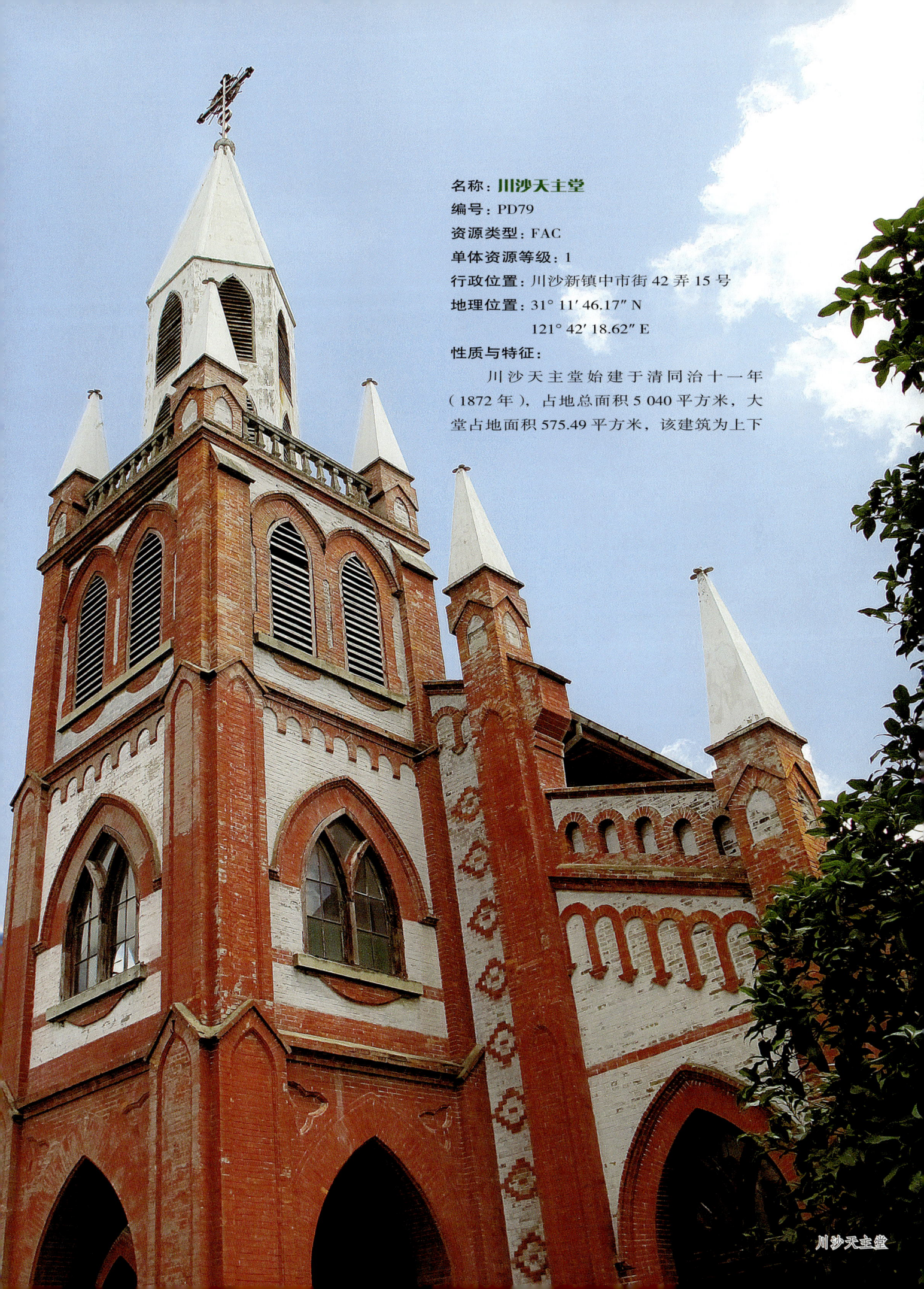

名称：**川沙天主堂**

编号：PD79

资源类型：FAC

单体资源等级：1

行政位置：川沙新镇中市街42弄15号

地理位置：31°11′46.17″N
121°42′18.62″E

性质与特征：

　　川沙天主堂始建于清同治十一年（1872年），占地总面积5 040平方米，大堂占地面积575.49平方米，该建筑为上下

川沙天主堂

两层，大厅为巴西利卡式。外形是单钟塔，为哥特式。尖锥形钟楼内悬铜钟3只。外墙为青、红两色相间砖砌成的清水墙，门窗均为尖券。教堂内部采用束柱与尖券拱肋屋顶形式，均为灰板条粉刷。正坛供奉耶稣圣心像。整幢建筑显得简洁、庄重又敦实。文革期间遭破坏，20世纪80年代后重新修复。

旅游区域及进出条件：

川沙天主堂位于川沙新镇，近华夏东路。公交977路、浦东11路、施崂专线等多条线路可到达。

保护与开发现状：

对外开放。现为浦东新区文物保护单位。

名称：上南公园

编号：PD80

资源类型：FAD

单体资源等级：1

行政位置：周家渡街道德州路198号

地理位置：31°10′10.74″N
　　　　　121°29′36.90″E

性质与特征：

上南公园为社区公共绿地，占地面积3.8万平方米，1996年建成开园，2009年进行综合改建。

上南公园北部采用轴线对称和几何形的构图形式，把公园入口处最精彩的部分展现在游客面前。公园内主景区为"七彩游乐广场"，由音乐阶梯、寓言故事墙、世界版图等景观组成了开放式空间。公园南部设计成大落差、多层次的地形，以增强公园内空间及景观的效果，构成"广场—湖泊—树林"的序列空间。"梦湖水景区"包括七彩虹桥、几何亭、阳光雕塑等景点。公园内草木青翠，四季常绿。

旅游区域及进出条件：

上南公园位于上南路德州路口。交通便利，公交83路、170路等多条线路以及轨道交通8号线等可到达。

保护与开发现状：

对外开放。2005年被上海市绿化和市容管理局评为上海市三星级公园。

名称：塘桥公园

编号：PD81

资源类型：FAD

单体资源等级：1

行政位置：塘桥街道东方路1260号

地理位置：31°13′08.64″N
　　　　　121°31′29.16″E

性质与特征：

塘桥公园占地面积3.73万平方米，2001年建成开园。

塘桥公园主要是以香樟、雪松、广玉兰等高大乔木树种构成主景，配置各种小乔木、灌木、地被等植物形成整体景观。公园有宽敞的广场、幽静的林间小道，还有可以小憩的茶室。公园内的人工湖与张家浜相通，使公园内的空间得以延伸，并和周边的景观相融合。

旅游区域及进出条件：

塘桥公园位于东方路峨山路口，毗邻张家浜。交通便利，公交169路、219路等多条线路以及轨道交通4号线、6号线等可到达。

上南公园

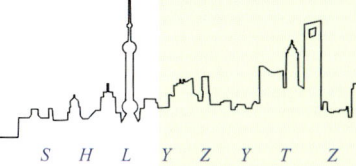

保护与开发现状：

对外开放。2004年被上海市绿化和市容管理局评为上海市三星级公园。

名称：金桥公园

编号：PD82

资源类型：FAD

单体资源等级：1

行政位置：浦兴路街道台儿庄路362号

地理位置：31°15′36.84″N
　　　　　121°35′22.68″E

性质与特征：

金桥公园规划用地11万平方米，2000年建成开园。

金桥公园布局合理，风景优美，与周边新型建筑群相映成趣。金桥公园是浦东新区的一个重点园林项目，由浦东新区园林设计院负责设计，项目建设历时一年。金桥公园以园路、地形，以及各种植物作为景观元素，形成不同功能的游览观赏区域；同时还利用不同品种植物林带进行功能分区，配合地形变化种植雪松、榉树、广玉兰等高大乔木为景观树种，丰富了园林景观和活动空间。公园以秋色叶植物为特点，力求营造与金桥地区景观相呼应的特色园林景观。由于该公园位于住宅区内，

塘桥公园

金桥公园

自然形成了城市"绿肺",为金桥地区"天更蓝、地更绿、水更清"写下了浓重的一笔。

旅游区域及进出条件:

金桥公园东临台儿庄路,南接胶东路,西侧为平度路,北侧为碧云新天地家园,毗邻金桥湾清水苑。交通便利,公交182路、640路等多条线路以及轨道交通6号线等可到达。

保护与开发现状:

对外开放。2002年被上海市绿化和市容管理局评为上海市三星级公园。

名称:梅园公园

编号:PD83

资源类型:FAD

单体资源等级:1

行政位置:陆家嘴街道乳山路180号

地理位置:31°14′21.30″N
121°31′17.97″E

性质与特征:

梅园公园是集民俗风情和江南园林建筑风格于一体的文化旅游新景点,占地面积1.8万平方米,1987年建成开园,2010年改建开放。

梅园公园的布局采用传统院落与现代园林相结合的设计思路,通过植物、地形、水面、建筑等园林要素组成自然、简洁、小中见大的园林空间。京香楼、翘春亭、赏梅径景石、栖雪园照壁、聚贤苑花架及水质清澈的涟池等10多处景点分布在各个院落,构成美丽的立体画卷。公园内以梅花、腊梅等为特色树种,种植了龙游梅、垂枝梅、直枝梅等不同系列的梅花,并与景石、造型罗汉松、竹等进行搭配,形成中国传统园林中"岁寒三友"的景观意境。同时,在道路铺装、座凳小品、围墙景窗之中,也充分应用了梅花造型,营造出"江都车马满斜晖,争赴城南未掩扉,要识梅花无尽藏,人人襟袖带香归"的氛围。

旅游区域及进出条件:

梅园公园位于乳山路福山路口。交通便利,公交573路、639路等多条线路以及轨道交通2号线、4号线、6号线、9号线等可到达。

保护与开发现状:

对外开放。

名称:南浦广场公园

编号:PD84

资源类型:FAD

单体资源等级:1

行政位置:塘桥街道浦东南路2277号

地理位置:31°12′20.82″N
121°30′37.50″E

梅园公园

南浦广场公园

性质与特征：

南浦广场公园为开放式公共绿地，占地面积3.3万平方米，1997年建成开园。

南浦广场公园主要建筑有大型喷水池、象征浦东改革开放的雕塑"纽带"，以及青少年活动基地等。雕塑后侧为开阔的大草坪，环境清静怡人。

旅游区域及进出条件：

南浦广场公园位于南浦大桥东侧。交通便利，公交119路、640路等多条线路以及轨道交通4号线、6号线等可到达。

保护与开发现状：

对外开放。

名称：泾东公园

编号：PD85

资源类型：FAD

单体资源等级：1

行政位置：洋泾街道罗山路286号

地理位置：31°14′56.22″N
　　　　　121°33′11.10″E

泾东公园

性质与特征：

泾东公园占地面积2.08万平方米，1989年建成，1996年扩建。

公园种植有近万株约200种树木，蜿蜒小径穿行于林间，连接着以草坪、假山、水池及广场为主题的四大景区，处处蕴含着江南园林的神韵。草坪景区位于公园西北角，配以仿石、仿木景墙，营造出自然景色。水池位于公园中央，分为南北两个池，池面清澈，岸边鹅卵石小道环抱，与池边"观虹亭"相连，池中荷花、睡莲与岸边垂柳的婀娜身姿相对应，给人以宁静、悠闲的感觉。位于水池和草坪之间的假山，是利用挖水池时的泥土堆积而成的，山上松柏等常绿树木郁郁葱葱。广场偏于公园东南方一角，由夸张的廊架与彩色道板铺成的地坪组成，故名为"彩虹"，周围配以低矮的灌木。泾东公园四季花团锦簇，令游客视野开阔，心胸豁然开朗。

旅游区域及进出条件：

泾东公园位于罗山路博山路口西北侧，近杨浦大桥。交通便利，公交59路、130路、155路等多条线路以及轨道交通6号线等可到达。

保护与开发现状：

对外开放。

名称：泾南公园

编号：PD86

资源类型：FAD

单体资源等级：1

行政位置：洋泾街道羽山路850号

地理位置：31°14′17.76″N
　　　　　121°32′59.22″E

性质与特征：

泾南公园为开放式公共绿地，占地面积2.24万平方米，2001年建成开园。

泾南公园之一

泾南公园之二

泾南公园以保护古树名木（千年古银杏）为主题。植物品种主要有香樟、广玉兰、桂花、银杏、红枫等树木。服务设施与景石小品、林地、古银杏树浑然一体。泾南公园还建有儿童游乐园、茶室等。

旅游区域及进出条件：

泾南公园位于羽山路南洋泾路口。交通便利，公交59路、130路等多条线路以及轨道交通6号线、9号线等可到达。

保护与开发现状：

对外开放。

名称：朱家店抗日之战纪念碑

编号：PD87

资源类型：FCH

单体资源等级：1

行政位置：川沙新镇会龙村

地理位置：31°05′30.72″N
　　　　　121°42′21.36″E

性质与特征：

朱家店抗日之战纪念碑占地面积1 800平方米，建于1986年，2004年重建。

朱家店抗日之战纪念碑碑高250厘米、宽80厘米，碑文由原抗日武装浦东支队队长朱亚民题写。1944年8月21日，新四军浙东游击纵队浦东支队在支队长朱亚民的指挥下，伏击日军于六灶朱家店（今六灶镇会龙村），击毙日军34人，而我方无一伤亡。这次著名的战斗被收录《中国人民解放军战例选》之中，战斗原址被原南汇区人民政府列为纪念地点。另外，还建有雕塑、小型陈列室和小广场等。

旅游区域及进出条件：

朱家店抗日之战纪念碑位于会龙村。公交龙芦专线、张南专线等多条线路可到达。

保护与开发现状：

对外开放。

朱家店抗日之战纪念碑

徐汇区

上 海 旅 游 资 源 图 志

概况

徐汇区位于上海市中心区的西南部，东与浦东新区隔江相望，西、南与闵行区相接，北与长宁区、静安区、黄浦区相连。区域面积54.93平方千米。2012年度，徐汇区户籍人口91.69万人，辖12个街道（徐家汇街道、湖南路街道、天平路街道、田林街道、龙华街道、斜土路街道、长桥街道、虹梅路街道、康健新村街道、凌云路街道、枫林路街道、漕河泾街道）和1个镇（华泾镇）。2012年度，全区实现地区生产总值1 006.59亿元。其中，第二产业实现增加值171.40亿元，第三产业实现增加值835.19亿元。2012年度组织接待游客1 100万人次，实现旅游业总收入110亿元。

徐汇区区境在元代、明代、清代为上海县辖地。民国初，法租界扩展至徐家汇，区境东北部为租界范围，南部为县城厢延伸地区，西南部为法华乡和漕河泾乡辖地。1927年区境归属上海市。1945年区境为第七区（常熟区）、第八区（徐家汇区）和第二十六区（龙华区）的大部分辖地。1949年后按原区划接管，1950年成立徐汇区人民政府。1956年，常熟区和徐汇区合并，定名为徐汇区。1984年划入龙华、漕河泾镇和长桥地区后，遂成今区划范围。

徐家汇的形成，可上溯至明代。明代文渊阁大学士、著名科学家徐光启曾于此从事农业实验和著书立说，逝世后归葬于此。其部分后裔在此繁衍生息，初名"徐家厍"，后渐成集镇。因地处蒲汇塘、肇嘉浜和李枞泾三水会合处，故称"徐家汇"。清道光二十二年（1842年），法国天主教耶稣会在徐家汇兴建教堂、创办学校。继徐家汇藏书楼的建立后，又创办了上海第一所教会中学——徐汇公学（今徐汇中学），以及中国沿海地区的第一座天文台——徐家汇观象台。徐家汇地区成了西方文化输入的窗口，近代中外文化交流的枢纽。在清光绪变法维新运动期间，邮传部大臣盛宣怀创办境内第一所高等学校——南洋公学（今上海交通大学），爱国老人马相伯创办了震旦学院等，为如今徐家汇地区文化发达、人才荟萃的优势奠定了基础。

徐汇区历史文化悠久，旅游资源丰富。徐光启墓、龙华革命烈士纪念地、宋庆龄故居纪念馆、龙华塔被列为全国重点文物保护单位。花园住宅也是徐汇区颇具特色的景点，衡山路—复兴路历史文化风貌区是上海花园住宅较集中的地区。此外，还有龙华历史文化风貌区等。

徐汇区是进出松江区、金山区、青浦区、奉贤区的主要通道，通往浙江省的陆上门户。境内铁路、航道、立交、高架道路纵横交错，轨道交通1号线、3号线、4号线、7号线、9号线、10号线、11号线在境内交会。

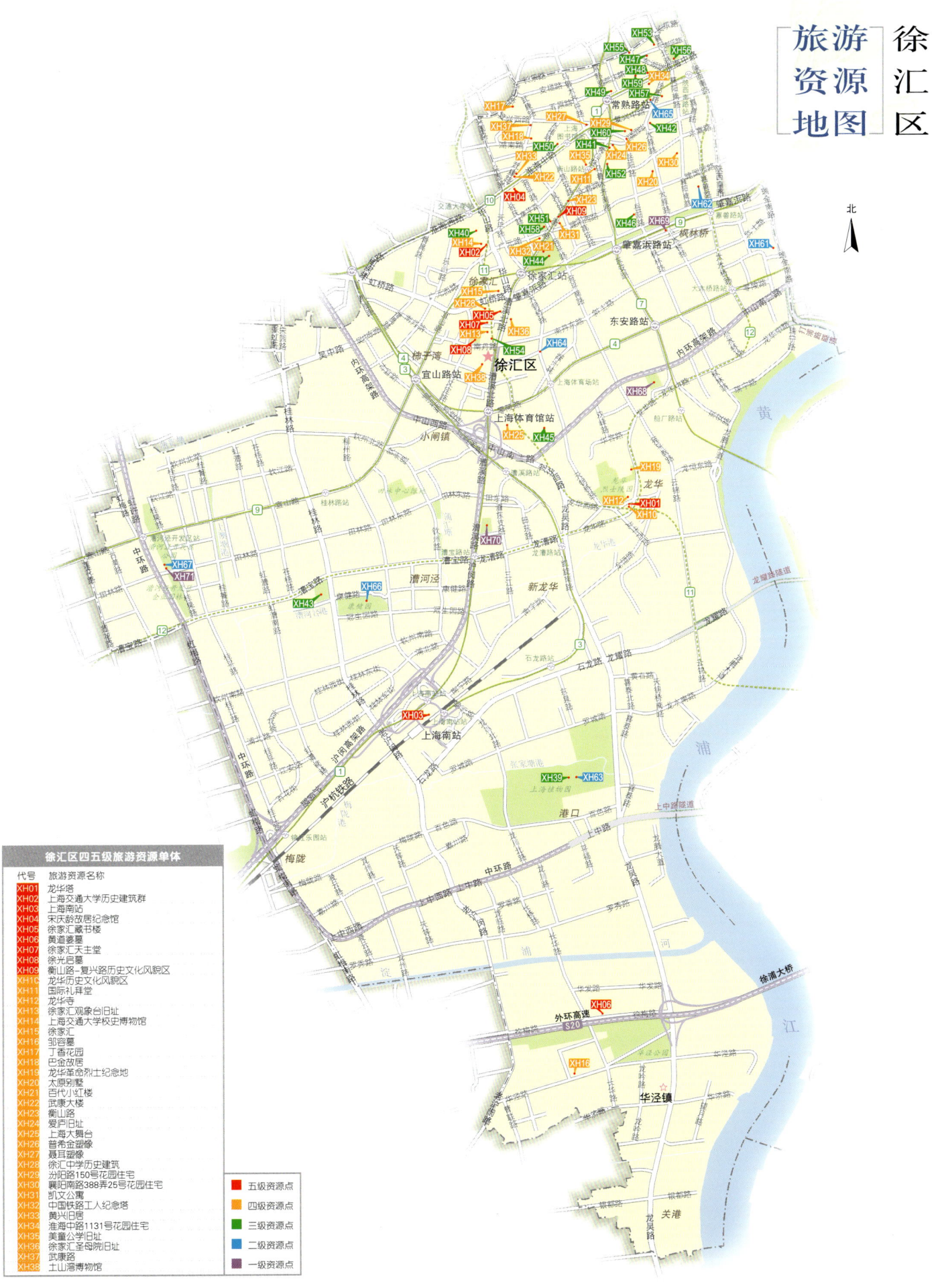

旅游资源列表

编号	名称	行政位置	资源类型	单体资源等级	地理位置
XH01	龙华塔	龙华路2853号	FCA	5	31°10′32.64″N 121°26′50.82″E
XH02	上海交通大学历史建筑群	华山路1954号	FAA	5	31°12′03.40″N 121°25′53.00″E
XH03	上海南站	漕河泾街道	FFB	5	31°08′22.80″N 121°25′27.96″E
XH04	宋庆龄故居纪念馆	淮海中路1843号	FDD	5	31°11′43.51″N 121°24′39.42″E
XH05	徐家汇藏书楼	漕溪北路80号	FCC	5	31°11′37.70″N 121°25′59.90″E
XH06	黄道婆墓	东湾村13号	FEB	5	31°07′34.50″N 121°26′39.30″E
XH07	徐家汇天主堂	蒲西路158号	FAC	5	31°11′34.20″N 121°25′58.70″E
XH08	徐光启墓	南丹路17号	FEB	5	31°11′27.85″N 121°25′48.49″E
XH09	衡山路—复兴路历史文化风貌区	徐汇区、黄浦区、静安区、长宁区	FDC	5	31°12′10.00″N 121°26′16.60″E
XH10	龙华历史文化风貌区	龙华街道	FDC	4	31°10′30.78″N 121°26′51.54″E
XH11	国际礼拜堂	衡山路53号	FAC	4	31°12′30.50″N 121°26′37.50″E
XH12	龙华寺	龙华路2853号	FAC	4	31°10′33.24″N 121°26′50.52″E
XH13	徐家汇观象台旧址	蒲西路166号	FAA	4	31°11′31.38″N 121°25′53.88″E

续表

编号	名称	行政位置	资源类型	单体资源等级	地理位置
XH14	上海交通大学校史博物馆	华山路1954号	FAE	4	31°12′02.64″N 121°25′51.78″E
XH15	徐家汇	徐家汇街道	FAG	4	31°09′50.58″N 121°24′42.48″E
XH16	邹容墓	华泾路1000弄西	FEB	4	31°07′13.26″N 121°26′27.24″E
XH17	丁香花园	华山路849号	FDD	4	31°12′50.34″N 121°26′03.54″E
XH18	巴金故居	武康路113号	FDD	4	31°12′31.12″N 121°26′26.41″E
XH19	龙华革命烈士纪念地	龙华路2591号	FEA	4	31°12′19.58″N 121°25′51.96″E
XH20	太原别墅	太原路160号	FDC	4	31°12′33.00″N 121°27′00.36″E
XH21	百代小红楼	衡山路811号	FDD	4	31°12′00.18″N 121°26′13.68″E
XH22	武康大楼	淮海中路1842～1858号	FDA	4	31°12′20.94″N 121°25′59.76″E
XH23	衡山路	衡山路	FDB	4	31°12′10.00″N 121°26′16.60″E
XH24	爱庐旧址	东平路9号	FDD	4	31°12′37.62″N 121°26′44.46″E
XH25	上海大舞台	漕溪北路1111号	FBC	4	31°11′01.20″N 121°25′54.78″E
XH26	普希金塑像	岳阳路汾阳路桃江路口	FCK	4	31°12′39.36″N 121°26′49.26″E

续表

编号	名称	行政位置	资源类型	单体资源等级	地理位置
XH27	聂耳塑像	淮海中路复兴西路口	FCK	4	31°12′44.46″N 121°26′34.38″E
XH28	徐汇中学历史建筑	虹桥路68号	FAA	4	31°11′41.64″N 121°25′52.14″E
XH29	汾阳路150号花园住宅	汾阳路150号	FDA	4	31°12′41.70″N 121°26′51.80″E
XH30	襄阳南路388弄25号花园住宅	襄阳南路388弄25号	FDA	4	31°12′33.52″N 121°27′11.38″E
XH31	凯文公寓	衡山路525号	FDA	4	31°12′09.76″N 121°26′22.74″E
XH32	中国铁路工人纪念塔	衡山路广元路口	FCH	4	31°12′37.10″N 121°26′16.90″E
XH33	黄兴旧居	武康路393号	FDD	4	31°12′27.18″N 121°26′03.55″E
XH34	淮海中路1131号花园住宅	淮海中路1131号	FDA	4	31°12′58.54″N 121°26′59.57″E
XH35	美童公学旧址	衡山路10号	FAA	4	31°12′27.97″N 121°26′33.79″E
XH36	徐家汇圣母院旧址	漕溪北路201号	FDD	4	31°11′36.42″N 121°26′01.62″E
XH37	武康路	武康路	FDB	4	31°12′29.88″N 121°26′25.28″E
XH38	土山湾博物馆	蒲汇塘路55号	FAE	4	31°11′17.50″N 121°25′49.30″E
XH39	上海植物园	龙吴路1111号	FAH	3	31°08′54.18″N 121°26′43.74″E
XH40	董浩云航运博物馆	华山路1954号	FAE	3	31°12′07.20″N 121°25′51.30″E
XH41	东平路11号花园住宅	东平路11号	FDA	3	31°12′34.90″N 121°26′45.20″E
XH42	上海工艺美术博物馆	汾阳路79号	FAE	3	31°12′44.30″N 121°26′58.50″E
XH43	桂林公园	桂林路128号	FAD	3	31°10′27.60″N 121°24′47.46″E

续表

编号	名称	行政位置	资源类型	单体资源等级	地理位置
XH44	徐家汇公园	肇嘉浜路889号	FAD	3	31°11′54.07″N 121°26′12.80″E
XH45	上海体育场	天钥桥路666号	FBD	3	31°11′01.26″N 121°25′55.35″E
XH46	上海自然科学研究所旧址	岳阳路320号	FAA	3	31°12′11.58″N 121°26′54.60″E
XH47	东湖宾馆	东湖路70号	FDD	3	31°13′06.84″N 121°26′55.26″E
XH48	淮中大楼	淮海中路1160～1164号	FDA	3	31°13′00.54″N 121°26′58.92″E
XH49	淮海大楼	淮海中路1300～1326号	FDA	3	31°12′51.48″N 121°26′39.06″E
XH50	逸邨	淮海中路1610弄1～8号	FDC	3	31°12′35.52″N 121°26′21.90″E
XH51	衡山宾馆	衡山路534号	FDD	3	31°12′08.10″N 121°26′18.42″E
XH52	永嘉新村	永嘉路580弄	FDC	3	31°12′26.10″N 121°26′45.66″E
XH53	新乐路82号花园住宅	新乐路82号	FDA	3	31°12′59.90″N 121°26′59.10″E
XH54	徐光启塑像	漕溪北路南丹路口	FCK	3	31°11′27.18″N 121°25′56.10″E
XH55	田汉塑像	长乐路富民路口	FCK	3	31°13′02.81″N 121°27′07.84″E
XH56	襄阳公园	淮海中路1008号	FAD	3	31°13′05.76″N 121°27′07.02″E
XH57	汾阳路45号花园住宅	汾阳路45号	FDA	3	31°12′53.90″N 121°27′19.39″E
XH58	衡山公园	广元路2号	FAD	3	31°12′08.58″N 121°26′16.32″E
XH59	淮海公寓	淮海中路1202号	FDA	3	31°12′59.58″N 121°26′55.50″E
XH60	汾阳路158号花园住宅	汾阳路158号	FDA	3	31°12′41.76″N 121°26′49.06″E

续表

编号	名称	行政位置	资源类型	单体资源等级	地理位置
XH61	上海公安博物馆	瑞金南路518号	FAE	2	31°12′00.84″N 121°27′50.52″E
XH62	尚街LOFT	嘉善路508号	FAZ	2	31°12′21.54″N 121°27′18.72″E
XH63	黄母祠	龙吴路1111号	FBB	2	31°08′54.18″N 121°26′43.74″E
XH64	天钥桥路休闲餐饮街	天钥桥路	FDB	2	31°11′17.16″N 121°26′48.49″E
XH65	上海音乐学院历史建筑	汾阳路20号	FDD	2	31°12′53.58″N 121°27′16.68″E
XH66	康健园	康健路1号	FAD	2	31°09′58.92″N 121°24′57.18″E
XH67	漕河泾新兴技术开发区	徐汇区、闵行区	FAF	2	31°10′22.80″N 121°23′41.34″E
XH68	东安公园	中山南二路811号	FAD	1	31°11′11.10″N 121°27′00.24″E
XH69	上海特别市市政府旧址	平江路48号	FDD	1	31°12′08.40″N 121°27′02.16″E
XH70	漕溪公园	漕溪路203号	FAD	1	31°10′26.10″N 121°25′51.90″E
XH71	漕河泾开发区公园	田林路358号	FAD	1	31°09′53.22″N 121°23′52.98″E

旅游资源单体

名称：**龙华塔**

编号：XH01

资源类型：FCA

单体资源等级：5

行政位置：龙华路 2853 号

地理位置：31°10′32.64″N
　　　　　121°26′50.82″E

性质与特征：

　　龙华塔为上海地区保存较为完整的古塔，相传建于三国吴赤乌十年（247年）间，系孙权为孝敬他的母亲而建，故又名报恩塔；又相传为西域康居国僧人康僧会用请得的五色佛舍利而建。唐末毁于战火。现存龙华塔是北宋太平兴国二年（977年）吴越王钱俶重建。

　　龙华塔为砖木结构，建筑高度40.64米，七层八角，上檐下廊，往上逐层收缩成密檐。檐角悬挂8个铜铃，飞檐高翘，姿态雄奇，造型美观，玲珑剔透。每层四面皆有塔门，逐层转换，内壁呈方形，底层高大，塔内楼梯旋转而上，可供登塔远眺。塔尖宝瓶重175千克，高1.9米，由上下两截相套而成。塔刹重3.2吨，由覆盆、露盘、相轮、浪风索等18个部件组成。当年自塔上眺望，可见黄浦江上江帆点点、烟波浩渺，江南秀丽景色尽收眼底。正如时人所写："登塔遥瞻极浦东，往来舟逐一帆风。饶地多见江村景，近水楼台此不同。""秋江塔影"为龙华八景之一。

旅游区域及进出条件：

　　龙华塔位于龙华寺山门前。交通便利，公交41路、44路等多条线路以及轨道交通3号线、11号线等可到达。

保护与开发现状：

对外开放。1977年被上海市人民政府列为上海市文物保护单位。2006年被国务院列为全国重点文物保护单位。

名称：上海交通大学历史建筑群
编号：XH02
资源类型：FAA
单体资源等级：5
行政位置：华山路1954号
地理位置：31°12′03.40″N
　　　　　121°25′53.00″E

性质与特征：

上海交通大学是我国历史悠久的高等学府之一，现为教育部直属、教育部和上海市共建的全国重点大学。清光绪二十二年（1896年），津海关道太常寺少卿盛宣怀筹款在徐家汇创办了南洋公学，隶属招商、电报两局。公学设立师范院、外院、中院和上院，盛宣怀任督办。民国成立后，学校改隶交通部，并易名为交通部上海工业专门学堂。1920年12月，上海工业专门学堂、唐山工业专门学校、北京铁路管理学校和北京邮电学校合并成一所学校，定名为交通大学。1938年8月，学校改由教育部直辖，定名为国立交通大学。1959年7月31日，经国务院批准定名为上海交通大学。

上海交通大学历史建筑群位于徐汇校区，该校区始建于19世纪末期，至今仍在使用。徐汇校区尚存13幢在1949年以前建造的老建筑，主要有校门、老图书馆、中院、总办公厅、体育馆、执信西斋等。中院建于清光绪二十四年（1898年），建筑平面呈"H"形，西方早期折中主义建筑样式，立面三段式构图，左右严格对称。老图书馆建于1919年，红砖砌筑，开窗方式沿袭了西方三段式的传统，但处理手法已无早期古典主义的严谨，较为轻松自然。1925年学校发展进入高潮期，同期建筑有：建于1925年的体育馆、建于1933年的总办公厅（容闳堂）、建于1932年的工程馆（恭卓馆）等。如果按建造年代排列，几乎每隔10年就有代表性建筑出现在上海交通

上海交通大学历史建筑群之一

上海交通大学历史建筑群之二

大学的校园内。上海交通大学好似近代中国的"建筑博物馆"。

旅游区域及进出条件：

　　上海交通大学历史建筑群位于华山路广元路口。交通便利，公交 26 路、72 路等多条线路以及轨道交通 1 号线、9 号线、10 号线、11 号线等可到达。

保护与开发现状：

　　对外开放。上海交通大学部分历史建筑于 1994 年、2005 年分别被上海市人民政府列为上海市优秀历史建筑。

名称：上海南站
编号： XH03
资源类型： FFB
单体资源等级： 5
行政位置： 漕河泾街道
地理位置： 31°08′22.80″N
　　　　　　121°25′27.96″E

性质与特征：

　　上海南站是上海中心城区的南大门。车站主体建筑和车站南北广场占地面积 60 万平方米，2006 年投入运营。

上海南站主体建筑为圆形钢结构，高47米，圆顶直径200米，总面积5万平方米，南来北往的火车可从主体建筑的架空部分穿行而过。主体建筑分为三层：中层为站台层，与地面同高，有13条轨道和6个站台，有多条通道与车站南北广场相连，还设有贵宾候车室等；上层为出发层，设有周长为800米的高架环形出发平台、可同时容纳万余人的大空间候车区、检票通道等；下层为到达层，设有旅客出站地道、南北地下换乘大厅等，轨道交通1号线、3号线，部分长途客运和旅游专线等可在站内实现零换乘。

旅游区域及进出条件：

　　上海南站位于徐汇区西南部，主体建筑和南北广场东起柳州路，西至老沪闵路，北靠沪闵路，南抵石龙路。交通便利，公交144路、164路、180路等多条线路以及轨道交通1号线、3号线等可到达。

保护与开发现状：

　　对外开放。

名称：宋庆龄故居纪念馆
编号： XH04
资源类型： FDD
单体资源等级： 5
行政位置： 淮海中路1843号
地理位置： 31°11′43.51″N
　　　　　　　121°24′39.42″E

宋庆龄故居纪念馆

性质与特征：

　　宋庆龄故居纪念馆占地面积4 333平方米，由宋庆龄故居主楼和宋庆龄文物馆两部分组成。宋庆龄故居主楼为白色假三层带花园的欧式建筑，砖木结构，建筑面积700平方米，1920年建造。1948年，宋庆龄迁居于此。宋庆龄逝世后，在沪寓所经整理于1981年建为纪念馆，1988年对外开放。宋庆龄文物馆坐落于故居旁，1997年建成。宋庆龄文物馆陈列有清光绪三十三年（1907年）清朝政府签发的宋庆龄赴美留学护照、美国威斯里安女子学院毕业证书、宋庆龄收藏的孙中山遗物以及毛泽东、周恩来的亲笔信等珍贵文物200余件。宋庆龄文物馆门前广场矗立有宋庆龄坐像，由整块汉白玉雕琢而成，连底座高2.3米，落成于2003年。

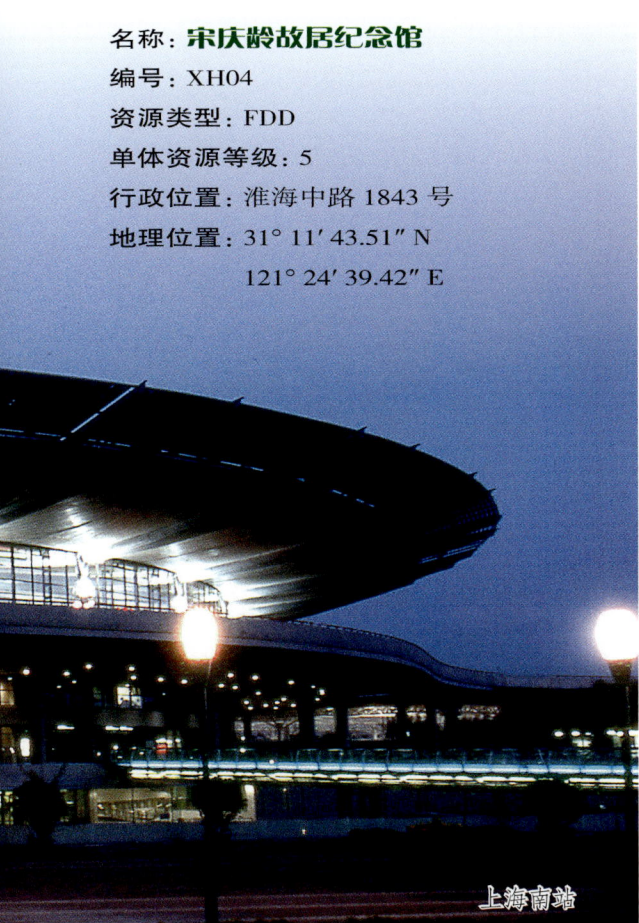

上海南站

宋庆龄（1893～1981年），原籍广东（今海南省）文昌，生于上海。中华人民共和国成立后历任第一、第四届全国人大常委会副委员长，中华人民共和国副主席，中苏友好协会会长，中国福利会执行委员会主席，中国人民保卫儿童全国委员会主席，全国妇联第二、第三、第四届名誉主席等职。1981年加入中国共产党并被授予中华人民共和国名誉主席的称号。1981年5月29日在北京逝世。

旅游区域及进出条件：

宋庆龄故居纪念馆位于淮海中路余庆路口。交通便利，公交26路、926路等多条线路以及轨道交通1号线、9号线、10号线、11号线等可到达。

保护与开发现状：

对外开放。2001年被国务院列为全国重点文物保护单位。2005年被上海市红色旅游工作协调小组命名为上海红色旅游基地。现为上海市爱国主义教育基地。

名称：**徐家汇藏书楼**
编号：XH05
资源类型：FCC
单体资源等级：5
行政位置：漕溪北路80号
地理位置：31°11′37.70″N
　　　　　121°25′59.90″E

性质与特征：

徐家汇藏书楼是法国天主教耶稣会士在上海创办的第一家图书馆，2003年修复并对外开放。

徐家汇藏书楼是上海近代图书馆的雏形。现存有两幢建筑：一幢为四层法式建筑，原为耶稣会总院，始建于清同治六年（1867年）；另一幢为二层法式建筑，是当时的藏书楼，建于清光绪二十三年（1897年）。徐家汇藏书楼为清水砖外墙，多窗，上层是西文书库，底层是中文书库。总计藏有1949年前出版的英语、法语、德语、日语、俄语、拉丁语等近20个语种的56万册出

徐家汇藏书楼

版物（包括 1800 年前的珍本 2 000 册），内容涉及哲学、文学、历史、政治、社会、宗教等诸学科。今徐家汇藏书楼具有读者服务、文献保管、开发研究等功能。一楼为会展区，不定期举行各种中小型会议和展览活动，并设有徐家汇藏书楼历史图片和文献陈列。二楼为读者阅览区，提供在线公共目录查询、资料复印、参考咨询等服务。

旅游区域及进出条件：

徐家汇藏书楼位于徐家汇商圈。交通便利，公交 43 路、926 路等多条线路以及轨道交通 1 号线、4 号线、9 号线、11 号线等可到达。

保护与开发现状：

对外开放。1956 年并入上海图书馆。1994 年被上海市人民政府列为上海市优秀历史建筑。

名称：**黄道婆墓**
编号：XH06
资源类型：FEB
单体资源等级：5
行政位置：东湾村 13 号
地理位置：31°07′34.50″N
　　　　　121°26′39.30″E

性质与特征：

黄道婆墓占地面积 1 000 平方米，1957 年修复，1986 年移地重修。黄道婆墓四周砌有 50 厘米高的大理石护圈，中心为椭圆形石圈土墓。汉白玉墓碑，正面镌刻"元黄道婆墓"，背面刻有墓志。墓碑前置长条形石供桌和石凳，四周植常绿树木。墓旁建有黄道婆纪念馆，占地面积约 300 平方米，2003 年建成并开馆。黄道婆纪念馆设 3 个展厅。主展厅展示黄道婆的生平事迹，介绍她对我国纺织事业作出的历史功绩。纺织工具展厅展示出弹花机、纺纱机、织布机等 30 台（件）机器。棉纺织品展厅展示棉土布、蓝印花布、棉织衣裤、围裙肚兜、床单被套等物件 300 多件。

黄道婆墓

黄道婆（黄婆、黄母）（1245～1330 年），中国元代杰出的女纺织家，松江府乌泥泾镇（今徐汇区华泾镇东湾村）人，少年流落崖州（海南岛）时，学会黎族的制棉和织被方法。元元贞年间（1295～1296 年）返故里松江府乌泥泾镇教人制棉，此后"乌泥泾被不胫而走"，广传大江南北，松江府因而有"衣被天下"之美称。

旅游区域及进出条件：

黄道婆墓位于华泾镇东湾村。公交 714 路、804 路等多条线路可到达。

保护与开发现状：

对外开放。黄道婆墓 1987 年被上海市人民政府列为上海市文物保护单位；1996 年被列为徐汇区爱国主义教育基地。黄道婆纪念馆 2012 年被上海市科学技术委员会命名为上海市科普教育基地。

名称：**徐家汇天主堂**
编号：XH07
资源类型：FAC
单体资源等级：5
行政位置：蒲西路158号
地理位置：31°11′34.20″N
　　　　　121°25′58.70″E

性质与特征：

徐家汇天主堂原名圣依纳爵主教座堂（St.Ignatius Cathedral），是一座按西方建筑方式建造的教堂。现教堂建成于清宣统二年（1910年）。

徐家汇天主堂是上海中心城区最大的大主教堂，仿法国中世纪哥特式建筑风格，砖木结构，楼高五层，占地面积2 670平方米，建筑面积6 700平方米。教堂平面呈"十"字形。大堂进深79米，面宽28米，连同两翼宽44米，高28米。堂内挺立64根立柱，每根立柱用10个小圆柱拼合而成，为金山石精刻细凿。

大堂可容纳2 500人做弥撒，由中厅和两侧廊组成。中厅高敞，有三层高；两侧较低，为二层高，各设一排小祈祷堂。大堂正中为1919年复活节前从巴黎运来的祭台，置耶稣像、圣母像。

徐家汇天主堂的外墙用清水红砖砌筑，四周有铅条玻璃尖拱窗，分间处有石扶壁。外立面南北两侧有两座对峙的钟楼，高度达56米。钟楼尖塔顶是十字架。立面中间有叠涩形成的多层拱券大门、玫瑰窗及山墙。正门上方有4帧福音圣使雕像，正中为耶稣抱十字架石像。

旅游区域及进出条件：

徐家汇天主堂位于蒲西路，近徐家汇观象台旧址。交通便利，公交43路、926路等多条线路以及轨道交通1号线、4号线、9号线、11号线等可到达。

保护与开发现状：

对外开放。1989年被上海市人民政府列为上海市文物保护单位及上海市优秀历史建筑。

徐家汇天主堂之二

名称：**徐光启墓**
编号：XH08
资源类型：FEB
单体资源等级：5
行政位置：南丹路17号
地理位置：31°11′27.85″N
　　　　　121°25′48.49″E

性质与特征：

徐光启墓位于光启公园内，是为纪念明代著名的科学家、农学家、政治家，中西文化交流的先驱徐光启（1562～1633年）而立。

徐光启是明代松江府上海县人，通天文、历算，习火器，并跟随意大利人利玛窦研习学问，著《徐氏庖言》《诗经六帖》，编《农政全书》《崇祯历书》，译《几何原本》《泰西水法》等著作。明崇祯十四年（1641年），徐光启归葬于上海。墓地共10个墓穴，葬有徐光启、夫人吴氏和他的4对孙辈夫妇。墓地附近形成村落，后称为徐家汇。清光绪二十九年（1903年），江南天主教会在徐光启受洗300周年之际重修了墓地。1933年，徐光启逝世300周年，墓地又获重修。抗日战争期间，墓地荒废成为菜畦。1957年，上海市文化局重修徐光启墓，复建十字架基台。文革期间，墓地的牌坊、华表遭到破坏。1978年，墓地重辟为南丹公园。1983年，为纪念徐光启逝世350周年而改名为光启公园。2003年12月，徐光启墓修复工程竣工，恢复了1903年的墓制。

徐光启墓原占地面积1.3万平方米，墓前石碑、石坊于清光绪二十九年（1903年）散失，石人、石马、华表为原物。1981年建椭圆大墓，高2.2米，占地面积300平方米。墓碑为数学家苏步青手书"明徐光启墓"。1983年，拓建墓前小路，砌150平方米花岗石坟台，建徐光启半胸一品官服花岗石雕像。墓周石牌坊刻有对联："治历明农百世师经天纬地，出将入相一个臣奋武揆文"。

徐光启墓两侧建有"徐利谈道"（徐光启与利玛窦探讨《几何原本》翻译）、"夜观星象"（晚年徐光启研究天文）两尊雕塑。墓东侧为碑廊，刻有徐光启手迹、查继佐撰《徐光启传》及程十发临摹的徐光启画像。

墓西部为青少年活动区。园内植树百种，环境幽静，绿草如茵，曲径回绕，鱼戏荷池，四季飘香。"南春华堂"为上海现存较为古老的民居，建于明弘治末年至正德年间（约1500年），距今已有500多年的历史，2003年经抢救性保护，搬迁至光启公园，并辟为徐光启纪念馆。

徐光启墓

旅游区域及进出条件：

徐光启墓位于光启公园。交通便利，公交56路、205路、732路等多条线路以及轨道交通1号线、4号线、9号线、11号线等可到达。

保护与开发现状：

对外开放。徐光启墓1988年被国务院列为全国重点文物保护单位；现为上海市爱国主义教育基地。光启公园2008年被上海市绿化和市容管理局评为上海市二星级公园。徐光启纪念馆2012年被上海市科学技术委员会命名为上海市科普教育基地。

名称：衡山路—复兴路历史文化风貌区
编号：XH09
资源类型：FDC
单体资源等级：5
行政位置：徐汇区、黄浦区、静安区、长宁区
地理位置：31°12′10.00″N
　　　　　　121°26′16.60″E
性质与特征：

衡山路—复兴路历史文化风貌区东界重庆中路—重庆南路—太仓路—黄陂南路—合肥路—重庆南路，南界建国中路—建国西路—嘉善路—肇嘉浜路，西界天平路—广元路—华山路—江苏路，北界昭化东路—镇宁路—延安西路—延安中路—陕

西南路—长乐路，其范围大致相当于昔日上海法租界1914年的扩展部分（所谓法新租界），是全市历史风貌保存较为完整、以花园住宅和新式里弄及公寓为主要特征的风貌区，占地面积7.75平方千米。

衡山路—复兴路历史文化风貌区拥有近2 000幢历史建筑，约占全市历史建筑的40%，涉及徐汇、黄浦、静安、长宁4个区。建筑类型多样、风格各异，体现了上海近代住宅和公共建筑的风貌与特征。位于徐汇区内的衡山路—复兴路历史文化风貌区占地面积4.3平方千米，1949年之前建造的房屋建筑面积为193万平方米，花园住宅1 450余幢，建筑面积约65万平方米，占上海市1949年之前建造的花园住宅总面积的46%，占徐汇区1949年之前建造的花园住宅总量的97%；公寓180余幢，建筑面积约28万平方米；新式里弄3 000余幢，建筑面积约66万平方米；旧式里弄1 550余幢，建筑面积约19万平方米。

旅游区域及进出条件：

衡山路—复兴路历史文化风貌区位于徐汇区、黄浦区、静安区、长宁区的交界处。交通便利，公交93路、167路等多条线路以及轨道交通1号线、7号线、9号线、10号线等可到达。

保护与开发现状：

对外开放。2003年被上海市城市规划管理局（现上海市规划和国土资源管理局）划定为上海市中心城区历史文化风貌区。

名称： 龙华历史文化风貌区
编号： XH10
资源类型： FDC
单体资源等级： 4
行政位置： 龙华街道
地理位置： 31°10′30.78″N
　　　　　　　121°26′51.54″E

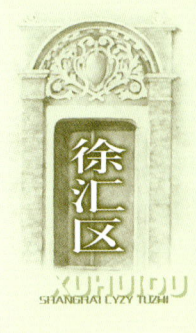

衡山路—复兴路历史文化风貌区

性质与特征：

龙华历史文化风貌区是上海市中心城区确立的 12 片历史文化风貌区中唯一一个"千年古镇"，具有较为深厚的历史文化底蕴。龙华历史文化风貌区东至龙华路——后马路，南至龙华港，西至龙华西路，北至规划路——华容路。占地面积 0.45 平方千米。

龙华历史文化风貌区内拥有较完整的革命历史遗址和纪念地，以及历史悠久的宗教活动场所。龙华塔是上海市区唯一的古塔，龙华寺是上海历史最长、规模最大的古刹。龙华烈士陵园是进行爱国主义和革命传统教育的重要基地。

旅游区域及进出条件：

龙华历史文化风貌区位于徐汇区南部。交通便利，公交 41 路、44 路等多条线路以及轨道交通 3 号线、11 号线等可到达。

保护与开发现状：

对外开放。2003 年被上海市城市规划管理局（现上海市规划和国土资源管理局）划定为上海市中心城区历史文化风貌区。

名称：国际礼拜堂
编号： XH11
资源类型： FAC
单体资源等级： 4
行政位置： 衡山路 53 号
地理位置： 31°12′30.50″N
　　　　　121°26′37.50″E

性质与特征：

国际礼拜堂是 1923 年由在华美国人集资，于 1923 年在当时的贝当路（今衡山路）建造的，供在上海的以美国人为主的西方人做礼拜用。其占地面积约 7 330 平方米，建筑面积 1 372 平方米，1925 年竣工并开始使用。1981 年 1 月 4 日，因文革而关闭了 15 年之久的国际礼拜堂重新开放。

国际礼拜堂的英文名字为 Shanghai Community Church，是当时上海最大的基督教堂，由礼拜堂与三层副楼平面构成"L"形。礼拜堂为哥特式建筑，堂高 16 米，外墙红砖砌筑，屋顶为交叉形木屋架。大门朝北，两旁尖拱长廊，拱形窗框镶嵌花纹

龙华历史文化风貌区

国际礼拜堂

玻璃，可容纳700余人做礼拜。大堂左侧为副楼，底层为牧师办公室，三楼为小礼堂。教堂有圣诗咏唱班，每逢宗教节日和每月第三周的星期日举行盛大的音乐唱诗活动。

旅游区域及进出条件：

国际礼拜堂位于衡山路，近乌鲁木齐南路。交通便利，公交15路、49路、93路等多条线路以及轨道交通1号线、7号线、9号线、10号线等可到达。

保护与开发现状：

对外开放。1989年被上海市人民政府列为上海市文物保护单位及上海市优秀历史建筑。

名称：龙华寺

编号：XH12

资源类型：FAC

单体资源等级：4

行政位置：龙华路2853号

地理位置：31°10′33.24″N
　　　　　121°26′50.52″E

性质与特征：

龙华寺是上海地区历史最悠久、规模最大、建筑最雄伟的古刹，占地面积2万平方米。相传始建于三国吴赤乌五年（242年），按佛经中弥勒菩萨在龙华树下成佛的记载而命名。唐垂拱三年（687年）扩建寺院，清光绪年间（1875～1908年）重建。1937年毁于日军战火，1957年和1979年分别进行了两次全面整修。

龙华寺的建筑格局是沿中轴线排列六进殿堂，即弥勒殿、天王殿、大雄宝殿、三圣殿、方丈室和藏经楼；两侧建钟鼓楼、厢房和偏殿；飞檐翘脊，庄严幽深。大雄宝殿是重檐歇山式建筑，供奉三尊金身"华严三圣"像。钟楼高三层，悬有清光绪二十年（1894年）铸青龙铜钟，高2米，直径1.3米，重5吨余。藏经楼收藏各种版本的大藏经、佛教经籍及珍贵文物。

旅游区域及进出条件：

龙华寺位于龙华路。交通便利，公交41路、44路等多条线路以及轨道交通3号线、11号线等可到达。

保护与开发现状：

对外开放。1977年被上海市人民政府列为上海市文物保护单位。

龙华寺

名称：徐家汇观象台旧址

编号：XH13

资源类型：FAA

单体资源等级：4

行政位置：蒲西路166号

地理位置：31°11′31.38″N
　　　　　121°25′53.88″E

性质与特征：

徐家汇观象台旧址（又名徐家汇天文台）是我国近代第一个气象预测和预报机构，也是近代中西文化交流的见证地之一。清同治十一年（1872年），法国天主教上海教区成立"江南科学委员会"，下设气象台，位于肇嘉浜畔、徐光启墓旁（今蒲西路221号），由司铎高镐鼎负责。初期仅平屋数间，条件简陋，没有太多的仪器。自清同治十一年（1872年）开始气象观测以来，一直延续记录至今，虽站址稍有偏移，记录却从未间断，是我国气象记录时间最长、最完整的气象台。

清光绪二十七年（1901年），在今蒲西路166号位置重建新的观象台，建筑面积3 000平方米，正立面三段布局，中间三层，底层圆拱大门贯通二层，三层有玫瑰窗，平顶上有露天阳台。二层左边退为阳台，二层右边为复折式屋顶，中间水泥墙面画水平线条。外立面采用灰色清水砖墙，圆拱券窗，窗框和窗下用红砖装饰，局部墙身带有齿形饰，部分窗框由红砖筑成隅石状，平台及室外楼梯则为宝瓶状栏杆。小楼上下为古典式的罗马建筑风格。徐家汇观象台旧址的标志性建筑是大楼中央顶端的砖木结构测风塔，既实用又独具特色。屋内设有子午仪室，后又增加地震测量仪器。徐家汇观象台被国际天文协会确定为标准时计处后，在1926年和1936年两次参与国际经度预测任务，成为重力加速度的基准点。连同巴黎和旧金山的基准点，它们共同成为世界上三大基准点。

旅游区域及进出条件：

徐家汇观象台旧址位于蒲西路，邻近光启公园。交通便利，公交42路、43路、50路等多条线路以及轨道交通1号线、4号线、9号线、11号线等可到达。

保护与开发现状：

现为机构机用房。2005年被上海市人民政府列为上海市优秀历史建筑。

名称：上海交通大学校史博物馆

编号：XH14

资源类型：FAE

单体资源等级：4

行政位置：华山路1954号

地理位置：31°12′02.64″N
　　　　　121°25′51.78″E

性质与特征：

上海交通大学校史博物馆原为图书馆，是由1916年的毕业班同学为纪念建校20周年而发起建造的。1918年2月20日破土动工，1919年10月10日建成。经费由时任校长唐文治向黎元洪大总统申

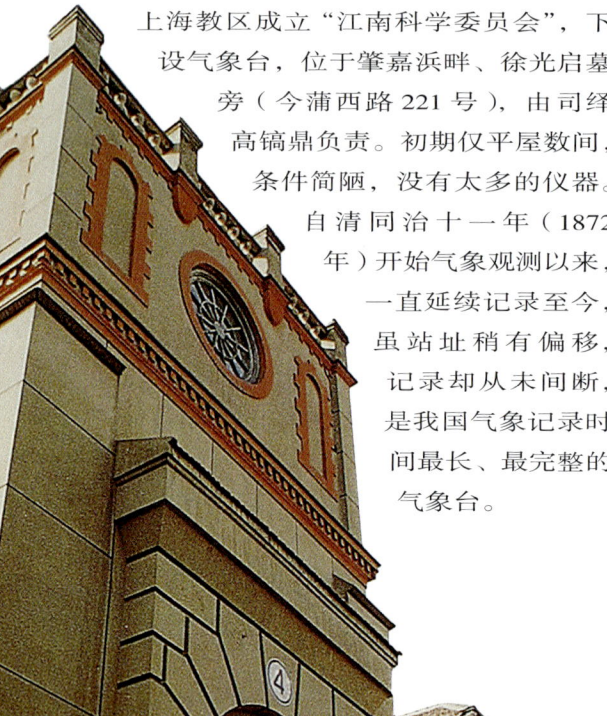

徐家汇观象台旧址

上海交通大学校史博物馆之二

请,由交通部拨款 3 万元,其余 6 万元由社会各界人士及师生校友共同捐赠。建图书馆共花费资金约 8 万元,余额都用于采购书籍。

上海交通大学校史博物馆建筑面积 2 687 平方米,坐东朝西,是 1 幢三层的混合结构建筑,带有英国伊丽莎白时代的建筑风格。大楼的平面设计为"山"字形,形成 3 个正面立面楼体和连接这 3 个楼体的横向楼,整体比例对称。立面楼体上的山墙醒目,底楼的门廊也很夺目,门廊里有两对科林斯双柱支撑着二楼的露台,露台的围栏是水泥花式扶栏,二楼的主窗镗采用弧拱形。整幢大楼既有代表西方古典主义风格的科林斯柱式表现,又有巴洛克建筑的细部雕刻、山花及对比色彩的运用。在用作图书馆时期,设有杂志阅览室、普通阅览室、研究室、自修室和陈列室等。馆内藏书以工程、管理及科学类为多。1995 年照原样大修后,被定为校史校友楼。1996 年 4 月 29 日,江泽民同志回母校参观了校史博物馆,并题写了馆名。馆内设有校史博物馆、档案馆、校友活动室等。

上海交通大学校史博物馆于 1996 年 4 月 8 日上海交通大学百年校庆之际开馆。博物馆辟有 3 个展厅和 1 个陈列室,包括 1949 年前后的校史基本陈列、校友院士资料展和林同炎校友展室,并附设董浩云航运博物馆,内有中国古代航运史馆和董浩云陈列室。展厅总面积 1 200 多平方米,展示文献、照片、图表、资料及各种实物、模型等逾 3 000 件。

旅游区域及进出条件:

上海交通大学校史博物馆位于上海交通大学(徐汇校区)老图书馆内。交通便利,公交 72 路、926 路等多条线路以及轨道交通 1 号线、9 号线、10 号线、11 号线等可到达。

保护与开发现状:

对外开放。1996 年被上海市人民政府列为上海市青少年教育基地。现为上海市爱国主义教育基地。

名称:**徐家汇**
编号:XH15
资源类型:FAG
单体资源等级:4
行政位置:徐家汇街道
地理位置:31°09′50.58″N
　　　　　121°24′42.48″E

性质与特征:

徐家汇位于上海西南地区,是上海市通向浙江省的西南交通门户,初为天主教上海教区所在地,有众多天主教区建筑。1949 年后,凭借其优越的地理位置和交通条件,徐家汇逐渐成为集购物、休闲娱乐、办公、商贸、住宿、餐饮、培训教育于一体的综合性商业区域,被列为上海市十大著名商业中心之一。占地面积 3.3 平方千米。

徐家汇的形成可上溯至明代。晚明文渊阁大学士、著名科学家徐光启曾经在此从事农业实验并著书立说。他逝世后即安葬于此,其后裔也在此繁衍生息。初名"徐家库",后渐成集镇,因地处肇嘉浜与法华泾两水会合处,故得名"徐家汇"。

一直以来,徐家汇商圈以差异化的定位而闻名。在这里,既有以港汇广场、东方商厦为代表的世界名品汇集的大型超级购物中心,又有以太平洋百货和汇金百货为代表的体现流行时尚的高级商场;既有以上海市第六百货公司为代表的深受中老年顾客喜爱的中档百货公司,又有以汇联商厦和地铁购物街为主体的廉价特色商业设施。另外,徐家汇商圈还有美罗城等大

邹容墓

型综合性娱乐餐饮中心，以及太平洋电脑城等以数码科技为主的高科技大型卖场。徐家汇的主要历史文化景观有徐家汇天主堂、徐家汇观象台旧址、徐家汇藏书楼、徐光启纪念馆、土山湾博物馆、徐汇中学历史建筑、百代小红楼等。

旅游区域及进出条件：

徐家汇位于上海市中心城区的西南部。交通便利，公交43路、44路、50路等多条线路以及轨道交通1号线、9号线、11号线等可到达。

保护与开发现状：

对外开放。

名称：邹容墓

编号： XH16

资源类型： FEB

单体资源等级： 4

行政位置： 华泾路1000弄西

地理位置： 31°07′13.26″N
121°26′27.24″E

性质与特征：

邹容墓位于华泾镇建华村，近位育中学。邹容（1885～1905年）是我国近代著名民主革命家。清光绪二十九年（1903年）章太炎因"苏报案"被捕，邹容也随其慷慨入狱。清光绪三十一年（1905年）4月3日，邹容死于上海狱中，年仅21岁。邹容死后即由《中外日报》馆收殓遗体下葬华泾，后由华泾刘季平（刘三）移柩于华泾镇黄叶楼西侧。墓碑由蔡元培所题，为避清廷耳目，写为"周容之墓"。辛亥革命胜利后，孙中山就任临时大总统，追授邹容为陆军大将军衔，崇祀忠烈祠。1924年春，章太炎、蔡元培、章士钊、于右任、张继等20余人，专程前往华泾举行公祭。文革中此墓被毁。1980年，为纪念辛亥革命70周年移今址重建邹容墓。此墓地占地面积666平方米，墓台坐北朝南，中间为高2.4米的塔形墓标，上书"邹容之墓"。墓标后为圆筒状墓，高2.36米，直径2.48米。墓后有章太炎书"赠大将军巴县邹容"墓碑。碑后复有造型美观的高大石屏，气势雄伟，东西各有一石亭。四周环有长青松柏，庄严肃穆；两边是正方形绿化区，广植花草。

旅游区域及进出条件：

邹容墓位于华泾路位育路口，邻近位

育中学。公交714路、718路等多条线路可到达。

保护与开发现状：

对外开放。1981年被上海市人民政府列为上海市文物保护单位。

名称：丁香花园

编号： XH17

资源类型： FDD

单体资源等级： 4

行政位置： 华山路849号

地理位置： 31°12′50.34″N
121°26′03.54″E

性质与特征：

丁香花园是一座中西合璧的花园别墅，具有英国乡村花园别墅的风格，并融入了中国传统南方园林建筑的特色。占地面积2.04万平方米，建筑面积2934平方米。丁香花园曾经为李鸿章的小儿子李经迈所拥有。该建筑始建于清同治元年（1862年），主楼（一号楼）为英国乡村式别墅，建筑外观凸出呈梯形，用细方木支撑上下两层的木柱敞廊，局部山墙为深色露木垂直构架。屋面中部为双坡山墙露木结构，设有老虎窗，为攒尖屋顶。主楼的南入口为双向石阶，柱式门廊。底层前部3间为客厅、餐厅等。二层为起居室、卧室，有木栅栏式外挑阳台，室内布局典雅。副楼（三号楼）建筑的南立面正中凸出部分呈半圆形，假三层，为四坡屋顶。主楼南面为宽阔的草坪和一个大花园，花园内有湖，湖面上设九曲桥，湖中心有湖心亭，长达百余米的琉璃瓦龙墙曲折环绕，龙头与湖心亭顶端的凤凰遥遥相对，形成龙凤戏水之景。花园东南隅地形起伏、曲径环绕，且古树参天、山石嶙峋，景色十分优美。

1949年后曾作为中共华东局机关所在地，现一号楼为上海市老干部活动室。

旅游区域及进出条件：

丁香花园位于华山路武康路口。交通便利，公交48路、96路等多条线路以及轨

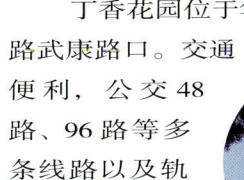

道交通1号线、2号线、7号线、10号线、11号线等可到达。

保护与开发现状：

对外开放。1994年被上海市人民政府列为上海市优秀历史建筑。

名称：巴金故居

编号： XH18

资源类型： FDD

单体资源等级： 4

行政位置： 武康路113号

地理位置： 31°12′31.12″N
121°26′26.41″E

性质与特征：

巴金故居始建于1923年，由一栋主楼、两栋小型辅楼及花园组成，总占地面积约1 400平方米。该建筑为细卵石墙面，装饰简洁，南立面底层为敞廊，北立面入口处为半圆形拱券。

1955年9月，巴金一家迁入武康路113号，他在此工作、生活了长达半个世纪，晚年的力作《随想录》也是在这里完成的。2005年10月17日，巴金在上海逝世，享年101岁。巴金故居保存着巴金收藏的近4万册图书，其中有大量的作家签名本著作和初版本著作，还有超过10万页（件）的各类书稿、书信、文献及照片等档案资料。此外，还有众多名家书画，以及巴金生前使用过的家具、器物和衣物等。

巴金为我国一代文学大师。他的著作主要有长篇小说《灭亡》《爱情三部曲》《激流三部曲》（即《家》《春》《秋》），中篇小说《春天里的秋天》《憩园》《寒夜》，散文集《新声集》《赞歌集》《随想录》（共5集）。此外，巴金的翻译作品有长篇小说《父与子》《处女地》，还有回忆录《往事与随想》等。1982年，巴金获意大利国际但丁奖；1983年，获法国荣誉军团勋章；2001年，获得诺贝尔文学奖的提名。巴金曾经担任过第六、第七、第八、第九、第十届全国政协副主席，中国作家协会主席。

旅游区域及进出条件：

巴金故居位于武康路湖南路口。交通便利，公交96路、548路等多条线路以及轨道交通1号线、7号线、10号线、11号线等可到达。

保护与开发现状：

对外开放。1999年被上海市人民政府列为上海市优秀历史建筑。

巴金故居

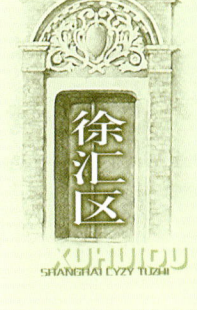

龙华革命烈士纪念地

名称：**龙华革命烈士纪念地**

编号：XH19

资源类型：FEA

单体资源等级：4

行政位置：龙华路2591号

地理位置：31°12′19.58″N
　　　　　　121°25′51.96″E

性质与特征：

龙华革命烈士纪念地位于上海龙华烈士陵园东北隅，遗址区占地面积1.8万平方米，为原国民党淞沪警备司令部门楼，内设军法处、刑讯处、男女看守所及刑场等，此处曾经关押大量的共产党人和革命志士。在此牺牲的有中国共产党早期革命领导人罗亦农、彭湃、赵世炎、陈延年，龙华二十四烈士林育南、何孟雄等，以及左联五烈士。革命烈士就义地与遗址区、男女看守所之间由地下通道贯联相通。1950年，在就义地现址发掘出完整的遗骸18具，还有数具头、身、肢骨不全的遗骨。烈士遗骸上有的还锁着脚镣手铐。1993年，上海市烈士陵园迁至此处，与纪念地一并建成龙华烈士陵园，1995年建成开放。

旅游区域及进出条件：

龙华革命烈士纪念地毗邻龙华寺和龙华塔。交通便利，公交41路、44路等多条线路以及轨道交通7号线、11号线等可到达。

保护与开发现状：

对外开放。龙华革命烈士纪念地1988年被国务院列为全国重点文物保护单位。龙华烈士陵园1997年被中共中央宣传部命名为全国爱国主义教育示范基地；2005年被上海市红色旅游工作协调小组命名为上海红色旅游基地；现为上海市爱国主义教育基地。

名称：**太原别墅**

编号：XH20

资源类型：FDC

单体资源等级：4

行政位置：太原路160号

地理位置：31°12′33.00″N
　　　　　　121°27′00.36″E

性质与特征：

太原别墅又称马歇尔公馆。1945年冬至1947年春，马歇尔将军作为美国总统杜鲁门的特使下榻此处直至回国，主要调解国共两党和谈之事。

太原别墅原为法国律师狄百克的私人花园别墅，称狄百克花园，是狄百克于1928年仿照法国路易十四皇宫而设计建造的。整个别墅占地面积12 680平方米，建筑面积2 050平方米，花园面积8 780平方米，属文艺复兴时期法国宫邸式建筑风格，主要建筑材料全部从法国运来，家具等亦均由法国工匠打造。

这幢建筑正立面朝向西南，假三层，四坡屋顶，稍陡，屋顶前檐口设置有5个连续韵律，且带有巴洛克风格、拿破仑头盔式的老虎天窗，屋下小券式装饰。橘红色的墙面主色彩、錾假石齿状门窗套、白色油漆的落地门窗等，凸显了整幢建筑的个性和特色。底层入口处，宽敞的门廊用三根多立克柱支撑，门廊上方是露天大阳台。廊柱两侧安放的一对镇守石狮子，融入了中国传统建筑文化元素。西北向立面有城堡式圆锥形屋顶。

太原别墅的大门在住宅东侧，建有三面通透的门楼。楼内大厅装饰华丽、高贵典雅，四周墙面饰柚木护壁，顶上天花置有巨型水晶吊灯。由盘旋形楼梯拾级而上，二楼曾为马歇尔特使卧房，室内布置典雅，置有一套明清时期的红木家具。

1949年后由上海市人民政府外事处接管。20世纪80年代后对外开放，现为瑞金宾馆分部。

旅游区域及进出条件：

太原别墅位于汾阳路、永嘉路、太原路等的别墅集中区域。交通便利，公交42路、45路、96路等多条线路以及轨道交通1号线、7号线、9号线、10号线等可到达。

保护与开发现状：

对外开放。1999年被上海市人民政府列为上海市优秀历史建筑。

太原别墅

名称：**百代小红楼**

编号：XH21

资源类型：FDD

单体资源等级：4

行政位置：衡山路811号

地理位置：31°12′00.18″N
121°26′13.68″E

性质与特征：

百代小红楼为我国第一家唱片制造公司的诞生地。19世纪末期，法国人百代兄弟创建了百代公司，清光绪三十四年（1908年）东方百代唱片公司在上海成立。1921年，百代公司购入徐家汇路1434号地皮（今衡山路811号），建起了上海第一座录音棚。1934年，百代公司倒闭，英商接盘，沿用百代原公司名和商标名。1949年后，百代公司由中国唱片厂接管。1982年成立中国唱片总公司，这里则成为中国唱片上海公司所在地。这栋红瓦坡顶、周身红砖贴面的建筑在沪上有"百代小红楼"之称。它是中国唱片史的见证者，也是音乐和建筑韵律完美结合的典范。

百代小红楼墙体原非红色，而是呈水泥灰色，是一幢中西合璧、具有新艺术运动风格的小楼。这种风格是20世纪建筑设计从传统向现代过渡的一种世界潮流。百代小红楼的外观追求一种融艺术于工艺的理念，因而简洁大方，实用而不失高雅。两层的楼房冠以楼顶的假三层，窗户高大亮敞呈直角。外墙通体为水泥垂直面，外墙的隅角饰以角楼。走进室内，令人有一种空间转换的感觉，楼梯左右分叉，各自转节而上。楼内7个壁炉，各具特色。房间的分割以实用为主，合理而大气，壁饰中透出东方艺术气息。楼道宽2米多，历经七八十年风雨，楼板基本不变形。这幢小楼曾经是百代公司的"中枢神经"。底楼作录音及招待之用，二楼是编辑室和歌手的休息室，三楼是公司老板的起居室和卧室。在底楼的墙上至今还挂着一个录音须知细则的镜框，落款是1983年。可见，原来的录音室一直沿用至20世纪80年代。该建筑的室内设计风格和室外一样，纯朴自然，讲究空间本身的艺术效果，并且保留许多线角，非常别致。

中国现代艺术史上几乎所有的重量级人物都曾在这里留下足迹。著名作曲作词家黎锦光、冼星海、陈歌辛、姚敏、陈蝶衣、

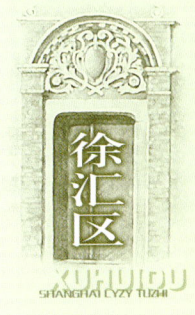
徐汇区

百代小红楼

严华、李厚襄、严折西、刘雪庵，还有周璇、白虹、姚莉、龚秋霞、李香兰、白光、吴莺音、张露、欧阳飞莺等这些驰名全上海的流行歌唱家，以及著名影后胡蝶，戏曲表演家梅兰芳、谭鑫培等都以能在小红楼里录制唱片为荣。1931年，聂耳在百代公司担任音乐编辑。1934年，聂耳创作了《大路歌》、《毕业歌》、《码头工人歌》、《金蛇狂舞》、《翠湖春晓》等著名歌曲和乐曲。中华人民共和国国歌的前身《义勇军进行曲》也在这一年诞生。黎锦光的《夜来香》在这里创作，陈歌辛所创作的风靡美国的《玫瑰玫瑰我爱你》最初也是在这里录制的。1949年后,《解放区的天》《我的祖国》、《梁祝》等优秀音乐作品都是在此问世的。

旅游区域及进出条件：

百代小红楼位于徐家汇公园。交通便利，公交15路、43路、93路等多条线路以及轨道交通1号线、7号线、9号线、10号线、11号线等可到达。

保护与开发现状：

对外开放，现为餐厅。2005年被上海市人民政府列为上海市优秀历史建筑。被徐汇区人民政府列为徐汇区文物保护单位。

名称：武康大楼

编号： XH22

资源类型： FDA

单体资源等级： 4

行政位置： 淮海中路1842~1858号

地理位置： 31°12′20.94″N
　　　　　　121°25′59.76″E

性质与特征：

武康大楼旧称诺曼底公寓、东美特公寓，是上海最早的外廊式公寓建筑，占地面积1 580平方米，建筑面积9 275平方米。1924年由著名匈牙利籍建筑设计师邬达克设计、万国储蓄会投资建造。

1918~1947年，邬达克居住在上海长达30年。他从美国一家建筑事务所（克里洋行）的助理做起，直到成为蜚声国际、

武康大楼

为名流竞相追捧的沪上著名的建筑设计师。他所精心设计的国际饭店、大光明电影院、慕尔堂（今沐恩堂）、瑞金大厦、武康大楼、红房子医院以及许多舒适别致的私宅别墅，已成为上海近代"万国建筑艺术博物馆"中的精品，有的还成为上海市的地标性建筑，半个多世纪以来独领风骚。

武康大楼建筑既有法国文艺复兴时期的风格，又有古典主义风格。大楼坐北朝南，楼身狭长，楼高八层。从西侧看，犹如远航归来的巨轮，停泊在宁静的港湾里。骑楼、券廊、转角挑阳台、三角形古典山花窗楣等，都凸显出法国文艺复兴时期的建筑风格。底层南面沿街处设骑楼，内部为商店，沿街是连续式圆洞拱券；第一、第二层形成基座，水泥仿石墙面；第三至第七层黄褐色面砖贴面，转角处等局部挑出阳台，第三层有三角形古典山花窗楣，第四至第七层采用花式铸铁栏杆，第八层檐部为水泥仿石外墙。其三层以上是标准公

寓，共有63套套房。楼内的电梯也非常有特色，像老式电影里那样，用半个钟面显示电梯到达的楼层。大楼里的每一户房间都朝南，走廊则向北。整栋楼房有梁而没有承重墙，所以每户人家的房型都不相同。武康大楼先后住过很多文化名人，如秦怡、吴茵、应云卫、赵丹、郑君里、孙道临和王文娟夫妇等。

旅游区域及进出条件：

武康大楼位于淮海中路武康路口。交通便利，公交26路、926路等多条线路以及轨道交通1号线、9号线、10号线、11号线等可到达。

保护与开发现状：

现为住宅。1994年被上海市人民政府列为上海市优秀历史建筑。2003年被登记为徐汇区不可移动文物。

名称：衡山路
编号： XH23
资源类型： FDB
单体资源等级： 4
行政位置： 衡山路
地理位置： 31°12′10.00″N
　　　　　　121°26′16.60″E

性质与特征：

衡山路原名贝当路，法租界公董局1922年辟建，以法军元帅贝当命名。1943年10月改以湖南衡山地名命名。衡山路位于徐汇区东北部，近淮海中路，并与宝庆路相连，其西南部与徐家汇交汇，全长2 046米，宽20.5~22米，车行道宽12.6~13米，沥青混凝土路面，两侧梧桐树冠盖成荫，环境高雅幽静，交通便捷，是徐汇区内主要的交通干道之一。

早在法租界时期，衡山路两旁就建有诸多风格各异的高级公寓、花园住宅、学校、教堂及体育设施等，这里曾有"小法国体育总会"之称。1949年后，原法国人所建的网球场、游泳池被改建为徐汇网球场、常熟游泳池等，并新建了徐汇工人体育场、上海市风雨操场、徐汇区少年儿童业余体育学校等。20世纪90年代，随着市场经济的发展，在徐家汇商圈的带动下，衡山路以休闲娱乐为主要业态的特色街建设快速发展。1996年2月，香港欧登保龄球馆率先在此开业，成为衡山路上最早开设的大型休闲娱乐场所。1996年底，台商投资的寒舍红茶坊、红蕃啤酒火锅城（INDIAN），以及英国人开设的萨莎餐厅等陆续出现在

衡山路

衡山路上。紧接着，由上海本地经营者推出的耕读园书吧、香樟花园茶坊、凯文咖啡厅、毕卡第西餐厅等一批专营休闲、娱乐和餐饮的企业相继在衡山路上开业。从此，衡山路休闲娱乐街的特色初显端倪。

旅游区域及进出条件：

衡山路南接漕溪北路，北连宝庆路。交通便利，公交15路、42路、93路等多条线路以及轨道交通1号线、7号线、9号线、10号线等可到达。

保护与开发现状：

对外开放。2007年被上海市商务委员会命名为上海特色商业街。

名称：**爱庐旧址**

编号：XH24

资源类型：FDD

单体资源等级：4

行政位置：东平路9号

地理位置：31°12′37.62″N
　　　　　121°26′44.46″E

性质与特征：

爱庐为蒋介石、宋美龄结婚时宋子文送给妹妹宋美龄的礼物，占地面积4 179平方米，建筑面积1 156平方米，建成于1927年。现为上海音乐学院附中的建筑。

爱庐为砖木结构的法式花园住宅，由1幢主楼与2幢副楼组成。主楼坐北朝南，由造型不一的东、西、中3个单元组成，假三层别墅屋顶铺盖着红色鱼鳞瓦片，清水卵石的墙面，为当时欧洲流行的外墙装饰式样。屋顶烟囱和老虎窗的设计恰到好处，排列错落有致。主楼中部券门最大，有内廊，建筑平面形成梯状布局。门窗呈弧拱及圆拱，立面腰线鲜明，墙角隅石前后作扇形棱角。东部为客厅、卧室，东、西部之间为书房、餐厅。副楼位于主楼两侧，分别是侍从人员、警卫人员的住所及工作室。楼南面为花园，还有一泓池水，沿池有鹅卵石铺成的小径；小树丛中堆起太湖石假山，蒋介石题写的"爱庐"两字镌刻在玲珑的太湖石上。

爱庐旧址

爱庐平时由蒋介石副官蒋富寿看管，蒋介石入住爱庐的时间其实并不多，在这里他曾接见过一些沪上人士或南京政府要员，故有"蒋介石行宫"之称。宋美龄常来小住，并将母亲倪桂珍接来同住，共叙天伦。爱庐周围的衡山路、东平路附近有10多栋花园别墅，都是宋家、孔家和陈家等留下来的。

旅游区域及进出条件：

爱庐旧址位于衡山路东平路口。交通便利，公交15路、49路等多条线路以及轨道交通1号线、7号线、9号线、10号线等可到达。

保护与开发现状：

现为学校用房。1994年被上海市人民政府列为上海市优秀历史建筑。2003年被登记为上海市不可移动文物。

名称：上海大舞台

编号： XH25

资源类型： FBC

单体资源等级： 4

行政位置： 漕溪北路1111号

地理位置： 31°11′01.20″N
　　　　　　121°25′54.78″E

性质与特征：

上海大舞台原名上海体育馆、万人体育馆，是一座剧院式室内体育馆，占地面积10.6万平方米，建筑面积4.78万平方米。1975年建成使用，1999年改建为演艺场馆。

上海大舞台主馆为圆形，直径114米，高33米。顶盖采用钢管网架结构，用9 000多根无缝钢管和938只钢球拼焊而成，重达660吨。主入口大道两旁耸立着两个30米高的照明塔，顶端为直径5米的圆形灯盘。1 250平方米双层舞台，可容纳1.2万名观众。上海大舞台曾经举办过上海市庆祝中华人民共和国成立50周年文艺晚会、金舞银饰大型服饰舞蹈晚会、迪士尼冰上芭蕾——白雪公主和七个小矮人、保尔·莫利亚轻音乐会等重要文艺演出。2002年第四届上海国际艺术节期间，世界著名歌剧之王多明戈曾经在此一展歌喉。

旅游区域及进出条件：

上海大舞台主入口位于漕溪北路中山南二路口。交通便利，公交42路、43路、73路等多条线路以及轨道交通1号线、3号线、4号线、11号线等可到达。

保护与开发现状：

对外开放。曾被收录于英国出版的《世界建筑史》中。

上海大舞台

名称：普希金塑像

编号：XH26

资源类型：FCK

单体资源等级：4

行政位置：岳阳路汾阳路桃江路口

地理位置：31°12′39.36″N
　　　　　121°26′49.26″E

性质与特征：

普希金塑像是为纪念普希金逝世100周年由当时在沪俄侨所建，1937年落成，是20世纪上半叶在沪俄侨留下的重要历史遗迹。

1917年俄国十月革命后，一大批旧俄贵族、军人及其家属来到上海，习称"白俄"。以白俄为主体的俄侨是上海在数量上仅次于日本侨民的外侨，他们最初在闸北、虹口百老汇（今东大名路一带）聚居。从20世纪20年代中期起，俄侨开始向法租界聚居。俄侨在法租界相对聚居于霞飞路（今淮海中路）、金神父路（今瑞金二路）与圣母院路（今瑞金一路）周围，形成东起吕班路（今重庆南路），西至杜美路（今东湖路）、毕勋路（今汾阳路），南抵辣斐德路（今复兴中路），北至巨籁达路（今巨鹿路）的俄侨社区。20年代末期的霞飞路一带，诸如女式服饰鞋帽零售和童装制作店、时新布店与百货店、西式食品店、男式西服衬衫店和咖啡馆等，几乎都由俄侨经营。因此，俄侨对霞飞路地区的商业、文化发展以及上海社会发展产生了重要的影响。至40年代后期，绝大多数上海俄侨或回本国，或迁居第三国。从此，上海俄侨社区逐渐消逝。

1936年夏，在沪俄侨成立普希金委员会，举办纪念普希金逝世100周年的活动。他们倡议，立普希金塑像，由雕塑家彼德古尔斯基和建筑师格郎分别设计和制作。1937年2月11日，普希金塑像举行落成典礼。1944年11月，塑像为侵华日军劫走熔毁。1947年2月，在普希金逝世110周年之际，在沪俄侨发起重建活动，12月28日于原址举行重建典礼。新塑像由雕塑大师多莫加茨基制作。文革时，塑像再次被毁。1987年，塑像在原址第三次重建，由齐子春和高云龙设计。普希金塑像由高0.45米的圆形踏步平台、高4.2米的基座和高0.9米的半身铜像组成，总高度为5.55米。大理石基座正面镌刻有"俄国诗人亚历山大·谢尔盖维奇·普希金纪念碑"字样，并且刻有普希金生卒年"1799～1837"。塑像周围绿地被称为普希金广场。

旅游区域及进出条件：

普希金塑像位于岳阳路、汾阳路、桃江路口的街心花园内。交通便利，公交15路、49路、96路等多条线路以及轨道交通1号线、7号线、10号线等可到达。

保护与开发现状：

对外开放。

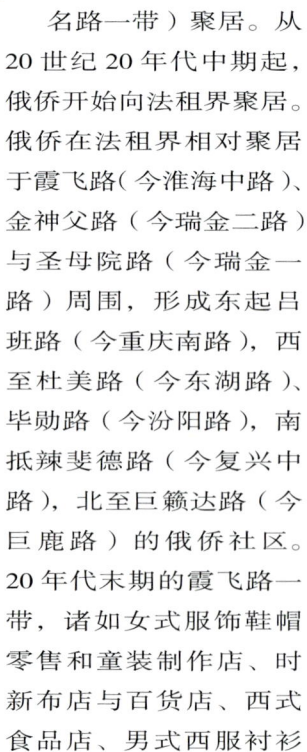

普希金塑像

名称：聂耳塑像

编号：XH27

资源类型：FCK

单体资源等级：4

行政位置：淮海中路复兴西路口

地理位置：31°12′44.46″N
　　　　　121°26′34.38″E

性质与特征：

聂耳塑像是为纪念人民音乐家聂耳八十诞辰而建造的，1992年落成。聂耳塑

聂耳塑像

像为全身立像,基座高1.7米,立像高3.5米,由旅法雕塑家张充仁创作,并命名为《起来》。塑像中的聂耳敞开外衣,左脚前跨,展臂指挥。塑像四周绿荫环抱,环境幽静。

聂耳(1912～1935年),原名守信,云南玉溪人,在中国音乐史上占据着重要地位。1930年,聂耳毕业于云南省立第一师范学校,1931年考入黎锦晖主办的明月歌舞剧社任小提琴手,1932年发表《中国歌舞短论》,参加中国左翼戏剧家联盟及左翼音乐家联盟的活动,并加入联华影业公司。1933年,聂耳加入中国共产党,开始发表作品。1934年,聂耳主持"百代"国乐队,创作了《大路歌》、《义勇军进行曲》、《前进歌》、《毕业歌》、《铁蹄下的歌女》、《梅娘曲》、《开路先锋》、《码头工人歌》、《新女性》、《飞花歌》、《塞外村女》、《告别南洋》、《扬子江暴风雨》、《翠湖春晓》、《金蛇狂舞》等歌曲。由聂耳作曲的《义勇军进行曲》被确定为中华人民共和国国歌。

旅游区域及进出条件:

聂耳塑像位于淮海中路、复兴西路、乌鲁木齐中路交界的三角绿地内。交通便利,公交26路、93路、96路等多条线路以及轨道交通1号线、7号线、10号线等可到达。

保护与开发现状:

对外开放。被徐汇区人民政府列为徐汇区爱国主义教育基地。

名称:徐汇中学历史建筑

编号: XH28

资源类型: FAA

单体资源等级: 4

行政位置: 虹桥路68号

地理位置: 31°11′41.64″N
121°25′52.14″E

性质与特征:

徐汇中学历史建筑崇思楼于1917年1月8日奠基,由比利时神父、建筑师第斯尼(中文姓为叶氏)设计草图并任督工,时称"新校舍",1918年6月20日落成。沪上名流云集其落成仪式,淞沪护军使卢永祥将军、清朝上海县知事沈宝昌出席奠基礼。整体建筑连阁楼为四层,呈现法国古典建筑式和古希腊经典艺术相结合的建筑风格。外立面为砖石结构,内部以木结构为主。崇思楼建筑轮廓优美,且有凹凸变化,整体立面由水磨红砖与人工凿毛的花岗石构筑而成,勾元宝缝,整个立面竖向分为三段,呈现出崇思楼建筑严谨的比例。建筑整体设计上重复使用三角形和弧形山花式窗楣,使得崇思楼的立面看上去富有韵律感。楼内有大小礼堂各一,大礼堂在顶层,小礼堂在底层,以小礼堂正门为轴线,两侧各有9根高达顶楼的科林斯式柱子。1992年,时任校长汪劲松将其重新命名为"崇思楼"。其他历史建筑有尚学楼(老校舍),楼高三层,后加盖一层,始建于清光绪四年(1878年),1991年改建;重德楼(西校舍)始建于清光绪六年(1880年),2000年改建。

徐汇中学原名徐汇公学,崇思楼为其

主教学楼，2010年完成大修，恢复原貌。

徐汇中学为法国天主教在中国创办的教会学校。清道光二十九年（1849年），法籍耶稣会士南格禄（Claude GotteLand）在徐家汇招收了二三十名中国儿童，在此开始启蒙讲学。清道光三十年（1850年），正式取名为徐汇公学，也称圣依纳爵公学（Collège Saint Ignace）。1931年组织校董会向中国政府教育部门办理登记，易名"徐汇中学"。该校创办至今已有近160年的历史。校园占地面积2.5万平方米，建筑面积2.49万平方米。徐汇中学位于徐光启的故里徐家汇，受其影响，开创了中国中西教育交汇的先河，在中国教育史上拥有特殊的地位，被誉为中国西洋办学第一校。徐汇公学的内部组织和管理方法都沿袭法国的教会学校制度，由耶稣会院长总揽全权。教学上首开数、理、化教学，设置音、体、美课程。该校与土山湾油画院有密切的关系，这里的学生很早就接受西方绘画训练。清同治元年（1862年）开始组建学生西洋乐队，且好评如云；1947年辟建英语语音室。

徐汇中学素以教育、教学严谨著称，形成崇尚科学、爱国荣校、个体发展的办学传统，培养了很多优秀人才，历届校友遍及世界各地。曾经在徐汇中学就读的著名校友有教育家"爱国老人"马相伯（1840～1939年）、地质学家翁文灏、"近代雕塑之父"张充仁、卫生部原部长陈敏章、主教张家树和金鲁贤、中国科学院副院长严义埙、著名原子物理学家法国科学院院士周知行、中国科学院院士周兴铭、中国科学院院士汪应洛、中国工程院院士魏敦山、翻译家傅雷、作家叶辛、游泳世界冠军杨爱华、香港厂主联合会会长黄鉴、美国苏浙同乡会会长朱元忠等。学校在海内外久负盛名，在西欧、北美、东南亚有很大影响。

旅游区域及进出条件：

徐汇中学历史建筑位于虹桥路。交通便利，公交44路、93路等多条线路以及轨道交通1号线、9号线、10号线、11号线等可到达。

保护与开发现状：

现为教育机构。1994年被上海市人民政府列为上海市优秀历史建筑。2003被徐汇区人民政府列为徐汇区文物保护单位。

名称：汾阳路150号花园住宅

编号： XH29

资源类型： FDA

单体资源等级： 4

行政位置： 汾阳路150号

地理位置： 31°12′41.70″N
121°26′51.80″E

性质与特征：

汾阳路150号花园住宅建于1920年，曾经是国民党参谋部总长、著名桂系将领、人称"小诸葛"的白崇禧在沪寓所，因为墙面灰白，主人姓白，故又被称为白公馆。

整幢建筑属法国文艺复兴时期建筑风格，典雅稳重。建筑形体为方形和椭圆形相结合，共三层。建筑外墙和自东墙下直上二楼阳台的大理石螺旋楼梯都呈白色，

徐汇中学历史建筑

汾阳路150号花园住宅

名称：**襄阳南路388弄25号花园住宅**
编号：XH30
资源类型：FDA
单体资源等级：4
行政位置：襄阳南路388弄25号
地理位置：31°12′33.52″N
　　　　　121°27′11.38″E
性质与特征：

　　襄阳南路388弄25号花园住宅建于1933年，是带有现代装饰艺术派特征的独立式建筑。

　　该建筑体现出上海20世纪二三十年代所流行的将花园洋房藏身于弄堂内的总平面布局式样。建筑平面不对称布局，东侧设有骑楼，形成主入口的门廊空间。面向花园的南立面东侧有三层多边形塔楼凸出，成为整个立面的视觉中心。塔楼立面为竖向三段式构图，设水平装饰腰线，下部为浅色水刷石仿石砌表面，上部为褐色面砖贴面，二层、三层之间的窗间墙及檐下设

整个建筑立面洋溢着浓浓的法国风情。为了显示气派，设计者将地下室设计为半地下室。南立面底层由8个台阶跃上露天平台，中间为宽敞的爱奥尼克柱式的大门廊，两侧为对称的水平间缝的墙面和橱窗。平顶，有较厚的水平挑檐。建筑转角有凹凸处理。二层也有爱奥尼克式壁柱。窗过梁采用拱券式，并有券心石，部分窗上有带状装饰的图案，窗格呈几何划分。建筑顶部部分有三角形山花和圆形透气窗，建筑的弧形室外楼梯采用了花瓶状扶栏。三层为大阳台，有塔司干柱式支撑雨篷。雨篷的女儿墙上置酒杯形装饰物与柱式对应，女儿墙为镂空的连续弧线花饰。建筑墙面的壁柱通过色彩区别于其他部分。从"白公馆"的北大门进入，一楼是厨房、仓库，二楼是椭圆形的大客厅，当年也曾用作舞厅。东西两头原来是餐厅，大厅南面是阳台，面对花园。三楼是白崇禧夫妇的卧室，内部尽显豪华。

旅游区域及进出条件：

　　汾阳路150号花园住宅位于汾阳路，近桃江路。交通便利，公交42路、45路、49路等多条线路以及轨道交通1号线、7号线、10号线等可到达。

保护与开发现状：

　　对外开放，现为餐厅。

襄阳南路388弄25号花园住宅

几何形装饰纹样，体现出现代装饰艺术派特征。南立面西侧部分开有大窗且面对花园，窗间墙和窗下墙均为浅色水刷石饰面，构图和线脚纹饰具有鲜明的现代装饰艺术派特征。

旅游区域及进出条件：

襄阳南路388弄25号花园住宅位于襄阳南路，近永嘉路。交通便利，公交42路、45路、96路等多条线路以及轨道交通1号线、9号线、10号线等可到达。

保护与开发现状：

对外开放，现为会所。

名称：**凯文公寓**

编号：XH31

资源类型：FDA

单体资源等级：4

行政位置：衡山路525号

地理位置：31°12′09.76″N
　　　　　121°26′22.74″E

凯文公寓

性质与特征：

凯文公寓（Cavendish Court）建于20世纪30年代初期，由当时上海著名的设计机构公和洋行设计。

凯文公寓的建筑外形采用中间高起、两侧逐步跌落的设计手法，以及窗下铁花栏杆、门框及锁石简洁而又有装饰性的几何图案装饰，具有现代装饰艺术派的风格；而层间墙面的凹凸处理和横向窗间墙的红褐色面砖贴面，强调了水平线条，又带有现代建筑艺术的风格。这座充满传奇色彩的建筑，现已精心修缮，成为一家充满艺术气息的精品酒店（上海联艺凯文公寓）。酒店汲取了来自中国香港和大陆的5位知名艺术设计师和建筑师的创作灵感，客房内的设计融合了现代中式元素与20世纪30年代风格的精华要素，充分诠释了魅力与优雅，为沪上酒店业开启了一扇新潮之门。上海联艺凯文公寓以引领艺术潮流、推动当代艺术文化发展为目标，在酒店的公众区域陈列有当代艺术家的天才之作及其个人传记与作品简介。

旅游区域及进出条件：

凯文公寓位于衡山路，近建国西路。交通便利，公交15路、42路、93路等多条线路以及轨道交通1号线、7号线、9号线、10号线、11号线等可到达。

保护与开发现状：

对外开放，现为宾馆。

名称：**中国铁路工人纪念塔**

编号：XH32

资源类型：FCH

单体资源等级：4

行政位置：衡山路广元路口

地理位置：31°12′37.10″N
　　　　　121°26′16.90″E

性质与特征：

中国铁路工人纪念塔为美国伊利诺斯州政府所赠，用以纪念为建设美国横贯大陆东西的太平洋铁路而献身的华工，1991年举行揭幕仪式。塔身由当年建造太平洋铁路的3 000枚道钉实物焊接后联成一线，盘绕而上。纪念塔正面用中英文写着："中国建路工人所作的贡献是连接美国东西海岸并促成其国家统一的一个极重要的因素。本纪念塔用3 000枚道钉塑造，以表彰他们的业绩，并象征伊利诺斯州人民和中国人民之间的持久友谊。州长詹姆斯·R.汤普森　塑造者格洛妮亚·柯南　一九九一年一月六日。"该塔于2006年9月改建，并在塔的侧面刻有"道钉绿地改建于2006

中国铁路工人纪念塔

年9月"的字样。

旅游区域及进出条件：

中国铁路工人纪念塔位于广元路衡山路口。交通便利，公交15路、42路、93路等多条线路以及轨道交通1号线、7号线、9号线、10号线、11号线等可到达。

保护与开发现状：

对外开放。

名称： 黄兴旧居
编号： XH33
资源类型： FDD
单体资源等级： 4
行政位置： 武康路393号
地理位置： 31°12′27.18″N
　　　　　　121°26′03.55″E
性质与特征：

黄兴旧居位于武康路393号，人称黄公馆，曾是中国革命先行者孙中山的挚友黄兴在沪的寓所，1915年建成，占地面积255平方米，建筑面积749平方米。

该建筑是一幢20世纪初期仿古典式并带有典型的现代装饰艺术风格的建筑。沿街三开布局，四层，钢筋混凝土结构。初建时楼南为花园，园内广植苍松翠柏，浓荫覆盖，绿草如茵，另植有葡萄架、紫藤架，以及香妃竹、白沙枇杷树、白玉兰、木香花等名贵花木。西南隅有茅亭一座，环境幽雅。底层筑有对称的大理石露天台阶，以花岗石作墙脚基础。立面以清水水泥大砌块衬托出浅色的横直线条，有较多的浮雕和装饰线脚。南墙二层、三层间筑有弓形花色水泥阳台，左右用厚实的牛腿既作装饰又作支撑。各种类型的窗洞，使建筑显得古朴典雅。室内楼梯采用曲尺形转弯，楼梯栏杆具有装饰艺术风格。踏步多采用花岗石，地坪铺设花瓷砖，卧房采用柳安木罗席纹地板，内墙用柚木做护壁，天花平顶上做有石膏线脚花饰图案，建筑内饰显得十分精致。

1916年10月，黄兴在寓所内病逝。此后，该寓所先后设立过世界社、世界学院和中国学典馆等，1933年设立上海国际图书馆，1936年设立世界学校，后改名世界小学。抗日战争胜利后，在花园东侧

黄兴旧居之一

建造砖木结构两层楼房共5间作为校舍。1949年后改为淮海中路第二小学。1969年，淮海中路第二小学迁出，校舍改由武康路小学使用。1981年，沪光中学迁入，并在花园南面建混合结构的五层教学大楼1幢。现为武康路旅游咨询服务中心。

孙中山与黄兴是公认的中华民国开国二杰。黄兴号克强,清同治十三年(1874年)生于湖南省善化县龙喜乡。清光绪三十一年（1905年），孙中山成立中国同盟会，根据黄兴倡议，公推孙中山为总理，黄兴则被孙中山任命为执行部庶务。在总理缺席时，他负责主持会务，也即被确立为副领袖的地位。清宣统二年（1910年），黄兴受孙中山委托，在广州率领众将士800余人发动了著名的广州起义，即黄花岗之役。清宣统三年（1911年），辛亥革命爆发。

黄兴旧居之二

1912年元旦，孙中山在南京宣誓就任中华民国临时大总统，黄兴被任命为临时政府陆军总长兼参谋总长。由于孙中山、黄兴的推诚合作、共济时艰,才最终推翻了帝制。他们成为辛亥革命、中华民国建立的两位最杰出的元勋。辛亥革命的成果后来被袁世凯篡夺，孙中山和黄兴继续领导全国的"护国讨袁"运动。黄兴成了袁世凯政府悬赏10万大洋通缉的"政治犯"，被迫流亡日本。1916年，黄兴从日本返沪，寓居在福开森路（现武康路）393号，也就是他平时的工作地点黄公馆。

旅游区域及进出条件：

黄兴旧居位于武康路，近泰安路。交通便利，公交26路、926路等多条线路以及轨道交通1号线、10号线、11号线等可到达。

保护与开发现状：

部分对外开放。1999年被上海市人民政府列为上海市优秀历史建筑。

名称：**淮海中路1131号花园住宅**
编号：XH34
资源类型：FDA
单体资源等级：4
行政位置：淮海中路1131号
地理位置：31°12′58.54″N
　　　　　121°26′59.57″E

性质与特征：

淮海中路1131号花园住宅原为席氏私宅。席氏家族从19世纪末到20世纪初是上海滩著名的买办世家。当时，外商在上海开设的34家银行中，17家是由席氏家族担任买办的，因此，席家在上海金融界占据了重要地位。该花园住宅后由上海音乐学院使用。

该建筑建于1926年，是一幢三层楼的德国文艺复兴时期风格的花园住宅，高三层，面向东南，混合式结构。其平面为正方形，东南立面逐层退台，两道镂空栏杆作为划分立面的水平带饰。底层墙面为糙面石砌，二层为连续拱券门洞；钢窗结构，窗楣上有锁石装饰，立面为白粉墙。室外楼梯通花园，红瓦陡坡复式大屋顶，巴洛克式山墙露木构架，转角及屋顶最高处有小尖塔，具有德国中世纪民居建筑的风格。建筑立面自上而下被水平线脚划为3段。如果从东立面观看，更多地反映出该花园住宅具有文艺复兴时期的建筑艺术风格；如果从北立面观望，则更多地表现出德国式建筑风格。

旅游区域及进出条件：

淮海中路1131号花园住宅位于淮海中路汾阳路口。交通便利，公交42路、45路、

性质与特征：

美童公学旧址位于衡山路10号，现已成为上海船舶设备研究所（704所），建于1923年。

该建筑是上海地区留存的北美文艺复兴时期建筑艺术实例，由美国建筑师墨菲（H. K. Murphy）模仿美国费城独立厅的风格设计，平面呈"L"形分布，二层建筑，立面长而舒展，左右对称，纵向3段式，外墙用红砖砌筑。屋顶正中凸出一座盔顶塔楼，成为建筑的构图中心，屋面上排列着双坡折形老虎窗。立面构图规整严谨，装饰简化，底层为连续圆拱券门窗，上两层为矩形窗洞。塔楼形体简练，顶部挑檐，清水红砖外墙，墙体表面在转角处略有凹凸，墙面有花纹装饰，顶层一圈铁质栏杆。窗洞面积小，整体风格厚重而稳妥。

上海开埠后，美国人一直聚居在公共租界苏州河以北的虹口地区。清光绪二十二年（1896年），美国人吉威尔在虹口地区的昆山路上开办了吉威尔私立学校。

清宣统三年（1911年）辛亥革命后，大量原来居住在南市老城的传教士涌入虹口地区，其子女入学成了大问题。1912年，由美国牧师组成的临时理事会决定，在虹口地区北四

淮海中路1131号花园住宅

926路等多条线路以及轨道交通1号线、7号线、10号线等可到达。

保护与开发现状：

现为学校用房。1999年被上海市人民政府列为上海市优秀历史建筑。

名称：**美童公学旧址**
编号：XH35
资源类型：FAA
单体资源等级：4
行政位置：衡山路10号
地理位置：31°12′27.97″N
　　　　　　121°26′33.79″E

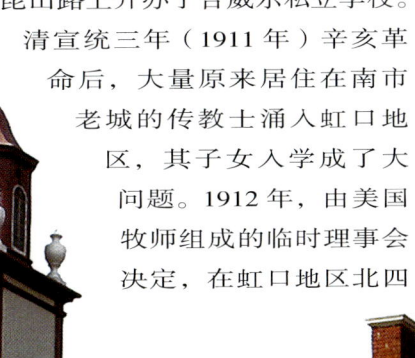

川路建立美童公学。同年9月17日，美童公学正式开学（该校旧址1946年重建，定名上海市复兴中学）。1920年，校董事决定在法租界选择合适的新校址，并赴美国筹款。同年11月，在贝当路（今衡山路）买下了6.67万平方米土地。1922年7月24日，美国海军部官员邓贝（Hon Edwin S. Denby）为上海美童公学新校舍的建造铲起了第一锹土。来宾中包括法国总领事以及中国外交部长、美国领事馆的官员和法租界公董局代表。1923年8月20日，学校管理机构从虹口北校区迁入贝当路（今衡山路）新校址。同年9月12日，300名学生报到注册，开始了新的学习生活。抗日战争爆发后，美童公学于1937年停办。

旅游区域及进出条件：

美童公学旧址位于衡山路，近国际礼拜堂。交通便利，公交49路、93路、96路等多条线路以及轨道交通1号线、7号线、9号线、10号线等可到达。

保护与开发现状：

现为科研机构。1994年及2005年被上海市人民政府列为上海市优秀历史建筑。

名称：徐家汇圣母院旧址

编号：XH36

资源类型：FDD

单体资源等级：4

行政位置：漕溪北路201号

地理位置：31°11′36.42″N
　　　　　121°26′01.62″E

性质与特征：

徐家汇圣母院在清咸丰五年（1855年）始建于青浦横塘，清同治三年（1864年）迁至王家堂，清同治八年（1869年）迁至徐家汇。1929年毁于大火。1931年重建。

徐家汇圣母院是徐家汇地区女教徒宗教活动的中心场所。该建筑为钢筋混凝土结构，罗马建筑艺术风格，楼高五层，外立面设壁柱，西山墙尖顶部位建穹顶塔楼。圣母院内分设有拯亡会和献堂会。拯亡会建于清同治六年（1867年），目的是培养修女（称"嬷嬷"），帮助传教以及管理学校和慈善机构。献堂会建于清同治八年（1869年），初建时专门吸收守贞姑娘，以后又吸收青年女教徒，培养她们为本堂神父做助手，或帮助育婴堂管理收留的婴儿。清同治八年（1869年）至1949年期间，共培养了600多名中国修女。圣母院内还设有女子中学、聋哑学堂、育婴堂以及刺绣间、裁缝间、洗衣场等。

徐家汇圣母院旧址2004年后改作上海老站餐厅。上海老站餐厅是一个典型的怀旧主题餐厅，摆满了上海的老古董，餐

徐家汇圣母院旧址

厅走道两边的墙上挂着黑白老照片、老式打字机、留声机，一楼大厅富丽典雅，却又处处融入海派文化，高挑旋顶上的巨型吊灯、纯白的束着流苏的窗帘、长条木地板、雕花壁炉、钉着铜钉的软皮木椅等，处处散发着20世纪30年代上海的繁华气息。餐厅还移入两列火车车厢。其中一辆"97318"公务车，1899年造于德意志联邦汉诺威车辆厂，同年运达中国，作为慈禧太后的宫廷座车。另一辆"97431"特种车，1919年造于俄国叶卡捷琳娜车辆厂，1922年运达中国，用作政府公务车，1949年后成为宋庆龄专用车。

旅游区域及进出条件：

徐家汇圣母院旧址位于徐家汇天主堂以东。交通便利，公交43路、926路等多条线路以及轨道交通1号线、4号线、9号线、11号线等可到达。

保护与开发现状：

对外开放，现为餐厅。1994年被上海市人民政府列为上海市优秀历史建筑。

名称：武康路
编号：XH37
资源类型：FDB
单体资源等级：4
行政位置：武康路
地理位置：31°12′29.88″N
　　　　　　　121°26′25.28″E

性质与特征：

武康路原名福开森路，以美国传教士约翰·福开森（John Calvin Ferguson，1866～1945年）的名字命名，由上海法租界公董局修筑于清光绪三十三年（1907年）。1943年改名为武康路，以浙江省旧县名命名。1914年，福开森路正式被划入法租界，法国第一任驻沪领事明梯尼按照当时西方最现代的城市建设理念，实施了此路沿线的整体规划，并以福开森路为中心，将这一规划逐步向周边推进。武康路长1 183米，宽12～16米，整条路呈弧线形，大致为南北走向，北起华山路，这里可见晚清时期建造的丁香花园，南至淮海中路连接天平路、余庆路，与宋庆龄故居相望。武康路沿线西班牙式风格、法国文艺复兴时期风格的建筑颇具特色，是上海中心城区较具欧陆风情的街区之一，约有30处名人旧居。武康大楼位于淮海中路和武康路的交界处，是武康路标志性建筑。武康路395号为北平研究院旧址；393号则是民国革命先驱黄兴的旧居，孙中山曾多次借宿这里商议革命；390号原为意大利领事官宅；274号为郑洞国旧居；117弄1号为周作民旧居，2号为李及兰旧居；113号则是一代文学巨匠巴金的故居，巴金在此完成了《随想录》；99号为正广和老屋；40弄1号为唐绍仪旧居。此外，115号密丹公寓和240号开普敦公寓也是上海市优秀历史建筑。位于武康路与湖南路口的湖南别墅先为周佛海私宅，1949年后，陈毅、邓小平在这里暂住过，贺子珍则在此隐居了20多年。

旅游区域及进出条件：

武康路南起淮海中路，北至安福路。交通便利，公交26路、96路、926路等多条线路以及轨道交通10号线、11号线等可到达。

保护与开发现状：

对外开放。2011年被文化部与国家文物局列为中国历史文化名街。

武康路之一

武康路之二

名称：**土山湾博物馆**

编号：XH38

资源类型：FAE

单体资源等级：4

行政位置：蒲汇塘路55号

地理位置：31°11′17.50″N
　　　　　121°25′49.30″E

性质与特征：

土山湾博物馆建在原土山湾孤儿院旧址上，由三层红楼底层和幕墙玻璃大厅两部分组成，2010年6月"博物馆日"开馆。陈列面积900多平方米，分牌楼厅、徐家汇厅、土山湾厅和传承影响厅四大主题展厅。牌楼厅里面陈列着修缮一新的土山湾牌楼；徐家汇厅详细展示了徐家汇形成的历史；土山湾厅有当年孤儿生活的场景、土山湾老人口述历史影像，以及当年外国指导老师教授绘画、木工和印书的场景，这三门技艺亦是土山湾的"三大金刚"。

土山湾位于徐家汇南端，肇嘉浜沿岸，由清道光十二年至十七年间（1832～1837年）疏浚蒲汇塘等河道堆积淤泥而成，故名"土山湾"。清同治三年（1864年），上海耶稣会把创办于青浦横塘的育婴堂迁到这里，创设土山湾孤儿院，至1960年关闭。教会同时创办了工艺品厂，从事绘画、雕塑、印刷、木刻、金工等。很多新工艺如土山湾彩色石印机、彩色玻璃以及远近闻名的"海派"黄杨木雕等都发源于此，成为近代上海工艺美术和海派文化的重要基地，创造了中国工艺史上诸多第一。此外，土山湾的绘画艺术也很有名，后人习惯称之为"土山湾画馆"，被誉为"中国西洋画的摇篮"，任伯年、刘海粟、徐悲鸿都曾在这里任教。土山湾博物馆再现了土山湾这段几乎被人遗忘的历史，充分展示其在近代中西文化交流中的重要影响。

土山湾博物馆

旅游区域及进出条件：

土山湾博物馆位于蒲汇塘路，邻近漕溪北路。交通便利，公交43路、50路、926路等多条线路以及轨道交通1号线、3号线、4号线、9号线等可到达。

保护与开发现状：

对外开放。现为上海市爱国主义教育基地。

名称：**上海植物园**

编号：XH39

资源类型：FAH

单体资源等级：3

行政位置：龙吴路1111号

地理位置：31°08′54.18″N
　　　　　121°26′43.74″E

性质与特征：

上海植物园是集科学研究、科普教育、观光游览和生产于一体的综合性植物园，占地面积81.86万平方米，其前身为龙华

上海植物园

苗圃。1974年改建，1978年正式开放。

上海植物园为颇具特色的专类植物园，设植物进化区（包括松柏园、木兰园、牡丹园、杜鹃园、蔷薇园、槭树园、桂花园和竹园等），以及盆景园、草药园、展览温室、兰室和绿化示范区等15个专类园区，其中盆景园占地面积4万平方米，汇集了以海派风格为主的盆景精品2 000多盆。蔷薇园里的樱花区是上海樱花种植最为集中的区域，种有日本晚樱、东京樱、豆樱、八重红大岛樱等20多个樱花品种。占地面积1.1万平方米的兰室内培植了夏兰、秋兰、寒兰、报岁兰等300余个品种，这里还有朱德、张学良以及日本友人曾经寄赠的不少珍贵品种。4 900平方米的温室内展示了世界各地的植物3 500余种。园内植物引种以长江中下游野生植物为主，为城市绿化收集和筛选了大量的园艺品种。宿根植物、花灌木、凤梨科植物和仙人掌多肉类植物颇具特色，其中传统名花牡丹、山茶及木兰的种质资源以及围绕上海生态城市建设的园艺技术研究已经取得丰硕成果。上海植物园环境优美，绿树葱茏，每年春季和秋季都会举办各类花展。

旅游区域及进出条件：

上海植物园近上海南站，有4个入口。交通便利，公交720路、820路、824路等多条线路以及轨道交通1号线、3号线等可到达。

保护与开发现状：

对外开放。2011年被全国旅游景区质量等级评定委员会评为国家AAAA级旅游景区。2012年被上海市科学技术委员会命名为上海市科普教育基地。

名称：董浩云航运博物馆
编号：XH40
资源类型：FAE
单体资源等级：3
行政位置：华山路1954号
地理位置：31°12′07.20″N
　　　　　　121°25′51.30″E

性质与特征：

董浩云航运博物馆设立于上海交通大学徐汇校区的新中院内，由香港董氏慈善基金会和上海交通大学联合创办，展厅面积600平方米，2003年开馆。博物馆由中国航运史馆和董浩云陈列室两部分组成。

新中院建于清宣统二年（1910年），楼高二层，为早期流行于上海的外廊式建筑，人们可以在外廊上喝茶聊天、乘凉观景。该建筑形式起源于印度、东南亚等西方殖民地区，是英国殖民者为适应热带气候而设计创建的一种建筑形式。建筑面积为1 250平方米，"口"字形平面，青砖墙面，红砖腰线。贯通四周的走廊没有完全遵循西方外廊式建筑的做法，未用砖石柱廊和拱券，而是结合中国传统建筑木构梁柱体系的做法，以木制梁柱代替敦实的砖柱，简化其结构，使之更适合实际要求。最具有特色的是，中间设有模仿中国传统民居的天井，高挑轩敞，自然随意地形成了开阔的共享空间。斜顶是通透的玻璃棚，隐喻着"天人合一"的理念。当天气晴好时，阳光可以从天际直泻而入。这幢中西合璧、质朴典雅的小楼是上海交通大学校内第一幢独立的学生宿舍，建成后首先安排附中学生住宿，故名新中院。附中脱离大学部后，它成为大学低年级学生的宿舍。其中共有20来间狭窄的房间，每室住4~6人，可容纳百余人。新中院互相联通的围廊式结构，可以遮风挡雨的玻璃天棚，宽敞的公共活动空间等，既满足了采光、通风等功能上的需求，又促进了学生之间的交流。

旅游区域及进出条件：

董浩云航运博物馆位于上海交通大学徐汇校区新中院。交通便利，公交72路、926路等多条线路以及轨道交通1号线、9号线、10号线、11号线等可到达。

保护与开发现状：

对外开放。2012年被上海市科学技术委员会命名为上海市科普教育基地。

名称：东平路11号花园住宅

编号：XH41

资源类型：FDA

单体资源等级：3

行政位置：东平路11号

地理位置：31°12′34.90″N
　　　　　121°26′45.20″E

性质与特征：

东平路11号花园住宅建于20世纪20年代，建筑面积1 364平方米。这幢法国仿古典主义建筑风格的花园住宅，注重装饰，对称而庄重。假三层砖木结构，复折式红瓦屋顶，开双坡老虎窗，出檐较深，老虎窗立面皆刷白色。仿石块水泥墙面。北面有门廊，细部装饰精致。底层设敞廊，二层左边为方形露天阳台，室内有雕花木扶手楼梯。一层为客厅，二层为卧室，窗间为白色的塔司干联立柱，弧窗顶部有弧形挑檐伸出，内有壁炉。南立面原是宽大的弧形露台，如今都加了玻璃门窗。宅前

董浩云航运博物馆

东平路 11 号花园住宅

有大花园，整个庭院苍翠欲滴、生机盎然。抗日战争胜利后，宋子文夫妇曾在此居住。

旅游区域及进出条件：

东平路 11 号花园住宅位于衡山路东平路口。交通便利，公交 15 路、49 路等多条线路以及轨道交通 1 号线、7 号线、9 号线、10 号线等可到达。

保护与开发现状：

对外开放。2005 年被上海市人民政府列为上海市优秀历史建筑。

名称：上海工艺美术博物馆
编号：XH42
资源类型：FAE
单体资源等级：3
行政位置：汾阳路 79 号
地理位置：31°12′44.30″N
　　　　　121°26′58.50″E

性质与特征：

上海工艺美术博物馆原为法租界公董局总董官邸，占地总面积 5 862 平方米，建筑面积 1 496 平方米，建于清光绪三十一年（1905 年），2001 年进行复原修缮。

上海工艺美术博物馆建筑外形带有 18 世纪欧洲城堡样式，是法国文艺复兴时期住宅的典型实例，端庄而华丽，且受古典主义影响，所以也带有折中主义风格的影子。整个建筑明显采用横三段与竖三段式立面处理手法，强调外形的水平线条，建筑的比例及构图十分严谨。主体建筑平面中部凸出，呈半圆形。大门朝南，门前是

上海工艺美术博物馆

左右双抱的露天阶梯,从左或右扶栏杆跨石级登上一楼平台、进入正门,阶梯下经拱门入地下室。一楼正门为券式,两旁为爱奥尼克式双柱,边上还有倚柱。门窗的框上均有浮雕装饰,二层窗的方框上部雕饰成锁石状。二层顶上为阳台,周围有栏杆。此处的栏杆与二层阳台及一层平台的栏杆都是花瓶形。虽然只有两层半,但正立面皆对称,一层、二层间均有较深厚的腰线。一楼大厅的地坪、壁面、顶部天花板都用大理石砌筑,天花板上的石膏雕刻细腻、精致,具柔和感。室内木装修部分,如护壁、楼梯扶手、壁炉架等都用柚木及硬木拼板,室内大理石及木装修上的雕刻等,体现出富贵豪华的气派,具有欧洲新艺术运动派建筑特征。主楼前面是一块占地面积很大的法国艺术风格的大草坪,地面上两层半,下筑半层地下室,砖石混合结构,外墙立面呈白色。建筑造型类似美国白宫,因此也有"海上小白宫"之誉。

抗日战争胜利后,联合国世界卫生组织曾在此花园住宅办公,为亚太地区第一任办公地址。1963年在此设立上海工艺美术博物馆。

旅游区域及进出条件:

上海工艺美术博物馆位于汾阳路太原路口。交通便利,公交42路、45路、96路等多条线路以及轨道交通1号线、7号线、10号线等可到达。

保护与开发现状:

对外开放。1989年被上海市人民政府列为上海市文物保护单位和上海市优秀历史建筑。

名称: 桂林公园
编号: XH43
资源类型: FAD
单体资源等级: 3
行政位置: 桂林路128号
地理位置: 31°10′27.60″N
121°24′47.46″E

性质与特征:

桂林公园占地面积3.55万平方米。始建于1931年,历时4年,由原1300多平方米的黄氏家祠及墓地扩建为占地1.76万平方米的花园别墅。原为旧上海法租界捕房督察长、青帮头目黄金荣的私人花园别墅,故名黄家花园。

据记载,黄金荣的造园意图"为戚友酬酢处,为及门欢叙处,为己身憩息处,故薄具亭台花木山石之胜,以备来宾觞咏娱情"。园中的四教厅、长廊、鸳鸯楼、颐亭(湖心亭)等建筑尤为别具匠心。建成后,蒋介石等国民党政要和各界达官显贵纷纷前来道贺或送匾恭维。1937年八一三事变后,上海沦陷,这里一度成为日军兵

桂林公园

营。日军撤出时，纵火焚毁了园内的关帝殿、内宅、静观庐，大批树木遭损。抗日战争胜利后，黄金荣曾修葺过该园。1949年初，国民党军队为了构筑工事，花园再度遭到破坏。1957年被辟为公园，1958年对外开放。因园内遍植桂花树，故改名为桂林公园，原黄家墓地改建为小花园。1986年，国家征用了公园东北部1.37万平方米土地进行两次扩建，并于1988年完成扩建。

桂林公园以桂花为特色，有金桂、银桂、紫桂、四季桂等20余个品种1 000余株桂花，每逢中秋佳节，桂花盛开，满园飘香，沁人肺腑。四教厅位于园中央，面南五开间，砖木结构，呈"十"字形，为四面厅建筑样式，又称四面厅，面积约250平方米，厅名取于《论语·述而》中"予以四教，文行忠信"。四教厅曾是黄金荣讲学说教及宴宾处，也是赏景中心。鸳鸯楼是原黄家花园的住宅建筑，底楼部分原名槐荫堂，是主人会见家眷常客的场所。鸳鸯楼顾名思义是两幢左右对称、外观一致的楼房。据说黄金荣常住东楼。公园内花窗龙墙围绕，叠山立峰，小桥流水，楼台亭榭，曲径通幽。其他景观还有颐亭、八仙台、观音阁、飞香厅、般若舫、双虹卧波拱桥等。公园内怪石嶙峋，清池小轩，苍松翠柏，幽静美丽。

旅游区域及进出条件：

桂林公园位于漕宝路桂林路口。交通便利，公交43路、92路等多条线路以及轨道交通9号线等可到达。

保护与开发现状：

对外开放。2001年起每年桂花盛开季节举办"唐韵中秋"游园会（上海桂花节）。2002年被上海市绿化和市容管理局评为上海市四星级公园。

名称：徐家汇公园
编号： XH44
资源类型： FAD
单体资源等级： 3
行政位置： 肇嘉浜路889号
地理位置： 31°11′54.07″N
　　　　　　121°26′12.80″E

徐家汇公园

性质与特征：

徐家汇公园是通过置换大型污染企业而建成的大型开放式公共绿地，占地面积8.65万平方米，2001年对外开放。

徐家汇公园的设计以生态理念为指导，通过保留建筑、雕塑小品、人工湖、景观天桥以及大工业时代留下的烟囱等，将绿地连接为完整的城市景观。一期工程在大中华橡胶厂原址上重新修缮"大烟囱"以及230米景观天桥。二期工程在衡山路保留了中国最早的一座唱片制作楼（百代小红楼），东南侧保留了上海20世纪30～40年代建造的典型民居，在汇金湖上架设象征徐浦大桥、卢浦大桥、南浦大桥、杨浦大桥的4座小桥，桥中央设计了上海老城厢等元素。三期工程将篮球场、小型足球场等一批群众体育健身场所划进绿地。

旅游区域及进出条件：

徐家汇公园位于徐家汇商圈，北起衡山路，南至肇嘉浜路，西临天平路，东近宛平路。交通便利，公交15路、43路、50路等多条线路以及轨道交通1号线、7号线、9号线、10号线、11号线等可到达。

保护与开发现状：

对外开放。2007年被上海市绿化和市容管理局评为上海市五星级公园。

名称：上海体育场
编号： XH45
资源类型： FBD
单体资源等级： 3
行政位置： 天钥桥路666号
地理位置： 31°11′01.26″N
　　　　　　121°25′55.35″E

性质与特征：

上海体育场是目前上海规模最大、设施先进的室外体育场和文艺演出场所，占地面积19万平方米，建筑面积17万平方米，可容纳8万名观众，1997年建成使用。

上海体育场建筑直径300米，总标高70余米。顶盖为波浪式马鞍形造型，大悬挑钢管空间层盖结构，覆以赛福龙涂面玻璃纤维成型膜，层盖最长悬挑梁为73.5米。四周建有宽30米、长1 000米的大平台。

上海体育场

场内设有四季常绿的国际标准足球场和塑胶田径赛场，配置多功能草坪保护板供举办不同规模的大型文艺演出和商业推广活动使用。上海体育场主席台设500个座位、记者席设300个座位，三层环形看台之间设豪华包厢103套，包厢的正立面为落地玻璃，门外设20座专席。配套设施有东亚富豪酒店、餐厅、酒吧、超市等。

旅游区域及进出条件：

上海体育场邻近徐家汇商圈。交通便利，公交42路、89路、92路等多条线路以及轨道交通1号线、3号线、4号线、11号线等可到达。

保护与开发现状：

对外开放。1998年被评为上海市最佳体育建筑。1999年被评为新中国五十周年上海十大经典建筑金奖。1997年被用作"第八届全国运动会"的主会场。2008年北京奥运会期间为足球预赛上海分赛场比赛场馆。

名称：上海自然科学研究所旧址

编号：XH46

资源类型：FAA

单体资源等级：3

行政位置：岳阳路320号

地理位置：31°12′11.58″N
121°26′54.60″E

性质与特征：

上海自然科学研究所旧址是由日本政府从其分得的中国"庚子赔款"中拿出一笔资金，以每亩（667平方米）白银1 500两的地价，在法租界购得这块3.67万平方米的土地。上海自然科学研究所始建于1929年12月，1930年竣工，占地面积9 600平方米，建筑面积1.98万平方米。

该建筑由日本设计师内田祥三设计，钢筋混凝土结构，坐西朝东，从空中俯瞰，建筑平面呈"日"字形，围合成两个封闭院落。大楼外观与日本东京帝国大学工学院大楼相似，高三层，主入口为五层。建筑强调竖向线条，纵向窗间墙突出，向上拔起，并层层收缩，顶端冲出女儿墙面，带有哥特式建筑的遗风。外墙面为浅棕色砖墙，入口门廊处以混凝土砌筑，有7个罗马券构成的连续拱券门廊。窗间墙柱的尖顶装饰也体现了哥特式建筑风格，而顶部冲出墙面的水泥构件为简洁的几何形体，为现代装饰艺术派风格。

当年的上海自然科学研究所打着与我国进行学术研究和交流的幌子，从事中草药、长江鱼类、地质和磁学、中国发酵制品等方面的研究，为侵占中国的宝贵资源作准备。日本政府的经费逐年增加，到20世纪40年代，每年拨款都在70万元以上。经过十几年的苦心经营，这里不仅有耗资240万元的实验大楼，价值85万元的仪器设备，6.4万余册图书，还有辅助研究的动物舍、植物温室、磁气室、子午仪室、重力测量器室、药品库、车库、宿舍等，真可谓一应俱全。

第二次世界大战结束后，上海自然科学研究所被国立中央研究院接收。1949年后，上海自然科学研究所旧址由中国科学院上海分院生理研究所使用。1999年7月，在旧址上建立中国科学院上海生命科学研究院。

旅游区域及进出条件：

上海自然科学研究所旧址位于岳阳路，近肇家浜路。交通便利，公交42路、43路、49路等多条线路以及轨道交通1号

上海自然科学研究所旧址

线、7号线、9号线等可到达。

保护与开发现状：

现为科研机构。1994年被上海市人民政府列为上海市优秀历史建筑。

名称：东湖宾馆

编号：XH47

资源类型：FDD

单体资源等级：3

行政位置：东湖路70号

地理位置：31°13′06.84″N
　　　　　121°26′55.26″E

东湖宾馆

性质与特征：

东湖宾馆曾经是杜月笙住宅，旧称杜公馆，总建筑面积1.4万平方米，花园面积1.5万平方米。由建安测绘行设计，建于1934年。初为金廷荪在承包航空奖券获取暴利后，投资30余万元建造的，并赠予杜月笙。1982年改建为东湖宾馆。

现在的东湖宾馆1号楼、2号楼是两幢相连的五层独立式花园住宅建筑，钢筋混凝土结构。原建筑高四层，1949年后又加了一层。建筑主体平面为中式五开间两厢房布局，采用对称、分段等古典构图手法，空间层次变化丰富；中间的三开间有凹阳台，阳台栏杆亦属古典样式，为直板式栏杆；东西两翼筑有对称柱廊，呈多面体；简洁的方窗下有几何装饰图案，屋顶有挑出檐口，下有梁托支撑；两边配楼同层窗间墙为淡咖啡色泰山砖贴面，上下层窗带之间墙面用水刷石饰面。整体立面构图严谨，通过凸窗、凹阳台的处理，加上建筑顶部的退台设计，使得主楼产生了虚实变化；注重细节设计，窗台、栏杆、檐口等处都有装饰带，非常精美。屋内平面功能皆为套间，中式布置，室内陈设法式家具，生活设施齐全，细部装饰华贵，反映出当时富裕阶层的审美观。台阶两侧置一对石狮子。屋前堆砌湖石假山，还有古亭、小桥流水，曲径环绕，古木参天。当年杜月笙准备搬入新公馆时，恰逢八一三淞沪战役爆发，所以杜月笙在这幢新公馆一天也没有住过。抗日战争胜利后，杜公馆一度被国民党军统占用。后来，杜月笙以60万美元的价格卖给美国新闻处。这里一度曾用作美国领事馆。1949年后，杜公馆被政府没收。1950年改作中共华东局东湖路招待所，1954年改为中共上海市委东湖路招待所，1982年改建为东湖宾馆。

旅游区域及进出条件：

东湖宾馆位于东湖路新乐路口。交通便利，公交26路、42路、45路等多条线路以及轨道交通1号线、7号线、10号线等可到达。

保护与开发现状：

对外开放。2005年被上海市人民政府列为上海市优秀历史建筑。

名称：淮中大楼

编号：XH48

资源类型：FDA

单体资源等级：3

行政位置：淮海中路1160~1164号

地理位置：31°13′00.54″N
　　　　　121°26′58.92″E

性质与特征：

淮中大楼旧称亨利公寓，为上海早期

淮中大楼

的公寓住宅之一。该大楼因由亨利地产公司投资建造，故而得名。其占地面积1 873.34平方米，建筑面积5 373平方米，1939年建成。

淮中大楼的建筑设计为现代装饰艺术派风格，钢筋混凝土框架结构，高八层，坐北朝南，偏东约30°，"一"字形沿街布置。南立面基本上为中轴对称，中部强调竖向线条，与两侧的横向线条形成对比。中间主入口及其顶部具有装饰艺术派的设计风格。二层到六层为标准层，七层、八层为两组跃层。第七层处理成连续弧形露台，加强了建筑造型上的现代感。平台屋顶设休闲屋顶花园。楼内装饰线条简洁，墙角门楣多用弧线，灯具、壁炉和固定家具的制作工艺非常精细。大楼外墙贴奶黄色光面砖、细槽釉面砖，并采用錾假石装饰，色彩明快。1954年改名为淮中大楼。曾为中波轮船公司办公用。

旅游区域及进出条件：

淮中大楼位于淮海中路中段。交通便利，公交42路、926路等多条线路以及轨道交通1号线、7号线、10号线等可到达。

保护与开发现状：

现为住宅。1994年被上海市人民政府列为上海市优秀历史建筑。

名称：淮海大楼

编号：XH49

资源类型：FDA

单体资源等级：3

行政位置：淮海中路1300～1326号

地理位置：31°12′51.48″N
　　　　　121°26′39.06″E

性质与特征：

淮海大楼旧称恩派亚公寓（Empire Maison），为20世纪30年代沪上非常高档的公寓楼宇，占地面积6 430平方米，建筑面积1.04万平方米，由凯泰建筑事务所黄元吉设计，夏仁记营造厂施工，1934年投资兴建。

淮海大楼为现代装饰艺术风格的建筑，建筑平面呈"V"形，沿马路展开。其最大特征是连续带形窗所形成的强烈的水平线条，以及与水平带形窗形成强烈对比的垂直装饰线，再加上由中央向两侧跌落的形体。建筑转角处原来的高度是六层，两翼原来的高度是四层。根据资料记载，20世纪80年代改建加层后，分别达到七层和五层，外形仍基本保持原来的风格。门廊四周有石质装饰图案，阳台、楼梯和走廊呈现风行于20世纪20年代的"流线型"特征，地面均为浅色拼花水刷石三段式构图，凸现视觉效果。

旅游区域及进出条件：

淮海大楼位于淮海中路常熟路口。交通便利，公交15路、49路、926路等多条线路以及轨道交通1号线、7号线、10号线等可到达。

保护与开发现状：

现为住宅。1994年被上海市人民政府列为上海市优秀历史建筑。

淮海大楼

名称：逸邨
编号：XH50
资源类型：FDC
单体资源等级：3
行政位置：淮海中路1610弄1～8号
地理位置：31°12′35.52″N
　　　　　121°26′21.90″E

性质与特征：

逸邨为上海典型的西班牙风格花园住宅，由8幢二层、三层独立式小楼组成，为当时上海的房地产商潘志衡开办的远东企业公司投资，1942年建成。其占地面积4 893.36平方米，建筑面积4 267平方米。

逸邨建筑外墙是鲜艳明亮的淡奶黄色，缓坡屋面，盖红色筒瓦，窗间是螺旋纹的柱子，围墙立柱饰以螺旋纹小柱，南侧阳台栏杆铸有铁制花饰。每户的小花园内遍植香樟、黄杨、水杉、龙柏和广玉兰等名贵树木，弄内的梧桐树夏日绿荫蔽天。

沿马路的2号住宅，坐北朝南，三层楼，外形优美，线条流畅，简洁中透出沉稳和雍容，是上海风靡一时的西班牙式建筑风格式样。住宅的门庭设计构思巧妙、紧凑精致，主檐口装饰非常考究。二楼朝南设置敞廊和阳台，特别适合上海的气候条件。外墙立面简洁，但窗框形状多有变化，门窗边框采用绞丝花纹，栏杆采用扭铁花纹。宅后是辅助用房、汽车库等。

1948年，蒋经国任上海区经济管制副专员时，曾在2号住宅居住。居所底层客厅布置得极其简单，南面墙上悬挂着蒋介石全身肖像，中间放一长台，四周置圆凳和几只半新旧的沙发。二楼是蒋经国夫妇的卧室与书房，西侧一间是办公室，有关经济限价及"打老虎"的诸多号令就是从这儿发出的。三楼为随从们的起居室和贮藏间，住宅前有一座新颖的小花园，主楼入口平台旁有两座蹲式黑色狼狗雕塑。1949年后，2号住宅曾为中国大百科全书上海分社职工家属宿舍，1997年春，被一位台湾商人购进，作为私宅。

旅游区域及进出条件：

逸邨位于淮海中路，邻近上海图书馆。交通便利，公交26路、926路等多条线路以及轨道交通1号线、7号线、10号线等可到达。

保护与开发现状：

现为住宅。1994年被上海市人民政府列为上海市优秀历史建筑。

名称：衡山宾馆
编号：XH51
资源类型：FDD
单体资源等级：3
行政位置：衡山路534号
地理位置：31°12′08.10″N
　　　　　121°26′18.42″E

性质与特征：

衡山宾馆旧称毕卡第公寓，占地面积5 134平方米，建筑面积2.65万平方米。

1912年，法国商人法诺等人在上海成立了"万国储蓄会"，大力投资房地产业，他们不断在热点地段兴建大厦公寓。地处贝当路（今衡山路）的毕卡第公寓，是由法商上海万国储蓄会下属的中国建业地产公司投资，法商营造公司设计，潘荣记、胡顺记、利源记、陈永兴4家营造公司共同承建，1932年奠基建造，1934年落成。

衡山宾馆为现代主义艺术风格的欧式

建筑，曾是当时上海西南地区最高的建筑。钢筋混凝土结构，楼高十六层，建筑高度65米。该建筑由3部分组成：中部楼高十六层，东西两侧高八层或九层；底层有内长廊连接，二层以上互相分隔，单独上下。外立面水泥粉刷，简单而明快。从远处鸟瞰，毕卡第公寓犹如一只展翅的雄鹰，气势宏大。家庭式公寓住房的设计，在当时迎合了众多生活在上海的西方人士的需求，有万国公寓的美称。1955年改名衡山招待所，1960年定名衡山宾馆。

旅游区域及进出条件：

衡山宾馆位于衡山路宛平路口，毗邻衡山公园。交通便利，公交15路、42路等多条线路以及轨道交通1号线、7号线、9号线、10号线、11号线等可到达。

保护与开发现状：

对外开放。1994年被上海市人民政府列为上海市优秀历史建筑。

名称：**永嘉新村**
编号：XH52
资源类型：FDC
单体资源等级：3
行政位置：永嘉路580弄
地理位置：31°12′26.10″N
　　　　　121°26′45.66″E

性质与特征：

永嘉新村是上海半独立式公寓里弄住宅的典型代表，原为交通银行职工宿舍，建于1947年。

公寓里弄住宅是在花园里弄住宅的基础上发展起来的。其总体布置比较紧凑，每幢房屋的每层内可设几套居住单元，再由若干居住单元集合为一个建筑群体；绿化由分散转向集中，成为公共绿地，以节省用地面积；寓外取消围墙，代之以弄口大门；外观则与花园里弄住宅相仿。公寓里弄住宅与独立式高层公寓的明显区别是，其楼层一般在三层到四层，以一梯2户至4户居多，每户可各自隔断。

永嘉新村由交通银行投资建造，砖木结构。分东西两部分：东部为三层楼房4排，12个单元；西部为二层楼房8排，35个单元；合计建筑面积2万平方米，并以路名定名为永嘉新村。公寓南北朝向，通风良好，居室大小在16~18平方米。公寓排列整齐，寓前寓后及通道两旁均种植树木花卉，环境幽静。

衡山宾馆

旅游区域及进出条件：

永嘉新村位于永嘉路乌鲁木齐路口。交通便利，公交 42 路、49 路、96 路等多条线路以及轨道交通 1 号线、7 号线、9 号线、10 号线等可到达。

保护与开发现状：

现为住宅。1994 年被上海市人民政府列为上海市优秀历史建筑。

名称：新乐路 82 号花园住宅

编号：XH53

资源类型：FDA

单体资源等级：3

行政位置：新乐路 82 号

地理位置：31°12′59.90″N

121°26′59.10″E

性质与特征：

新乐路 82 号花园住宅系 1932 年杜月笙、黄金荣和金廷荪等人合股创办的三鑫公司办公场所，由杜月笙邀请当时著名的法国设计师拉法尔设计。该花园住宅建筑高三层，平面为中式五开间两厢房布局，一层、二层有外廊，三层为露台。两侧厢房为实墙面开窗洞，左右对称，构图规整，具有古典主义风格。阳台栏杆亦为古典样式，栏杆下部及窗下墙面有几何装饰图案，具有装饰艺术派风格；三层栏杆柱端有巴洛克风格的花坛。西式建筑内部则为中式布置，外部则搭配中式庭院的池塘园林，

新乐路 82 号花园住宅

形成中西合璧的风格。1949年后曾是上海市交通局办公所在地。2005年经过改造成为城市精品酒店，内部装修经过精心设计，既充满怀旧的古典气息，又符合舒适实用、方便商务的要求。

旅游区域及进出条件：

新乐路82号花园住宅位于新乐路襄阳北路口。交通便利，公交26路、94路、926路等多条线路以及轨道交通1号线、7号线、10号线等可到达。

保护与开发现状：

对外开放，现为上海首席公馆酒店。

名称：**徐光启塑像**

编号：XH54

资源类型：FCK

单体资源等级：3

行政位置：漕溪北路南丹路口

地理位置：31°11′27.18″N
　　　　　121°25′56.10″E

性质与特征：

徐光启塑像重5吨，由驻徐汇区的部分单位捐资，1994年建造。

徐光启塑像为徐光启的坐像，旁有徐汇区人民政府书卷状碑文《先辈奠徐汇》，周边修建环形绿地和休闲步道。徐光启（1562～1633年），字子先，号玄扈，教名保禄，松江府上海县（上海市）人，明代著名的科学家、农学家、政治家，中西文化交流的先驱，徐光启为明万历三十二年（1604年）进士。历任历书纂修官、河南道御史、礼部尚书、礼部尚书兼殿阁大学士等职。明崇祯六年（1633年）卒于北京。

旅游区域及进出条件：

徐光启塑像位于南丹路漕溪北路口，近徐家汇天主堂。交通便利，公交43路、56路等多条线路以及轨道交通1号线、4号线、9号线、11号线等可到达。

保护与开发现状：

对外开放。

名称：**田汉塑像**

编号：XH55

资源类型：FCK

单体资源等级：3

行政位置：长乐路富民路口

地理位置：31°13′02.81″N
　　　　　121°27′07.84″E

性质与特征：

田汉塑像于1995年由章永浩创作。田汉塑像坐北面南安放在高台上，田汉一身西装潇洒地安坐在椅子上，他戴着眼镜，神情严肃。

田汉（1898～1968年），字寿昌，湖南长沙人，中国现代话剧运动的奠基人，戏曲改革运动先驱者，革命音乐与革命电影的组织者和领导人。中华人民共和国成立后，历任中央人民政府政务院文教委员会委员、文化部戏曲改进局局长、艺术事业管理局局长、中国戏剧作家协会主席、中国文联副主席、全国政协委员等职。田汉创作话剧、戏曲、电影剧本100多种，有《田汉文集》16卷。田汉作词的《义勇军进行曲》被确定为中华人民共和国国歌。

旅游区域及进出条件：

田汉塑像位于长乐路、富民路、东湖路交界的三角绿地中。交通便利，公交26路、45路、49路等多条线路以及轨道交通1号线、2号线、7号线、10号线等可到达。

徐光启塑像

田汉塑像

保护与开发现状：

对外开放。

名称：襄阳公园

编号：XH56

资源类型：FAD

单体资源等级：3

行政位置：淮海中路 1008 号

地理位置：31°13′05.76″N
121°27′07.02″E

性质与特征：

襄阳公园（原名兰维纳公园、杜美公园）原为法租界公董局专供法国儿童游玩的法式公园，占地面积 2.2 万平方米。1942 年对外开放时定名为兰维纳公园，以纪念 1939 年在抗德战争中阵亡的法国驻上海总领事馆原外交官兰维纳，后多次易名，1950 年改名为襄阳公园。

襄阳公园园内兼有规则式和自然式布局，两者之间以绿篱分隔，产生小中见大的效果。公园遍植樱花、茶花、杜鹃、海棠、月季等近百种花木，四时有景。公园内主要景点有悬铃木大道、喷水池、大草坪、六角亭、高平台等，还有电瓶车、小手拉车、跷跷板、滑滑梯、爬格子、踏水车、电瓶车及充气弹跳、蹦床、抬轿子、摇摆机等儿童游乐设施。

旅游区域及进出条件：

襄阳公园南临淮海中路，西靠襄阳北路，北界新乐路。交通便利，公交 42 路、926 路等多条线路以及轨道交通 1 号线、7 号线、10 号线等可到达。

保护与开发现状：

对外开放。2010 年被上海市绿化和市容管理局评为上海市三星级公园。

名称：汾阳路 45 号花园住宅

编号：XH57

资源类型：FDA

单体资源等级：3

行政位置：汾阳路 45 号

地理位置：31°12′53.90″N
121°27′19.39″E

性质与特征：

汾阳路 45 号花园住宅原是上海江海关为海关总税务司建造的官邸住宅。1949 年前，丁贵堂副总税务司居住于此。该建筑建于 1932 年，由著名建筑师邬达克设计，

襄阳公园

汾阳路 45 号花园住宅

中国公司承建；占地面积约 8 000 平方米，其中花园面积约 4 000 平方米，建筑面积 1 236 平方米；高二层，假三层，平面对称，砖木混合结构，是一幢西班牙式建筑风格的独立式两层楼花园住宅。该建筑的墙面为奶黄色，屋顶为红色筒瓦；山墙上有帕拉第奥式窗，阳台上有铸铁栅栏，门窗上有纤细精巧的水泥砂浆雕饰；窗间的螺旋形柱，底层的开敞式露台，以及由 3 个连续的半圆拱形券门形成的门廊等，都充分体现出了西班牙式建筑的特点。底层主入口门廊由 4 根罗马柱支撑。室内装饰十分雅致。底层的东侧是会客室，西边是餐厅，中间是大客厅，向南有落地门窗通往廊台。墙壁壁龛里有精致且略带朦胧浪漫的壁灯。门框和窗套为雕花红木。整体装饰蕴含着欧式建筑宁静又高贵的气质。宅前是一片绿茵茵的草地，四周簇拥着花卉树木。

1953 年在此建立上海海关学校，后升格为上海海关专科学校。

旅游区域及进出条件：

汾阳路 45 号花园住宅邻近淮海中路。交通便利，公交 911 路、920 路等多条线路以及轨道交通 1 号线、7 号线、10 号线等可到达。

保护与开发现状：

对外开放。2010 年改建为汾阳花园酒店。1989 年被上海市人民政府列为上海市文物保护单位和上海市优秀历史建筑。

名称：衡山公园

编号： XH58

资源类型： FAD

单体资源等级： 3

行政位置： 广元路 2 号

地理位置： 31°12′08.58″N
　　　　　　121°26′16.32″E

性质与特征：

衡山公园原为法租界公董局所建的贝当公园，占地面积 1.19 万平方米，建成于 1926 年。1943 年改名为衡山公园，1965

衡山公园

年曾作为儿童公园和以盆景为特色的公园。1987年改造园内局部地形，铺设草坪，开辟儿童公园，重新对外开放。

衡山公园园内绿化基本保持原有的布局。有百年香樟3株，2株在大门西侧，1株在园东侧树丛中。园门有椭圆形大花坛，种植时令花卉，花坛后为层次分明的花灌木、珊瑚树和高大的水杉，两侧植桂花陪衬。园中央为1 000平方米的大草坪。1991年，衡山公园大草坪右侧斜坡前建有沈钧儒青铜半身像，像高1.5米，基座高3米，3块不规则巨石如火把向上托起，象征沈钧儒振兴中华的奋斗历程。沈钧儒（1875～1963年）字秉甫，号衡山，浙江嘉兴人，清光绪二十九年（1904年）升为进士，参加辛亥革命。中华人民共和国成立后历任中央人民政府委员、最高人民法院院长、全国人大常委会副委员长、全国政协副主席、民盟中央主席、中国政治法律学会副会长、国际民主法律工作者协会副主席等职。著作有《宪法要览》等。

旅游区域及进出条件：

衡山公园位于广元路宛平路口。交通便利，公交42路、93路等多条线路以及轨道交通1号线、7号线、9号线、10号线、11号线等可到达。

保护与开发现状：

对外开放。

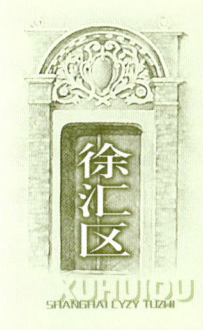

名称：**淮海公寓**

编号：XH59

资源类型：FDA

单体资源等级：3

行政位置：淮海中路1202号

地理位置：31°12′59.58″N
121°26′55.50″E

性质与特征：

淮海公寓原名万国储蓄会大楼、盖司康公寓，建于1935年。

淮海公寓是具有现代主义建筑艺术风格式样的公寓住宅，由20世纪30年代上海著名法籍建筑师事务所赉安公司设计。其建筑形体的最大特征是中部向两侧逐步跌落。建筑外墙为米黄色面砖，各层阳台栏板、立面的中央3条凸出的垂直装饰带以及阳台栏板中央的垂直装饰带均为白色，形成简洁而又强烈的对比，时代特征鲜明。公寓主楼十三层，高53米，钢筋混凝土框架结构。底层入口处设挑出雨篷，入内为门厅、公共用房和接待室等，楼上均为居住层。每层平面多以套间布置，户

淮海公寓

汾阳路158号花园住宅

型以两室户、三室户居多。共有居室62套。主楼南侧有副楼，其底层为商店，二层以上为居住层，共24套。大楼屋顶设有大平台及水泥雨篷，南立面设有成组的凹阳台，北立面为外挑统廊，除步行的便梯外，设有4部电梯（3部客梯、1部货梯），室内铺硬木地板，设有3件套大卫生及热水汀设备，浴厕间可依靠通风井换气，风量可用百叶空调调节。淮海公寓曾经是上海高档公寓之一，周谷城等著名人士曾居住在此，瑞士、印度尼西亚驻沪领事馆也曾在此办公。

旅游区域及进出条件：

淮海公寓位于淮海中路，地处东湖路和华亭路之间。交通便利，公交45路、926路等多条线路以及轨道交通1号线、7号线、10号线等可到达。

保护与开发现状：

现为住宅。1994年被上海市人民政府列为上海市优秀历史建筑。

名称：**汾阳路158号花园住宅**
编号：XH60
资源类型：FDA
单体资源等级：3
行政位置：汾阳路158号
地理位置：31°12′41.76″N
　　　　　121°26′49.06″E

性质与特征：

汾阳路158号花园住宅建于20世纪30年代，原为国民党军统高级将领戴笠的私人官邸，文革时期曾为林彪之子林立果的居住地。现改建为花园别墅式餐厅"和平官邸"。

该建筑由一幢欧式别墅建筑和一座时尚的玻璃房组成，四周绿树成荫，环境幽静。虽地处闹市，却远离都市的喧嚣。内部装修再现了

20世纪20～30年代上海大户人家的生活场景：豪华的大厅，洋气的花玻璃、法式壁炉及欧式庭院，充满浓烈的怀旧氛围。和平官邸主要特色菜肴有上海本帮菜、官邸秘传炖菜、古法菜、粤菜河海鲜等。

旅游区域及进出条件：

汾阳路158号花园住宅位于汾阳路，近桃江路。交通便利，公交42路、45路等多条线路以及轨道交通1号线、7号线、10号线等可到达。

保护与开发现状：

对外开放。2005年被上海市人民政府列为上海市优秀历史建筑。

名称：上海公安博物馆

编号：XH61

资源类型：FAE

单体资源等级：2

行政位置：瑞金南路518号

地理位置：31°12′00.84″N
121°27′50.52″E

性质与特征：

上海公安博物馆是一家公安专题性博物馆，建筑面积8 500平方米，1999年对外开放。公安部原部长贾春旺题写馆名。

上海公安博物馆楼高七层，建筑高度39.9米。一层为博物馆大厅，由3组大型群组雕、5组圆柱浮雕围合四壁，威严庄重。二层为公安史馆，展示了上海开埠至1999年有关公安（警察）机构的历史沿革和重大事件。三层为刑事侦查馆、治安馆、交通馆、监所馆。四层为消防馆、装备馆、英烈馆、警务交流馆，突出展示了各警种的专业职能和对外交流。五层为机动展厅，主要用于举办有关公安工作、队伍建设和公安民警的文化艺术作品的博览会、展览会。六层、七层为博物馆的配套设施，有多功能厅、影视厅、贵宾厅、会议室等。上海公安博物馆共征集到各类有关的实物5 000余件，经精心筛选，目前展出具有鉴赏价值的中外藏品3 000余件。

旅游区域及进出条件：

上海公安博物馆位于瑞金南路，近斜土路。交通便利，公交41路、89路、96路等多条线路以及轨道交通4号线、9号线等可到达。

保护与开发现状：

对外开放。2010年被中国科学技术协会认定为全国科普教育基地。2012年被上海市科学技术委员会命名为上海市科普教育基地。现为上海市爱国主义教育基地。

上海公安博物馆

名称：尚街LOFT

编号：XH62

资源类型：FAZ

单体资源等级：2

行政位置：嘉善路508号

地理位置：31°12′21.54″N
121°27′18.72″E

性质与特征：

尚街LOFT是由老厂房改建而成的创意产业集聚区，以设计店、餐饮店、写字楼和生活馆等为主要业态，2007年正式揭幕。

"尚街"意为"时尚摩登之街"，"LOFT"指将废弃厂房分隔成居住、工作、社交、娱乐、收藏等多重空间，催生新的艺术创意。

尚街LOFT

尚街LOFT云集了诸多国际服装研发机构、时尚会所和创意家居空间等，包括多位国内外独立设计师的设计店；吸纳了时尚传媒、模特公司、公关公司和造型设计公司等专业团队入驻办公区域。园区密切关注创意力量与消费者之间的互动，不定期举办创意市集，定期举办设计师工艺品展、时装秀等，及时向消费者展示最前沿的创意成果。

旅游区域及进出条件：

尚街LOFT位于嘉善路，近建国西路、肇嘉浜路。交通便利，公交42路、43路、45路等多条线路以及轨道交通9号线等可到达。

保护与开发现状：

对外开放。获2009上海国际创意盛典上海优秀创意产业集聚区大奖。

名称：黄母祠
编号： XH63
资源类型： FBB
单体资源等级： 2
行政位置： 龙吴路1111号
地理位置： 31°08′54.18″N
　　　　　　121°26′43.74″E

性质与特征：

黄母祠（又名先棉祠，黄婆庙）是为纪念黄道婆传授纺织技术、造福乡里的功绩而建。

黄道婆，上海乌泥泾镇人，幼为童养媳，不堪公婆虐待，逃出家门，流落到崖州（海南岛），与黎族居民一起生活了30多年，学得当地植棉、轧花、弹花、纺纱、织布等技术。回乡后传授乡里，上海遂于明清时期成为全国棉纺织业中心。黄道婆逝世后，乡亲们出于对黄道婆的敬仰，建造黄母祠。后经过多次毁坏和重建。1981年，祠址被划进上海植物园内。1991年旧祠重新修复开放。

黄母祠分为纪念馆、陈列馆和莲花池游憩小区3个部分。按原样修复的黄婆庙为六架梁五开间歇山顶建筑，室内陈列黄道婆生平事迹。中国佛教协会会长赵朴初题写的"黄道婆纪念堂"横匾端立于门楼上，祠前立有大照壁。正厅有黄道婆事迹展览，侧厅陈列黄道婆首创的三锭纺车、木棉搅车及众多图片、史料等。园内植桑、麻、棉、竹，以突出纺织主题。后又增建广种木棉的"先棉圃"和瞻仰黄道婆的"仰黄亭"。

黄母祠

黄母祠内绿荫环绕,以莲花池为主体,石桥、长廊、碑亭贯穿前后景点;高墙浮雕展示黄道婆的光辉业绩。

旅游区域及进出条件:

黄母祠位于上海植物园。交通便利,公交56路、178路等多条线路以及轨道交通3号线等可到达。

保护与开发现状:

对外开放。1987年被上海市人民政府列为上海市文物保护单位。

名称: 天钥桥路休闲餐饮街
编号: XH64
资源类型: FDB
单体资源等级: 2
行政位置: 天钥桥路
地理位置: 31°11′17.16″N
121°26′48.49″E

性质与特征:

天钥桥路休闲餐饮街全长1 000米,路宽20米,是徐家汇商务、商贸和交通枢纽辐射圈的重要组成部分,1996年起餐饮特色粗具规模。

天钥桥路沿街面集聚各类商铺和经营性门店近百家。有星游城娱乐总会,包括满记甜品、西树工房等;腾飞大厦,包括沧浪亭、西贝西北菜等;永新坊,包括翠华餐厅、查餐厅等;汇联商厦,包括永和豆浆、山林熟食等。

在天钥桥路上,还坐落着拥有140多年历史的上海市第四中学。

旅游区域及进出条件:

天钥桥路休闲餐饮街南起零陵路,北至肇嘉浜路。交通便利,公交15路、56路等多条线路以及轨道交通1号线、4号

天钥桥路休闲餐饮街

线等可到达。

保护与开发现状：

对外开放。2007年被上海市商务委员会评为上海特色商业街。

名称：上海音乐学院历史建筑
编号：XH65
资源类型：FDD
单体资源等级：2
行政位置：汾阳路20号
地理位置：31°12′53.58″N
　　　　　121°27′16.68″E

性质与特征：

上海音乐学院历史建筑曾经是上海犹太俱乐部，1932年建成开放。现存的两幢假三层建筑中，一幢建筑具有美国住宅建筑风格，为平缓的四坡顶，建有老虎窗，墙立面混凝土粉刷，层间有齿形饰，柱体有凹槽饰。侧立面为突出的半圆形房间，顶上为露台，宝瓶栏杆。通过走廊，与其他建筑相连接。另一幢建筑具有北欧风格，为陡峭的双折屋面，建有双坡形老虎窗。主立面二层为敞廊，木构架支撑，底层为砖墙，水泥拉毛墙面，半圆拱券门窗，券

上海音乐学院历史建筑

身用毛石间隔点缀。建筑物南立面有花园。

上海音乐学院的前身是国立音乐院，始建于1927年，1958年迁入现址至今。

旅游区域及进出条件：

上海音乐学院历史建筑位于汾阳路复兴西路口。交通便利，公交45路、96路等多条线路以及轨道交通1号线、7号线、10号线等可到达。

保护与开发现状：

现为上海音乐学院用房。2005年被上海市人民政府列为上海市优秀历史建筑。

名称：康健园
编号： XH66
资源类型： FAD
单体资源等级： 2
行政位置： 康健路1号
地理位置： 31°09′58.92″N
　　　　　　121°24′57.18″E

性质与特征：

康健园前身为康健园农场，占地面积9.57万平方米，始建于1937年。1958年定名为康健园，1985年改名为科普公园，1990年恢复原名。

1991年后，康健园分两期扩建。西园扩建4.19万平方米，1992年建成开放；东园扩建2.33万平方米，1999年建成开放。2001年，又将占地面积3.28万平方米的北侧绿地改建为湿地生态景观绿地。原康健园为日式庭院建筑艺术风格，因洼成池，沿阜垒山，亭榭错落有致，山水相映成趣，景色宜人。日式小屋点缀园中。康健园中花木以芙蓉、樱花、牡丹、桂花为主。

旅游区域及进出条件：

康健园东迄柳州路，南沿冠生园路，西近桂林路，北靠康建路。交通便利，公交43路、92路等多条线路以及轨道交通9号线等可到达。

保护与开发现状：

对外开放。2011年被上海市绿化和市容管理局评为上海市三星级公园。

康健园

名称：漕河泾新兴技术开发区

编号：XH67

资源类型：FAF

单体资源等级：2

行政位置：徐汇区、闵行区

地理位置：31°10′22.80″N
　　　　　121°23′41.34″E

性质与特征：

漕河泾新兴技术开发区总规划面积14.28平方千米，1988年批准为"国家经济技术开发区"，1991年批准为"国家高新技术产业开发区"，2003年批准设立"上海漕河泾出口加工区"。

漕河泾新兴技术开发区先后建设了现代服务业集聚区、知识产品集散中心、产业转移促进中心（商务部上海基地）、浦江创新创业园、大学生创业创新园等产业发展基地，以及服务中心和科技孵化基地等，被认定为"中国服务外包示范基地"。近年来，汇聚了1 200家中外高科技企业（含外商投资企业500家），有40多家世界500强跨国公司在开发区内设立了80多家高科技企业。

旅游区域及进出条件：

漕河泾新兴技术开发区地跨徐汇区和闵行区，东至桂林路，南至漕宝路，西至新泾港，北至蒲汇塘。交通便利，公交89路、131路等多条线路以及轨道交通9号线等可到达。

保护与开发现状：

对外开放。2007年被国家旅游局命名为全国工业旅游示范点。

漕河泾新兴技术开发区

名称：东安公园

编号：XH68

资源类型：FAD

单体资源等级：1

行政位置：中山南二路811号

地理位置：31°11′11.10″N
　　　　　121°27′00.24″E

性质与特征：

东安公园（原名东安苗圃）是一个以竹为特色的庭院式绿地，占地面积1.87万平方米，1980年改建为公园，1984年开放，2005年重新改建。

东安公园采用传统院落与现代园林相结合的布局方法，通过植物、地形、水面、建筑等园林要素组成自然、简洁的园林空间。小中见大，营造了多种园林意境。公园内遍植箬竹、紫竹、斑竹、凤尾竹等15个竹类品种计400余丛。各院、亭、轩内砌有太湖石花坛，茶花、杜鹃、牡丹等争相怒放。主要景点有翠竹楼、芳竹亭、红杏亭、千里亭、伏枥轩、孔雀姑娘玻璃钢雕塑、翠竹湖、观鱼池、山泉溪、壁泉等20余处。

东安公园

仿古装饰带和简化的古典式窗套，呈现了丰富的肌理。外廊上的宝瓶栏杆透露出西方传统建筑装饰的遗韵，敞廊上混凝土横梁的外露显示出20世纪现代建筑艺术的气息。建筑内部空间分割灵活，装修精巧细腻。

旅游区域及进出条件：

上海特别市市政府旧址位于平江路。交通便利，公交43路、49路等多条线路以及轨道1号线、4号线、7号线、9号线等可到达。

保护与开发现状：

现为科研机构。2005年被上海市人民政府列为上海市优秀历史建筑。

旅游区域及进出条件：

东安公园南界龙华路，北临中山南二路。交通便利，公交41路、49路、104路等多条线路以及轨道交通4号线、7号线等可到达。

保护与开发现状：

对外开放。2007年被上海市绿化和市容管理局评为上海市三星级公园。

名称：上海特别市市政府旧址
编号：XH69
资源类型：FDD
单体资源等级：1
行政位置：平江路48号
地理位置：31°12′08.40″N
　　　　　121°27′02.16″E

性质与特征：

上海特别市市政府旧址建于1919年的江苏省对外交涉使公署，为地方政府办理涉外事务之所。1927年，国民政府设立上海特别市，作为上海特别市的市政府办公楼直至1934年迁离。抗日战争胜利后，为国民政府交通部民用航空局电讯总台使用。其建筑面积2 500平方米。

该建筑融合中西方两种建筑风格。平面呈"L"形，由风格一致、平面相互垂直的两幢房屋组成。清水红砖墙面带少量

上海特别市市政府旧址

名称：漕溪公园
编号：XH70
资源类型：FAD
单体资源等级：1
行政位置：漕溪路203号
地理位置：31°10′26.10″N
　　　　　121°25′51.90″E

漕溪公园

性质与特征：

漕溪公园南面原为建于1935年的私人坟茔曹家花园，1958年重建开放。2002年扩建。漕溪公园是以牡丹闻名的自然式公园，相继从安徽宁国、山东荷泽等地引进了大量名贵品种，现有牡丹60余种600余株，树龄最长者逾120年，特色花坛1 000平方米。南园以牡丹、芍药为主，北园以桂花、腊梅为主。

旅游区域及进出条件：

漕溪公园西临漕溪路，东近漕东支路，北靠漕东路，南接漕东三路。交通便利，公交43路、50路、92路等多条线路以及轨道交通1号线、3号线、11号线等可到达。

保护与开发现状：

对外开放。2005年被上海市绿化和市容管理局评为上海市四星级公园。

名称： 漕河泾开发区公园
编号： XH71
资源类型： FAD
单体资源等级： 1
行政位置： 田林路358号
地理位置： 31°09′53.22″N
121°23′52.98″E

性质与特征：

漕河泾开发区公园占地面积4.4万平方米，1998年建成开放。

漕河泾开发区公园总体布局为一条贯穿南北的中轴线。主入口处为下沉式艺术广场。艺术广场南侧有一人工湖，湖边垂柳，湖中游鱼，以茶室和曲桥作对景。艺术广场北侧为音乐广场，以展示厅和凌霄花架围合，草坪、地坪与音乐创造了一个完整的空间。展示厅前建成一个演艺平台；音乐广场北侧用挖湖土方堆砌成山坡，使公园内形成北高南低的起伏地形，为植物造景提供了良好条件。

旅游区域及进出条件：

漕河泾开发区公园位于漕河泾新兴技术开发区，北临宜山路，南靠田林路，东近桂果路。交通便利，公交89路、120路等多条线路以及轨道交通9号线等可到达。

保护与开发现状：

对外开放。

漕河泾开发区公园

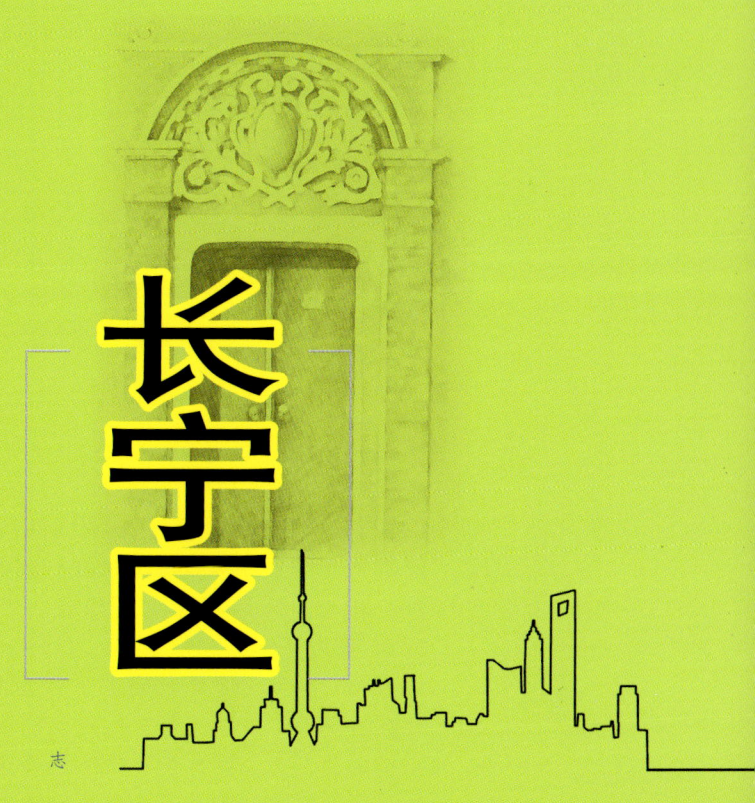

长宁区

上 海 旅 游 资 源 图 志

概况

长宁区位于上海中心城区西部，东与静安区、徐汇区毗邻，西、南与闵行区相接，北与普陀区、嘉定区相连。区域面积37.16平方千米。2012年度，长宁区户籍人口62.65万人，辖9个街道（程家桥街道、北新泾街道、虹桥街道、仙霞新村街道、周家桥街道、天山路街道、华阳路街道、新华路街道和江苏路街道）和1个镇（新泾镇）。2012年度，全区实现地区生产总值752.73亿元。其中，第二产业实现增加值48.02亿元，第三产业实现增加值704.71亿元。2012年度，全区旅行社70家，组团129.5万人次；主要景点接待游客287.7万人次。

长宁区境在两宋时期东为法华，西为北新泾，元时归属上海县。明时，法华成为集镇。清乾隆、嘉庆年间（1736～1820年），法华镇兴旺鼎盛，为上海县西部首要集镇。清末，法华镇人口渐减，建置为乡。境域东北部曹家渡开始崛起，新泾等地改属蒲淞镇。1927年，区境划归上海特别市，法华、蒲淞改置为区。1945年，境域铁路东属上海市第九区，后改称长宁区、法曹（法华和曹家渡）区；铁路西属上海市第二十五区，后改称新泾区。1949年，法曹区改称长宁区，区境分属长宁区、静安区、新泾区、龙华区。1950～1992年，行政区划多次调整，静安区、新泾区部分地块划入长宁区，新泾区和龙华区等并为西郊区后又并入上海县，上海县部分境域先后划入长宁区。直至1992年，区域面积比1949年扩大6.88倍。

长宁区在近代即以花园别墅众多而闻名，在新华路历史文化风貌区和虹桥路历史文化风貌区内集中了众多优秀历史建筑，如长宁区少年宫历史建筑和达华宾馆等。长宁区历史文化悠久，有邬达克旧居、路易·艾黎故居、复旦中学历史建筑、长宁区革命文物陈列馆等。长宁区生态与居住环境良好，已建成新虹桥中心花园、华山绿地、凯桥绿地等大型绿地，区内的中山公园为上海市四星级公园。宋庆龄墓为全国重点文物保护单位。上海动物园为国家AAAA级旅游景区。

长宁区地理位置优越，交通便捷，延安高架路自东向西，连接上海市中心城区和青浦区境内的G318国道和G50国道。虹桥国际机场坐落在区域西南角，是上海两个航空港之一。中山公园地区是上海西部重要的商圈。虹桥经济技术开发区是经国务院批准的十四个经济技术开发区之一，现为以外贸为中心，集展览、展销、办公、商务、居住、购物等于一体的新兴商贸区。

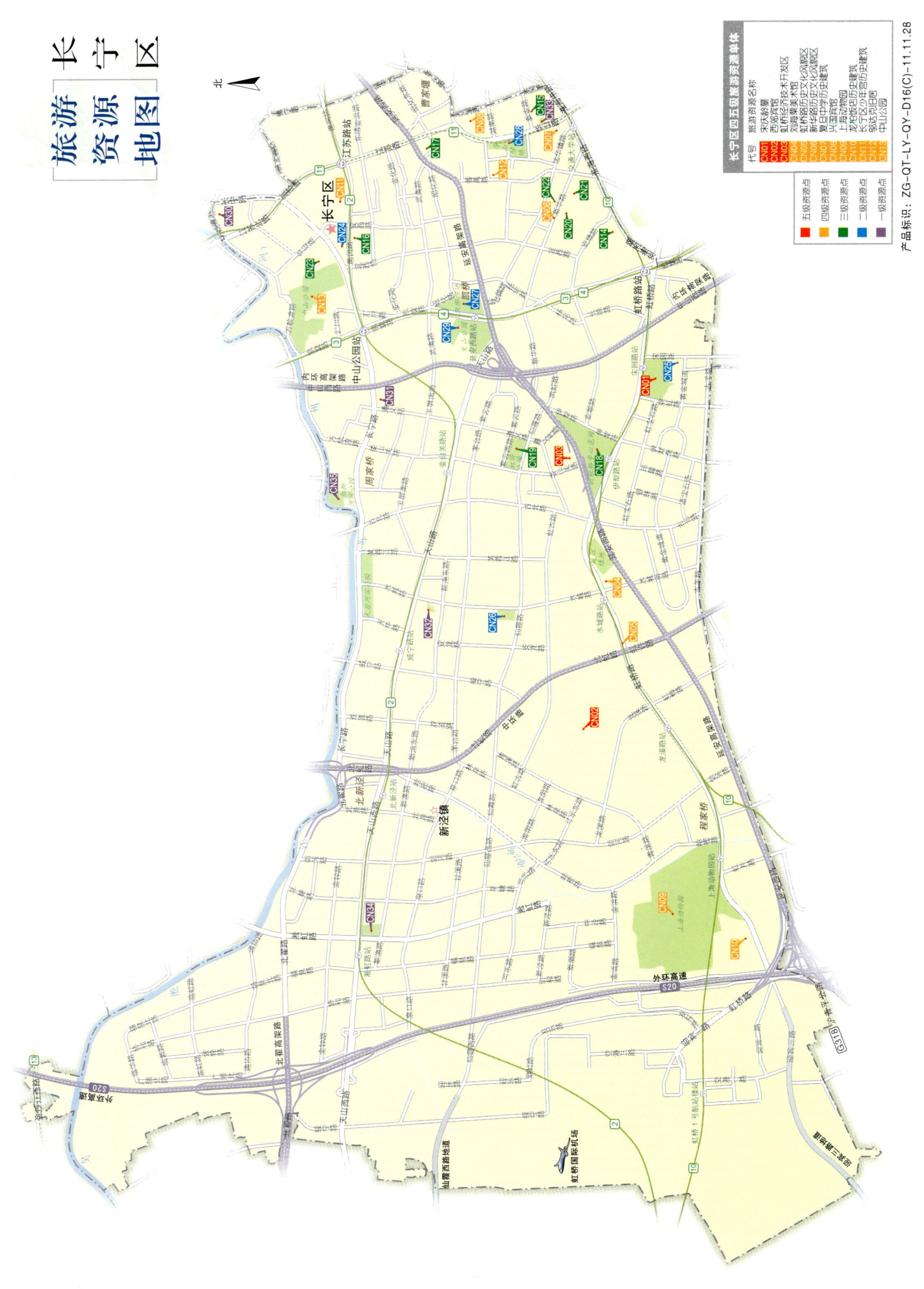

旅游资源列表

编号	名称	行政位置	资源类型	单体资源等级	地理位置
CN01	宋庆龄墓	宋园路21号	FEB	5	31°12′49.40″N 121°26′30.30″E
CN02	西郊宾馆	虹桥路1921号	FDD	5	31°11′56.80″N 121°22′49.68″E
CN03	虹桥经济技术开发区	虹桥街道	FAF	5	31°12′12.42″N 121°24′10.65″E
CN04	刘海粟美术馆	虹桥路1660号	FAE	4	31°12′06.63″N 121°23′17.78″E
CN05	虹桥路历史文化风貌区	虹桥街道、程家桥街道、仙霞新村街道	FDC	4	31°11′59.80″N 121°22′59.03″E
CN06	新华路历史文化风貌区	新华路街道	FDC	4	31°12′18.36″N 121°25′17.09″E
CN07	复旦中学历史建筑	华山路1626号	FAA	4	31°12′18.54″N 121°25′47.22″E
CN08	兴国宾馆	兴国路78号	FDD	4	31°12′41.22″N 121°25′50.04″E
CN09	上海动物园	虹桥路2381号	FAH	4	31°11′31.70″N 121°21′37.70″E
CN10	龙柏饭店历史建筑	虹桥路2409~2419号	FDD	4	31°11′20.57″N 121°21′17.03″E
CN11	长宁区少年宫历史建筑	愚园路1136弄31号	FDD	4	31°13′17.28″N 121°25′22.50″E
CN12	邬达克旧居	番禺路129号	FDD	4	31°12′35.96″N 121°25′28.64″E
CN13	中山公园	长宁路780号	FAD	4	31°13′17.28″N 121°24′58.47″E

续表

编号	名称	行政位置	资源类型	单体资源等级	地理位置
CN14	上海城市雕塑艺术中心	淮海西路570号	FAE	3	31°12′02.15″N 121°25′12.58″E
CN15	泰安路花园住宅	泰安路115弄	FDC	3	31°12′25.92″N 121°25′51.12″E
CN16	路易·艾黎故居	愚园路1315弄4号	FDD	3	31°13′06.97″N 121°25′27.20″E
CN17	达华宾馆	延安西路918~928号	FDD	3	31°12′50.40″N 121°25′39.72″E
CN18	新虹桥中心花园	延安西路2238号	FAD	3	31°12′09.96″N 121°24′08.04″E
CN19	虹桥公园	遵义路101号	FAD	3	31°12′28.86″N 121°24′05.22″E
CN20	新华路211弄、329弄花园住宅	新华路211弄、329弄	FDC	3	31°12′15.88″N 121°25′24.78″E
CN21	新华路179号花园住宅	新华路179号	FDA	3	31°12′07.94″N 121°25′43.63″E
CN22	新华路200号花园住宅	新华路200号	FDA	3	31°12′08.43″N 121°25′44.13″E
CN23	兆丰别墅	长宁路712弄	FDC	3	31°13′14.16″N 121°25′01.06″E
CN24	长宁区革命文物陈列馆	愚园路1376弄34号	FAE	2	31°13′14.82″N 121°25′38.82″E
CN25	上海儿童博物馆	宋园路61号	FAE	2	31°11′44.88″N 121°24′31.38″E
CN26	水霞公园	仙霞路505号	FAD	2	31°12′28.98″N 121°23′08.04″E

续表

编号	名称	行政位置	资源类型	单体资源等级	地理位置
CN27	凯桥绿地	凯旋路延安西路口	FAD	2	31°12′36.84″N 121°24′47.16″E
CN28	华山绿地	华山路平武路口	FAD	2	31°12′26.34″N 121°25′43.68″E
CN29	天山公园	延安西路1743号	FAD	2	31°12′36.84″N 121°24′42.00″E
CN30	曹家渡圣弥额尔天神堂	万航渡路1066号	FAC	1	31°13′44.04″N 121°25′34.78″E
CN31	沪西礼拜堂	长宁路1465号	FAC	1	31°13′00.57″N 121°24′34.46″E
CN32	天原公园	水城路791号	FAD	1	31°12′53.82″N 121°23′12.22″E
CN33	华山儿童乐园	华山路1575号	FAD	1	31°12′21.30″N 121°25′48.30″E
CN34	新泾公园	天山西路北虹路口	FAD	1	31°13′10.56″N 121°21′26.82″E
CN35	虹桥河滨公园	长宁路2080号西侧	FAD	1	31°13′13.56″N 121°23′46.02″E

旅游资源单体

名称：**宋庆龄墓**
编号：CN01
资源类型：FEB
单体资源等级：5
行政位置：宋园路21号
地理位置：31°12′49.40″N
　　　　　121°26′30.30″E

性质与特征：

宋庆龄墓原为上海万国公墓。清宣统元年（1909年），由浙江上虞人经润山在上海西乡（今虹桥路以南，轨道交通3号线西侧至姚虹东路，潘家浜以北）购地1.33万平方米，建薤露园作为公墓，1914年建成。后因建设沪杭高速铁路被占用。1917年，其妻汪国贞在西边张虹桥购地3.71万平方米，将墓园西移至此，更名为"薤露园万国公墓"，同时对外国人开放。公墓正大门前架有小桥，桥上设铁门，上面镌刻"薤露园万国公墓"字样。墓地内芳草萋萋，树木参天，绿荫覆盖，庄严肃穆。四周有溪流环绕。墓前区有罗马城堡式纪念堂建筑，堂后有中国式建筑追思厅，正厅两侧有厢房等建筑。

1934年改称"上海市万国公墓"，后墓区范围由3.6万平方米扩大到8.18万平方米，成为当时上海滩一流的公墓。葬有清朝、民国的达官显贵和富商巨贾，如清政府四川总督、两广总督和邮传部尚书岑春煊、李鸿章之弟、清政府邮政大臣李伯行、清政府上海道台袁伯夔等。还有辛亥革命以来的社会名人和进步人士，如宋庆龄的父母宋耀如、倪桂珍，辛亥革命早期活动家黎仲实，曾担任孙中山、张学良和蒋介石顾问的澳大利亚人端纳，国民党上海招商局长赵铁桥等。1936年鲁迅逝世后，也安葬于此，1949年后才移葬虹口公园（今鲁迅公园）。1937年发生八一三事变，墓区遭日军炮火破坏，公墓纪念厅堂内的家具摆设和园内大树被侵华日军抢劫盗伐殆尽。1949年后，公墓由上海市民政局管理。当时，共有墓葬2 600余座。公墓经修葺一新后，开办骨灰安葬业务。文革初期，公墓遭到毁灭性破坏，花木和建筑无一幸存，墓地成了工厂和菜园。1973年，上海市民政局收回包括宋氏墓地在内的2万平方米土地，恢复万国公墓，并在张虹路（今宋园路）新开东大门，建造外宾接待室、办公室等。1980年又收回土地1.28万平方米，1981年，公墓收回全部土地，并扩大至10万平方米。1981年5月29日，宋庆龄在北京逝世，根据其生前遗嘱，将其骨灰安葬于父母墓侧，辟出部分园地作为宋庆龄陵园。

宋庆龄陵园是集纪念、教育、研究、旅游于一体的公共文化园林，占地面积约12万平方米，1984年建成。陵园由四部分组成，"宋庆龄纪念区"以宋庆龄墓为中心，主要包括宋氏墓地、纪念广场、纪念碑、陈列馆等，全面展现了宋庆龄的人生历程和人格魅力。陵园内有数千平方米的大草坪，300年以上树龄的罗汉松、150年以上树龄的桂花树、100年以上树龄的广玉兰树和数百棵高大的龙柏、雪松、中山柏及胸径25厘米以上的香樟树千余棵，等等，一年四季树木葱茏，芳草如茵，鸟语花香，肃默安静。正对墓道有邓小平题字"宋庆龄同志永垂不朽"的黑色大理石墓碑。宋庆龄汉白玉雕像后面即是墓地。墓前卧着一块素净的花岗石墓碑，后面是洁白如玉的大理石墓椁。墓地正中是宋庆龄父母之墓，西侧是李燕娥女士之墓。李燕娥女士是宋家保姆，更是宋庆龄生前最好的朋友。在她死后，由宋庆龄亲自为她题写了墓碑。"宋庆龄生平事迹陈列馆"展出照片400幅、

宋庆龄墓

实物百余件，放映《国之瑰宝》、《宋庆龄的葬礼》等文献纪录片。

宋氏墓地东西两侧分别为万国公墓的外籍人士墓园和名人墓园。这两个墓园为开展爱国主义和国际主义教育提供了宝贵的史料和场所。外籍人士墓园安葬着来自世界 25 个国家的 600 多名外籍人士，其中有鲁迅的日本朋友内山完造夫妇、宋庆龄的美籍好友耿丽淑女士等。名人墓园安葬有爱国老人马相伯、抗日英雄谢晋元、"三毛之父"张乐平等知名人士，每个墓都建有反映他们生前风格的栩栩如生的纪念雕塑。

旅游区域及进出条件：

宋庆龄墓位于宋园路虹桥路口。交通便利，公交 48 路、72 路、73 路等多条线路以及轨道交通 3 号线、4 号线、10 号线等可到达。

保护与开发现状：

对外开放。宋庆龄墓 1982 年被国务院列为全国重点文物保护单位。宋庆龄陵园 1997 年被中共中央宣传部命名为全国爱国主义教育示范基地；2005 年被上海市红色旅游工作协调小组命名为上海红色旅游基地；现为上海市爱国主义教育基地。

名称：西郊宾馆

编号：CN02

资源类型：FDD

单体资源等级：5

行政位置：虹桥路 1921 号

地理位置：31°11′56.80″N
　　　　　121°22′49.68″E

性质与特征：

西郊宾馆创建于 1960 年，是拥有 50 多年历史的上海国宾馆。西郊宾馆占地面积约 77.33 万平方米，环河内约 26.68 万平方米，环河外约 46.69 万平方米；绿地面积约 46.69 万平方米。

西郊宾馆是集国内优秀园林专家的智慧、精选全国各地优秀花木而建成的园林，常年披绿，环境优雅。古老的紫藤、五针松、塔松等百余种珍贵树木各展风姿；樱花、琼花等名花异草争奇斗艳；枇杷、银杏、金橘等硕果满枝，别有一番情趣；牡丹园、桂花园、腊梅园、香榧园、芍药园各领风骚，更有珍稀盆景点缀其间，形成园中之园。全园绿树丛中掩映着8幢不同风格的别墅，既有建于20世纪40年代末的传统楼宇，也有睦如居、西郊会议中心、体育中心等现代建筑。西郊别墅是以加拿大式、美国式木结构建筑为主的高档住宅区，建于1993年，有别墅86栋，分为东、西两苑，房型美观，园林精致，环境幽雅，设施齐全，服务上乘，已成为上海别墅物业管理的知名品牌。

西郊宾馆4号楼原称淮阴路姚氏住宅，为二层混合结构花园住宅，占地面积1.6万平方米，建筑面积931.88平方米，始建于1948年。4号楼模仿美国建筑大师莱特的代表作"落水山庄"而建，外墙用混凝土仿石块砌筑，故有"石头房子"之称。设计者巧妙地利用了地形地貌，建筑各部分平面采用不同的标高。从地面看整栋建筑只有一层。二层建有客厅，两侧为起居室、卧室等。起居室为玻璃棚，室内空间与自然空间融为一体，白天沐浴阳光，晚上观赏月色。起居室外建小泳池。餐厅半地下，可由二层起居室进入，也可从底层入内。住宅平面按套间布置，功能明确，布局合理。底层有厨房、酒吧、阳光室、佣人房。园内古柏、水杉、香樟等华盖成荫，碧波荡漾。

西郊宾馆作为上海的国宾馆，先后接待了包括英国女皇、日本天皇、德国首相、美国总统、俄罗斯总统等在内的百余批国内外名人政要；APEC峰会、上海合作组织的成立和五周年庆典活动均在此举行。如今，这里已成为重要的国事接待处，以及高端商务活动的首选之地。

西郊宾馆

旅游区域及进出条件：

西郊宾馆位于虹桥路虹许路口，东靠青溪路，南界龙溪路，邻近虹桥经济技术开发区。交通便利，公交 57 路、519 路、809 路等多条线路以及轨道交通 10 号线等可到达。

保护与开发现状：

对外开放。西郊宾馆 4 号楼 1989 年被上海市人民政府列为上海市优秀历史建筑。

名称：虹桥经济技术开发区
编号：CN03
资源类型：FAF
单体资源等级：5
行政位置：虹桥街道
地理位置：31°12′12.42″N
　　　　　121°24′10.65″E

性质与特征：

虹桥经济技术开发区是经国务院批准的第一批十四个国家级经济技术开发区之一。1979 年开始规划，1982 年决定辟建，1983 年动工兴建，1986 年被批准为国家级开发区。占地面积 0.652 平方千米，是面积最小的国家级开发区。总体布局上分为展览展示区、商务办公区、酒店居住区、外事活动区、绿化区等部分。经过 20 多年的开发建设，虹桥经济技术开发区已经成为一个以展览展示为龙头、以外贸中心为特征、以现代服务业为核心的现代商贸区。

截至 2011 年底，虹桥经济技术开发区注册外资企业 343 家，开发区累计项目投资总额 42 亿美元，累计引进合同外资 34 亿美元，累计实际利用外资额 32 亿美元，其每平方米土地实际利用外资近 5 000 美

元。开发区内引进并建成项目25个,建筑总面积138万平方米,其中展览展示场馆30万平方米,写字楼宇48万平方米,商住楼宇26万平方米,宾馆饭店24万平方米,生活娱乐配套设施10多万平方米。

虹桥经济技术开发区以世界贸易商城、国际展览中心为主体的展览展示区营造了国际一流的会展贸易氛围,构筑了中外客商发展事业的理想平台,成为人流、物流、信息流的集散地,成为上海国际商贸中心之一。开发区内共有展览面积5万平方米,展示厅面积19万平方米,每年举办的大型国际国内展览会超过100个,参展客商超过200万人次,进驻开发区的中外商社已超过1 000家。外事活动馆区现有日本、韩国、新加坡等国借地建馆,古巴、以色列、罗马尼亚、丹麦、荷兰、瑞士、智利、哈萨克斯坦、印度、阿根廷、捷克等国在开发区租房设馆。

旅游区域及进出条件:

虹桥经济技术开发区位于上海市区西部,东起中山西路,西至古北路,北临仙霞路,南界虹桥路。交通便利,公交57路、69路、911路等多条线路以及轨道交通2号线、10号线等可到达。

保护与开发现状:

对外开放。

名称:刘海粟美术馆

编号:CN04

资源类型:FAE

单体资源等级:4

行政位置:虹桥路1660号

地理位置:31°12′06.63″N
　　　　　　121°23′17.78″E

性质与特征:

刘海粟美术馆是集美术馆、小型博物馆和个人纪念馆于一体的现代美术馆,占地面积3 600平方米,建筑面积近5 000平方米,楼高五层,建筑高度21米,1995年建成开馆。刘海粟美术馆收藏有刘海粟捐献的历代名家字画:五代关仝《溪山幽居图轴》、北宋巨然《茂林叠嶂图轴》、金代李早《回部会盟图卷》、仇英《秋原猎奇图轴》、八大山人《孔雀图轴》、石涛《黄山图轴》以及董其昌、沈周的册页精品等;刘海粟代表作有国画《黄山一线天奇观》,油画《巴黎圣母院夕照》、《太湖工人疗养院之雪》等。馆内有设施完备的展厅、国际会议厅、恒温恒湿的画库、资料室、阅览室、画室、会议室、画廊以及海粟书店、海粟画廊、裱画制作等配套设施。每年举办"大师从这里起步"的活动,每两年举办一届"上海青年美术大展"。

刘海粟(1896~1994年)是中国新美术运动的奠基人,1912年,创办了一所中国早期的美术学校即上海图画美术院,并任校长。1949年后,他历任华东艺术专

虹桥经济技术开发区

刘海粟美术馆

科学校校长、南京艺术学院院长、上海美协名誉主席、全国政协常委。主要著作有《黄山》《刘海粟国画》《海粟老人书画集》《画学真诠》《中国绘画上的六法论》等。

旅游区域及进出条件：

刘海粟美术馆位于虹桥路水城南路口。交通便利，公交57路、69路、936路等多条线路以及轨道交通10号线等可到达。

保护与开发现状：

对外开放。

名称：**虹桥路历史文化风貌区**

编号：CN05

资源类型：FDC

单体资源等级：4

行政位置：虹桥街道、程家桥街道、仙霞新村街道

地理位置：31°11′59.80″N
121°22′59.03″E

性质与特征：

虹桥路历史文化风貌区形成于20世纪30～40年代，是以虹桥路地区为主体，以乡村别墅为特色的历史文化风貌区。在古北路—荣华东道—水城南路—延安西路—环西大道—金浜路—哈密路—规划路—虹古路范围内。

虹桥路是上海市跨长宁区、徐汇区的一条干道，东起华山路，西至虹桥机场，长8 623米，宽40米。清光绪二十七年（1901年）上海公共租界工部局越界筑路至程家桥，以其附近的虹桥镇命名。当时，虹桥路东端为今日的广元西路上海交通大学门口，1990年起改道至徐家汇。

虹桥路一带因绿树成荫、空气清新而一度成为官员商贾修建私家别墅的首选之

虹桥路历史文化风貌区

地。1949年后，大部分花园别墅改为宾馆和疗养院等。沿路主要历史建筑有虹桥路1430号英式乡村别墅（宋氏花园住宅），虹桥路2310号住宅（罗别根花园、纺织系统疗养院），虹桥路2409号龙柏饭店1号楼（沙逊别墅），虹桥路2419号龙柏饭店2号楼（泰晤士报社别墅）、3号楼（美丰银行别墅），虹桥路1921号西郊宾馆4号楼（淮阴路姚氏住宅），虹桥路1590号上海市舞蹈学校，虹桥路1850号上海市盲童学校，虹桥路2275号武警总队，虹桥路2258号孔氏别墅，虹桥路2381号安息堂等。原高尔夫球场则在20世纪50年代改建为上海动物园。现在的虹桥路历史文化风貌区入驻有外国领事馆19家，企业及机构约3 100家，有高级别墅1 600多幢以及涉外居住社区古北新区，还有一些境外人士在虹桥路历史文化风貌区入驻或生活。

旅游区域及进出条件：

虹桥路历史文化风貌区位于长宁区南部。交通便利，公交57路、748路、806路等多条线路以及轨道交通10号线等可到达。

保护与开发现状：

对外开放。2003年被上海市城市规划管理局（现上海市规划和国土资源管理局）划定为上海市中心城区历史文化风貌区。风貌区内多处建筑被上海市人民政府列为上海市文物保护单位和上海市优秀历史建筑。

名称：新华路历史文化风貌区
编号： CN06
资源类型： FDC
单体资源等级： 4
行政位置： 新华路街道
地理位置： 31°12′18.36″N
　　　　　　121°25′17.09″E
性质与特征：

新华路历史文化风貌区形成于1925～1941年，是以低密度、风格各异的花园别墅为特征的历史文化风貌区。在番禺路—淮海西路—安顺路—定西路—法华镇路范围内。

新华路初名安和寺路，因该地有安和寺而得名，此前只是一片沟浜纵横的农田。1925年，租界当局越界修筑此路，道路全长2 434米，几易其名，从最初的安和寺路改为察哈尔路，又从法华路改为新华路。道路两旁各式花园别墅林立，新式花园弄堂毗邻，梧桐蔽日，环境优雅，是一个充满老上海风情的景观地标。

新华路早期地处市郊，宁静安谧。美国人雷文法兰于清光绪三十年（1904年）来到上海，在当时的法租界公董局公共工程处工作，次年在沪建立了中国房地产公司。1914年，创建了中国早期的信托公司"雷

新华路历史文化风貌区

文法兰有限公司"。1922年，上海普益地产公司成为雷文法兰创造财富的事务所之一，雷文法兰任公司董事会主席。自20世纪30年代起，普益地产公司在新华路一带购进大量土地开发地产，并命名为"哥伦比亚住宅圈"，由著名的匈牙利建筑大师邬达克设计，柴顺记营造厂施工，主要客户是当时在上海的外国侨民或是上层商贾，每幢别墅根据业主的要求单独设计。其中最著名的是新华路211弄、329弄花园住宅，由2幢5联排别墅和1幢独立式别墅组成，有英国、意大利、美国、西班牙等多种建筑风格。由于当年在此居住的主要是外籍侨民，所以又被称为"外国弄堂"。这些花园住宅造型别

致，风格迥异，绿树婆娑，环境幽静，被称为上海西郊哥伦比亚圈内的精华建筑群体。现在新华路番禺路口的上海影城一带曾经是颇具名气的哥伦比亚骑术学校，最早到这里来学骑马的都是居住在租界的外侨，尤以英国人居多。当年这里是一片用砖墙围起的空地，里面有一排平房和几排马厩，路上极少有汽车驶过，马匹不会受惊狂奔。后来汽车经过此地也极少有鸣喇叭的，可以说，历史上的新华路就有着幽静的生活氛围。

旅游区域及进出条件：

新华路历史文化风貌区位于长宁区东部。交通便利，公交48路、911路、946路等多条线路以及轨道交通3号线、4号线、10号线等可到达。

保护与开发现状：

对外开放。2003年被上海市城市规划管理局（现上海市规划和国土资源管理局）划定为上海市中心城区历史文化风貌区。风貌区内多处建筑被上海市人民政府列为上海市优秀历史建筑。

名称：复旦中学历史建筑
编号：CN07
资源类型：FAA
单体资源等级：4
行政位置：华山路1626号
地理位置：31°12′18.54″N
121°25′47.22″E

性质与特征：

复旦中学历史建筑主要有登辉堂和力学堂等。登辉堂原为李鸿章祠堂，中国庙宇式建筑，现为复旦中学校史馆。力学堂为欧式建筑，为纪念邵力子、傅学文夫妇为复旦所作出的贡献而命名。

复旦中学前身为复旦公学，清光绪三十一年（1905年）由近代爱国教育家马相伯创建，与复旦大学同根同源。1912年复旦首席校董、临时大总统孙中山授令，南京临时政府批准，指拨李鸿章祠堂为复旦公学校址。1917年，公学升格为复旦大学，

复旦中学历史建筑

中学部改为复旦大学附中。1922 年，大学部迁至江湾，附中仍留原址。1944 年改称复旦中学。1950 年，陈毅市长为复旦中学题写校名。今校园占地面积约 2.06 万平方米。

旅游区域及进出条件：

复旦中学历史建筑位于淮海西路华山路口。交通便利，公交 48 路、113 路、138 路等多条线路以及轨道交通 9 号线、10 号线、11 号线等可到达。

保护与开发现状：

现为教育机构。复旦中学内部分建筑 2005 年被上海市人民政府列为上海市优秀历史建筑。

名称：兴国宾馆

编号：CN08

资源类型：FDD

单体资源等级：4

行政位置：兴国路 78 号

地理位置：31°12′41.22″N
　　　　　121°25′50.04″E

性质与特征：

兴国宾馆为花园别墅宾馆，占地面积约 10.6 万平方米，总建筑面积 2 万多平方米，绿化面积 8 万多平方米，覆盖率达 90%。宾馆内有法国、英国、德国、美国、西班牙、加拿大式各具风格的别墅，每幢楼前设花坛草坪，分别建于 20 世纪 20 年代和 30 年代，1949 年后为上海市委招待所，1979 年后改为兴国宾馆，对外开放。

兴国宾馆 1 号楼原为太古洋行大班（总经理）勃蜡克·华特的住宅，为上海新古典主义建筑的杰出代表，建筑面积为 1 647 平方米，二层砖混结构，建于 1934 年。太古洋行是英商在上海开埠后，与怡和洋行、沙逊洋行、英美烟草公司齐名的"四大财团"之一。并创办太古轮船公司，经营中国沿海内河的航运，成为与旗昌轮船公司、怡和轮船公司并驾齐驱的三大航运公司之一。1950 年后撤出中国大陆。

兴国宾馆 1 号楼的建筑风格为英国帕拉第奥式，结构简洁，严谨端庄，富有气派。平面由主楼与辅楼平行组合而成。主楼平面与立面呼应，强调轴线对称。辅楼与主楼东侧餐厅备餐间连接，不影响主楼的造型和光线，进深北面突出部分与主楼连接处作一个弧形处理，这种设计既与北大口弧形车道相呼应，又达到建筑立面主从区分的效果。主楼立面简洁、典雅，正面南立面分左、中、右对称的纵三段；底层是外廊式，采用双并列的科林斯柱式，柱廊后为落地钢质玻璃统长门窗。二楼有宽敞的爱奥尼克双柱柱廊，并以宝瓶式栏杆围护。平坡屋面用铜皮铺制，故此屋俗称"铜房子"；中间段正面并排着 5 座木质的老虎窗，在其旁又设置一对壁炉烟囱。建筑立面白色，用錾假石砌筑；铜皮作顶的平坡屋面上，镶有流畅的线条。

兴国宾馆 1 号楼建筑主入口设在主楼北面中央，挑出一个大门廊，两边是车道。大门廊和小门厅地面均用大理石铺设。楼梯厅平面是个椭圆形，东侧设弧形的大楼梯，西侧设弧形走廊，连通卫生间。穿过楼梯厅进入大过厅，过厅东面设餐厅、西面设台球室，还特地辟一小间为吸烟室。过厅南面大间为会客室、小间为起居室。主楼南面设宽敞的柱廊，连通各房间。弧形大楼梯由于层高较高，设半平台。二楼

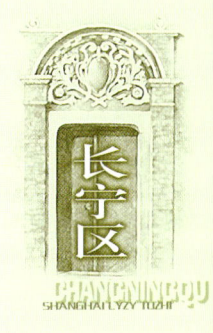

长宁区

兴国宾馆

宽敞的过厅连通各个房间，南面2间卧室，中间为卫生间，可从其间穿通；东面是由起居室、卧室和卫生间组成的一套主人房；西面为2间卧室及合用卫生间的孩子房，并在墙外挑出了统长阳台；南向的卧室外面都连通宽敞的柱廊。室内的装修讲究细腻，楼梯前东西贯通的长廊使室内显得格外宽敞。在北立面入口处二楼的山花部位有一个椭圆形玻璃雕刻装饰图案，站在这里，可以感觉到阳光和阴影跳动的变换，整体室内装饰带有文艺复兴式风格，显得简洁、典雅、气派。宅前大片绿茵草坪，使得住宅掩映在各种名贵树木花卉之中，院内树木长青，四季花香。在近百种树木中有两株大王松和百年老香樟，还有五针松、塔枫、雪松、龙柏以及银杏、香榧、金橘等果木，景色幽雅，环境怡人。

兴国宾馆2号楼为英国维多利亚滨海风格，假三层砖木结构，建筑面积800平方米。二层的清水红砖弧拱特色鲜明。

兴国宾馆6号楼为法国民居建筑，假三层砖木结构，建筑面积620平方米，建筑平面设计自由，不拘一格，屋子南面有长条形天窗作屋顶层采光和通风之用。

旅游区域及进出条件：

兴国宾馆位于华山路兴国路口。交通便利，公交48路、96路、113路等多条线路以及轨道交通10号线、11号线等可到达。

保护与开发现状：

对外开放，现为五星级酒店。兴国宾馆1号楼1989年被上海市人民政府列为上海市文物保护单位和上海市优秀历史建筑。2号楼和6号楼1999年被上海市人民政府列为上海市优秀历史建筑。

名称：**上海动物园**

编号：CN09

资源类型：FAH

单体资源等级：4

行政位置：虹桥路2381号

地理位置：31°11′31.70″N
　　　　　121°21′37.70″E

性质与特征：

上海动物园原名西郊公园，最初为裕泰马场。1914年，太古洋行、怡和洋行、汇丰银行等8家英商购下了这块地皮，1916年成立高尔夫球场俱乐部，占地10万平方米，1930年增至27.8万平方米。1953年改建为公园，1954年5月25日对外开放，定名为西郊公园，占地面积28万平方米。1954年6月，国务院办公厅通告上海市人民政府，将云南西双版纳傣族献给毛泽东主席的一头大象交给上海饲养并展出。于是，上海市政府决定将西郊公园改造为动物园。1955年6月，大象运抵上海，7月9日大象"南娇"正式展出，同时展出的动物共31种46只。1959年3月，园区面积扩大至70万平方米，建成天鹅湖、狮虎山、熊猫岭、野牛山、鹿苑和百花厅，初步形成了大型综合性动物园的面貌，成为具有野生动物保护、科学技术研究、动物科普宣传和娱乐休闲四大功能的国家级大型动物园。1980年正式改名为上海动物园。

上海动物园有广阔的空间，展出的动物虽多，但无拥挤的感觉。动物园内动物笼舍建筑和服务设施都在一条4米宽的混凝土环园主干道两旁，进入大门后沿主干道按逆时针方向前进，就可到达各类动物

长宁区

展区。笼舍按照动物进化的规律，由低等到高等依次分区设置，并与参观路线相一致。各展区均有园林植物或雕塑和置石作为配景，游人在参观动物时，可兼赏园林景色之美。此外，动物园中还有一些以建筑、假山、雕塑和植物构成的景点。初期的主要展馆有长颈鹿馆、海狮池、雉鸡园、小兽笼、天鹅湖、狮虎山、熊猫岭、野牛山、鹿苑等。1970年后又建斑马房、金鱼廊、鸣禽馆、企鹅房、鸵鸟房、猩猩馆、河马馆、袋鼠房。1980年以后，建犀牛房、小兽园，并扩建长颈鹿馆等。20世纪80年代末期开始局部改建，至1994年已新建或改建的有灵长一馆、二馆、三馆，以及猕猴山、海兽区、两栖爬行动物馆、狮虎山、中型猛兽笼舍、大猩猩馆、食草区，进入式鸟园、热带鸟馆等；另外还有小吃部、摄影部等生活服务设施。现有动物馆舍面积约4.72万平方米，饲养展出大熊猫、金丝猴、华南虎、大猩猩、黑猩猩、长颈鹿、北极熊、袋鼠、企鹅等珍稀野生动物400余种6 000多头（只）。

上海动物园绿化面积达49.82万平方米，种植600种10万株树木，拥有10万平方米草坪和大面积的天鹅湖水域。动物园内树木根据功能要求以及植物生态、意境构思进行规划布置，以常绿、落叶乔木和花灌木为主，尤以草坪地被植物丰富见长。除基本保留原高尔夫球场的大树外，在种植树木方面有两个特点：一是结合动物的生活习性和自然环境选择树种，如在热带、亚热带动物笼舍周围种植成片棕榈、铁树、芭蕉、丝兰，在狮虎山前后种植黑松林，在天鹅湖周围和湖中小岛种植大片芦苇、芦竹、荻草、水杉、柳树、倭竹、紫穗槐等，在猴馆周围种植柏树、黑松、枣、柿等；二是种植一些能作为动物饲料的树种，如枣、桑、荷、白榆、女贞等。规划布局以自然式布置为主，局部为规则式布置。动物园四周有浓密林带，运用绿化手段和地形、河道、道路等相结合，划分各展区，使动物笼舍掩映在绿树丛中。近年来，又新建了视觉无障碍生态化动物展区，使游客可以置身大自然中欣赏山林野趣之美。

旅游区域及进出条件：

上海动物园位于虹桥路，邻近虹井路。交通便利，公交196路、739路、911路等多条线路以及轨道交通10号线等可到达。

保护与开发现状：

对外开放。2002年被全国旅游景区质量等级评定委员会评为国家AAAA级旅游景区。同年，被上海市绿化和市容管理局评为上海市五星级公园。2010年被中国科学技术协会认定为全国科普教育基地。2012年被上海市科学技术委员会命名为上海市科普教育基地。

名称：龙柏饭店历史建筑

编号： CN10

资源类型： FDD

单体资源等级： 4

行政位置： 虹桥路2409～2419号

地理位置： 31°11′20.57″N
　　　　　　121°21′17.03″E

性质与特征：

龙柏饭店历史建筑前身为沙逊别墅。1980年改建为龙柏饭店，主要有1号楼、2号楼和3号楼3幢优秀历史建筑。

1号楼曾是沙逊周末度假的私人住宅，建筑面积800平方米，建于1932年。别墅为英国哥特式"半木构"住宅，山墙和正背面外墙上都有半露木构架作装饰，红砖勒脚，屋顶为红瓦陡坡，用黄色或白色粉墙，给人以明朗的感觉。沙逊别墅底层基础采用砖石砌筑，楼层为砖木结构，深色的木构架暴露在浅色的外墙面上，门窗选用带有疖疤的木料制作，并保留其粗糙的斧凿痕迹。屋顶为很高、很陡峭的双坡顶。屋檐平面悬挑于底层山墙之外。建筑平面采用不规则布局，东部二层，中部和西部均为一层。南入口处设7个台阶高的大平台，十分宽敞。别墅门厅的南面是起居室和餐厅，北面是会客室兼书房。起居室即是大厅，高高的木构架完全外露出墙面。大厅西南角凸出，木壁和木窗围护。餐厅竖向布置，与大厅连通，又连通大平台出口。东部底层为花厅。二层有卧室和卫生间。卧室内用从英国进口的橡木和柚木原材装饰。该别墅是英国乡村别墅的典范。

2号楼为英商《泰晤士报》社所建，为砖木结构三层，英国乡村别墅式，南侧屋面有一单坡老虎窗。南北立面二层以上，绛红色木构架外露，墙面为白色粉刷，其他部分为红砖清水墙面。

3号楼为美丰银行别墅旧址，建筑为西班牙风格，邬达克设计，供美丰银行大班使用。坐北朝南，缓坡红色圆筒瓦屋面，花式铁栏杆。主入口有白色荷叶形门套，外墙用黄色水泥砂浆粉刷成鱼鳞纹。

旅游区域及进出条件：

龙柏饭店历史建筑邻近虹桥国际机场。交通便利，公交721路、941路等多条线路以及轨道交通10号线等可到达。

保护与开发现状：

对外开放。1号楼1989年被上海市人民政府列为上海市文物保护单位和上海市优秀历史建筑，现为私人住宅。2号楼和3号楼2005年被上海市人民政府列为上海市优秀历史建筑。

名称：长宁区少年宫历史建筑

编号： CN11

资源类型： FDD

单体资源等级： 4

行政位置： 愚园路1136弄31号

地理位置： 31°13′17.28″N
　　　　　　121°25′22.50″E

性质与特征：

长宁区少年宫历史建筑原是王伯群（原国民政府交通部部长、上海大夏大学校长）的私人豪宅，由协隆洋行设计，占地7 200平方米，建筑面积2 330平方米，高三层。1930年动工，1934年建成。1960

龙柏饭店历史建筑

年改作长宁区少年宫。

　　该建筑外形为英国维多利亚时代哥特式，好似一座城堡，但局部立面带有西班牙式建筑风格。主楼分中、东、西3个部分。中部前立面凸出呈圆弧形，东、西两部分立面对称地布置成45°折角，这种设计富有变化。建筑的东部比西部大，有单独楼梯，与中部的通道处相通。前面的中间部分有室外大楼梯越过半地下室的底层，可直接从外面登梯上二楼大客厅，十分气派。中部二层到三层前有走廊，安排合理。卧室、书房等大多在二楼。室内四周均用柚木护壁，外墙面及围墙均为褐色水泥浇铸的墙砖，古朴、雅致。屋顶主体部分为四坡顶，正面有老虎窗。山墙作为屋面装饰，甚为浪漫。阳台用罗马式栏杆，华美而抒情。整幢建筑有大小厅房30余间。客厅采用东方传统艺术装饰，梁柱平顶，施以彩绘，配以壁画；地坪采用柚木镶嵌成席纹图案；起居室则用西班牙古典装饰；踏步栏杆也用柚木制成，楼梯用紫铜仿古铸造花纹；书房、卧室则采用不同的摩登风格，还专辟女主人闺中会客室，以款待挚友，豪华中显示高雅。

　　主楼南侧有一片宽阔的花园草地，长130米、宽100米，边上植有香樟、雪松、广玉兰等树木，林木森郁，枝繁叶茂，树冠轮廓优美，富有层次。亭台假山、小桥流水点缀其间，四周围墙筑成城堡式，与主楼一气呵成。一条宽阔笔直的出入通道通向愚园路，巨大的铁门把深院与外界隔绝，形成林荫深处的独家天地。

　　抗日战争时期，汪精卫在日本宪兵保护下入住此地，因这里原是越界筑路地带，离汪伪特工总部不远，可保证其安全。汪精卫曾在这里召开伪国民党六届一中全会，

长宁区少年宫历史建筑

酝酿组织傀儡政府。1940年3月，伪国民政府在南京成立，汪精卫即迁往南京颐和路居住，将这里作为他在上海的别墅。汪精卫在日本病死后，此宅曾由伪国民政府代主席陈公博、伪行政院院长兼伪上海市市长周佛海先后居住。1949年5月后，这座别墅始由部队机关使用，后用作长宁区区委办公楼。1960年元旦，长宁区少年宫在此成立，从此这里成了少年儿童的乐园。

旅游区域及进出条件：

长宁区少年宫历史建筑邻近中山公园。交通便利，公交20路、825路、921路等多条线路以及轨道交通2号线、11号线等可到达。

保护与开发现状：

对外开放。1989年被上海市人民政府列为上海市文物保护单位和上海市优秀历史建筑。

名称：邬达克旧居

编号：CN12

资源类型：FDD

单体资源等级：4

行政位置：番禺路129号

地理位置：31°12′35.96″N
121°25′28.64″E

性质与特征：

邬达克旧居是世界著名建筑大师邬达克的私人住宅，建造于1930年。

邬达克（斯洛伐克语：Ladislav Hudec；匈牙利语：Hugyecz László，1893～1958年）是20世纪20～30年代上海一位具有重要影响力的建筑师，他设计的许多著名建筑如今都被列为上海市优秀历史建筑。邬达克1893年1月8日生于匈牙利。1918年到达上海，加入了美国建筑师事务所克利（Curry）洋行。在克利洋行的7年中，他谨慎地设计了诸如基督教慕尔堂（今名沐恩堂）等一批有着浓厚的欧洲复古情结的作品。1925年，他开始独自开业。很快，邬达克就成为上海非常著名的建筑师。1947年，他离开上海前往瑞士卢加诺、意大利罗马定居。1950年，他移居美国加利福尼亚州伯克利，在加利福尼亚大学伯克利分校任教。1958年死于心脏病。1970年被埋葬在斯洛伐克班斯卡—比斯特里察的一个新教墓地。

邬达克在上海的作品风格分为两个阶段。从1918年来沪进入上海克利洋行到1925年，这段时期邬达克的作品主要是美国总会、中西女塾和沐恩堂。这些作品带有复古主义的色彩，注重细节的装饰，但喜欢砖贴面的现代风格在这些作品中也已经有所体现。1925年后，他的作品风格开始转变为完全的现代主义，被后来的学术界称为"现代的装饰艺术派"。20世纪30年代，邬达克从传统走向创新，旗帜鲜明地成为"现代的装饰艺术派"的先锋。1933年，邬达克出人意料地以大光明电影院的设计在上海表现出罕见的先锋倾向。这是我国西式建筑转向现代主义的标志。大光明电影院的设计简洁又新潮，使用大片玻璃窗及玻璃灯柱，室内顶棚及墙面线脚自然流畅，一反复古样式的繁琐。一年之后，邬达克再次设计出后来成为上海标志性建筑的国际饭店。国际饭店更是采用了当时世界上最先进的钢框架结构和钢筋混凝土楼板，造型高耸挺拔，为当时美国摩天大楼的翻版，83.8米的高度使其成为当时亚洲最高的建筑物。20世纪30～40年代后期，邬达克所倡导的现代主义建筑艺术在上海占据了上风。他所设计的大光明电影院、国际饭店、沐恩堂、吴同文住宅已被列入上海市优秀历史建筑名单。2008年是邬达克逝世50周年，匈牙利政府把2008年命名为"邬达克年"，并举办了一系列纪念活动，包括在他的杰作国际饭店内举办的邬达克建筑设计展。

邬达克旧居是邬达克在1931～1937年的居住地，是建筑师及其家人在上海的第二处住所。这一时期邬达克在建筑设计中从古典主义转为现代主义风格，但在为

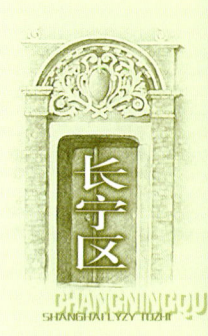

自己设计上海住宅时,却完全回归到传统风格。其住宅为英国乡村风格,陡峭的石板瓦双坡屋顶占立面高度近一半,两端是高耸的砖

砌烟囱,南立面设对称的山墙造型。底层采用红色清水砖墙,二层以上则是白墙,深色木构架露明,门窗套为粗砺石质。从本白的墙面、褐色的石瓦、黑褐色的外露木构架到红褐色砖墙,显得色彩协调,层次丰富。建筑底层有哥特式三连列窗和圆拱形大门,二层是折线型凸窗。当年的住宅南面还有大片花园,周边是一片广阔的空地,花园后来被改造成为学校操场。建筑内部原有装饰也可谓匠心独具,以欧洲古典风格为主,还有丰富的东方收藏。精美的边橱和餐桌灯罩、斜纹铺设的木地板、西式餐桌椅以及精心雕饰的天花板,都具有独特的温馨气息,还具有匈牙利的民族特色。

邬达克旧居

旅游区域及进出条件:

邬达克旧居邻近番禺路平武路口。交通便利,公交48路、71路、76路等多条线路以及轨道交通10号线、11号线等可到达。

保护与开发现状:

暂未开放。2005年被上海市人民政府列为上海市优秀历史建筑。

名称:中山公园

编号:CN13

资源类型:FAD

单体资源等级:4

行政位置:长宁路780号

地理位置:31°13′17.28″N
　　　　　121°24′58.47″E

性质与特征:

中山公园旧称极司非而公园、兆丰公园,原为英国兆丰洋行大班、地产商霍格的私家花园。清咸丰十年至同治元年(1860~1862年),英租界越界辟筑极司非而路(今万航渡路),时任英租界防务委员会主席的英国人詹姆斯·霍格(James Hogg)及其兄弟乘机以低价购买了极司非而路两旁的大片土地并修建别墅,称兆丰花园。至1914年,兆丰花园仍保留有不少名贵树木,绿化面貌尚好。上海公共租界工部局将花园南半部改建为公园并对外开放,公园定名为极司非而公园(Jessfield Park)。由于数十年来习称兆丰花园,所以在工部局内部以至在报刊上"极司非而公园"和"兆丰公园"2个园名一直通用。另外,由于公园地近梵皇渡(原址位于公园西北面)故又称"梵皇渡公园"。1944年6月改名为中山公园,现全园面积21万平方米。

中山公园是上海地区保存较为完整的

中山公园

老公园。公园布局以英式园林为主体风格，融入中式园林、日式园林、植物观赏园林的元素，为上海造园史的优良范本。中山公园最具特色的是公园内植有上海树龄最长的悬铃木树，该树现高约 30 米，冠幅 31 米，位于公园西北部。据工部局 1934 年年报记载："园内北部，种有中国最大之筱悬木（即悬铃木）标本一株,此树来自意大利，为汉壁礼（Jhomes Haubury）爵士赠送霍格。"清同治五年（1866 年），霍格将该树植于公园内,至今依然生机勃勃。悬铃木树木高大,容易生长，十分适宜上海的气候。此后，上海法租界开始大量引入悬铃木作为行道树，人们开始称其为"法国梧桐"。

旅游区域及进出条件：

中山公园位于长宁路凯旋路口。交通便利，公交 13 路、20 路、921 路等多条线路以及轨道交通 2 号线、3 号线、4 号线、11 号线等可到达。

保护与开发现状：

对外开放。中山公园内大理石亭 1999 年被上海市人民政府列为上海市优秀历史建筑。中山公园 2002 年被上海市绿化和市容管理局评为上海市四星级公园。

名称：**上海城市雕塑艺术中心**

编号：CN14

资源类型：FAE

单体资源等级：3

行政位置：淮海西路 570 号

地理位置：31°12′02.15″N
　　　　　121°25′12.58″E

性质与特征：

上海城市雕塑艺术中心是一个集展示交流、制作孵化、雕塑储备、艺术教育于一体的艺术平台，展示面积 2 万平方米，2005 年一期建成开馆。

上海城市雕塑艺术中心原址为建于 1956 年的上海钢铁十厂冷轧带钢厂，主体建筑长 180 米，宽 18～35 米，占地面积 6 280 平方米，结构高大、空间开阔、风格粗犷。上海城市雕塑艺术中心由城市雕塑艺术中心、雕塑广场以及相关配套设施等构成。先期开放的 A、B 展示区展示面积 5 000 平方米，以"为民所爱，为我所用，为境所融"为宗旨，每年举办多场公益性或商业性的城市雕塑优秀作品展览活动。按照规划，将形成由雕塑艺术中心、左家宅国际设计艺术中心、十钢时尚中心共同

组成的文化园区，发展成为上海城市中心区颇具活力的公共艺术中心。

旅游区域及进出条件：

上海城市雕塑艺术中心位于淮海西路凯旋路口。交通便利，公交 113 路、138 路、911 路等多条线路以及轨道交通 3 号线、4 号线、10 号线、11 号线等可到达。

保护与开发现状：

对外开放。

名称：泰安路花园住宅

编号：CN15

资源类型：FDC

单体资源等级：3

行政位置：泰安路 115 弄

地理位置：31°12′25.92″N
　　　　　121°25′51.12″E

性质与特征：

泰安路花园住宅占地面积 1.39 万平方米，建筑面积 3 840 平方米，1912～1936 年由德国外侨所建。

泰安路花园住宅为英国古典式和西班牙式假三层住宅，共 3 排 9 幢。英式住宅立面木构架外露，漆绛红色。英国古典式尖坡顶，东立面底层为凸窗，二层挑出小阳台，东山墙凸出壁炉烟道；门厅高敞，有半圆旋梯通向二楼；西面有和厨房相连的车库；客厅面积较大，大客厅东侧是会客厅兼书房。西班牙式住宅为缓坡屋面盖圆筒瓦，阳台铸铁栏杆，窗间有绞绳纹柱。每幢住宅南面均有独立花园，花园内绿树成荫。泰安路 115 弄 6 号为周谷城寓所。

旅游区域及进出条件：

泰安路花园住宅邻近泰安路华山路口。交通便利，公交 48 路、113 路、138 路等多条线路以及轨道交通 10 号线、11 号线等可到达。

保护与开发现状：

现为居民住宅。1989 年被上海市人民政府列为上海市文物保护单位和上海市优秀历史建筑。

泰安路花园住宅

名称：路易·艾黎故居

编号：CN16

资源类型：FDD

单体资源等级：3

行政位置：愚园路 1315 弄 4 号

地理位置：31°13′06.97″N
　　　　　121°25′27.20″E

性质与特征：

路易·艾黎故居为三层西式住房，室外有扶梯可直上二楼居室。底楼前半部分为会客室和餐厅，后半部分是厨房等辅助用房，还有一间小工房，内置一台车床和

路易·艾黎故居

一些工具。底楼沿弄堂处有汽车库，房前有一个小花园。

路易·艾黎（Rewi Alley，1897～1987年）为新西兰人。1927年4月，路易·艾黎来到中国，任职于英租界工部局。1932～1937年，他在此居住。路易·艾黎在上海先后结识了埃德加·斯诺、史沫特莱、汉斯·希伯、马海德等进步人士。1932年，经史沫特莱介绍，路易·艾黎结识了宋庆龄，他与鲁迅、茅盾也经常来往，还与当时在上海的中共地下党组织成员、民主人士有过较为广泛的接触与交流。1934年，路易·艾黎参与组织了上海第一个国际性的马克思主义学习小组，并与中共地下党组织建立了联系。中共地下党组织成员借此处秘密开展工作，曾经在顶楼小间里架设电台，与长征途中的红军保持通讯联系。路易·艾黎的住处也曾经是中共地下党组织成员的秘密接头地点和避难所。

1949年中华人民共和国成立后，路易·艾黎长期居住在中国，他非常热爱中国，为发展中国人民同世界各国人民的友谊，增进各国人民对中国社会主义建设成就的了解，作出了重要的贡献，赢得了中国人民、新西兰人民和广大国际友人的尊敬和爱戴。1987年12月27日，路易·艾黎在北京病逝。邓小平同志为他题词：伟大的国际主义战士永垂不朽。

旅游区域及进出条件：

路易·艾黎故居邻近中山公园。交通便利，公交13路、20路、921路等多条线路以及轨道交通2号线、3号线、4号线、11号线等可到达。

保护与开发现状：

对外开放。1992年被上海市人民政府列为上海市文物保护单位。

名称：达华宾馆

编号：CN17

资源类型：FDD

单体资源等级：3

行政位置：延安西路918～928号

地理位置：31°12′50.40″N
　　　　　121°25′39.72″E

性质与特征：

达华宾馆原称达华公寓，是上海十大知名老饭店之一，现代式公寓建筑，楼高十层，由著名建筑大师邬达克设计，建于1934年。

达华宾馆豪华典雅，岁月经年的流逝，为这幢充满古典色彩的近代优秀建筑打下

达华宾馆

了永不磨灭的价值印记。入住"达华"能重温老上海之风情，品味经典历史建筑之魅力。达华宾馆于2000年1月重新装修，现由上海锦江国际酒店管理集团经营管理。

旅游区域及进出条件：

达华宾馆位于延安西路江苏路口，邻近武夷路。交通便利，公交57路、71路、127路等多条线路以及轨道交通2号线、11号线等可到达。

保护与开发现状：

对外开放。1999年被上海市人民政府列为上海市优秀历史建筑。

名称：新虹桥中心花园
编号：CN18
资源类型：FAD
单体资源等级：3
行政位置：延安西路2238号
地理位置：31°12′09.96″N
　　　　　121°24′08.04″E

性质与特征：

新虹桥中心花园占地面积13万平方米，其中绿化面积10.9万平方米，水域面积1.1万平方米，2000年建成开园。

新虹桥中心花园呈三角形，以欧式园林建筑和自然绿化环境为特点，景观设计注重3个不同视角的观赏效果：一是从周边高层建筑俯视的效果，二是从延安西路高架流动车辆上的观赏效果，三是从街道向园内的观赏效果。园区植物配置注重常绿乔木林和色叶乔木林搭配，以及花灌木、临水植物的栽植。溪流、湖泊和蜿蜒园道将整个花园连成一体。园内布局自然清新，水体变化丰富多样，流畅的园路系统，星星点点的景观小品，宛如一幅幅山水画。

旅游区域及进出条件：

新虹桥中心花园位于延安西路、虹桥路、伊犁路交汇处，邻近虹桥经济技术开发区。交通便利，公交57路、911路、925路等多条线路以及轨道交通10号线等可到达。

新虹桥中心花园

保护与开发现状：

对外开放。2004年被上海市绿化和市容管理局评为上海市四星级公园。

名称：虹桥公园

编号： CN19

资源类型： FAD

单体资源等级： 3

行政位置： 遵义路101号

地理位置： 31°12′28.86″N
　　　　　　121°24′05.22″E

性质与特征：

虹桥公园原为天山果园，1984年经上海市基本建设委员会批准改建为天山儿童交通公园。同年年底开工建设，1987年5月竣工，周谷城为公园题写园牌，同年"六一"国际儿童节对外开放。2006年公园再次改建，竣工开放后更名为虹桥公园。其占地面积1.87万平方米，绿化面积约1.3万平方米，其中各类乔木约4 000株120余个品种。虹桥公园既是一大片让市民娱乐休闲的绿地，又是一座大型观赏性花园。

夜晚，虹桥公园内灯光明亮，将夜空照射得非常迷人，与周边商务楼的夜景融为一体。由公园广场上3 500多个光纤灯组成的十二星座，是虹桥公园的一大特色。作为现代园林风格的都市绿地，虹桥公园内配有各种造型的雕塑、喷泉，其中的台阶式雕塑和三角造型雕塑是虹桥公园的又一大特色。

旅游区域及进出条件：

虹桥公园位于娄山关路以东、遵义路以西、仙霞路以北、紫云西路以南的区域。交通便利，公交72路、88路、808路等多条线路以及轨道交通2号线、10号线等可到达。

保护与开发现状：

对外开放。2008年被上海市绿化和市容管理局评为上海市三星级公园。

名称：新华路211弄、329弄花园住宅

编号： CN20

资源类型： FDC

单体资源等级： 3

行政位置： 新华路211弄、329弄

地理位置： 31°12′15.88″N
　　　　　　121°25′24.78″E

性质与特征：

新华路211弄、329弄花园住宅旧称外国弄堂，因在20世纪30～40年代此弄居住了许多外国侨民而得名。由著名建筑大师邬达克设计，共有花园住宅29幢，全部占地面积3万平方米，建筑面积2万平方米；有英国、美国、荷兰、意大利、西班牙等各种建筑式样。邬达克在设计这些花园住宅时，希望这里是一个适宜居住的小区。因此他将新华路211弄和329弄两条弄堂相互连接，形成了一个规整的马蹄形，其前进后出的道路设计使得交通非常方便。1949年后改称为新华别墅。

其中新华路211弄1号住宅是一幢西班牙式花园洋房，占地面积934平方米，建于1940年前后。该花园别墅主体两层、局部三层，二层女儿墙为红色筒瓦压顶，局部三层红筒瓦坡屋面。整幢建筑系砖木结构，充分运用了西班牙风格的建筑艺术和构图，特别是两座烟囱出口饰以尖拱，

虹桥公园

新华路211弄、329弄花园住宅

使整幢建筑个性突出，成为较典型的西班牙风格住宅。原为上海哥伦比亚唱片厂英籍经理的私人别墅，1949年后由上海民族乐团使用。

新华路211弄2号建筑原为著名美国传教士李佳白（Gilbert Reid）的住宅，为英国乡村式花园住宅，占地面积813平方米，建筑面积394平方米，于1925年竣工使用。该住宅南立面红瓦坡顶，在西侧下覆到底层窗口，形成重檐格局；东侧二层退成阳台，屋面上架设栅式老虎天窗。西侧入口有门廊，单扇木门，有清水砖筑门拱，门廊水泥顶用一对牛腿支撑，两侧墙角有齿状仿古装饰。此花园住宅建筑豪华，在草坪一侧还有网球场、小型游泳池等设施。四周竹树葱翠，环境幽静。

新华路329弄36号建筑是一处双层圆形花园住宅。建于20世纪20年代末期，占地面积905平方米，建筑面积543平方米。该住宅由内外两层承重砖柱组成圆形排架，被称为"蛋糕房"。钢筋混凝土框架外露，红砖墙清水勾缝，圆形平面的内圈为客厅，铺白色大理石地面，中心有一欧式喷水小池。外圈空间分割为起居室、餐厅、书房及辅助用房，为硬木带纹地板，并用玻璃砖隔断。缓坡屋面盖有西班牙圆筒瓦，住宅外墙面结构外露，梁、柱均为白色，围扩架构用紫红色泰山面砖贴面，白色水泥勾缝。前后大门两侧均用玻璃砖砌筑，既满足了室内采光需求，又丰富了建筑立面。整座建筑新颖奇特、装修豪华，原为西班牙公使居住，后为同济大学校长周均时的寓所。

旅游区域及进出条件：

新华路211弄、329弄花园住宅邻近番禺路。交通便利，公交48路、911路、946路等多条线路以及轨道交通3号线、4号线、10号线、11号线等可到达。

保护与开发现状：

新华路329弄17号建筑1994年被上海市人民政府列为上海市优秀历史建筑；211弄2号和329弄32号乙、36号建筑1999年被上海市人民政府列为上海市优秀历史建筑；211弄1号、10号、12号、14号、16号和329弄28号、30号建筑2005年被上海市人民政府列为上海市优秀历史建筑。

名称：新华路179号花园住宅

编号： CN21

资源类型： FDA

单体资源等级： 3

行政位置： 新华路179号

地理位置： 31°12′07.94″N
121°25′43.63″E

性质与特征：

新华路179号花园住宅建于1925年，为具有德国风格的别墅建筑，占地面积1 348平方米，建筑面积682平方米，假三层砖木结构，机制红平瓦双坡屋面，屋面檐口处有折坡，并有棚屋形老虎窗，白色的水泥拉毛墙面，衬着山墙上半露的明黑色的木构架，简洁、素雅、赏心悦目。二层阳台栏杆为红砖砌筑，成镂空十字图案，现改为宝瓶栏杆。地板、楼梯及门扇均用柳桉木制作，钢制门窗。该建筑原底层南向有宽敞的门廊，由彩色水泥阶砖铺地，里为客厅和楼梯间，其西侧为一排辅助用房，东侧为厨房、卫厕等，北面有两间大餐厅。二层有卧室5间，设三座楼梯上下。三层有一间大活动室，房间通过山墙窗和屋顶老虎窗采光、通风。在梧桐树的掩映下，这幢德式建筑充满异国乡村别墅情调，过路人都会情不自禁地停下脚步驻足凝望。2008年改为上海外滩花园酒店新华花园。

旅游区域及进出条件：

新华路179号花园住宅邻近番禺路。交通便利，公交48路、911路、946路等多条线路以及轨道交通3号线、4号线、10号线、11号线等可到达。

保护与开发现状：

对外开放。1999年被上海市人民政府列为上海市优秀历史建筑。

名称：新华路200号花园住宅
编号：CN22
资源类型：FDA
单体资源等级：3
行政位置：新华路200号
地理位置：31°12′08.43″N
　　　　　121°25′44.13″E

性质与特征：

新华路200号花园住宅为三层钢筋混凝土结构，中国传统形式的大屋顶建筑，占地面积4100平方米，建筑面积1259平方米。该建筑为绿色琉璃瓦重檐屋面，四只戗角跷起，共装有八只风铃。底层和二层三面外廊铺红缸砖，有斗拱装饰，共5个开间，中间进门为双柱到二层挑檐，三层为4坡顶屋面，因三层柱廊没有升上去，故平面收进一圈。大楼底层有精雕的门框、门扇和隔断，二楼大堂有精雕的水泥大梁、牛腿和天棚，三楼大厅有柚木制作的藻井天花，其设计理念融入了中国传统建筑的结构和建筑艺术手法。墙柱构件均为斩假石面层，外墙面粉刷水泥砂浆，涂土黄色。装有木门、钢窗、柳桉条木地板，以及木

新华路179号花园住宅

新华路200号花园住宅

楼梯、木栏杆、木扶手。围墙和门柱均为传统形式，绿色琉璃瓦压顶。1949年后新华路200号花园住宅曾借给空军四五五医院使用，后为上海辞书出版社和上海汉语大辞典编辑部所用。

旅游区域及进出条件：

新华路200号花园住宅邻近番禺路。交通便利，公交48路、911路、946路等多条线路以及轨道交通3号线、4号线、10号线、11号线等可到达。

保护与开发现状：

现为机构用房。1999年被上海市人民政府列为上海市优秀历史建筑。

名称：兆丰别墅

编号：CN23

资源类型：FDC

单体资源等级：3

行政位置：长宁路712弄

地理位置：31°13′14.16″N

121°25′01.06″E

性质与特征：

兆丰别墅是长宁区高级住宅区之一。1929年初建，1934~1946年续建，共有楼房101幢。

兆丰别墅是具有洋楼设计理念的花园式里弄住宅，它不是单幢的华丽别墅，而是几十幢房屋有规律地排列，构成一个半开放、半闭合的整体，没有了中国传统民居的天井，增加了西方居室必备的卫生设备，在当时无疑是里弄建筑的最高级形态了。

兆丰别墅因紧邻中山公园而得名。1929年，浙江兴业银行在兆丰公园东侧沿白利南路（今长宁路）兴建了三层西式住宅数幢。1934年，交通银行襄理于弄内东西两侧又建造了三层西式住宅数幢。1937年，再次兴建了三层西式住宅数幢。1946年，大东书局总经理建造独立花园住宅于西侧。前后数十年间，此地共建造了住宅近30幢，渐渐形成了兆丰别墅今日的规模。

兆丰别墅曾经居住过数位历史名人。最有名的是曾经住在兆丰别墅128号的老报人严谔生。严谔生，清光绪二十三年（1897年）出生于浙江海宁。1929年在沪创办"新声通讯社"。1935年他又和成舍我、严独鹤等集资创办《立报》，并担任总经理，还聘请萨空了、恽逸群、舒宗侨等人担任编辑、

兆丰别墅

记者，并以"小记者"笔名每天为副刊撰文，评论时弊，一度闻名遐迩。同时，他还写了许多抗日救国文章，报道抗日救亡运动。1949年后，严谔生历任上海市财委委员兼市政府副秘书长、市工商局副局长、市文史馆副馆长，曾当选第一届至第五届市人大代表，第一届至第四届市政协常委，第一届至第三届市工商联常委和民建中央委员。1969年在文革中含冤去世。

国民党将领张治中曾住兆丰别墅77号，该建筑为独立的花园住宅，建于1940年，二层砖木结构，机制平瓦坡屋面，外墙水泥砂浆压花粉刷，建筑面积约300平方米，南面有一花园。张治中是安徽巢县人，保定军校毕业，辛亥革命时在扬州参加反清起义，后跟随孙中山参加黄埔军校的建校工作，曾任黄埔军校的学生总队长、军官团团长。1926年参加北伐战争，1928年任国民党第五军军长、第四路军总指挥、中央陆军军官学校教育长，1932年参加一·二八淞沪抗战，1937年参加八一三淞沪抗战。抗战胜利后，三赴延安，促成了《双十协定》的签订，主张国共谈判、和平建国。1949年任国民政府和平谈判代表团首席代表，赴北平谈判。谈判破裂后，毅然留在了北平，同年参加政协的第一次全体会议，参与新中国的政事。

在兆丰别墅住过的还有国民政府上海市市长、中央信托局局长、财政部部长兼中央银行总裁俞鸿钧，爱国民主人士、上海商务印书馆董事、浙江兴业银行董事、全国政协副主席、全国工商联主任委员陈叔通等。

旅游区域及进出条件：

兆丰别墅位于长宁区东北部，东靠华阳路，邻近中山公园。交通便利，公交13路、20路、825路等多条线路以及轨道交通2号线、3号线、4号线、11号线等可到达。

保护与开发现状：

现为居民住宅。1999年被上海市人民政府列为上海市优秀历史建筑。

名称：**长宁区革命文物陈列馆**
编号：CN24
资源类型：FAE
单体资源等级：2
行政位置：愚园路1376弄34号
地理位置：31°13′14.82″N
　　　　　121°25′38.82″E

性质与特征：

长宁区革命文物陈列馆曾为中共中央早期机关刊物《布尔赛维克》编辑部旧址，建筑面积224平方米，占地面积136平方米，1988年开馆。

陈列馆为砖木结构假三层新式里弄住宅。馆内设有2个展区。一楼为《长宁区革命史料史迹展》，重点介绍《布尔赛维克》编辑部旧址、中共中央上海局机关旧址和路易·艾黎故居。二楼为党中央机关刊物《布尔赛维克》编辑部的复原陈列，南间为《布尔赛维克》常务编委、中央出版局局长郑超麟办公室兼卧室，北间先后为秘书黄文

长宁区革命文物陈列馆

容办公室兼卧室及罗亦农烈士牺牲前最后的住处。陈独秀应瞿秋白之邀曾来此小住。《布尔赛维克》1927年10月创刊，由瞿秋白、罗亦农、邓中夏等五人组成编辑委员会，瞿秋白为主任，1927～1932年出版了5卷52期。1928年12月编辑部迁出后，房屋为居民租用并几易其主。

旅游区域及进出条件：

长宁区革命文物陈列馆邻近愚园路定西路口。交通便利，公交13路、20路、825路等多条线路以及轨道交通2号线、3号线、4号线、11号线等可到达。

保护与开发现状：

对外开放。1984年被上海市人民政府列为上海市文物保护单位。2005年被上海市红色旅游工作协调小组命名为上海红色旅游基地。

名称：上海儿童博物馆

编号： CN25

资源类型： FAE

单体资源等级： 2

行政位置： 宋园路61号

地理位置： 31°11′44.88″N
121°24′31.38″E

性质与特征：

上海儿童博物馆地处宋庆龄墓东南部，占地面积9 000余平方米，建筑面积约4 500平方米，是少年儿童增长文化知识、启迪聪明才智的课外活动场所，1996年建成开馆。

上海儿童博物馆建筑外观以4个形态各异、色彩斑斓的立体几何造型构成，它们与周围四季如茵的芳草、曲线流动的廊架和波光潋滟的水面构成了富于韵律变化的空间组合。内部空间分为地上三层，地下一层。地上部分为陈列展示活动区域，设四大展区，分别为"跨越距离，触摸未来"主题科学展示区、互动探索区、主题展览区、儿童阅读区。其中航天馆和航海馆以实物、模型、图片、录像、多媒体等手段来展示航天、航海技术的过去、现在和未来。玩具馆展示了古今中外各类玩具，并有玩具制作室供小朋友现场体验。展示厅陈列了精选的上海市少年儿童优秀科技作品。环球电影厅循环放映180°球幕电影。馆外的广场、廊架、绿茵、水波衬托出4个造型独特的建筑单体，富于韵律变化。

旅游区域及进出条件：

上海儿童博物馆邻近宋庆龄墓。交通便利，公交48路、73路、113路等多条线路以及轨道交通3号线、4号线、10号线等可到达。

上海儿童博物馆

保护与开发现状：

对外开放。2010年被中国科学技术协会认定为全国科普教育基地。2012年被上海市科学技术委员会命名为上海市科普教育基地。

名称：水霞公园

编号： CN26

资源类型： FAD

单体资源等级： 2

行政位置： 仙霞路505号

地理位置： 31°12′28.98″N
121°23′08.04″E

性质与特征：

水霞公园原为农田和河浜，1987年底

为配合仙霞小区的建设，上海市政府投资85万元将此地辟为公园。公园名称从所在的水城路和仙霞路路名中各取一字，定名为水霞公园。1992年元旦正式对外开放，占地面积约1万平方米。

水霞公园南北呈长方形，周家浜纵贯园中，将公园分为东、西两部分。"水霞"为主体景观，总体设计利用原有水面，以"水霞"为主题置景，河东树木林立，河西绿草如茵，傍河设水榭、平台，别有一番风情。站在公园南部的石拱桥上可以领略河两岸的景色。公园中部有童心榭，钢筋混凝土结构，形状似一座西式古城堡，榭内有3只四方角攒尖顶小亭，还砌有高1.2米、长短不一的褚红色墙体4座，墙体上搭出不同造型的三角形或菱形空框，使墙体富有立体感。4座墙体把榭、台分隔成3块休息场地，每块场地面积约30平方米。整个榭、台、亭造型新颖、别具一格，是公园内的佳景之一。公园北部的水上平台三面临水，可观望全园景色。平台上建伞形小亭，设石凳、石台等。平台北边设铁制扶梯通向河中小岛，岛上铺植大片草坪。公园地势东低西高，植物配置主要采用乡土树种，依地势分季相种植。公园内河以东有200多米长、40多米宽的林带，植火炬槭、棕榈、木槿、红叶李、丝兰等植物，林间夹石板小路。公园南部植春鹃、茶花、海棠、桃花等春季开花植物。公园西部长条状坡地上分植春、夏、秋、冬四季植物，配植罗汉松、青枫、榔榆、木芙蓉、卫矛、银杏、榉树、红瑞木、龙柏、乌桕、红枫、红叶李等植物，地面铺植麦冬。公园中部草坪面积约1 000余平方米，草坪上点缀着6株塔形雪松，还有樱花、榉树及成片的倭海棠，开花季节似万绿丛中一点红。公园北部为南天竹、腊梅、紫竹、湖北算盘子等冬景植物。

旅游区域及进出条件：

水霞公园位于水城路仙霞路口。交通便利，公交127路、827路、836路等多条线路以及轨道交通2号线、10号线等可到达。

保护与开发现状：

对外开放。2007年被上海市绿化和市容管理局评为上海市三星级公园。

名称：凯桥绿地
编号： CN27
资源类型： FAD
单体资源等级： 2
行政位置： 凯旋路延安西路口
地理位置： 31°12′36.84″N
121°24′47.16″E

性质与特征：

凯桥绿地是为住宅小区配套建设的开放式景观绿地，占地面积4.3万平方米，2002年建成开园。

凯桥绿地以植物造景为主，运用弧线或曲线组合的平面构图，配合竖向设计，形成了具有形式感和运动感的立体景观。绿地内由乔木、灌木和地被植物相组合，形成多样化、生态化的园林空间。整个绿地分为文化娱乐广场、生态保健区、老年晨练区、休闲散步区4个区域。绿化覆盖率约85%。

旅游区域及进出条件：

凯桥绿地位于延安西路以北、凯旋路以东。交通便利，公交127路、925路、936路等多条线路以及轨道交通2号线、3号线、4号线等可到达。

水霞公园

凯桥绿地

保护与开发现状：

对外开放。2004 年被上海市绿化和市容管理局评为上海市四星级公园。

名称：华山绿地

编号：CN28

资源类型：FAD

单体资源等级：2

行政位置：华山路平武路口

地理位置：31°12′26.34″N
121°25′43.68″E

性质与特征：

华山绿地是庭院式公共景观绿地，占地面积 3.95 万平方米，2001 年建成开园。

华山绿地植物配置力求体现"城市森林"的理念，主体植物群落 70% 以上为针叶阔叶混交林、常绿落叶混交林等大型乔木。主要景观有：林森鸟啼、栈桥生趣、绿波引胜、叠溪飞流、碧野芳庭、秋色生辉、杉杉相映、童趣欢天等。

旅游区域及进出条件：

华山绿地位于华山路以西、平武路以南、幸福路以东。交通便利，公交 48 路、113 路、138 路等多条线路以及轨道交通 10 号线、11 号线等可到达。

保护与开发现状：

对外开放。2004 年被上海市绿化和市容管理局评为上海市四星级公园。

名称：天山公园

编号：CN29

资源类型：FAD

单体资源等级：2

行政位置：延安西路 1743 号

地理位置：31°12′36.84″N
121°24′42.00″E

性质与特征：

天山公园原来是一片荒地，附近有一座私家花园。1949 年后，有一些农民前来垦荒种菜。1958 年 3 月，先后在这块土地

华山绿地

天山公园

上取土 5 万立方米用于填浜，由此形成一个平均深约 2 米、面积为 2.4 万平方米的土坑。为利用这块土地，长宁区决定在此建设公园。1959 年 10 月 1 日公园建成并对外开放，当时定名为法华公园。1965 年春夏之交，公园移交给区体育运动委员会管理，改名为长宁区国防体育公园。1973 年 4 月改建，1975 年 5 月 23 日重新开放，改名为天山公园，并由全国人民代表大会常务委员会副委员长周谷城题写园名。天山公园现占地面积 6.8 万平方米，其中水域面积 1.67 万平方米，草坪面积 1.24 万平方米。

天山公园布局精巧，以葫芦湖为主景，湖东北有风光岛，岛后横卧着峦山、嵘山，湖四周设亭、榭、廊、桥，构成湖光山色的园景。公园中单孔石拱桥横跨葫芦湖湖面，形成南北两大区域。南园建 400 平方米的荷花池，池边有观花亭；池之南为大草坪。北园以葫芦湖为中心，湖面宽阔，碧波粼粼，绿树环抱，廊、榭、亭、馆、山分布其间。

旅游区域及进出条件：

天山公园位于延安西路凯旋路口。交通便利，公交 127 路、925 路、936 路等多条线路以及轨道交通 2 号线、3 号线、4 号线等可到达。

保护与开发现状：

对外开放。

名称：**曹家渡圣弥额尔天神堂**
编号：CN30
资源类型：FAC
单体资源等级：1
行政位置：万航渡路 1066 号
地理位置：31°13′44.04″N
121°25′34.78″E

性质与特征：

曹家渡圣弥额尔天神堂为传统哥特式建筑。1919 年，法籍修女在曹家渡传教并建曹家渡圣弥额尔天神堂。1921 年，教友捐出曹家渡三间平房和一块空地作宗教活动场所，后改建成砖木结构楼房一幢，即老堂。1930 年建成临时新堂，1931 年升格为总本堂。1935 年建筑师潘世义设计并主持筹建大堂工程，期间因抗日战争爆发而暂缓施工，工程队在小花园葡萄棚旁建弥额尔天神像供奉。1937 年，上海教区从松江总铎区划出一部分堂区设立嘉宝总铎区，总铎座堂设在曹家渡圣弥额尔天神堂。2009 年因曹家渡地区改建移至今址，2011 年 9 月 29 日隆重开堂。该教堂为传统哥特式，其彩色玻璃窗上的绘画场景十分动人，祭台设计为仿罗马式建筑风格。如今这座

曹家渡圣弥额尔天神堂之一

曹家渡圣弥额尔天神堂之二

优美独特的教堂，已经成为曹家渡地区的一个新地标。

旅游区域及进出条件：

曹家渡圣弥额尔天神堂位于长寿路、长宁路和万航渡路交界的繁华地段。交通便利，公交136路、765路、941路等多条线路以及轨道交通2号线、11号线等可到达。

保护与开发现状：

对外开放。

名称：**沪西礼拜堂**

编号：CN31

资源类型：FAC

单体资源等级：1

行政位置：长宁路1465号

地理位置：31°13′00.57″N
121°24′34.46″E

性质与特征：

沪西礼拜堂简称沪西堂。原堂创建于1919年，初在北新泾，为瑞典女传教士克利生和安德生创建的布道所，宋庆龄母亲倪桂珍也有所捐赠。1937年抗日战争爆发期间被毁，1940年在现址重建。1958年实行联合礼拜，该堂成为长宁区联合礼拜场所，改名沪西礼拜堂。1989年12月落成新堂。新落成的沪西礼拜堂外墙用咖啡色面砖装饰，可容纳千余人。

旅游区域及进出条件：

沪西礼拜堂位于长宁路，东靠内环高架路。交通便利，公交54路、88路、737路等多条线路以及轨道交通2号线、3号线、4号线等可到达。

保护与开发现状：

对外开放。

名称：**天原公园**

编号：CN32

资源类型：FAD

单体资源等级：1

行政位置：水城路791号

地理位置：31°12′53.82″N
121°23′12.22″E

性质与特征：

天原公园原为天山苗圃。1984年由上海市园林管理局和长宁区人民政府投资建设，1986年元旦建成开放，占地面积9 389平方米。

天原公园中心建有四角亭和长廊，紫藤盘绕廊顶，四周植花木。亭廊后有两块半封闭的草坪，东西对角处各有一广场。公园东南部有平台，上建六角亭，与山石花木盆景相接。公园周边以内低外高、内疏外密的方式种植植物。公园北部林荫道旁有乔灌木组成的绿带，从北向南延伸到棕榈林。棕榈外围有树形高大的泡桐。公园内绿地总面积5 458平方米，有乔灌木约70种3 000余株。公园内建有亭、廊、架、盆景、花坛，植物配置得体。公园内还遍

沪西礼拜堂

天原公园

设石台、石凳等，有200多个座位，受到附近居民特别是老年人的欢迎。

天原公园地势低平，土质较好，公园周边密植青桐、广玉兰、女贞，有些地方设有林带，使周边与公园内各景点融为一体。公园东南角近水城路处更是层叠密植，以分隔园外噪声。行道树以广玉兰、香樟、悬铃木为主。在亭、台、廊、广场旁配置较多的白玉兰、紫玉兰、栀子花、桂花、月季、海棠等幽香花木。

旅游区域及进出条件：

天原公园位于水城路天山路口。交通便利，公交71路、72路、141路等多条线路以及轨道交通2号线等可到达。

保护与开发现状：

对外开放。

名称：华山儿童乐园

编号：CN33

资源类型：FAD

单体资源等级：1

行政位置：华山路1575号

地理位置：31°12′21.30″N
121°25′48.30″E

性质与特征：

华山儿童乐园本是一块荒芜的土地，至1949年，已成为一处非正式的垃圾堆。1950年修建公园，1952年5月1日对外开放。1983年改建竣工，由全国人大常务委员会副委员长周谷城题写园牌，同年"六一"国际儿童节重新开放。

华山儿童乐园园内绿地面积1900平方米，占总面积的70.37%。在园东中心有高10米的雪松3株，配以海棠、月季等70余株植物。在园东北有高15米以上的香樟7株。园四周的22株悬铃木高约20米，胸围达1.5~1.6米。其他如棕榈、刺槐、柿子、女贞等，树高都在8~12米。道路旁植黄杨绿篱，园墙边植有珊瑚与黄杨绿篱。这些植物构成了华山儿童乐园清新的环境，深受小朋友的喜爱。全园有树木33种600多株，绿树高大成荫，绿化覆盖率达85%以上。儿童游乐场地分设在南北两边。南边场地面积约140平方米，包括装有金属护栏的荡船、熊猫滑梯、跷跷板等。北面场地面积约90平方米，设置大象滑梯和猴子攀登架等。

旅游区域及进出条件：

华山儿童乐园邻近华山路淮海中路口。交通便利，公交48路、138路、923路等多条线路以及轨道交通9号线、10号线、11号线等可到达。

华山儿童乐园

保护与开发现状：

对外开放。

名称：新泾公园

编号：CN34

资源类型：FAD

单体资源等级：1

行政位置：天山西路北虹路口

地理位置：31°13′10.56″N
121°21′26.82″E

性质与特征：

新泾公园是集绿化、休闲、娱乐、健身于一体的疏林草地公园，占地面积约 2.23 万平方米，2002 年建成开园。

新泾公园三面临街，设 3 座园门，门景各不相同。新泾公园以"都市森林"为定位，以乡土树种为植物主体，种植 60 多个品种的花灌木共计约 2.57 万株，绿地覆盖率达 85%。主要有雪松、香樟、广玉兰、银杏等乔木，以及红叶李、石楠、塔花、紫葳等其他植物。公园中环形主路以雪松、草坪组成主景，次路则配合多种植物围合而成不同的功能空间。公园内春有海棠，夏有合欢，秋有桂花，冬有腊梅，一年四季都有鲜花盛开。

旅游区域及进出条件：

新泾公园位于天山西路南侧、新渔路北侧。交通便利，公交 121 路、825 路、846 路等多条线路以及轨道交通 2 号线等可到达。

保护与开发现状：

对外开放。

名称：虹桥河滨公园
编号： CN35
资源类型： FAD
单体资源等级： 1
行政位置： 长宁路 2080 号西侧
地理位置： 31°13′13.56″N
121°23′46.02″E

性质与特征：

虹桥河滨公园占地面积 2.8 万平方米，2003 年建成开放。

虹桥河滨公园按苏州河的流向呈倒"L"形，其中沿苏州河东西向长 210 米，沿苏州河南北向长 240 米。公园以植物造景为主，同时配有假山以及景墙，绿化率大于 70%。公园东为特色景墙，呈对称状分布；公园西是黄石假山及亲水河岸；公园北以植物为主。公园内主要植物有雪松、银杏、榉树、垂柳、水杉、紫鹃、紫薇、金丝桃、茶梅等。

旅游区域及进出条件：

虹桥河滨公园东邻上海花城，南至长宁路，西面、北面依苏州河。交通便利，公交 54 路以及轨道交通 2 号线等可到达。

保护与开发现状：

对外开放。

虹桥河滨公园

普陀区

上 海 旅 游 资 源 图 志

概况

普陀区位于上海市中心区西北部，东邻闸北区、静安区，西与嘉定区相接，南与长宁区相连，北与宝山区接壤，区域面积55.53平方千米。苏州河流经该区14千米，岸线长达21千米。2012年度，普陀区户籍人口88.38万人，辖6个街道（曹杨新村街道、长风新村街道、长寿路街道、甘泉路街道、石泉路街道、宜川路街道）和3个镇（真如镇、长征镇、桃浦镇）。2012年度，全区实现地区生产总值657.58亿元。其中，第二产业实现增加值112.84亿元，第三产业实现增加值544.74亿元，第二、第三产业的结构比例为17.16:82.84。2012年度，全区旅游景点5个，实现营业收入1.02亿元，接待游客474.81万人次；全区旅行社完成营业收入13.84亿元，接待游客48.36万人次。

普陀区区境历史上分别隶属于吴淞江南北的各级行政机构。元至元二十八年（1291年），区南境乃隶属上海县高昌乡。清光绪二十五年（1899年），南境原普陀路街道全境及胶州路街道东部地区，被扩占为公共租界，其余辖地在清宣统三年（1911年）隶属法华乡。抗日战争胜利后，南境为第十三区，1947年改称普陀区，以境内普陀路而得名。迄清初，北境均属苏州府嘉定县依仁乡。清宣统二年（1910年），北境分属真如、彭浦两乡。抗日战争胜利后至1984年，北境隶属变更很大，曾分属闸北县、大场县、新泾县、真如县、普陀县、西郊县、北郊县、宝山县、嘉定县、上海县等。1950～1984年，北境先后划入普陀区。

普陀区有全国重点文物保护单位真如寺，还有闻名东南亚地区的玉佛禅寺、沪西清真寺等宗教寺庙。普陀区也是中国共产党领导的工人运动发源地之一，有"赤色沪西"的美称，区内留存有工人革命运动遗址。近年来，普陀区博物馆事业发展迅速，苏州河沿岸聚集了各类博物馆、艺术馆和纪念馆，如上海造币博物馆、上海商标火花收藏馆等。

普陀区地处上海中心城区外围，S20外环高速、中环路以及内环高架路均穿境而过，区内有轨道交通3号线、4号线、7号线、11号线、13号线，交通快捷方便。普陀区是上海连接长江三角洲地区的重要陆上门户和交通枢纽，G42沪蓉高速从这里通向江苏省等地区。

旅游资源列表

编号	名称	行政位置	资源类型	单体资源等级	地理位置
PT01	玉佛禅寺	安远路170号	FAC	5	31°14′35.04″N 121°26′26.22″E
PT02	真如寺	兰溪路399号	FAC	4	31°15′03.42″N 121°23′50.34″E
PT03	曹杨新村	曹杨新村街道	FDC	4	31°14′25.92″N 121°24′10.98″E
PT04	长风公园	大渡河路189号	FAD	4	31°13′41.10″N 121°23′47.70″E
PT05	上海造币博物馆	光复西路17号	FAE	4	31°15′02.28″N 121°25′59.76″E
PT06	M50创意园	莫干山路50号	FAZ	3	31°14′58.88″N 121°26′41.10″E
PT07	苏州河梦清园环保主题公园	宜昌路66号	FAD	3	31°15′05.76″N 121°26′12.78″E
PT08	沪西工人文化宫	武宁路225号	FAE	3	31°14′23.82″N 121°24′51.30″E
PT09	上海长风游艇游船馆	大渡河路160号	FAE	3	31°13′59.10″N 121°23′17.70″E
PT10	上海纺织博物馆	澳门路150号	FAE	3	31°14′53.76″N 121°26′29.88″E
PT11	沪西清真寺	常德路1328弄3号	FAC	3	31°14′38.76″N 121°25′48.06″E
PT12	上海商标火花收藏馆	长风生态商务区1号绿地	FAE	3	31°14′31.74″N 121°23′30.71″E
PT13	上海长风视觉艺术馆	长风生态商务区5号绿地	FAE	3	31°13′16.81″N 121°22′47.87″E

续表

编号	名称	行政位置	资源类型	单体资源等级	地理位置
PT14	沈寿昌墓址纪念碑	真南路 500 号	FCH	3	31°16′29.82″N 121°23′04.86″E
PT15	淞沪抗战十九路军军部遗址	桃浦路 127 号	FDD	3	31°15′40.71″N 121°24′02.84″E
PT16	宜川公园	宜川路 99 号	FAD	3	31°15′42.90″N 121°26′08.88″E
PT17	苏州河十八湾	苏州河普陀段	BAA	3	31°15′04.63″N 121°25′46.76″E
PT18	长寿公园	长寿路 260 号	FAD	3	31°14′41.16″N 121°26′03.42″E
PT19	曹杨公园	枫桥路 50 号	FAD	3	31°14′32.64″N 121°24′15.06″E
PT20	梅川路文化时尚休闲街	梅川路	FDB	2	31°14′44.52″N 121°22′36.12″E
PT21	兰溪青年公园	兰溪路 152 号	FAD	2	31°14′32.45″N 121°23′59.34″E
PT22	怒江路圣母圣心天主堂	怒江路 624 号	FAC	2	31°14′19.26″N 121°23′37.14″E
PT23	甘泉公园	志丹路 301 号	FAD	2	31°16′10.38″N 121°25′31.14″E
PT24	沪太公园	新村路 37 号	FAD	2	31°16′10.20″N 121°26′02.88″E
PT25	顾正红纪念馆	澳门路 300 号	FDD	2	31°14′50.07″N 121°26′32.91″E
PT26	中华书局印刷所澳门路厂旧址	澳门路 477 号	FDD	2	31°14′45.79″N 121°26′25.12″E

续表

编号	名称	行政位置	资源类型	单体资源等级	地理位置
PT27	清涧公园	金鼎路658号	FAD	2	31°15′34.74″N 121°22′37.56″E
PT28	普陀公园	光复西路255号	FAD	2	31°14′47.46″N 121°25′25.80″E
PT29	海棠公园	武宁路2650号	FAD	2	31°14′56.58″N 121°23′06.48″E
PT30	真光公园	真光路1865号	FAD	1	31°15′20.46″N 121°22′51.84″E
PT31	祥和公园	真光路1121号甲	FAD	1	31°14′33.12″N 121°22′27.60″E
PT32	清涧园	真光路金鼎路口	FAD	1	31°15′30.36″N 121°22′55.68″E
PT33	管弄公园	管弄路29号	FAD	1	31°15′33.06″N 121°25′23.16″E
PT34	梅川公园	武宁路2361号	FAD	1	31°14′49.62″N 121°23′20.16″E
PT35	未来岛公园	真江北路29号	FAD	1	31°16′02.46″N 121°22′12.18″E
PT36	武宁公园	石泉路450号	FAD	1	31°14′49.20″N 121°24′50.67″E

旅游资源单体

普陀区
PUTUOQU

名称：玉佛禅寺
编号：PT01
资源类型：FAC
旅游资源单体等级：5
行政位置：安远路170号
地理位置：31°14′35.04″N
　　　　　121°26′26.22″E

性质与特征：

玉佛禅寺是上海著名的佛教寺院，占地面积1.27万平方米，建筑面积2.3万平方米。清光绪八年（1882年），普陀山慧根法师至缅甸开山取玉，雕成大小5尊玉佛像。清光绪十五年（1889年），慧根法师自缅甸返回普陀山途径上海时，留下两尊玉佛像在江湾建寺供奉；后寺院毁于战火，仅玉佛像幸存。1918～1928年迁今址陆续重建。

玉佛禅寺布局严谨，气势宏伟。寺院分前院和后院两部分。前院建筑在中轴线上对称分布，依次有大照壁、山门、天王殿、大雄宝殿、般若丈室（玉佛楼，藏经楼）；东西偏殿有观音殿、铜佛殿、卧佛殿、禅堂、斋堂等，构成一个结构和谐、风格古朴的仿宋宫殿式建筑群。后院为2004年建成的觉群楼，由多功能厅、觉群宾馆、办公区、教学区（上海佛学院）、宿舍区等组成。玉佛禅寺内供奉两尊玉雕释迦牟尼佛像：一尊为坐像，高1.95米，重约1吨，奉于玉

真如寺

佛楼，为"镇寺之宝"，为整块翠玉雕刻而成。玉佛像头部和身上都用金带装饰，金带上镶着各色玛瑙、翡翠、宝石，光彩夺目。另一尊为卧像，长96厘米，身披袈裟，偏袒右肩，右手支头侧卧于红木榻，神情平和安详，为释迦牟尼80岁在娑罗双树下涅槃的神态。卧佛殿还有一尊长4.05米的汉白玉卧佛像，为真禅法师1989年从新加坡请来。玉佛禅寺建寺时间虽不长，但所藏文物颇为丰富，有北魏时期的青铜佛像、敦煌石窟内的唐人写经、明代的枣木观音及明代僧人用金粉书写的《妙法莲华经》等。

1955年12月，上海佛教界缁素为祝愿世界和平，发起祝愿全球和平法会。1963年1月8日，国务院总理周恩来陪同锡兰（今斯里兰卡）总理西丽玛澳·班达拉奈克夫人参观玉佛禅寺。

旅游区域及进出条件：

玉佛禅寺位于安远路江宁路口。交通便利，公交19路、36路、76路等多条线路以及轨道交通7号线等可到达。

保护与开发现状：

对外开放。1994年被上海市人民政府列为上海市优秀历史建筑。上海市佛教协会会址设于玉佛禅寺内。

名称：真如寺

编号：PT02

资源类型：FAC

旅游资源单体等级：4

行政位置：兰溪路399号

地理位置：31°15′03.42″N
　　　　　121°23′50.34″E

性质与特征：

真如寺，原名真如院，又名万寿寺，俗称大寺，是上海的四大佛寺之一，占地面积1.3万平方米，建筑面积9 000平方米。始建于南宋嘉定年间（1208～1224年），旧址在今大场附近。元延祐七年（1320年），僧人妙心将寺移建至桃浦梨园浜交汇处并向朝廷请额改名为真如寺。寺名取佛经"真实"、"如常"之意。同年新建大殿。1950年，上海市人民政府拨款对真如寺进行维修，并对铜弥勒像设栅栏保护。1963年重修大殿，恢复元代单檐式样。抗日战争和文革时期，真如寺曾遭破坏。

真如寺的大殿是江南地区保存完好的元代木结构建筑之一。建筑平面为正方形，面阔、进深均为三间，单檐歇山顶。现存梁、柱、枋、斗拱以及大部分构件皆为元代原物。1963年落架维修时，在木构件接头处发现当年工匠墨书的简略构件与部位名，为中国古代建筑施工研究提供了史料。真如寺的地基是在柱基周围1.8米宽、3米长的范围内用黄土和铁渣分层夯筑，深达1.8～2米，这样的地基为古建筑中所少见。寺内有1株古银杏树，相传为元时所植，因遇雷击，树身中空，树皮黝黑，内生榭树1株，被称为"树中树"，并被上海市园林管理局列为古树名木加以保护。

寺内有山门、天王殿、大殿、圆通殿、念佛堂、往生堂、配殿等。天王殿内有铜铸弥勒像、泥塑四大天王及两尊密迹金刚像。大殿上有三尊玉佛像。圆通殿内有汉白玉四面千手观音像。寺内有高50余米真如塔。

1978年后，真如寺得到多次维修。1991年，上海市佛教协会成立真如寺修复委员会，对真如寺进行修复，1992年1月29日正式对外开放，中国佛教协会会长赵朴初题写了"真如寺"寺额。新建仿元式天王殿在1994年举行了落成典礼，殿内供奉自新加坡请来的一尊汉白玉四面观音像，重达3.5吨。此后，寺内陆续建造了藏经楼、念佛堂、往生堂、佛塔等。

旅游区域及进出条件：

真如寺位于兰溪路铜川路口。交通便利，公交63路、165路等多条线路以及轨道交通11号线等可到达。

保护与开发现状：

对外开放。真如寺大殿1996年被国务院列为全国重点文物保护单位。

名称：曹杨新村

编号：PT03

资源类型：FDC

旅游资源单体等级：4

行政位置：曹杨新村街道

地理位置：31°14′25.92″N
121°24′10.98″E

性质与特征：

曹杨新村是1949年以后全国最早建造的工人新村，占地面积180万平方米，建筑面积169万平方米。始建于1951年。

曹杨新村经过60年的不断建设，已从1951年始建时的1个村发展到9个村，从始建时的48幢二层楼住宅发展成718幢二层至六层的住宅及多幢高层住宅。居民亦从最早的1 000余户发展到3.2万余户。为上海市区西部的大型居民住宅区。1952年，曹杨新村成立了家属委员会，1958年改称居民委员会，现有居委会33个。该村1953年由真如区第一办事处管理，1956年划归普陀区，由曹杨新村街道办事处管理。1982年新设曹安路街道办事处，二村、三村、八村及部分七村由其管理，一村、四村、五村、六村、九村及部分七村仍由曹杨新村街道办事处管理。现曹安路街道并入曹杨新村街道办事处。

曹杨新村绿荫密布，环境优美。曹杨环浜依村环绕，公园、绿地相间，全村绿化覆盖率达37%，在全市名列前茅。由于采取了有力的环境保护措施，曹杨新村所在的2个街道均为烟尘达标街道和低噪声控制区。曹杨新村还在全市首先试行生活垃圾袋装化，进一步改善了新村面貌。曹杨新村各项配套设施齐全，商业服务网点遍布大街小巷，曹杨商场附近已成为新村的商业中心，曹安路东段亦形成热闹的商业街，散布在新村各处的菜场、农贸集市和小商品市场方便了居民生活。中小学、幼儿园、托儿所以及医院、文化馆、电影院、文化中心、图书馆、游泳池等文教卫生设施一应俱全。曹杨新村道路四通八达，有十几条公交线路通行，交通十分方便。

曹杨新村也是上海市第一个对外开放的工人新村，60年来先后接待155个国家和地区7 200余批、10万余人次的境外游客，具有相当的知名度。1987～1990年，曹杨新村街道被评为上海市外事旅游优质服务先进集体，1988年被评为全国旅游优质服务先进集体。

旅游区域及进出条件：

曹杨新村位于普陀区中部。交通便利，公交44路、63路、94路等多条线路以及

曹杨新村

轨道交通 3 号线、4 号线、11 号线、13 号线等可到达。

保护与开发现状：

对外开放。曹杨一村 2005 年被上海市人民政府列为上海市优秀历史建筑。

名称：长风公园

编号： PT04

资源类型： FAD

旅游资源单体等级： 4

行政位置： 大渡河路 189 号

地理位置： 31°13′41.10″N
121°23′47.70″E

性质与特征：

长风公园是上海大型综合性山水公园，占地面积 36.6 万平方米，1959 年建成开园。公园筹建时名为沪西公园。1958 年局部开放时改名碧萝湖公园。在 1959 年全园开放的前夕，中共上海市委书记处书记魏文伯取《宋书·宗悫传》中"愿乘长风破万里浪"之意，改名为长风公园；又取毛泽东《送瘟神》诗中"天连五岭银锄落，地动山河铁臂摇"之句，将园中人工湖命名为"银锄湖"，大土山命名为"铁臂山"。

长风公园原是吴淞江（苏州河）古河道中的西老河河湾地带。湾内地势高处有一村落名宋家滩，俗称老河滩，村旁为坟地。这里因低洼易涝，农民耕种所获无几，是一处有名的穷滩。1956 年初，上海市人民政府征用滩地辟建公园。公园布局模拟自然，因低挖湖、就高叠山，山体坐北朝南，可眺望宽阔的湖面。水面采取以聚为主、以分为辅的布局，巧妙地保留了原有的一条西老河，它从铁臂山的东南向北再西折，恰好环绕整个山体。铁臂山有起伏的山峦和蜿蜒的余脉，隔河的黑松山向东延伸，与铁臂山西北余脉有连贯趋势，从而增添了园林空间的层次感，避免了山形轮廓的相同处。

铁臂山山高 26 米，主峰周围分布着高低不等、形态各异的次峰，东南有一幽

长风公园之一

长风公园之二

静的山谷。整个山形高低起伏,有峻有缓,真可谓"横看成岭侧成峰"。西南有环形睡莲池,池内植有黄、红、白色睡莲。东西坡各有一只六角形竹亭。主峰顶端有近20平方米的石平台,登台可一览全园景色。山坡树木郁郁葱葱,四季繁花似锦。

全园水系主次分明,聚中有散。长约400米的西老河道,曲折环绕铁臂山,两端与银锄湖相连,形成了广阔湖面与河道萦回如带交融的水景。银锄湖位于公园中部,水域面积14.3万平方米,平均水深1.5米,水质较净。湖东有桂香亭、枕流桥、夕照廊、三号船码头;东南有青枫岛、朝霞榭、青枫桥、青枫亭;西有天趣亭、木香亭、展览厅、银锄楼;北有绿荫桥、百花亭、画廊、飞虹桥、曲廊、松涛亭、一号船码头;东北有铁臂山、曲廊、怡红亭;南有凌波桥、二号船码头。在湖的东、南及西南沿岸,散布着大小不等、形状各异的睡莲池、荷花池、水禽池、钓鱼池;池湖相通,宛如一串珍珠撒落在湖边。公园碧波涟漪,空域畅朗,景色宁静。

公园内的长风海洋世界是隶属于澳大利亚澳洋集团旗下、集大型海洋动物表演与水族馆鱼类展览为一体的综合型海洋主题公园。1999年4月正式对外开放。水族馆养有300余种、15 000余尾鱼类。馆内分为丛林探险、珊瑚礁丛、深海沉船、鲨鱼甬道、企鹅馆等展区。长风海洋世界内建有海洋动物表演馆,可容纳2 000人。除了小白鲸,馆内还陆续引进了加州海狮、海豚等海洋哺乳动物。

长风公园内的纪念景观有"地下少先队群雕"和"雷锋铜像"等。

旅游区域及进出条件:

长风公园邻近金沙江路枣阳路口,西靠大渡河路,南邻长宁路。交通便利,公交44路、94路、551路等多条线路以及轨道交通13号线等可到达。

保护与开发现状:

对外开放。长风公园2002年被上海市绿化和市容管理局评为上海市四星级公园;2012年被上海市科学技术委员会命名为上海市科普教育基地。长风海洋世界2010年被全国旅游景区质量等级评定委员会评为国家AAAA级旅游景区;同年,被中国科学技术协会认定为全国科普教育基地。

名称:**上海造币博物馆**
编号:PT05
资源类型:FAE
旅游资源单体等级:4
行政位置:光复西路17号
地理位置:31°15′02.28″N
　　　　　121°25′59.76″E

性质与特征:

上海造币博物馆是由上海造币有限公司出资建设的造币业专题性博物馆,2005年开馆。

上海造币博物馆位于上海造币有限公司内。上海造币有限公司前身为建于20世纪20年代的上海造币厂,1928年曾改名为上海中央造币厂,现为直属于中国印钞造币总公司的国家造币厂,主要生产流通金属铸币和贵金属纪念币(章)。其占地面积 11.7 万平方米，现存造币厂大楼、辅助仓库、水塔等历史建筑，主体建筑是仿美国费城造币厂大楼并按 1∶1 比例建造的，钢筋混凝土结构，中部三层，两端二层。入口门廊高及二层，以爱奥尼克柱支承，上饰三角形山花，两侧饰贯通二层爱奥尼克壁柱。

上海造币博物馆分近代造币工艺厅、当代造币厅、包克先生捐赠藏品展厅等五个分馆，展示面积 600 平方米，详细介绍了造币厂建厂至今我国现代造币沿革史和造币设备陈列。

旅游区域及进出条件：

上海造币博物馆位于光复西路，邻近江宁路桥。交通便利，公交 68 路、112 路、129 路等多条线路以及轨道交通 3 号线、4 号线、7 号线等可到达。

保护与开发现状：

暂不对外开放。1994 年被上海市人民政府列为上海市优秀历史建筑。

名称：M50 创意园
编号： PT06
资源类型： FAZ
旅游资源单体等级： 3
行政位置： 莫干山路 50 号
地理位置： 31°14′58.88″N
121°26′41.10″E
性质与特征：

M50 创意园是上海早期的创意产业聚集区之一，原址为近代徽商周氏（周志俊）家族企业"信和纱厂"，1949 年后更名为上海第十二毛纺织厂、上海春明粗纺厂。园区建筑面积 4.1 万平方米，完整地保留了民族纺织业的厂房建筑，始建于 20 世纪 30 年代。2005 年改建为 M50 创意园。

M50 创意园以"艺术、创意、生活"为主题，设有画家村、新锐营、设计谷、画廊街、展览馆、商业区、活动中心等不同的功能区域，先后有 20 个国家和地区的

上海造币博物馆

M50创意园

140余户艺术家工作室、画廊、高等艺术教育及创意设计机构等入驻园区，每年举办艺术展览300余场。还举行过2005年上海国际服装文化节、工业建筑与绿色时尚艺术节、CREATIVE M50年度创意新锐评选、宝马车展等推广活动。

旅游区域及进出条件：

M50创意园邻近莫干山路西苏州路口。交通便利，公交76路、105路等多条线路以及轨道交通1号线、3号线、4号线等可到达。

保护与开发现状：

对外开放。2006年被国家旅游局命名为全国工业旅游示范点。2010年被全国旅游景区质量等级评定委员会评为国家AAA级旅游景区。

名称：苏州河梦清园环保主题公园
编号：PT07
资源类型：FAD
旅游资源单体等级：3
行政位置：宜昌路66号
地理位置：31°15′05.76″N
　　　　　　121°26′12.78″E

性质与特征：

苏州河梦清园环保主题公园是苏州河综合整治二期重点工程之一，位于苏州河南岸、宜昌路以西、江宁路桥东侧，占地面积8.6万平方米，三面环水，绿化率达84%。主题公园以活水广场为中心统领全园，简洁又流畅地体现出科学与艺术相结合之美，融合了西方园林的大气和中国园林的精致，显示出海派园林的独特风格。2004年7月建成开园，定名为梦清园，园内梦清馆2005年6月开馆。2008年3月改建，并正式更名为"苏州河梦清园环保主题公园"。

梦清馆面积3 200平方米，以苏州河综合整治为主题的展示中心，运用其独到的知识性、科普性、趣味性、教育性成为参观者了解苏州河演变的知识长廊。全馆共分为三大部分：一楼序厅为"印象苏州河"、二楼为"污染沉重的代价"、三楼为"未来苏州河"。展示馆拥有放映厅、贵宾厅、幻影成像室、多媒体系统、互动触摸计算机等先进的科技设施，还配备了可以动手参与的互动模型。尤其是三楼的"苏州河诉说"，它是一个大型多媒体剧场，利用机电一体化模型、河流场景、超大宽屏、虚拟空气投影、高精度时序控制、多媒体3D制作等多种高科技手段来展示苏州河从清到浊到黑臭再到逐渐变清的过程，形象地表现了苏州河水的沧桑变化。苏州河梦清园环保主题公园内有景观水体生物净化系统（大型湿地），地下6米处拥有一个有效容积2.5立方米的调蓄池。

旅游区域及进出条件：

苏州河梦清园环保主题公园位于宜昌路江宁路口，邻近江宁路桥，三面临水。交通便利，公交68路、76路、105路等多条线路以及轨道交通3号线、4号线、7号线等可到达。

保护与开发现状：

对外开放。2007年被上海市绿化和市容管理局评为上海市三星级公园。2012年被上海市科学技术委员会命名为上海市科普教育基地。

名称： 沪西工人文化宫
编号： PT08
资源类型： FAE
旅游资源单体等级： 3
行政位置： 武宁路225号
地理位置： 31°14′23.82″N
　　　　　　121°24′51.30″E

性质与特征：

沪西工人文化宫（又名西宫）是上海市区的一个园林式职工文化娱乐场所，占地面积6.98万平方米，建筑面积1.31万平方米，1961年建成开放。

沪西工人文化宫主体建筑为钢筋混凝土框架结构，楼高三层。主楼底楼建"沪西革命史陈列馆"。楼前有草坪、花坛、"上海工人三次武装起义"雕塑、林荫道等；楼后建有足球场、篮球场、游泳池以及各类室外游艺设施。南侧为艺术培训教学楼、招待所。北侧为1万平方米的人工湖，可

苏州河梦清园环保主题公园

沪西工人文化宫

供划船垂钓。湖中有岛屿,沿湖建石舫、水榭、假山、沪西工人领袖刘华半身塑像等。

沪西革命史陈列馆建筑面积200平方米,2005年建成开馆。沪西革命史陈列馆主要展示1919～1949年沪西地区发生的重要历史事件和共产党人可歌可泣的光辉事迹。沪西地区是上海开埠后较早建立近代工业且产业工人较为集中的地区,也是中国工人运动的发源地。馆内陈列内容有沪西春雷、黑夜火种、工运摇篮、二月罢工、五卅风暴、沪西英烈颂等11部分,还有照片150幅、历史资料1万余字、实物10多件。

"上海工人三次武装起义"大型塑像于1985年5月28日落成。原置于沪西工人文化宫临街广场,于1999年5月26日迁移至南草坪。塑像基座正面刻有"上海工人三次武装起义纪念"12个大字,基座上矗立着一组巨型人物立像,重现了上海工人阶级在第三次武装起义中英勇战斗的光辉形象。基座的两侧塑有2组浮雕,展现出1926年10月24日、1927年2月22日、1927年3月22日在中国共产党领导下上海工人阶级团结广大市民,经过三次武装斗争,推翻反动军阀统治、迎接国民革命军北伐来沪的英雄业绩。画面中有4幅人物特写,象征着三次武装起义领导人的光辉形象。

旅游区域及进出条件:

沪西工人文化宫位于武宁路内环高架路口以南。交通便利,公交01路、40路、94路等多条线路以及轨道交通3号线、4号线、11号线等可到达。

上海长风游艇游船馆

保护与开发现状：

对外开放。沪西革命史陈列馆现为上海市爱国主义教育基地。

名称：上海长风游艇游船馆

编号： PT09

资源类型： FAE

旅游资源单体等级： 3

行政位置： 大渡河路160号

地理位置： 31°13′59.10″N
121°23′17.70″E

性质与特征：

上海长风游艇游船馆是长风生态商务区"一园十馆"中首家建成的展示馆，原为上海试剂总厂的保留建筑，建筑面积约400平方米，2007年改建后开馆。

上海长风游艇游船馆同周边的游艇码头、游艇会所、游艇酒吧、游艇展区等组成了游艇游船文化服务区。展示内容包括游船溯源、游艇、游船、画舫龙舟、游艇产业、游船传奇、魅力苏州河7个部分，还有运用即时成像技术拍摄的《魅力苏州河》宣传片。绿地内保留着原上海试剂总厂62米高的烟囱。

旅游区域及进出条件：

上海长风游艇游船馆位于苏州河畔、长风生态商务区2号绿地内。交通便利，公交44路、54路等多条线路以及轨道交通2号线等可到达。

保护与开发现状：

对外开放。2012年被上海市科学技术委员会命名为上海市科普教育基地。

名称：上海纺织博物馆

编号： PT10

资源类型： FAE

旅游资源单体等级： 3

行政位置： 澳门路150号

地理位置： 31°14′53.76″N
121°26′29.88″E

性质与特征：

上海纺织博物馆是纺织行业的专业展示馆，由上海纺织控股（集团）公司全额出资，筹建于2002年7月，并于2009年1

月7日正式开馆。原址曾为上海申新纺织第九厂，也是始建于1878年的上海机器织布制造局的所在地。展馆面积6 800平方米，展示面积4 800平方米。

上海纺织博物馆通过实物、资料、场景、图文、模型、多媒体等形式，展示了

上海纺织博物馆

上海地区纺织业发展的历史。其中包括气势恢弘的序厅、底蕴厚实的历程馆、时空连贯的撷英馆、互动叠现的科普馆、赏心悦目的专题馆。这一厅四馆，演绎了上海纺织6 000多年的产业历史和文化。序厅以气势恢弘、纺织元素叠现的场面布置，将上海纺织的历史进程浓缩在只有400平方米的大厅内，凸显出纺织业的历史积淀，展示了上海纺织业的美好未来；历程馆以古代、近代和现代的史实，演绎了上海纺织的发展历史，彰显出纺织业在上海这座国际化大都市中曾经拥有的历史地位和作用；撷英馆用历史的眼光来审视上海纺织业的世界第一和中国首创，通过对上海纺织业发展具有重要影响力的人物、事件的展示以及对老字号的追忆，展现纺织领域在上海的巨大成就；科普馆通过诠释神奇的纤维足迹、缤纷的面料世界、完整的工艺"链条"、广泛的应用空间等知识，集中体现纺织博物馆的知识性、趣味性、参与度和互动性；专题馆以与时俱进的布展

理念，展示"海派"京昆戏服这一梨园奇葩。

旅游区域及进出条件：

上海纺织博物馆位于苏州河南岸，邻近M50创意园。交通便利，公交19路、68路、76路等多条线路以及轨道交通1号线、3号线、4号线、7号线等可到达。

保护与开发现状：

对外开放。2012年被上海市科学技术委员会命名为上海市科普教育基地。现为上海市爱国主义教育基地。

名称：沪西清真寺
编号： PT11
资源类型： FAC
旅游资源单体等级： 3
行政位置： 常德路1328弄3号
地理位置： 31°14′38.76″N
　　　　　　121°25′48.06″E

性质与特征：

沪西清真寺始建于1922年，也称药水弄回教堂、小沙渡回教堂，在药水弄旧区改造时迁入今址，是1949年后上海重建的第一座清真寺，建筑面积1 125平方米，1992年建成开放。

沪西清真寺主建筑为礼拜殿，双心拱门扇形穹顶，共两层，宣礼塔高25米，包

沪西清真寺

括大殿3间、对厅3间、厢房1间,有讲经堂、教长室、会客室等。前后庭院有彩色喷泉,顶部饰6个拱形圆顶,装有新月标志,具有浓郁的伊斯兰建筑风格。

旅游区域及进出条件:

沪西清真寺邻近常德路澳门路口。交通便利,公交13路、24路、63路等多条线路以及轨道交通3号线、4号线、7号线等可到达。

保护与开发现状:

对外开放。

上海商标火花收藏馆

名称: **上海商标火花收藏馆**
编号: PT12
资源类型: FAE
旅游资源单体等级: 3
行政位置: 长风生态商务区1号绿地
地理位置: 31°14′31.74″N
　　　　　121°23′30.71″E

性质与特征:

上海商标火花收藏馆由原上海火柴厂的1幢锯齿形老厂房和1幢由火柴盒造型及火柴梗状立柱造型的新建筑组成,建筑面积3 775平方米,2011年建成开馆。

上海商标火花收藏馆展示面积有1 500平方米,以"点亮城市,点燃生活"为主题,以"火"为主线,分商标源流、火与人类、火花世界三部分,展示苏州河沿岸百年民族工业发展和更新的轨迹,以及从火柴作坊到火箭基地这一民族工业的沧桑巨变。馆内收藏中外火花、老商标(包括酒标、烟标)、电影海报等1 000余万枚(种)。

旅游区域及进出条件:

上海商标火花收藏馆位于长风生态商务区1号绿地,两面临水。交通便利,公交44路、54路等多条线路以及轨道交通2号线等可到达。

保护与开发现状:

对外开放。2012年被上海市科学技术委员会命名为上海市科普教育基地。

名称: **上海长风视觉艺术馆**
编号: PT13
资源类型: FAE
旅游资源单体等级: 3
行政位置: 长风生态商务区5号绿地
地理位置: 31°13′16.81″N
　　　　　121°22′47.87″E

性质与特征:

上海长风视觉艺术馆原址为上海新视界眼镜厂,建筑面积760平方米,2010年建成开馆。

上海长风视觉艺术馆建筑外形为眼镜造型:两个圆厅如镜框,两旁露天扶梯如镜腿(架),具有独特的文化韵味。主要用于举办美术、摄影、雕塑等与视觉艺术相

上海长风视觉艺术馆

关的作品展览，曾举办过的展览活动包括光影苏州河摄影展、百年国宝回归传奇——赵泰来收藏珍品展等。

旅游区域及进出条件：

上海长风视觉艺术馆位于丹巴路光复西路口的长风生态商务区5号公共绿地。交通便利，公交44路、766路等多条线路以及轨道交通2号线等可到达。

保护与开发现状：

对外开放。

名称：**沈寿昌墓址纪念碑**

编号：PT14

资源类型：FCH

旅游资源单体等级：3

行政位置：真南路500号

地理位置：31°16′29.82″N
121°23′04.86″E

沈寿昌墓址纪念碑

性质与特征：

沈寿昌墓址纪念碑为纪念清末北洋海军爱国将领沈寿昌而建，沈寿昌遗骸埋于纪念碑附近，1997年建成开放。

沈寿昌（1865～1894年）是中日甲午战争中第一个为国捐躯的海军将领，时任北洋中军左营都司，济远舰帮带（副舰长）兼领大副。清光绪二十年六月二十七日（1894年7月25日）济远舰在朝鲜牙山口外半岛海域执行完任务返航时，遭日舰突然围攻。沈寿昌立于望台指挥反击，击伤日舰2艘。济远舰望台被日舰击中，沈寿昌头部中弹不幸阵亡。

旅游区域及进出条件：

沈寿昌墓址纪念碑位于同济大学沪西校区（原上海铁道大学）校园内。交通便利，公交62路、117路等多条线路以及轨道交通11号线等可到达。

保护与开发现状：

对外开放。

名称：**淞沪抗战十九路军军部遗址**

编号：PT15

资源类型：FDD

旅游资源单体等级：3

行政位置：桃浦路127号

地理位置：31°15′40.71″N
121°24′02.84″E

性质与特征：

1932年一·二八淞沪战役爆发，日本海军陆战队进攻上海闸北地区，驻防上海的国民革命军第十九路军在蔡廷锴、蒋光鼐等率领下奋起抗击，他们决定将军部移至真如镇范庄。范庄系广东人范肖1920年所建之别墅，为2幢西式平房，每幢建筑面积约100平方米，1937年8月3日被日军炮火炸毁。战役期间十九路军给日军以沉重打击，迫使日军四易主帅。宋庆龄、何香凝不顾个人安危到这里来慰问前线的抗战将士，沪西17家日商纱厂的4万多工人掀起了声势浩大的反日大罢工。十九路

淞沪抗战十九路军军部遗址

军用自己的鲜血和生命谱写了一·二八淞沪抗战的光辉诗篇。

旅游区域及进出条件：

  淞沪抗战十九路军军部遗址位于桃浦路127号、车站新村38～40号的空地处。交通便利，公交01路、106路等多条线路以及轨道交通11号线等可到达。

保护与开发现状：

  对外开放。

名称：宜川公园

编号：PT16

资源类型：FAD

旅游资源单体等级：3

行政位置：宜川路99号

地理位置：31°15′42.90″N
     121°26′08.88″E

性质与特征：

  宜川公园原址为赵家花园的一部分，公园占地面积1.88万平方米，水域面积1 186平方米，绿地面积6 000平方米，1980年辟建公园，1984年动工，1986年建成开园。

  宜川公园采用中国古典园林布局。利用原有的地形，在园湖周围建落地英石山水盆景、观瀑亭、假山、瀑布、仿草亭、蘑菇亭、萍水曲桥、石拱桥、扇形廊、"百

宜川公园

花仙子"塑像等。

公园进口处的集散广场迎面为一长方形落地英式大盆景，四周以不规则石块砌矮墙，攀援植物附于墙上，盆中假山上有涌泉泻入盆池。盆景前为一半圆形花坛，盆景后以广玉兰、龙柏球作屏障。盆景右侧有一座"百花仙子"塑像，用一块重约2吨的汉白玉雕凿而成。塑像处在鲜花丛中，显得分外洁白美丽，以此象征昔日赵家花园百花怒放的美景。湖位于公园中央，呈弧形，面积1 186平方米。迎雀山在湖的南面，三面临水，山体用700吨太湖石叠成，高7米，占地1 800平方米。山顶砌成虎头状，颚下有假山洞，虎口中瀑布沿小溪汇入湖中。迎雀山的东南面有名为吻云桥的石拱桥1座，宽2.8米，长11米，桥边有石板扶栏。桥横跨在湖面上，东通大草坪，西连与假山虎口"相望"的小岛。小岛上的六角观瀑亭面积18平方米，亭柱均为石制，上面是翘角攒尖顶，顶上置一石制孔雀。坐在亭内可一览假山瀑布和湖面景色，是公园内的一处佳景。公园南侧建有3座相连的钢筋混凝土结构的圆形亭，3个亭高低错落，因亭柱为仿树干形，凳为仿树桩形，亭顶为仿稻草形，故名仿草亭。亭北临湖面处散点湖石，亭南有一片树丛和竹林。沿湖堤往东北方向为紫藤廊架，廊架中段的平顶廊长7米、宽3.2米，与廊南北端相连的2座棚架各长5米、宽4米。廊与棚构成扇形，均为钢筋混凝土结构，廊内为磨石子地坪，廊边设磨石子长凳。廊前是1个1.6米宽、7米长的弧形花坛，坛中种植粗壮的紫藤、木香，其枝叶绕缠在廊、棚上。廊架西为青石地坪广场，面积228平方米，广场周围植悬铃木、青枫等，是游人晨间锻炼和戏迷聚集的场所，也是社区的"戏曲角"。

旅游区域及进出条件：

宜川公园位于宜川路洛川路口。交通便利，公交47路、78路等多条线路以及轨道交通3号线、4号线等可到达。

保护与开发现状：

对外开放。

名称：**苏州河十八湾**
编号：PT17
资源类型：BAA
旅游资源单体等级：3
行政位置：苏州河普陀段
地理位置：31°15′04.63″N
　　　　　121°25′46.76″E

性质与特征：

苏州河十八湾是指苏州河（吴淞江）在流经普陀区境内所形成的18个河湾，它们分别是长寿湾、潘家湾、潭子湾、朱家湾、小沙渡湾、谈家湾、小万柳堂湾、九果园湾、长风湾、北新泾湾、新长征湾、祁连湾、梦清湾、小花园湾等十八湾。十八湾河道长14千米，沿岸为上海近代工业发源地，有着深厚的历史文化积淀。

苏州河十八湾"曲曲有奇景，湾湾有气象；曲曲有传说，湾湾有故事；曲曲有不同，湾湾有第一"。一些地名都有数百年的历史。小万柳堂湾之名来自于廉泉和夫人吴芝瑛的住所名，廉泉为清末举人，无锡俟实学堂（今连元街小学）、竞志女学（今无锡第十二中学）、上海文明书局的创办人，其在上海的住所称小万柳堂。小万柳堂在吴芝瑛1933年过世后衰落。九果园湾所指的九果园，在苏州河北岸，与小万柳堂隔河相望，是吴文涛的私家花园，因园内种植了9棵名贵果树而得名。朱家湾因集市"朱家湾"而得名，该集市位于苏州河西岸，这里曾先后出现阜丰面粉厂、福新面粉厂、大有榨油厂、申新纱厂、中央造币厂、大隆机器厂等多家大中型企业，工人人数近10万。20世纪20年代，居民在此聚集成市，在光新路桥一带形成"朱家湾"。昌化路桥北塊的两侧分别为潘家湾和潭子湾。据传"潭子"即东晋时名将虞潭，会稽余姚人，三国名士虞翻的孙子，东晋咸和元年（326年），晋成帝即位后，出任吴兴太守，诏转吴国内史，曾沿吴淞江西上进攻苏州，"又修沪渎垒，以防海抄，百姓赖之"，被尊称为"潭子"。"沪渎垒"是东晋时在原吴淞江口建造的军事堡垒。

近年来，苏州河的水质以及两岸的环境有很大的改善，普陀区政府开辟了苏州河水上游，游人可乘游船从丹巴路码头至昌化路码头观赏苏州河十八湾美景。利用苏州河湾多曲美的地理特征和优良的自然环境，计划沿苏州河两岸建立步行道和自行车道系统，形成一条城市"慢"节奏生活带，既向公众传达环保生活理念，又为市民提供周末休闲的好去处。

2010年9月25日，2010上海旅游节——苏州河十八湾彩船巡游活动在普陀区丹巴路码头拉开帷幕。苏州河十八湾彩船巡游活动以"美丽的十八湾之夜"为主题，以"一彩船、一主题"的形式来诠释活动的主题内涵和主旨。通过苏州河十八湾彩船巡游，展示商、旅、文重点领域和项目的发展成果。参加本次巡游的苏州河游船共7艘，分别名为工人先锋、绿色家园、创意普陀、创业热土、普陀旅游、文化长廊和龙舟精神。

旅游区域及进出条件：

苏州河十八湾位于丹巴路码头至昌化路码头之间。交通便利，公交68路、76路等多条线路以及轨道交通3号线、4号线、7号线等可到达昌化路码头。

保护与开发现状：

对外开放。

名称：长寿公园

编号： PT18

资源类型： FAD

旅游资源单体等级： 3

行政位置： 长寿路260号

地理位置： 31°14′41.16″N
　　　　　　121°26′03.42″E

性质与特征：

长寿公园位于长寿路商业街中心地段，占地面积40万平方米，2001年建成开园。

苏州河十八湾

长寿公园

长寿公园主要景区有中央景区"绿森林",东南景区"水钢琴",东北景区"水森林",西南景区"五彩林",西北景区"黑森林";植物品种约120个,长年有绿,季季有花。雕塑品种很多,是上海市主题雕塑公园。公园内设有卵石小路、阳光咖啡屋、露天茶亭、书画博览艺术天地休闲设施等。

旅游区域及进出条件:

长寿公园位于长寿路陕西北路口。交通便利,公交13路、36路、63路等多条线路以及轨道交通3号线、4号线、7号线等可到达。

保护与开发现状:

对外开放。2005年被上海市绿化和市容管理局评为上海市四星级公园。

名称:曹杨公园

编号:PT19

资源类型:FAD

旅游资源单体等级:3

行政位置:枫桥路50号

地理位置:31°14′32.64″N
　　　　　121°24′15.06″E

性质与特征:

曹杨公园所在地原为滩地。1953年在建曹杨新村一村的同时,筹建曹杨公园,于1954年5月1日建成并免费开放。1958年7月,改为葡萄园,停止开放。1959年恢复原貌,重新对外开放。1965年5月改名曹杨体育公园。1970年2月恢复原名。全园占地面积2.26万平方米。

曹杨公园辟建时,利用园西低洼地开挖与环浜相通的曲形河池,公园内建有竹亭、竹廊等,道路用红石板铺设。主要景点有南草坪、北草坪、曲池、四角亭和紫藤廊等。其中南草坪占地面积380平方米。草坪北面为长达数十米的带状花境,主要植月季花。东北侧有六角亭,钢筋混凝土结构,绿琉璃瓦攒尖顶,翘角;面积18平方米,亭中置石台石凳,三面有扶靠坐椅,东通园路。草坪四周布置有花坛,植雪松、广玉兰、棕榈、罗汉松等。北草坪占地面积1 467平方米。草坪北面有高大的松柏,草坪东面有廊,长6.9米,宽8米,钢筋混凝土结构,绿琉璃瓦结顶,廊内两边设置水泥靠背和长凳,廊四周植花灌木。曲池、四角亭位于园西南,曲池长约300米,面积1 500平方米,水体与曹杨新村环浜相连。池两端宽阔,在中部较狭处有1座钢筋混凝土结构平桥,桥上有紫藤棚架。池西有1座三面临水的四角亭,池边以石驳岸,沿岸植黑松、垂柳。紫藤廊位于园南,廊长26米,宽6米,廊柱用红石板堆砌,桁条用水泥制成,粗壮的紫藤在廊的上下盘根错节,生长茂盛,廊外散置石台、石凳。公园绿地覆盖率达75.66%。有龙柏、香樟、罗汉松、珊瑚树、悬铃木、棕榈、雪松、黄杨等各类植物100多种2 600多株。

旅游区域及进出条件:

曹杨公园位于枫桥路,南邻兰溪路,东界梅岭北路,西濒曹杨环浜。交通便利,公交44路、62路、63路等多条线路以及轨道交通3号线、4号线、11号线、13号线等可到达。

保护与开发现状:

对外开放。

名称:梅川路文化时尚休闲街
编号:PT20
资源类型:FDB
旅游资源单体等级:2
行政位置:梅川路
地理位置:31°14′44.52″N
　　　　　121°22′36.12″E
性质与特征:

梅川路文化时尚休闲街是上海十大休闲街之一,位于真北路商圈,全长600米,是建设中的长征新城的中心,商业面积5万余平方米,主要经营项目为主题餐厅、娱乐沙龙、健身美容、百货服饰、社区服务。入驻企业有白玉兰聚香阁酒家、韩林烧烤、丽都夜总会、避风塘茶楼、上岛咖啡、麦当劳、爱码花艺、鼎杰书房等,集聚了欧亚地区各类大众化商店以及100余个著名品牌的专业店、专卖店。沿路设计建造的绿地、广场,加上完善的餐饮、娱乐、休闲等配套服务项目,形成了具有经营特色、

曹杨公园

梅川路文化时尚休闲街

休闲特色的上海市新兴休闲商业街。

梅川路文化时尚休闲街2004年进行改造后，被列入上海市级商圈。2008年起举办以梅花文化和梅花精神为主题的"梅花节"等，建立起了良好的商业口碑。

2010年4月28日，梅川路文化时尚休闲街经改建后全新亮相。在7 000多平方米的中心广场上布置了大型的雕塑和绿地景观，使商业街成为高绿化覆盖和高文化内涵的景观休闲道路。广场中心位置建起了近百米高的"祥和之光"钟塔，成为中环商圈的标志性建筑，也是普陀区乃至上海西北角的新地标。"祥和之光"雕塑塔顶端设有一个祥和铜挂钟，每逢节假日，清脆的钟声回响在百米高空，祈福社会和谐、国泰民安。离地20米处设有四面报时钟，每当准点会播放音乐并报时。入夜，"祥和之光"通体发光，灯光效果按时间变化可以随意调控。在广场周边还增加了休憩平台、座椅、主题雕塑、特色小品等，沿街的建筑立面及廊柱石材配合新的灯光设计，形成了沉稳、典雅的欧式风格。整条街被布置成集绿化、水景、休憩为一体的休闲活动场所。

旅游区域及进出条件：

梅川路文化时尚休闲街位于真北路商圈，东至真光路，西临万镇路。公交727路、807路等线路可到达。

保护与开发现状：

对外开放。2008年被上海市商务委员会命名为上海特色商业街。

名称：兰溪青年公园

编号：PT21

资源类型：FAD

旅游资源单体等级：2

行政位置：兰溪路152号

地理位置：31°14′32.45″N
　　　　　121°23′59.34″E

性质与特征：

兰溪青年公园所在地原是虬江北岸的农田和坟地，1957年辟建为共青果园。1965年前后更名为普陀区共青苗圃。1981年普陀区人民政府规划建设曹杨新村环浜绿化带，此处作为环浜三大景区之一，1982年建设公园，1984年5月1日落成开放，命名为兰溪青年公园。1986年又将曹杨新村环浜南岸1 000余平方米的绿地划归公园，现占地总面积1.26万平方米。

公园内水池的东高坡处矗立一座名为"彩虹"的塑像，由上海市纺织工业管理局团委和普陀区团委于1985年12月建成的。塑像为一个纺织女工，一手持棉絮，一手挥舞彩带，姿态优美。塑像以不锈钢制成，高2.5米，底座由花岗石砌就，高1.62米。塑像前植四季花卉，周围种植雪松、杜鹃、茶花、广玉兰和罗汉松。在公园南部曹杨新村环浜边建起了圆形平顶双亭，两亭高低错落相连，亭东南有座跨环浜的三曲平桥，钢筋混凝土结构，长12.8米，宽2米，两边设铁栏杆。双亭北有横贯花园东部的花墙，紫红色大理石贴面，高2.5米，长

兰溪青年公园

10米，用以分隔南北空间。墙北种植成片的常绿乔灌木，墙南有一地面铺着六角形水泥板和镶嵌卵石的广场。公园东北部为一面积300余平方米的圆形广场，中间有面积约100平方米的花坛，四周植雪松、银杏、香椿、棕榈、广玉兰、夹竹桃。广场北端有紫藤棚架，棚内设水泥长凳。棚架东首的核桃树胸径约0.38米，枝叶茂密，年年结果，是市区尚存的比较大的木本油料树。广场南侧还保存着一块立于1923年的水准点标志石，编号为157号，该点虽已废弃不用，但可反映上海早期的测量史。公园土质较好，园内绿化布局与环浜南岸的绿地构成统一的整体。沿浜两边藤本植物悬垂，垂柳倒映浜中。公园中央设置圆形花坛，两边为高大的雪松。公园内主要树种为银杏、罗汉松、雪松、合欢、珊瑚树、夹竹桃、山茶花、蚊母树、凤尾兰、西洋杜鹃、栀子花、月季花等。全园树木约有80种，约2 300株。

旅游区域及进出条件：

兰溪青年公园位于兰溪路以东、花溪路以西、梅岭北路以南。交通便利，公交63路、94路等多条线路以及轨道交通11号线等可到达。

保护与开发现状：

对外开放。

名称：怒江路圣母圣心天主堂

编号： PT22

资源类型： FAC

旅游资源单体等级： 2

行政位置： 怒江路624号

地理位置： 31°14′19.26″N
121°23′37.14″E

性质与特征：

怒江路圣母圣心天主堂原名王家库圣母圣心堂，始建于清道光二十九年（1849年），后被拆除。1994年，为落实宗教政策，由当时的上海县长征乡曹柏大队划出土地约1 333平方米，天主教上海教区出资移至今址重建，1995年6月建成，9月17日举行开堂仪式。

旅游区域及进出条件：

怒江路圣母圣心天主堂位于怒江路北端。公交136路、766路等多条线路可到达。

怒江路圣母圣心天主堂

甘泉公园

保护与开发现状：

对外开放。

名称：甘泉公园

编号：PT23

资源类型：FAD

旅游资源单体等级：2

行政位置：志丹路301号

地理位置：31°16′10.38″N
　　　　　121°25′31.14″E

性质与特征：

甘泉公园是开放式自然山水园林，占地面积3.1万平方米，1997年建成开园。

甘泉公园有绿地面积2.54万平方米，水域面积2 300平方米。公园设东、西2个出入口，按功能分成6部分：主景区、怡心小筑、开心天地、天乐共舞、林家秋色、百步绿廊。以植物造景为主，形成一片都市中的湖光山色，与甘泉苑居住区相映成辉。园内植物有香樟、悬铃木、合欢、竹、桂花、红叶李、海棠、杜鹃等120多个品种。

旅游区域及进出条件：

甘泉公园邻近志丹路平利路口。交通便利，公交68路、78路等多条线路以及轨道交通7号线等可到达。

保护与开发现状：

对外开放。2004年被上海市绿化和市容管理局评为上海市三星级公园。

名称：沪太公园

编号：PT24

资源类型：FAD

旅游资源单体等级：2

行政位置：新村路37号

地理位置：31°16′10.20″N
　　　　　121°26′02.88″E

性质与特征：

沪太公园平面呈三角形，所在地原为农田，西有横港支河及水塘，1986年12月动工辟建沪太新村的配套公园，1988年5月落成开放，1994年起实行免费入园。占地面积1.47万平方米。

沪太公园布局新颖，色调简洁明快。公园中建筑均为现代风格，建有平顶方亭、断残立柱、壁式藤架、紫藤廊架、"童趣"雕塑、浮雕壁画、大草坪、水池涌泉等。公园东南部有面积为900平方米的水池涌泉。池北为广场地面，用红缸砖铺设。广场上有两组方形平顶亭，南面一组由四亭相连，北面一组为三亭组合，两组亭高低错落，面积大小不等，都是钢筋混凝土结构。近池边有十余根高低不等的钢筋混凝土断残立柱，给人一种"残缺"的美感，沿池排列仿石长凳。公园西大草坪北部置名为"童趣"的不锈钢雕塑，塑像为一童孩倒立，像高1.6米，长1.95米，宽1米；花岗石底座高0.2米，长2.2米，宽1米。在公园西南部近公园门口处有 2 幅表现四季景色的壁画，画面色彩、线条简洁明快。园路东的 1 幅画长 4 米，宽 1.24 米，镶嵌在一堵 15.4 平方米的红砖墙上；园路南有 1 幅画长 7 米，宽 1.24 米，镶嵌在 28.6 平方米的红砖墙上。壁画前的紫藤棚由 5 根曲尺形混凝土柱构成，造型奇特。为阻挡尘土、噪声和东北面废气的侵袭，沿路透墙主要种植香樟、夹竹桃，配植杜鹃、黄杨、金丝桃等花灌木以及乌桕、三角枫、红枫等观赏植物。公园内地形北高南低，在小径两旁植四季花卉。

旅游区域及进出条件：

沪太公园位于新村路沪太路口。公交 40 路、41 路、58 路等多条线路可到达。

保护与开发现状：

对外开放。2008 年被上海市绿化和市容管理局评为上海市三星级公园。

顾正红纪念馆

名称：顾正红纪念馆

编号：PT25

资源类型：FDD

旅游资源单体等级：2

行政位置：澳门路 300 号

地理位置：31°14′50.07″N

121°26′32.91″E

性质与特征：

顾正红纪念馆展示面积 1 300 平方米，2008 年建成开馆。

顾正红纪念馆由纪念广场、陈列馆、烈士殉难纪念地 3 个部分组成。陈列内容有黑暗的旧中国、苦难的童年，在日纱厂做工、二月罢工的烽火，顾正红惨案，五卅运动 4 个部分。

顾正红（1905～1925 年）是优秀的共产主义战士。1925 年 5 月，以顾正红牺牲为导火线爆发了伟大的五卅反帝爱国运动。

旅游区域及进出条件：

顾正红纪念馆邻近澳门路昌化路口。交通便利，公交 68 路、76 路等多条线路以及轨道交通 3 号线、4 号线、7 号线等可到达。

保护与开发现状：

对外开放。现为上海市爱国主义教育基地。

沪太公园

名称：中华书局印刷所澳门路厂旧址
编号：PT26
资源类型：FDD
旅游资源单体等级：2
行政位置：澳门路477号
地理位置：31°14′45.79″N
　　　　　　121°26′25.12″E

性质与特征：

中华书局印刷所澳门路厂旧址原为一处保留较为完整的出版机构旧址，占地面积7 814平方米，建筑面积2.73万平方米。中华书局印刷所始建于1912年，1935年迁现址重建。1998年改制为上海中华印刷有限公司（中华印刷厂）。2010年改建为"中华1912创意园"。

中华书局印刷所澳门路厂旧址建筑皆为钢砼框架结构，现代派风格建筑，立方体造型，立面简洁，有简单的几何形装饰。主要保留建筑有办公楼、仓库及北楼、中楼、南楼印刷车间等。办公楼为四层（加建为五层），占地面积1 184.4平方米，建筑面积5 942平方米；仓库为四层（加建为六层），占地面积733平方米，建筑面积4 128平方米；印刷北楼车间为四层，占地面积637平方米，建筑面积2 551平方米；印刷中楼车间为四层，占地面积1 048平方米，建筑面积4 194平方米；印刷南楼车间为四层，占地面积1 510平方米，建筑面积6 040平方米。

旅游区域及进出条件：

中华书局印刷所澳门路厂旧址位于澳门路江宁路口。交通便利，公交19路、68路等多条线路以及轨道交通3号线、4号线、7号线等可到达。

保护与开发现状：

对外开放。1999年被上海市人民政府列为上海市优秀历史建筑。

中华书局印刷所澳门路厂旧址

名称：清涧公园

编号：PT27

资源类型：FAD

旅游资源单体等级：2

行政位置：金鼎路 658 号

地理位置：31°15′34.74″N
　　　　　121°22′37.56″E

性质与特征：

清涧公园是集运动、保健、游憩、观赏于一体的自然山水园林，占地面积 1.96 万平方米，2004 年建成开园。

清涧公园绿地面积 1.46 万平方米，水域面积 1 214 平方米。公园以人工自然置景为内容，运用大片色叶林木和水生植物，并巧妙地利用起伏的地形，形成不同的景观效果。公园内的林木景观优美，充满了幽静、秀丽的自然生态景观。清涧公园有叠泉、水池、密林、山顶广场等不同观赏效果的景观区域。"叠泉"是公园水系源头，观景亭可前观大草坪、后赏湖面景。沿岸沼泽湿地有莲池，大草坪与湖石之间是一片具有原始森林感觉的自然季相景观色叶林。从湖畔文化广场可达山顶广场俯瞰公园全景。全部以精品植物素材营造自然朴素的景观，展现花道、植物季相变化等自然景致，同时将人工造景手法巧妙地融于自然中。

旅游区域及进出条件：

清涧公园位于万镇路金鼎路口，南临清涧景观林带。公交 105 路、106 路等多条线路可到达。

保护与开发现状：

对外开放。2007 年被上海市绿化和市容管理局评为上海市三星级公园。

清涧公园

名称：普陀公园

编号：PT28

资源类型：FAD

旅游资源单体等级：2

行政位置：光复西路 255 号

地理位置：31°14′47.46″N
　　　　　121°25′25.80″E

性质与特征：

普陀公园所在地原为农田、坟地和棚户区。1953 年初动工辟建公园，1954 年元旦对外开放。1974 年和 1980 年先后进行两次较大规模的整修和改建。1990 年 6 月起停止开放，1994 年 12 月重新开放。现占地面积 1.31 万平方米，其中绿化面积为 6 841 平方米。

普陀公园内有面积约 50 平方米的独立花坛，呈椭圆形，四周以花岗石作侧石，坛中植杜鹃花、红叶李、海棠、罗汉松、龙柏球等，并散置数根石笋。花坛后植白玉兰、枫树和香樟，以屏障园景。公园西北有一座长 45.73 米、宽 2.9 米的五曲廊，钢筋混凝土结构，平顶，廊柱间置栏靠和枣红色磨石子长凳。廊前堆湖石小假山，周围植银杏、梧桐、香樟、月桂、雪松。位于公园中央的草坪四周设置各式花坛并植有疏密不等的落叶乔木。草坪西北有一座钢筋混凝土结构的廊棚组合建筑，廊南

与紫藤棚架相连。公园内以龙柏、水杉、女贞、悬铃木、蚊母树、香樟、棕榈、银杏、海棠、雪松为主要树种。公园西南设有儿童园，活动设施有象形滑梯、铁制高架滑梯、跷跷板、秋千、脚踏滚筒水车、单杠、独木桥和梅花桩等。1991年后增设电动碰碰车、小火车、电马、电瓶车等。

旅游区域及进出条件：

普陀公园位于光复西路，北沿中山北路，东靠镇坪路，西邻东新支路，南近东新路。交通便利，公交36路、69路等多条线路以及轨道交通3号线、4号线、7号线等可到达。

保护与开发现状：

对外开放。2007年被上海市绿化和市容管理局评为上海市三星级公园。

名称：**海棠公园**

编号：PT29

资源类型：FAD

旅游资源单体等级：2

行政位置：武宁路2650号

地理位置：31°14′56.58″N
121°23′06.48″E

性质与特征：

海棠公园是一座以海棠美景为特色的社区公共园林绿地，与居住区"海棠苑"为邻，占地面积1.49万平方米，1998年建成开园。2003～2006年因中环路建设闭园调整，2007年重新开放。

海棠公园以海棠类植物为主体，以绿带分隔空间。有垂丝海棠、木瓜海棠、贴梗海棠、倭海棠、紫花海棠、莱芜海棠等品种，并与香樟、桂花、乔木、花灌木构成四季有花的生态环境。主要景点：一是"中心园"，由疏林广场、中央花坛、主题雕塑组成；二是"游憩园"，由亭、石桌、石椅、木条椅组合而成的休息空间，幽雅实用；三是"童心园"，由2个不等的圆组成，设儿童游乐项目和休息廊架。

旅游区域及进出条件：

海棠公园位于真北路武宁路口，毗邻

海棠公园

真光公园

海棠苑。公交62路、105路等多条线路可到达。

保护与开发现状：
　　对外开放。2002年被上海市绿化和市容管理局评为上海市三星级公园。

名称：真光公园
编号：PT30
资源类型：FAD
旅游资源单体等级：1
行政位置：真光路1865号
地理位置：31°15′20.46″N
　　　　　121°22′51.84″E

性质与特征：
　　真光公园是由原垃圾山改造而成的城市公共绿地，占地面积1.5万平方米，绿化面积1.2万平方米，1999年建成开园。
　　真光公园的设计建造利用高低起伏的地势来突出山林景观。公园内有主入口广场、次入口广场、休闲广场、半山亭、山顶露天广场等景点，皆由蜿蜒曲折的山路接通，相互呼应，衬托成一体。公园内绿化自然式配置，落叶乔木与常绿乔木保持适当比例，四季常绿，层林尽染，景色怡人。

旅游区域及进出条件：
　　真光公园位于真光路铜川路口。公交105路、165路等多条线路可到达。

保护与开发现状：
　　对外开放。

名称：祥和公园
编号：PT31
资源类型：FAD
旅游资源单体等级：1
行政位置：真光路1121号甲
地理位置：31°14′33.12″N
　　　　　121°22′27.60″E

性质与特征：

祥和公园是为"祥和家园"小区配套建设的社区公共绿地，占地面积3万平方米，2001年建成，2005年开园。

祥和公园具有英国园林风格。公园以南、北草坪及阶梯式观光平台为主体。南草坪在正门入口处，草坪外围有一条鹅卵石铺就的园路，路边种植高大的庭荫树。公园中央是一个阶梯式观光平台。

旅游区域及进出条件：

祥和公园位于真光路，近梅川路文化时尚休闲街。公交727路、807路等多条线路可到达。

保护与开发现状：

对外开放。

名称：清涧园

编号：PT32

资源类型：FAD

旅游资源单体等级：1

行政位置：真光路金鼎路口

地理位置：31°15′30.36″N
121°22′55.68″E

性质与特征：

清涧园是利用高压线走廊下空隙开辟的开放式公共绿地，占地面积4 850平方米，1999年建成。

清涧园以大小不等的两个扇形面和完整的道路系统来划分空间。绿地由组合花架、大型草花坛等组成，并以花岗岩碎石路相连。扇形空间以中心花坛划分为2个空间：一为正方形，一为环形。园林小品形式丰富，绿被层次与地平线、园路相结合，点、线、面与明朗空间构造相融合。

祥和公园

清润园

水域面积170平方米，1991年5月1日建成开放。

管弄公园以植物造景为主，景色秀丽，建有水池、喷泉、曲桥、亭、棚架、茶室、售品部以及儿童园等。公园门口有一座60平方米花坛，主干道左侧为水池，曲桥横跨池上。池北的花坛植有四季花卉，公园北面土丘上有一座长11米、宽8米的混凝土平台，平台西、北两面各建一个钢筋混凝土凉亭。西亭为方形，北亭为长方形，两亭都是红平瓦攒尖顶。北亭两柱间置木凳，造型别致，故名"谐趣亭"。在公园中央有面积约850平方米的大草坪，周围植有月季花、木瓜海棠、罗汉松、垂丝海棠、雪松、杜鹃、瓜子黄杨球、龙柏球、桧柏球等。公园北面种植珊瑚绿篱、水杉、池杉、蚊母树等。其他空地种植多种地被植物，如鸢尾、石菖蒲、麦冬、石蒜、葱兰等。公园北面土丘植有高大乔木，园路旁为常绿树和花境，茶室屋顶和外墙上长满了爬山虎和蔷薇花。

旅游区域及进出条件：

清润园位于真光路金鼎路口，邻近真光公园。公交105路、106路等多条线路可到达。

保护与开发现状：

对外开放。

名称：管弄公园

编号：PT33

资源类型：FAD

旅游资源单体等级：1

行政位置：管弄路29号

地理位置：31°15′33.06″N
　　　　　121°25′23.16″E

性质与特征：

管弄公园地处普陀区的东北角，是为管弄新村配套建设的公共绿地，占地面积1.25万平方米，其中绿地面积6 060平方米，

管弄公园

旅游区域及进出条件：

管弄公园南邻管弄路，北靠交通路，东近光新路。交通便利，公交 117 路、744 路等多条线路以及轨道交通 7 号线等可到达。

保护与开发现状：

对外开放。2011 年被上海市绿化和市容管理局评为上海市二星级公园。

名称： 梅川公园

编号： PT34

资源类型： FAD

旅游资源单体等级： 1

行政位置： 武宁路 2361 号

地理位置： 31°14′49.62″N
121°23′20.16″E

性质与特征：

梅川公园为居住小区配套建设的公共绿地，占地面积 1.13 万平方米，绿化面积 8 840 平方米，1999 年建成开放。

梅川公园采用植物造景的手法，由 50 余种植物组合成以多层林冠乔木为骨架、以梅为主题的绿化景观。其中的植物主要有腊梅、花梅、白绢梅、珍珠梅、垂枝梅、茶梅、榆叶梅、杨梅、金缕梅等品种。草坪与疏林广场为两大游憩空间，一条林荫步道贯通全园，穿插有花径式树花坛、六

梅川公园

角亭、花海、堆石小品等。有 200 米长的卵石健康步道。公园内依景布置报廊、石凳等休闲设施。

旅游区域及进出条件：

梅川公园位于武宁路与真北路交界处，西邻丹巴路。公交 62 路、63 路等多条线路可到达。

保护与开发现状：

对外开放。2010 年被上海市绿化和市容管理局评为上海市二星级公园。

名称： 未来岛公园

编号： PT35

资源类型： FAD

旅游资源单体等级： 1

行政位置： 真江北路 29 号

地理位置： 31°16′02.46″N
121°22′12.18″E

性质与特征：

未来岛公园是以生态、环保为主题的公共绿地，占地面积 2.7 万平方米，其中绿地面积 2.15 万平方米，水域面积 680 平方米，2000 年建成开放。

未来岛公园被高架铁路和河道由东向西平行穿过，分成 3 个部分。公园以组合式多层林冠乔木为骨架，共有植物 56 种 2.7 万株，选用榉树、女贞、棕榈、水杉、广玉兰、雪松等为主体树种，并引种了大叶樟、银杏、金合欢等新品种。公园内有环形干道、小型广场、健身小路等活动场所，体现出

未来岛公园

人与自然相融合的意境。

旅游区域及进出条件：

　　未来岛公园位于真南路南侧、祁连山路与绥德路交界处，邻近现代城市购物广场、文峰大厦。交通便利，公交105路、129路等多条线路以及轨道交通11号线等可到达。

保护与开发现状：

　　对外开放。

名称：**武宁公园**

编号：PT36

资源类型：FAD

旅游资源单体等级：1

行政位置：石泉路450号

地理位置：31°14′49.20″N
　　　　　121°24′50.67″E

性质与特征：

　　武宁公园是集观赏游览、休闲运动于一体的开放式公共园林绿地，占地面积7万平方米，绿地面积5.4万平方米，绿化覆盖率达77%。2005年动工，2010年建成开放。

　　武宁公园以生态绿地为主体，以香樟、女贞作为基调树种，以槭树科植物、蔷薇科植物、木兰科植物、豆科植物等作为骨干树种，展示出色彩、姿态、群落美感等不同季节的植物景观。因有市政道路的穿越而分为A、B两区，其园林功能主要集中在A区，还设有1.3万平方米的地下停车库。

旅游区域及进出条件：

　　武宁公园位于武宁路、中宁路、石泉路围合的区域内。交通便利，公交105路、106路等多条线路以及轨道交通3号线、4号线、11号线等可到达。

保护与开发现状：

　　对外开放。

武宁公园

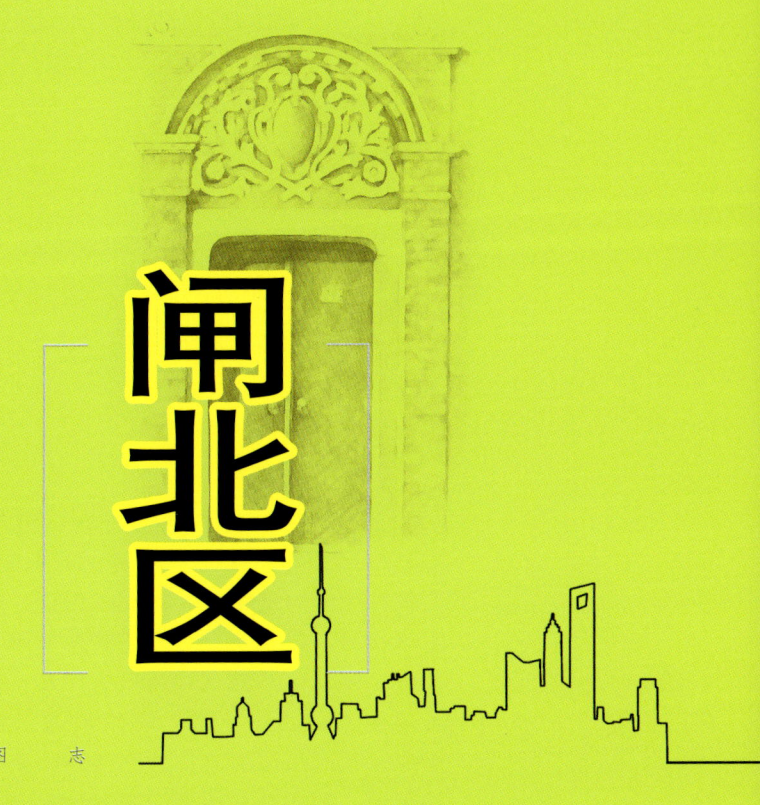

闸北区

上 海 旅 游 资 源 图 志

概况

闸北区位于上海市中心城区北部，东与虹口区相邻，西与普陀区、宝山区毗连，南隔苏州河与黄浦区、静安区相望，北与宝山区接壤。区域面积29.68平方千米。2012年度，闸北区户籍人口68.69万人，辖8个街道（天目西路街道、北站街道、宝山路街道、芷江西路街道、共和新路街道、大宁路街道、彭浦新村街道、临汾路街道）和1个镇（彭浦镇）。2012年度，全区实现地区生产总值492.34亿元。其中，第二产业实现增加值80.77亿元，第三产业实现增加值411.57亿元。2012年度，全区旅行社组团人数达94.08万人次，接待游客43.65万人次，旅行社营业收入136.63亿元。

元至元二十八年（1291年），闸北区区境隶属华亭县，后隶属上海县。清同治二年（1863年），区境东南隅被辟为美租界，后合并为公共租界。为抵制租界扩张，清光绪二十六年（1900年），闸北绅商建立闸北工程总局，自辟商埠。至20世纪20年代末，闸北地区已经成为上海市区的又一繁荣中心。1927年，上海特别市政府实施区县划界，置闸北区。抗战胜利后，区境为第十四、十五区。1947年，两区分别改称闸北区和北站区。1956年，两区合并称闸北区。1958～1999年，区境不断扩大，遂成现状。闸北一词，源于苏州河（吴淞江）上的两座水闸，今福建路桥附近的老闸和今新闸路桥附近的新闸。清嘉庆年间（1796～1820年），因吴淞江上船来船往，贸易兴旺，在老闸和新闸周围形成了两个市集，而市集附近的吴淞江北岸区域大多仍为田野。上海开埠以后，新闸、老闸北面开始发展，闸北之名由此产生。

闸北区内铁路上海站（新客站）地区商业繁华，已发展成为闸北地区的"不夜城"。在大宁生态服务集聚区分布了大宁国际商业广场、大宁灵石公园、上海马戏城等，形成了集购物、休闲、体育健身、文化娱乐、都市旅游于一体的上海中心城区北部地区公共活动中心。境内有宋教仁墓、吴昌硕故居等。超级多媒体梦幻剧《ERA时空之旅》自2005年在上海马戏城首场演出至今已达千余场，并多次荣获国家文化部和上海市的重大奖项。

闸北区是上海陆上北大门，南北高架路连接虹桥国际机场、浦东新区和市中心，境内有铁路上海站，轨道交通1号线、3号线、4号线等在闸北区内都设有站点。

旅游资源列表

编号	名称	行政位置	资源类型	单体资源等级	地理位置
ZB01	四行仓库抗日纪念地	光复路21号	FDD	5	31°14′33.96″N 121°28′01.74″E
ZB02	上海铁路博物馆	天目东路200号	FAE	5	31°15′05.40″N 121°28′18.30″E
ZB03	大宁灵石公园	广中西路288号	FAD	4	31°16′49.92″N 121°26′46.86″E
ZB04	吴昌硕故居	山西北路457弄12号	FDD	4	31°14′58.32″N 121°28′29.82″E
ZB05	宋教仁墓	共和新路1555号	FEB	4	31°16′16.32″N 121°27′11.22″E
ZB06	宝华寺	高平路1000号	FAC	3	31°17′52.50″N 121°25′24.42″E
ZB07	上海马戏城	共和新路2266号	FBC	3	31°16′48.42″N 121°26′50.34″E
ZB08	上海辽西古生物化石科普馆	共和新路912号	FAE	3	31°15′39.06″N 121°27′29.22″E
ZB09	闸北公园	共和新路1555号	FAD	3	31°16′24.30″N 121°27′24.36″E
ZB10	闸北堂	宝通路340号	FAC	2	31°15′46.44″N 121°28′43.63″E
ZB11	七浦路	七浦路	FDB	2	31°14′50.82″N 121°28′32.16″E
ZB12	三泉公园	共和新路宝德路口	FAD	2	31°19′00.24″N 121°26′33.24″E
ZB13	湖州会馆	中兴路828号	FDF	2	31°15′10.80″N 121°28′10.56″E

续表

编号	名称	行政位置	资源类型	单体资源等级	地理位置
ZB14	不夜城绿地	华盛路209号	FAD	2	31°14′46.80″N 121°27′21.54″E
ZB15	交通公园	新马路262号	FAD	1	31°14′59.58″N 121°27′46.80″E
ZB16	岭南公园	汾西路580号	FAD	1	31°18′55.62″N 121°27′05.58″E
ZB17	彭浦公园	场中路2150号	FAD	1	31°18′26.64″N 121°26′36.54″E

旅游资源单体

名称：四行仓库抗日纪念地
编号：ZB01
资源类型：FDD
单体资源等级：5
行政位置：光复路 21 号
地理位置：31°14′33.96″N
　　　　　　121°28′01.74″E

性质与特征：

　　四行仓库是位于上海闸北区苏州河北岸的一座钢筋混凝土建筑，近西藏路桥，原为金城银行、中南银行、大陆银行、盐业银行四家银行（北四行）投资建设的仓库，故称四行。四行仓库建于1931年，占地面积3 000平方米，建筑面积2万平方米，楼高六层，是当时该地区最高的建筑。

　　四行仓库抗日纪念地是八一三淞沪会战的重要见证地。1937年8月13日，淞沪会战爆发，这场战役标志着中日两国自卢沟桥事变后的不宣而战。自此，中国人民抗击日本侵略者的战争全面展开。四行仓库保卫战发生于1937年10月26日至11月1日。四行仓库先前被用作国民革命军88师师部，因此仓库中贮存了大量食物、救护用品及弹药。国民革命军88师524团团副谢晋元中校率524团一营在完成掩护大部队撤退任务后，退守至与上海公共租界仅有一条苏州河之隔的四行仓库内。他们作为中方军队在撤退至上海西部郊区的过程中对日军的牵制部队，据险固守。从10月27日凌晨至30日深夜，国民革命军88师524团一营坚持四昼夜，打退日军数十次进攻。这个消息很快通过电台传遍全城，上海市民在得到了中国守军仍在闸北地区的消息后相当激动，很多人冒雨聚集

四行仓库抗日纪念地之一

四行仓库抗日纪念地之二

在苏州河南岸，为守军助威。上海各界救亡团体及爱国人士纷纷募集食品来接济守军，他们向守军捐献了十多卡车的给养。这一行动极大地鼓舞了抗日战士的斗志。

在上海童子军战地服务团服务的杨惠敏，10月28日夜间将一面4米长的国旗裹在自己穿着的童子军军服下，冒着战火，向公共租界出发。她成功地泅渡苏州河，将国旗送至四行仓库（另一说是杨惠敏循陆路靠近仓库）。之后，杨惠敏携带了一份四行仓库守军人员名单返回公共租界，名单上共有800人，故称"八百壮士"。但事后证明，这份名单是为了战时的防卫需要而夸大的，目的在于迷惑日军，仓库内实际只有414名守军。杨惠敏所送的国旗隔天在四行仓库屋顶升起，这大大鼓舞和振奋了守军与隔岸观战的民众的士气，并获得当时驻扎在租界内的各国媒体的赞扬。事后，杨惠敏与谢晋元的事迹被广为宣传。淞沪会战，中方虽然失败并损失了国民革命军守军近三分之一的精锐部队，但它却鼓舞了中国军民的士气，并向外界传达了中国人民积极抗战的决心。媒体用"八百壮士"来称呼这414名守军，并创作了《八百壮士歌》以激励军民抵抗日本侵略军。

为纪念抗日战争胜利50周年，"四行仓库八百壮士英勇抗日事迹陈列室"1995年建成并开放。汪道涵题写了"上海四行仓库"六个大字。展示厅设有谢晋元的铜像，展示有各种文献和历史照片120多幅，谢晋元的日记、手迹等实物3件，以及四行仓库保卫战的模型。

旅游区域及进出条件：

四行仓库抗日纪念地位于苏州河北岸西藏路桥堍，近北京西路。交通便利，公交18路、46路、58路等多条线路以及轨道交通1号线、2号线、8号线等可到达。

保护与开发现状：

对外开放。1985年被上海市人民政府列为上海市文物保护单位。1994年被上海市人民政府列为上海市优秀历史建筑。

名称：上海铁路博物馆

编号： ZB02

资源类型： FAE

单体资源等级： 5

行政位置： 天目东路200号

地理位置： 31°15′05.40″N
121°28′18.30″E

性质与特征：

上海铁路博物馆是一座具有独特历史文化底蕴的博物馆，展示了自19世纪60～70年代铁路进入中国以来上海及华东铁路发展的百年历程，2004年建成开馆。

上海铁路博物馆原址为铁路上海站（老北站）。清光绪三十四年（1908年）三月沪宁铁路建成，上海站设立在界路（今天目东路）宝山路口。站屋为6间平房，其中4间用作售票、电报、邮政、办公用房，2间用作候车室。清宣统元年（1909年）六月，沪宁铁路局在车站前建成一座四层

高的办公楼，面积1 695平方米。大楼为英国式洋楼建筑，长60.5米，宽24.7米，建筑面积5 000平方米。底层是候车室和售票处，楼上是办公用房；三面墙脚皆用青岛青石建造，清水红砖外墙，部分墙面做水泥粉刷；正面有3座拱门，拱门二层是立柱，三层是弧拱，中间拱门建有雨篷；外墙面开大窗，立面线条清晰，富有立体感。

1912年1月1日，孙中山在此转乘火车到南京就任中华民国临时大总统。1913年3月20日，国民党代理理事长宋教仁准备乘车赴北京组织责任内阁时在此遇刺。1916年12月，沪宁铁路和沪杭铁路接轨，沪宁铁路上海站成为两线总站，改名上海北站，在抗日战争时期受到严重破坏。1950年，上海北站更名为上海站。1987年12月28日，铁路上海站（新客站）建成使用，铁路上海站（老北站）正式关闭。

上海铁路博物馆按照清宣统元年（1909年）建成的英式铁路上海站（老北站）站屋的原样，以1∶0.8的比例，于2004年8月建成开放。博物馆大楼带有大理石廊柱和拱形门窗，共四层，底层主展区面积为1 000平方米，另有室外展区1 300平方米。展览区域分为序厅、铁路建设、铁路运输、铁路天地、推进铁路跨域式发展、老车站场景6个部分，重现上海铁路的百年历史。室外广场展区营造了早期铁路火车站的场景，如笨重的蒸汽机车、木结构的月台雨棚等等。展馆内展出的大车头是KD7型641号蒸汽机车，20世纪40年代由美国制造，1947年，由联合国救济总署为中国在第二次世界大战后恢复经济而提供的无偿援助。墨绿色车厢是民国时期政府要员的高级公务车，据说曾用作宋美龄

上海铁路博物馆

大宁灵石公园之一

的专车。展馆内展出的小车头是 SN 型 26 号窄轨蒸汽机车，其最高时速 45 千米，可以拉动 200 余吨货物，转弯灵活，曾经在崎岖的云南山区大显身手。

旅游区域及进出条件：

上海铁路博物馆位于天目东路，近河南北路。交通便利，公交 13 路、18 路、63 路等多条线路以及轨道交通 3 号线、4 号线、8 号线、10 号线等可到达。

保护与开发现状：

对外开放。2012 年被上海市科学技术委员会命名为上海市科普教育基地。

名称：大宁灵石公园

编号： ZB03

资源类型： FAD

单体资源等级： 4

行政位置： 广中西路 288 号

地理位置： 31°16′49.92″N
　　　　　　121°26′46.86″E

性质与特征：

大宁灵石公园总面积为 68 万平方米，2002 年建成开园。

大宁灵石公园内建有 4 000 米长、6 米宽的环园道路，另辟 2 000 米长、4 米宽的环湖小径，围绕着水深 4 米的大片湖面。黄浦江支流彭越浦南北贯穿整个公园，把大宁灵石公园分成东、西、中 3 个园区。3 个园区的自然地形和景观风貌风格迥异。东部以水为主题，建有湖堤景区、湖光山色景区、湖滨湿地景区。在水域面积达 7 万平方米的人工湖上，由 3 座石桥连成一道长廊，湖边用 3 000 多吨细白沙铺就出 3 000 多平方米的人造沙滩。中部为沪上一绝的沼泽园。西部是山林景区和欧式风情景区。大宁灵石公园在东北、西北和南偏西处分别设东门、山门（也称西门）和水门。其东、西门前建有大型开敞式入口广场，成为市民休憩和聚会的场所。公园内种植了大量植物，其中乔木 8 300 株，主要是香樟、广玉兰、水杉等，还种植其

大宁灵石公园之二

他灌木面积近 1 万平方米。最为引人注目的是大宁灵石公园北面高达 19 米的人造假山。

大宁灵石公园建成后，不仅给市民提供了休闲观光场所，而且还发挥出城市绿肺的功能。大宁灵石公园是沪上有名的外拍景点之一，吸引了大批摄影爱好者。

旅游区域及进出条件：

大宁灵石公园东起共和新路，西至运城路，北临广中西路，南至宜川路，毗邻上海马戏城。交通便利，公交 40 路、46 路等多条线路以及轨道交通 1 号线等可到达。

保护与开发现状：

对外开放。2007 年被上海市绿化和市容管理局评为上海市三星级公园。2009 年被全国旅游景区质量等级评定委员会评为国家 AAA 级旅游景区。

名称：**吴昌硕故居**
编号：ZB04
资源类型：FDD
单体资源等级：4
行政位置：山西北路 457 弄 12 号
地理位置：31°14′58.32″N
　　　　　121°28′29.82″E

性质与特征：

吴昌硕故居为三间两厢的二层石库门建筑。吴昌硕 1913 年迁居上海，至 1927 年病故，在此度过了一生中最重要的 14 个春秋。二层东厢房为卧室兼书房，二层中间设画室，吴昌硕最后一幅画作《兰花》亦完成于此。

吴昌硕（1844～1927 年）（原名俊、俊卿，号缶庐、苦铁、大聋），浙江安吉人，中国当代绘画家、书法家、篆刻家。清光绪三十年（1904 年），在杭州西湖孤山创立西泠印社并任社长。吴昌硕的书画篆刻作品对近现代画家影响颇深，尤其受到日本画界的推崇。其传世之作有《乱石山松图》《桃实图》《芭蕉枇杷图》《葫芦图》《墨荷图》。编有《吴昌硕画选》《缶庐集》《吴苍石印谱》《缶庐印存》等作品集。

旅游区域及进出条件：

吴昌硕故居位于山西北路海宁路口的狭弄内。交通便利，公交 6 路、13 路、14 路等多条线路以及轨道交通 3 号线、4 号线、8 号线、10 号线等可到达。

保护与开发现状：

对外开放。1985 年被上海市人民政府列为上海市文物保护单位。

名称：**宋教仁墓**
编号：ZB05
资源类型：FEB
单体资源等级：4
行政位置：共和新路 1555 号
地理位置：31°16′16.32″N
　　　　　121°27′11.22″E

性质与特征：

宋教仁墓位于闸北公园，建于 1914 年。墓地面积 6 000 平方米，墓地北面是一块高 1.13 米，面积为 261 平方米的墓台，系用金山石材铺砌，台南为宽 4 米的 8 级台阶，台周围有高 0.8 米的石栏。宋教仁墓位于台中央，为外覆混凝土的半球体，高 2.8 米，直径 3.5 米，墓顶饰有脚踩恶蛇的雄

吴昌硕故居

鹰，墓前立有"宋教仁先生之墓"的紫色花岗石墓碑。距墓南10余米处是宋教仁的石雕坐像。在石雕坐像中，宋教仁身穿大衣，左手持书，右手托腮，神态亲切感人。此像高1.5米，正方形三级大理石基座高1米，底边长3.2米，基座正面篆刻着宋教仁之号"渔父"两字，是章炳麟的手迹；背面刻着于右任撰写的铭文。台南的广场及墓道均用花岗石铺砌。墓道口，两根天蓝色灯柱和两株高4米、蓬径4.5米的瓜子黄杨球分列左右。墓区周围广植龙柏、广玉兰、香樟、鹅掌楸、苦楝、罗汉松、月桂、棣棠、郁李、蚊母树、夹竹桃等多种乔灌木，气氛庄严肃穆。

宋教仁（1882～1913年）（字遯初、钝初，号渔父），湖南桃源人。清光绪三十年（1904年）在长沙创立华兴会。清光绪三十三年（1907年）赴东北联络义军。清宣统二年（1910年）创办《民立报》任主笔，宣传资产阶级民主革命思想。1912年任南京临时政府法制院院长，创办《太平洋报》。1913年任国民党代理理事长。在1913年初的国会选举中，国民党获胜，将以多数党的地位组织责任内阁，宋教仁准备出任内阁总理，因而成为总统袁世凯独揽大权的最大政敌。袁世凯派人给宋教仁送去一张50万元的银行支票，并表示如不够用还可以增加。宋教仁不为金钱所诱，坚持南下竞选。1913年春，宋教仁到达上海，沿途发表演说，批评时政，反对袁世凯专权，主张成立责任内阁，制定民主宪法。这一切令袁世凯大为嫉恨。袁世凯密令国务总理赵秉钧策划谋杀宋教仁，以除心腹大患。1913年3月20日，宋教仁在铁路上海站老北站遭袁世凯所派刺客的枪击。他在遗电中嘱咐："开诚心，布公道，竭力保障民权。"22日清晨，宋教仁去世，年仅31岁。23日移柩于湖南会馆，6月26日葬于闸北象仪巷。孙中山挽联曰："作公民保障，谁非后死者；为宪法流血，公真第一人。"国民党辟地百余亩（约6.67万平方米），其

宋教仁墓

中用于墓园的有2.87万平方米，自湖州会馆起北至墓地辟了一条长约2 500米的道路，命名宋园路。宋教仁著作有《宋教仁集》、《宋渔父日记》、《间岛问题》等。

旅游区域及进出条件：

宋教仁墓位于闸北公园。交通便利，公交40路、46路、95路等多条线路以及轨道交通1号线、8号线等可到达。

保护与开发现状：

对外开放。1981年被上海市人民政府列为上海市文物保护单位。

名称：宝华寺

编号：ZB06

资源类型：FAC

单体资源等级：3

行政位置：高平路1000号

地理位置：31°17′52.50″N
121°25′24.42″E

性质与特征：

宝华寺

宝华寺又称惠济宝华寺，始建于南宋咸淳年间（1265～1274年），明清曾两度重建。民国初，旧宇倾圮，仅存西偏禅房数椽及寺基1.3万平方米。1921年，上海惠生慈善社施资重建宝华寺，置田近百亩（约6.67万平方米），增设惠济医院、昌明小学、惠生助产学校分校、残废院、诉然亭、放生池等社会慈善机构与设施。在1937年的八一三事变时期被日军毁坏，仅存大殿。抗日战争胜利后，当时主持上海临时联合救济会总干事的赵朴初和陆梅僧等居士，在宝华寺的废墟上创办了上海"少年村"。"少年村"以佛教慈悲的精神为本，以收容、教育流浪儿童为任务，以培养造就民族有用之才为宗旨，因此，得到了宋庆龄及中国福利基金会的援助和支持。1951年4月，"少年村"由中国人民救济总会上海分会接管，并入上海儿童福利会。

2001年6月16日，宝华寺举行了隆重的寺院建设奠基典礼，2006年5月落成，并举行了殿宇佛像开光暨永觉方丈晋院升座典礼。

现寺内有山门、天王殿、大雄宝殿、钟鼓亭、东西配殿等建筑，这些建筑具有宋代建筑艺术风格。

旅游区域及进出条件：

宝华寺位于高平路与江场西路交界处。公交151路、165路、909路等多条线路可到达。

保护与开发现状：

对外开放。

名称：上海马戏城

编号：ZB07

资源类型：FBC

单体资源等级：3

行政位置：共和新路2266号

地理位置：31°16′48.42″N
121°26′50.34″E

上海马戏城

性质与特征：

上海马戏城是以杂技、马戏表演为主体，集文化、娱乐、休闲、购物、餐饮为一体的综合性娱乐场所，占地面积2.25万平方米，1999年落成营业。

上海马戏城由杂技场、排练辅助房、娱乐城、兽房、演员接待中心等几部分组成，有"中国马戏第一城"之誉。杂技场建有造型独特的穹顶，共有1 638个座位。场内配有世界一流的高科技灯光和音响设备，以及由计算机自动调节的吊点、平台、灯光、音响及吊杆、吊幕等；通过数码调音台可根据指令按时存取节目；高空具有3圈马道和4个随意调节的升降吊笼。上述这一切构成了一个设施完整、功能齐全的现代化杂技表演场所，能适应高空、半空和地面同步立体化、大场面表演的需要。这样的设计，既能确保杂技、马戏大赛和表演的正常使用，又能为综合性音乐、歌舞演出提供良好的表演空间。

上海马戏城的兽房有大象高房、猛兽套房、人造海水海狮房、熊猫房、马房、动物节目排练房等，总建筑面积1 540平方米。配套设施一应俱全，设有空调系统、动物电梯、动物伙房等，俨然为一座动物的豪华宫殿。

上海马戏城近年来的重大演出主要有上海国际魔术节暨国际魔术比赛、全国金奖杂技比赛、俄罗斯冰上马戏、国家舞台精品工程剧目《依依山水情》等。自2005年起首演的超级多媒体梦幻剧《ERA时空之旅》历经多年已经成为上海都市旅游品牌产品，迄今已演出千余场。

旅游区域及进出条件：

上海马戏城位于广中西路共和新路口，邻近大宁灵石公园。交通便利，公交46路、79路等多条线路以及轨道交通1号线等可到达。

保护与开发现状：

对外开放。

名称： 上海辽西古生物化石科普馆
编号： ZB08
资源类型： FAE
单体资源等级： 3
行政位置： 共和新路912号
地理位置： 31°15′39.06″N
　　　　　　121°27′29.22″E

性质与特征：

上海辽西古生物化石科普馆是以古生物为主题的专题性展示馆，展示面积800平方米，2005年建成开馆。

上海辽西古生物化石科普馆展品分为鸟类、昆虫类、鱼类、爬行类、植物类五大部分，以3件镇馆之宝——中华龙鸟、攀援始祖兽、辽宁古果化石为核心，展出有距今1.4亿～1.25亿年前的古生物化石300余件，并展示了1亿年前的古生物演化、古生态环境、古地质环境等。

上海辽西古生物化石科普馆

旅游区域及进出条件：

上海辽西古生物化石科普馆位于共和新路芷江西路口的云华科技大厦。交通便利，公交40路、65路、98路等多条线路以及轨道交通1号线、3号线、4号线、8号线等可到达。

保护与开发现状：

对外开放。2012年被上海市科学技术委员会命名为上海市科普教育基地。

闸北区

名称：**闸北公园**

编号：ZB09

资源类型：FAD

单体资源等级：3

行政位置：共和新路 1555 号

地理位置：31°16′24.30″N
　　　　　121°27′24.36″E

性质与特征：

闸北公园原为安葬宋教仁的"宋公园"，因无人管养，杂草丛生，园地荒芜。1929 年 9 月，上海特别市政府 132 次市政会议通过决议，拨款修缮宋公园，并作为公园开放。1946 年 6 月 5 日更名为"教仁公园"，经整修后，在 1946 年 11 月 18 日重新开放。1950 年更名为闸北公园。1981 年扩建并修复。现占地面积 13.69 万平方米。

闸北公园从东至西大体呈长方形，采取自然式布局。公园西部以宋教仁墓为主体，其后有土山、荷花池。公园中部为主景区，有一个面积 1 万多平方米的园湖，水面宽狭不一，岸线曲折多变；湖中有 2 个大岛，一个半岛，岛上假山高低错落。公园的主建筑春晖堂在园湖东端，其余亭、榭也多在岛中，或沿湖岸而建。公园东部为林区、草坪、荷花池和儿童园。沿着公园围墙植有白杨、榆、柳、枫、香樟、泡桐、广玉兰、黄桦等乔木疏林，配植蚊母、夹竹桃、海棠、紫荆等灌木。公园西南大门外的花坛中央，矗立着一个特大的提梁铜茶壶，壶高 3.1 米，直径为 2.5 米，耗用 0.5 毫米厚的黄铜板 1.5 吨，壶体上以紫铜镶嵌赵冷月题"壶王迎客"4 个大字。在壶前直径 1.9 米、高 0.25 米的铜茶碟上，置一直径 1.25 米、高 1 米的铜茶杯。这套特大茶具的基座长 6.53 米，宽 3.35 米，外贴黑色瓷砖，正面刻"云海壶王，以茶会友"的金字铭文；基座上的杯座高 0.12 米，壶座成倾斜状，高 0.52～1.67 米，构成茶壶正在向茶杯倒茶的情景。花坛面积 40 平方米，壶座四周植雀舌黄杨和矮牵牛，并以旱金莲围边。

闸北公园之一

闸北公园之二

春晖堂位于公园中部，园湖北岸，三面临水，为民国初年建筑。春晖堂为砖木结构，粉墙青瓦，饰以漏窗、砖雕，面积788平方米。院门外有一座青石栏杆的钢筋混凝土平桥越湖往南岸。院门内天井以花岗石铺地，前堂高大宽敞，朱红立柱，青花地砖，花格落地长窗；后院为五开间平房。墙外遍植青桐、海棠、丁香、龙柏、棕榈、盘槐、罗汉松，配植八仙花、黄金条、桃叶珊瑚等花灌木和翠竹。堂内经常举办各种园艺、书画展览。闸北公园尤以海棠为特色，有垂丝海棠、木瓜海棠、贴梗海棠、西府海棠、倭海棠等品种千余株。

旅游区域及进出条件：

闸北公园西临共和新路，南沿洛川东路，东至平型关路，北近延长路。交通便利，公交46路、95路等多条线路以及轨道交通1号线、8号线等可到达。

保护与开发现状：

对外开放。2010年被上海市绿化和市容管理局评为上海市四星级公园。

名称： 闸北堂
编号：ZB10
资源类型：FAC
单体资源等级：2
行政位置：宝通路340号
地理位置：31°15′46.44″N
　　　　　121°28′43.63″E

性质与特征：

闸北堂前身为"虹口长老会"，清光绪十四年（1888年）由美北长老会传教士范约翰创立。清光绪二十年（1894年）俞国桢牧师起任牧职，力主中国教会独立自主，挣脱外国教会的控制。清光绪三十年（1904年）信徒捐款在海宁路建造堂舍，定名为"沪北海宁路自立长老会堂"。1914年，出售海宁路房屋，在闸北区宝通路商务印书馆周围另建新堂，改名"闸北自立长老会堂"。1927年闸北堂加入中华基督教会，更名为"中华基督教会闸北堂"。1932年1月28日和1937年8月13日，闸北堂两次毁于日军的炮火中。现教堂于1947年重建。1958年，闸北区16处教堂合并于闸北堂。在文革中，闸北堂被关闭，并被工厂占用。1982年7月，闸北堂恢复开放。

旅游区域及进出条件：

闸北堂位于中兴路与宝通路交界处。交通便利，公交65路、66路、78路等多

闸北堂

条线路以及轨道交通3号线、4号线、8号线等可到达。

保护与开发现状：

对外开放。

名称：七浦路

编号：ZB11

资源类型：FDB

单体资源等级：2

行政位置：七浦路

地理位置：31°14′50.82″N
　　　　　121°28′32.16″E

性质与特征：

七浦路始建于清光绪二十四年（1898年），东起江西北路，西迄热河路，全长1 096米（闸北区境内长度为918米），当时属公共租界。清同治三年至清光绪元年（1864～1875年），老闸桥（今福建路桥）、天后宫桥（今河南路桥）先后建成，苏州河两岸南北通衢，七浦路一带得风气之先，也逐渐被开发。清光绪十九年（1893年），七浦路区域被并入公共租界，其城市化发展速度开始加快。20世纪初期，七浦路先后建起了一批砖木结构的石库门建筑，渐成规模。这里交通便捷，与铁路上海站（老北站）咫尺相邻，占尽人流物流之便，容易在各业汇聚中形成气候而成市。到20年代末期，七浦路一带茶业市场兴旺发展起来，成为当时闸北东南部的繁华地区。1981年4月改建为七浦路小商品市场，并逐步发展成以批量销售各类服装为主、兼营服装辅料的专业市场。经过30多年的发展，七浦路已经成为上海地区规模较大的服装批发市场，在全国拥有一定的知名度。

旅游区域及进出条件：

七浦路位于闸北区东南部。交通便利，公交14路、17路、25路等多条线路以及轨道交通2号线、3号线、4号线、8号线、10号线等可到达。

保护与开发现状：

对外开放。

名称：**三泉公园**

编号：ZB12

资源类型：FAD

单体资源等级：2

行政位置：共和新路宝德路口

地理位置：31°19′00.24″N
　　　　　121°26′33.24″E

性质与特征：

三泉公园是为居住区配套建设的社区生态绿地，占地面积2.7万平方米，1997年建成开园。

三泉公园以绿、泉为主题，以植物造景为主体，充分体现了人与自然的和谐共存。"迎宾壁"为入口的障景，背景为水杉林、香樟林等高直树干。"银泉湖"为全园中心景观，湖岸花廊轻巧空透，紫藤盘绕，疏植烟柳，三面临竹，一派田园风光。"诗竹园"内种植翠竹和灌木，自然幽静。密林与花丛、粗犷与精致、单色与多色相间有序。"晚晴亭"上筑有仿树皮亭顶，其周围的乔木、地坪、水体曲折有致，布局收放得体。

旅游区域及进出条件：

三泉公园位于共和新路保德路口。交通便利，公交95路、705路等多条线路以及轨道交通1号线等可到达。

保护与开发现状：

对外开放。2008年被上海市绿化和市容管理局评为上海市三星级公园。

三泉公园

名称：**湖州会馆**

编号：ZB13

资源类型：FDF

单体资源等级：2

行政位置：中兴路828号

地理位置：31°15′10.80″N
　　　　　121°28′10.56″E

性质与特征：

湖州会馆为浙江湖州同乡在沪聚会场所，占地面积约1.33万平方米。会馆内筑亭台楼阁，置花坛草地，门牌楼镌"湖州会馆"四字，清光绪二十六年（1900年）建成开馆。1932年、1937年两次遭遇日军战火，绝大部分被毁。1996年恢复重建。

湖州会馆为大革命时期上海工人运动的中心。1927年，在上海工人第三次武装

湖州会馆

起义之前，湖州会馆内驻有军阀部队。1927年3月21日举行上海工人第三次武装起义之时，闸北工人纠察队在上海大学、复旦大学、暨南大学等各校的大学生的配合下攻占湖州会馆。1927年3月24日，上海总工会迁入湖州会馆办公。

旅游区域及进出条件：

湖州会馆位于中兴路西藏北路口。交通便利，公交65路、69路、78路等多条线路以及轨道交通3号线、4号线、8号线等可到达。

保护与开发现状：

对外开放。1977年被上海市人民政府列为上海市文物保护单位。

名称：不夜城绿地

编号：ZB14

资源类型：FAD

单体资源等级：2

行政位置：华盛路 209 号

地理位置：31°14′46.80″N
　　　　　121°27′21.54″E

不夜城绿地

性质与特征：

不夜城绿地为市中心的开放式公共绿地，占地面积 4.3 万平方米，2002 年落成开园。

不夜城绿地以"绿溪香行月中缘"为主题，在喧闹的都市环境中营造了一处闹中取静、情景交融的绿色天地。绿地内各类树种逾百，乔木林占绿地总面积的 60%。

旅游区域及进出条件：

不夜城绿地位于共和新路以西、天目西路以南、华康路以东、恒通路以北的区域。交通便利，公交 13 路、58 路、63 路等多条线路以及轨道交通 1 号线、3 号线、4 号线、8 号线等可到达。

保护与开发现状：

对外开放。2007 年被上海市绿化和市容管理局评为上海市三星级公园。

名称：交通公园

编号：ZB15

资源类型：FAD

单体资源等级：1

行政位置：新马路 262 号

地理位置：31°14′59.58″N
　　　　　121°27′46.80″E

性质与特征：

交通公园坐南朝北，东西长、南北窄，原为棚户区，习称"炒米浜"。在 1937 年的八一三事变中，棚屋大多毁于日军炮火中。此后，难民又陆续在此重建家园。1953 年，一场大火再一次把这里的棚屋烧成灰烬。1954 年 1 月 1 日辟建为公园，因园南墙外原系交通路，故定名为交通公园。1972 年，因建防空设施而关闭。1979 年重建后开放。现占地面积 1.58 万平方米。

交通公园大门西侧休息廊为半廊，长 30 米，宽 12.1 米，为砖木结构，廊墙上有形状各异的漏窗。廊外有青石制作的圆桌、圆凳 5 组，2 个花坛中散点湖石，植罗汉松、十大功劳和木香等花木。廊前廊后有高大的乔木，使全廊尽在浓荫覆盖之中。公园中部有 2 个翩翩起舞的少女塑像，以汉白玉雕刻而成，像高 1.8 米，底座高 0.5 米。塑像下为冬青大花坛，旁边还有 3 个略高一点的小花坛，花坛内植月季、五针松、黄杨。公园西部有座紫藤棚架，为混合结构，长 16.6 米，宽 6.5 米，面积 78 平方米，地坪用彩色大理石碎片铺成。早期，沿围墙种植的悬铃木、白腊树、枫杨已有 40 多年

交通公园

树龄。公园门口有一条由悬铃木、香樟组成的林荫道，两边配植广玉兰、雪松、青枫、垂丝海棠、桃叶珊瑚等，以大叶黄杨作绿篱，麦冬为地被植物。儿童园设在公园的东端，有大象、鱼形滑梯、组合攀登架、单双杠等设施，对儿童免费开放。

旅游区域及进出条件：

交通公园位于西藏北路天目中路口。

交通便利，公交 13 路、46 路、63 路等多条线路以及轨道交通 1 号线、3 号线、4 号线、8 号线等可到达。

保护与开发现状：

对外开放。

名称：岭南公园

编号：ZB16

资源类型：FAD

单体资源等级：1

行政位置：汾西路 580 号

地理位置：31°18′55.62″N

121°27′05.58″E

性质与特征：

岭南公园原为农田，1984 年辟建公园。1989 年 3 月 9 日，江泽民同志到公园参加植树活动时题写了园名。公园占地面积约 3.83 万平方米，1989 年 10 月 1 日建成开放。

岭南公园采取自然式布局，地形稍加改造以增加起伏。全园以草坪为主体，利用原有池塘、水系建成溪河，沿河建茶室、曲桥、水榭。水面以小岛和半岛分割，地面以植物及平台隔景、障景。位于公园西南大门外的双亭花坛内种植五针松、罗汉松、八角金盘、紫荆和棕榈，树丛下间种一串红衬托，南侧种植成片金盏菊草花，边缘铺设马蹄金草皮。花坛中央有白色的似亭小建筑，钢筋混凝土结构，高 4.6 米，无顶，由 4 根立柱支撑高低 3 层交叉的方框架构成，造型奇特。公园大门处的平台高 1 米，长 25 米，宽 22 米，四面有台阶可登。平台地坪以花岗石铺设，四周亦以花岗石贴面。台中央的花坛长 6.2 米，宽 5.5 米，高 0.1 米，花坛中的建筑学会标志为铜制朝天"十"字形雕塑，中间和 4 个顶端各有一边长 0.38 米的正方形烛台。雕塑高 1.4 米，黄色瓷砖贴面的基座高 0.42 米。平台四周的花坛植翠柏、凤凰柏、瓜子黄杨球、雀舌黄杨、茶花、月季等花灌木。

公园中部南面是大草坪，西南连平台，北临河溪，占地面积约 6 800 平方米。明月

岭南公园

彭浦公园

榭位于公园西北部，白色，混合结构，平顶，北有高1.3米的钢筋混凝土墙，中间高1.8米的曲墙上有一圆形漏窗。榭东为临水平台，三面有金属栏杆，磨石子地坪上置桌凳3组。其他景观还有健美岛、园湖、曲桥等。

旅游区域及进出条件：

岭南公园南临汾西路，北近保德路，东邻安业路，西沿岭南路。交通便利，公交04路、46路等多条线路以及轨道交通1号线等可到达。

保护与开发现状：

对外开放。

名称：**彭浦公园**
编号：ZB17
资源类型：FAD
单体资源等级：1
行政位置：场中路2150号
地理位置：31°18′26.64″N
　　　　　121°26′36.54″E

性质与特征：

彭浦公园所在地原为宝山县大场乡洪桥头村农田，1983年3月动工辟建公园，1984年12月28日建成开放。1994年扩建。现占地面积2.27万平方米。

彭浦公园为自然式布局，分成内园和外园两大部分。外园空旷开阔，入口处堆叠黄石假山，建造景墙棚架障景。内园曲折幽深，有亭、廊、棚架和竹丛、树林。位于公园大门外的黄石假山长7米，宽2米，高5米，四周种植罗汉松、红叶李、凤尾竹、十姐妹和麦冬。公园内有一座景观墙，景观墙西连紫藤棚架，钢筋混凝土结构，棚架朝北单挑，长11米，宽2.5米，高4.5米，四根柱间有花格窗装饰，种植紫藤两株。公园北部的月季花坛中有一座花岗石的少女塑像，塑像高2米，周围种有月季、杜鹃、瓜子黄杨、雀舌黄杨和麦冬。

公园西部内园入口处有一座棚架，长9.2米、宽5.3米、高4米，种植紫藤4株。西北隅有一座由游廊和棚架组成的棚架廊，钢筋混凝土结构，有两级台阶，长8.7米、宽3.3米、高2.9米，平顶，单檐，檐口用黄色马赛克贴面，淡棕色方钢构筑的挂落，廊墙上有漏窗3组，廊内为水泥地坪，廊柱间设条凳。廊西连接棚架，水泥仿竹结构，架上有攀援紫藤6株。棚架廊北种植夹竹桃，南面隔园路是一片300多株的桂花林和占地约500多平方米的水杉林。全园以常绿的香樟、夹竹桃为主，配置成四季景色，春景有海棠、紫藤、黄馨、金丝桃，夏景有十姐妹、石榴、夹竹桃、栀子花，秋景有桂花、乌桕、红叶李，冬景有常绿的罗汉松、香樟。

旅游区域及进出条件：

彭浦公园位于场中路共和新路口。交通便利，公交04路、46路等多条线路以及轨道交通1号线等可到达。

保护与开发现状：

对外开放。2011年被上海市绿化和市容管理局评为上海市三星级公园。

虹口区

上 海 旅 游 资 源 图 志

概况

虹口区位于上海市中心城区东北部，南连黄浦江、苏州河交汇处，东与杨浦区接壤，西与闸北区毗连，南与浦东新区、黄浦区隔水相望，北与宝山区相邻。区域面积23.48平方千米。2012年度，虹口区户籍人口79.00万人，辖8个街道（嘉兴路街道、提篮桥街道、四川北路街道、欧阳路街道、曲阳路街道、广中路街道、凉城新村街道、江湾镇街道）。2012年度，全区完成三级财政收入129.64亿元，完成建筑业总产值366.02亿元，完成社会消费品零售总额252.11亿元。2012年度，全区星级宾馆及其他重点住宿业实现营业收入14.00亿元，旅行社实现营业收入18.34亿元。2012年度接待游客144.35万人次。

虹口区因虹口港而得名，境域原为唐代东海捍海塘内滩地，跨吴淞江南北两岸，南岸先后隶属海盐县、华亭县和上海县，北岸先后隶属昆山县、嘉定县和宝山县。清同治二年（1863年），南境部分属英美公共租界，部分仍隶属上海县。清光绪二十五年（1899年），英美公共租界扩展，并改称上海国际公共租界。翌年，公共租界分北、东、西、中四区。境内租界地域属公共租界的东区和北区。1912年，经江苏省署核准，宝山县江湾、彭浦两乡南境和上海县北境各一部分成立闸北区。1927年，上海特别市成立，次年，改置所辖17个市乡为区。当时南境属特别区（即租界）和引翔区，北境属闸北区、江湾区。抗日战争胜利后，上海市政府将原属公共租界北区部分、闸北区、江湾区、引翔区重新划分为十六区、十七区、十八区，后又分别改称为虹口区、北四川路区、提篮桥区。1949年后，境内的行政区划曾多次调整。1956年，北四川路区与虹口区合并。1959年，提篮桥区和虹口区合并。直至1984年形成境域现状。

虹口区历史建筑精品荟萃、类型丰富，具有深厚的海派文化特色。区内历史文化底蕴深厚，鲁迅故居、上海邮政总局大楼为全国重点文物保护单位。瞿秋白寓所旧址、李白烈士故居等一批名人故居分布在区域中部；多伦路周围有鲁迅公园、鲁迅墓、中国左翼作家联盟成立大会会址纪念馆等。目前，多伦路文化名人街已成为上海市新的文化旅游亮点。

虹口区地理位置优越，外滩隧道的建成加快了浦江两岸快速路网的一体化进程，使虹口区与陆家嘴地区、外滩地区快速通达。内环高架路、中环路横贯区域，轨道交通3号线、4号线、8号线、10号线和12号线等穿越区境，公交线路四通八达，虹口足球场综合交通枢纽是上海东北部地区大规模的地铁和公交换乘中心。

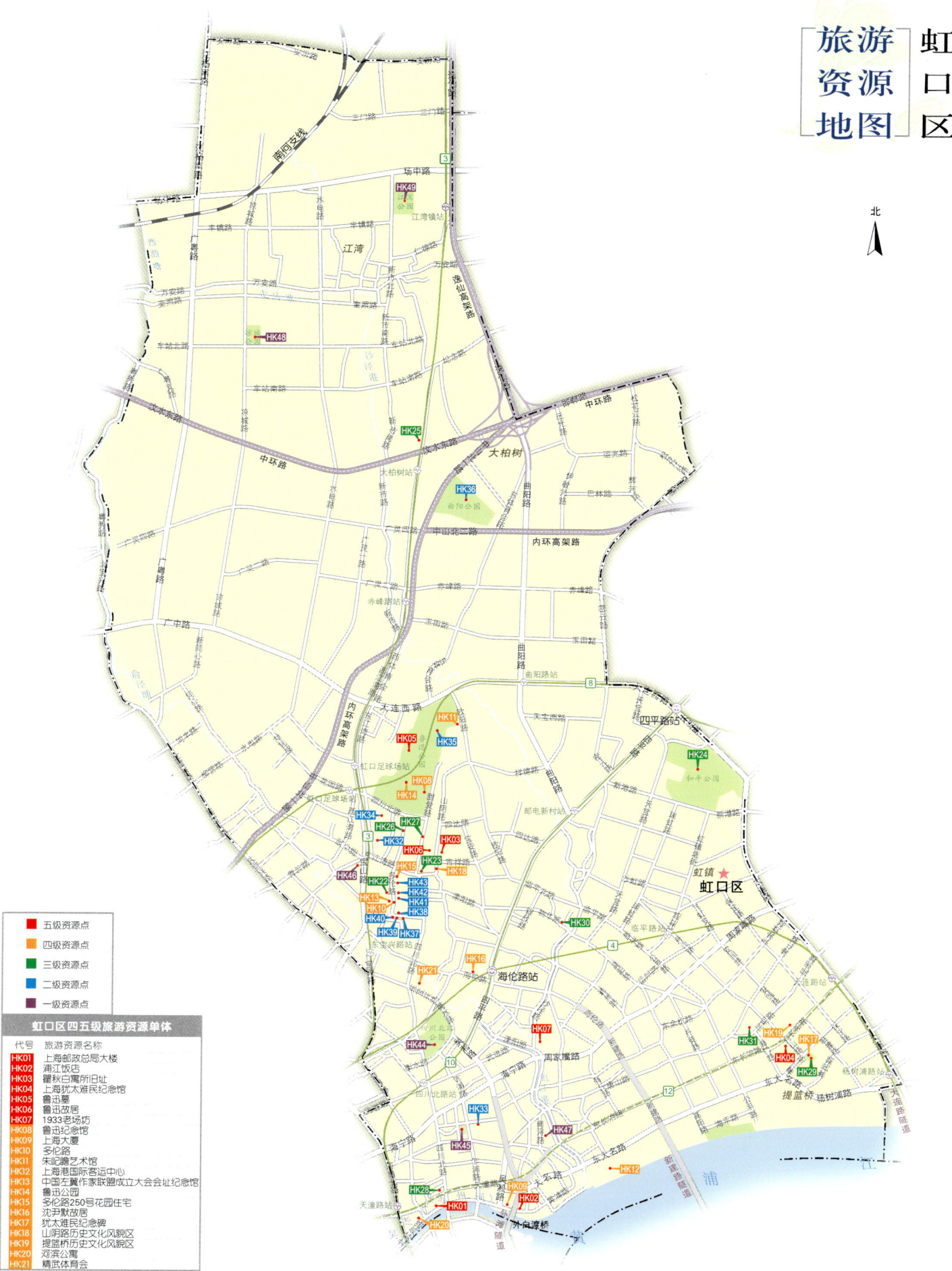

旅游资源列表

编号	名称	行政位置	资源类型	单体资源等级	地理位置
HK01	上海邮政总局大楼	北苏州路276号	FDD	5	31°14′47.22″N 121°28′51.96″E
HK02	浦江饭店	黄浦路15号	FDD	5	31°14′45.54″N 121°29′10.56″E
HK03	瞿秋白寓所旧址	山阴路133弄12号	FDD	5	31°16′04.86″N 121°28′48.90″E
HK04	上海犹太难民纪念馆	长阳路62号	FAE	5	31°15′23.04″N 121°30′16.74″E
HK05	鲁迅墓	四川北路2288号	FEB	5	31°16′13.80″N 121°28′40.32″E
HK06	鲁迅故居	山阴路132弄大陆新村9号	FDD	5	31°16′05.58″N 121°28′48.54″E
HK07	1933老场坊	溧阳路611号	FAZ	5	31°15′22.50″N 121°29′14.10″E
HK08	鲁迅纪念馆	甜爱路200号	FDD	4	31°16′13.80″N 121°28′40.32″E
HK09	上海大厦	北苏州路20号	FDD	4	31°14′47.46″N 121°29′07.56″E
HK10	多伦路	多伦路	FDB	4	31°15′50.22″N 121°28′45.36″E
HK11	朱屺瞻艺术馆	欧阳路580号	FAE	4	31°15′34.44″N 121°28′54.36″E
HK12	上海港国际客运中心	东大名路500号	FFC	4	31°14′58.62″N 121°29′33.96″E
HK13	中国左翼作家联盟成立大会会址纪念馆	多伦路201弄2号	FDD	4	31°15′55.86″N 121°28′35.64″E

续表

编号	名称	行政位置	资源类型	单体资源等级	地理位置
HK14	鲁迅公园	四川北路 2288 号	FAD	4	31°16′13.80″N 121°28′40.32″E
HK15	多伦路 250 号花园住宅	多伦路 250 号	FDA	4	31°15′59.36″N 121°28′38.13″E
HK16	沈尹默故居	海伦路 504 号	FDD	4	31°15′38.04″N 121°28′58.20″E
HK17	犹太难民纪念碑	霍山路 118 号	FCH	4	31°15′20.88″N 121°30′23.28″E
HK18	山阴路历史文化风貌区	四川北路街道、欧阳路街道	FDC	4	31°16′01.20″N 121°28′49.02″E
HK19	提篮桥历史文化风貌区	提篮桥街道	FDC	4	31°15′26.88″N 121°30′20.82″E
HK20	河滨公寓	北苏州路 340 号	FDA	4	31°14′44.64″N 121°28′52.56″E
HK21	精武体育会	四川北路 1702 弄 30 号、34 号	FBD	4	31°15′29.03″N 121°28′58.40″E
HK22	中国共产党在虹口史料陈列馆	多伦路 215 号	FAE	3	31°15′35.58″N 121°28′36.24″E
HK23	内山书店旧址	四川北路 2048 号	FDD	3	31°16′00.30″N 121°28′45.12″E
HK24	和平公园	天宝路 891 号	FAD	3	31°16′24.84″N 121°29′46.02″E
HK25	淞沪铁路江湾站旧址	汶水东路广纪路口	EBE	3	31°17′31.11″N 121°29′00.01″E
HK26	四川北路	四川北路	FDB	3	31°16′09.00″N 121°28′40.44″E

续表

编号	名称	行政位置	资源类型	单体资源等级	地理位置
HK27	甜爱路	甜爱路	FDB	3	31°16′00.21″N 121°29′01.29″E
HK28	新亚大酒店	天潼路422号	FDD	3	31°14′43.08″N 121°29′08.07″E
HK29	霍山公园	霍山路118号	FAD	3	31°15′20.88″N 121°30′23.28″E
HK30	上海益民食品一厂历史展示馆	香烟桥路13号	FAE	3	31°15′45.78″N 121°29′34.70″E
HK31	下海庙	昆明路73号	FAC	3	31°15′25.74″N 121°30′09.78″E
HK32	空间188创意产业园	东江湾路188号	FAZ	2	31°16′06.48″N 121°28′26.16″E
HK33	景灵堂	昆山路135号	FAC	2	31°15′05.76″N 121°28′59.64″E
HK34	李白烈士故居	黄渡路107弄15号	FDD	2	31°16′11.88″N 121°28′40.56″E
HK35	梅亭	四川北路2288号	FDD	2	31°16′13.80″N 121°28′40.32″E
HK36	曲阳公园	中山北一路880号	FAD	2	31°17′17.64″N 121°29′00.24″E
HK37	鸿德堂	多伦路59号	FAC	2	31°15′50.34″N 121°28′40.50″E
HK38	多伦路66号花园住宅	多伦路66号	FDA	2	31°15′51.66″N 121°28′40.58″E
HK39	多伦路85号花园住宅	多伦路85号	FDA	2	31°15′50.87″N 121°28′39.07″E
HK40	多伦路93号花园住宅	多伦路93号	FDA	2	31°15′50.76″N 121°28′38.17″E
HK41	多伦路208号花园住宅	多伦路208号	FDA	2	31°15′56.95″N 121°28′37.67″E
HK42	多伦路210号花园住宅	多伦路210号	FDA	2	31°15′57.14″N 121°28′37.99″E
HK43	多伦路240号花园住宅	多伦路240号	FDA	2	31°15′58.68″N 121°28′38.03″E

续表

编号	名称	行政位置	资源类型	单体资源等级	地理位置
HK44	四川北路公园	四川北路1428号	FAD	1	31°15′19.92″N 121°28′46.02″E
HK45	昆山公园	昆山花园路13号	FAD	1	31°15′03.66″N 121°28′54.78″E
HK46	淞沪铁路天通庵站遗址	同心路宝山路口	EBE	1	31°15′56.60″N 121°28′47.52″E
HK47	虹口耶稣圣心堂	南浔路246号	FAC	1	31°15′01.74″N 121°29′15.48″E
HK48	凉城公园	凉城路800号	FAD	1	31°17′57.54″N 121°28′02.40″E
HK49	江湾公园	新市北路1505号	FAD	1	31°18′27.48″N 121°28′37.44″E

上海邮政总局大楼

旅游资源单体

名称：上海邮政总局大楼
编号： HK01
资源类型： FDD
单体资源等级： 5
行政位置： 北苏州路276号
地理位置： 31°14′47.22″N
　　　　　　　121°28′51.96″E

性质与特征：

　　上海邮政总局大楼位于苏州河畔四川路桥北塊，占地面积近1万平方米，建筑面积2.53万平方米，1924年建成使用。

　　鸦片战争以后，以近代工业文明为基础的西方邮政被移植到中国。上海开埠后，英国人最先在租界设立"大英书信局"，办理上海当地的信件传递，并自己印邮票和明信片。清光绪四年（1878年），任清朝总邮政司的英国人赫德（Robert Hart）派德璀琳（Detring Gustav von）负责办理中国邮政，并印制现今全球闻名的"大龙邮票"。清宣统三年（1911年），清政府设邮传部，将邮政与海关分开。1917年，中国政府出钱要在上海修建邮政总局大楼，以逐步消除外国人在中国的影响。但外国人不肯放手，双方在选址上发生争执。中国政府打算选址在上海火车北站，因为这里交通方便；而外国人要选址在他们的权力所控制的租界内。最后，双方达成折中的结果，放在四川路桥北堍，这样选址既在公共租界内，又距火车站很近，再加上紧靠苏州河边，水上运输也很方便。

上海邮政总局大楼于1922年动工，1924年竣工。由英国设计师史久生设计，余洪记营造厂承建。该大楼的建筑规模在当时堪称亚洲同行业建筑之最。其粗大的石柱和水泥雕塑雄伟壮观，体现了英国古典式大型建筑艺术的风格。钢筋混凝土"井"字形框架结构，占地面积近1万平方米，建筑面积2.9万平方米。1949年后，又扩建了5 800平方米。平面呈"U"形，主楼高四层，另有一层地下室。转角处有16世纪流行的意大利巴洛克式钟楼1座，上有塔楼。钟楼高13米，塔楼高17米。楼总高49.5米。四角为双圆柱，顶上还有8.2米的旗杆。最引人注目的是钟楼基座上的两组雕像，寓意发展交通邮政。其中一组由三人组成，手拿火车头、船锚和通讯电缆。另一组也是由三人组成，中间的水星是希腊神话中的商业之神；左右为爱神，象征邮政为人类沟通情感。这些雕像在文革中被毁，后重新复制。大楼的立面处理采取古典主义艺术手法，几个主立面围以贯通三层的科林斯式立柱。墙面为细粒水刷石粉面，临天潼路的墙面为机制红砖。北苏州路和四川北路转角处大门口有4根立柱，显得古朴典雅。室内装修富丽堂皇，入口门厅用大理石装修，其他各层地面有马赛克、水磨石和水泥地坪3种。室内空间较大，光线充足，旋转型的大理石扶手楼梯和邮件滑梯的设计施工颇为精湛。楼内布局是：东部底层为邮件处理；二层为四川路邮电支局营业大厅；三层为中间走廊式的办公室；四层为高级职员宿舍。营业大厅面积1 200平方米，集营业、分拣、投递、运输为一体，有"远东第一邮政大厅"之称。上海邮政总局大楼竣工后，原设于北京路四川路口的上海邮务管理局迁入，后称之为"邮政大厦"。

2002年，上海邮政总局大楼二楼改建为"上海邮政博物馆"，2006年建成开放，江泽民同志题写馆名。上海邮政博物馆是全国第一个邮政专题性博物馆，建筑面积8 000平方米。博物馆通过大量的历史照片、实物模型以及声、光、电、幻影成像等现代科技手段，充分展示了上海邮政的百年历史。主要展品有：清宣统元年（1909年）上海邮政总局用来运输邮件租用的马车（复制品），1917年上海邮务管理局购置的用于运输的汽车（模型），上海集邮家马任全1956年捐献的红印花小字当壹圆盖销八卦邮戳的世界孤品邮票，清代大龙邮票、小龙邮票、慈禧寿辰邮票，中国人民革命战争时期的部分珍贵邮品和设计图稿等。

旅游区域及进出条件：

上海邮政总局大楼位于天潼路四川北路口。交通便利，公交19路、25路、65路等多条线路以及轨道交通2号线、10号线等可到达。

保护与开发现状：

对外开放。上海邮政总局大楼1989年被上海市人民政府列为上海市优秀历史建筑；1996年被国务院列为全国重点文物保护单位。上海邮政博物馆2012年被上海市科学技术委员会命名为上海市科普教育基地；现为上海市爱国主义教育基地。

名称：浦江饭店
编号：HK02
资源类型：FDD
单体资源等级：5
行政位置：黄浦路15号
地理位置：31°14′45.54″N
　　　　　121°29′10.56″E

性质与特征：

浦江饭店是上海地区早期的一家西式旅馆，原名礼查饭店（Richards Hotel），由英国商人礼查（Richards）创建于清道光二十六年（1846年）。清光绪三十二年（1906年）迁至今址重建，至清光绪三十三年（1907年）扩建成具有浓郁英国新古典主义艺术风格的建筑,是当时远东地区非常著名的西商饭店。1959年,上海市有关部门接管,改名浦江饭店,专门接待外国客人和华侨。浦江饭店占地面积 3 900 平方米,建筑面积 1.5 万平方米。浦江饭店与外白渡桥同时经历了 100 多年的历史风雨,但仍保持着原有的建筑风貌。它犹如一面历史的镜子,折射出上海这座历史名城的沧桑和变迁。

浦江饭店由上海滩当时著名的新瑞和洋行设计并监造,周瑞记营造厂承建。英国新古典主义艺术风格建筑,钢筋混凝土和砖木结构,高五层,立面采用文艺复兴建筑艺术风格三段式处理手法,凹凸面多,进深长。女儿墙东西两侧和南立面建多座希腊神庙式的三角形山墙,具有强烈的装饰效果。大弧形拱窗,成排的爱奥尼立柱,楼转角屋顶建塔楼,维多利亚时代回廊式中庭,开放式天窗采光。今浦江饭店由黄浦路楼、金山路楼、大名路楼、中楼、交易大厅5个部分组成。

浦江饭店位于黄浦江与苏州河交汇处,当时,进入上海的外国货轮大多停泊在这里,主要客人是外国海员。工部局是上海租界的市政管理机构,其成立大会在浦江饭店举行。历任浦江饭店的经营者都以在本店开过租界工部局成立大会为荣。浦江饭店曾是上海重要的国际文化交流场所,名人常出没其中。美国前总统格兰特(Grat)退休后,于清光绪五年(1879年)访问上海,这是第一位访问上海的美国前总统。从 5 月 17 日至 23 日,格兰特下榻于浦江饭店。此外,1920年英国哲学家罗素(Russell)、1922年科学家爱因斯坦(Einstein)、1931年和1936年喜剧大师卓别林(Chaplin)都曾在这座饭店住过。1922年12月31日,爱因斯坦从日本途经上海赴耶路撒冷,曾在浦江饭店入住两晚,并在此获知自己获得该年度诺贝尔物理学奖。

上海素有领中国现代文明之先的传统,浦江饭店在 20 世纪也曾领上海及远东地区之先。1882 年 7 月 26 日,上海首次试点 15 盏电灯,浦江饭店及其花园就点了7盏。还有许多中国的"第一"在这里诞生:中国第一部电话在这里接通,西方露天有声电影在这里、也是在中国首次放映,中国最早的交谊舞会在这里举行,新中国第一个证券交易所——上海证交所1990年

浦江饭店

12月19日借址于浦江饭店开业。

旅游区域及进出条件：

浦江饭店位于苏州河畔，邻近上海大厦。交通便利，公交19路、33路、61路等多条线路以及轨道交通2号线、10号线等可到达。

保护与开发现状：

对外开放。1999年被上海市人民政府列为上海市优秀历史建筑。

名称：瞿秋白寓所旧址
编号： HK03
资源类型： FDD
单体资源等级： 5
行政位置： 山阴路133弄12号
地理位置： 31°16′04.86″N
　　　　　　121°28′48.90″E

瞿秋白寓所旧址

性质与特征：

瞿秋白寓所旧址为中国共产党早期主要领导人瞿秋白和夫人1933年3~6月在上海时的居住地。旧址为坐南朝北、砖木结构的新式里弄住宅，1920年建造，占地面积60平方米，建筑面积141平方米。该址是瞿秋白生前在上海的最后一处寓所。1933年3月，鲁迅把日本友人内山完造夫人在今山阴路133弄（原东照里）12号分租到的一个14平方米的亭子间给瞿秋白夫妇居住。瞿秋白在此编辑《鲁迅杂感选集》并序1.5万字，作《王道诗话》、《出卖灵魂的秘诀》等12篇杂文。

瞿秋白（1899~1935年）原名瞿双，江苏常州人，中国共产党早期主要领导人，中国革命文学事业重要奠基人。1917年春，瞿秋白到北京考入外交部俄文专修馆，学习俄文。1919年5月4日参与"五四"运动，并加入李大钊、张嵩年发起的马克思主义研究会。1920年8月，瞿秋白被北京《晨报》和上海《时事新报》聘为特约通讯员到莫斯科采访。1921年6月22日，共产国际第三次代表大会在莫斯科举行，7月6日，瞿秋白首次见到列宁。1921年秋，东方大学开办中国班，瞿秋白作为当时莫斯科仅有的翻译，进入该校任翻译和助教。1922年春，瞿秋白正式加入中国共产党。1922年年底受陈独秀邀请，瞿秋白离开莫斯科启程回国，先后担任国民党候补中央执行委员和国民党政治委员会委员。自1925年1月起，瞿秋白先后在中国共产党的第四、第五、第六次全国代表大会上，当选为中央委员、中央局委员和中央政治局委员，成为中国共产党的领袖之一。1927年7月至1928年7月、1930年9月至1931年1月，两度担任中国共产党最高领导人。1934年2月5日到达中央革命根据地瑞金，任中华苏维埃共和国中央执委会委员、人民教育委员会委员、中华苏维埃共和国中央政府教育部部长等职。红军长征后，瞿秋白于1935年2月24日在向香港转移途中被俘。在被关押期间瞿秋白写下了《多余的话》，表达其曲折的心路历程。6月18日从容就义，年仅36岁。

旅游区域及进出条件：

瞿秋白寓所旧址位于原施高塔路东照里12号（今山阴路133弄12号），近鲁迅故居。交通便利，公交21路、47路、52路等多条线路以及轨道交通3号线、8号线、10号线等可到达。

保护与开发现状：

现为居民住宅。1984年被上海市人民政府列为上海市文物保护单位。

名称：**上海犹太难民纪念馆**

编号：HK04

资源类型：FAE

单体资源等级：5

行政位置：长阳路62号

地理位置：31°15′23.04″N
　　　　　121°30′16.74″E

性质与特征：

上海犹太难民纪念馆曾经是在沪犹太人举行宗教活动的重要场所，目前也是上海地区有关犹太难民聚居区文字和实物资料最多、最完整的主题纪念馆，2001年修复开馆。

上海，是一座中国历史上犹太人居住最多的城市，也是一座在第二次世界大战时德国法西斯屠杀犹太人期间很好地保护过犹太人的城市。

该场所始建于清光绪三十三年（1907年）。现有建筑为青砖墙，斜尖顶，三层花园建筑，上下两层楼房，楼下为礼拜大厅，可容纳300人左右，并设有涤罪浴室。楼上为上海犹太教公会的办公处。1956年关闭。

2001年，该建筑修复开放后设立上海犹太难民纪念馆。纪念馆一层设立犹太文化艺术中心，原为犹太人学校的二层改为历史图片展示部，三层则为犹太难民在上海的史料馆。通过照片、油画、实物复制品、模型、雕塑、影片等多种展示方式，生动地再现了当年犹太难民的苦难经历。馆内陈列着犹太人1938~1945年在上海时期的生活照片。内容包括在河滨公寓、长阳路、清山路、安国路、霍山路等地的犹太难民收容所向难民提供食物，以及举行宗教、结婚仪式和犹太难民被驱赶进"隔离区"的苦难生活等。另外，还展示出第二次世界大战结束后，犹太难民离沪时的珍贵照片等。

上海犹太难民纪念馆

旅游区域及进出条件：

上海犹太难民纪念馆位于长阳路舟山路口。交通便利，公交13路、22路、33路等多条线路以及轨道交通4号线等可到达。

保护与开发现状：

对外开放。2005年被上海市人民政府列为上海市优秀历史建筑。被虹口区人民政府列为虹口区文物保护单位。2010年被全国旅游景区质量等级评定委员会评为国家AAA级旅游景区。

名称：**鲁迅墓**

编号：HK05

资源类型：FEB

单体资源等级：5

行政位置：四川北路2288号

地理位置：31°16′13.80″N

　　　　　121°28′40.32″E

性质与特征：

鲁迅墓占地面积1 600平方米，1956年迁建于鲁迅公园内。

鲁迅（1881～1936年），原名周树人，浙江绍兴人。1918年，首次以鲁迅为笔名发表中国现代文学史上第一篇白话小说《狂人日记》。1919年参加《新青年》编辑工作，为"五四"新文化运动的领袖人物之一。1930年发起组织中国左翼作家联盟。鲁迅代表作有《呐喊》《彷徨》《故事新编》《朝花夕拾》《野草》《坟》《热风》《华盖集》。1936年10月19日，鲁迅在上海逝世。1936年10月22日，鲁迅葬于上海万国公墓东侧F区。1956年10月14日，灵柩迁至鲁迅公园今墓地安葬。

墓地位于公园西北隅。墓地呈长方形，用2 000多块细密坚实的苏州金山花岗石建成，有三层平台。第一层平台与道路连成一个小广场。第二层平台中间是一块长方形天鹅绒的草坪，草坪中央矗立着铜铸鲁迅坐像，高度1.71米；基座由四块花岗石镶成，上部浮雕采用鲁迅设计的《坟》扉页的云彩花饰图案，下部刻阴文

鲁迅墓

"1881～1936";鲁迅安详地坐在藤椅上,左手执书,右手扶椅,面容坚毅而亲切。平台两侧各有一封闭式花坛,植樱花、海棠、腊梅等花木,还有日本友人栽植的龙柏、桂花、翠柏等。第三层平台左右两侧有两株胸径达0.4米的广玉兰,墓栏内为墓椁,由花岗石铺筑并镶缝密封。墓穴后是花岗石砌成的照壁式大墓碑,镌刻着毛泽东同志手书的"鲁迅先生之墓"六个大字。墓穴左右两侧有许广平和周海婴所植松柏各一株。平台两侧墓道为石柱花廊,植紫藤、凌霄。墓地前面是一片碧绿如茵的草坪。

旅游区域及进出条件:

鲁迅墓位于鲁迅公园西北隅。交通便利,公交51路、52路、70路等多条线路以及轨道交通3号线、8号线、10号线等可到达。

保护与开发现状:

对外开放。1961年被国务院列为全国重点文物保护单位。

名称:鲁迅故居

编号:HK06

资源类型:FDD

单体资源等级:5

行政位置:山阴路132弄大陆新村9号

地理位置:31°16′05.58″N
　　　　　121°28′48.54″E

性质与特征:

鲁迅故居为砖木结构的三层新式里弄住宅,占地面积近80平方米,建筑面积222平方米,1931年建造。1933年,鲁迅从拉摩斯公寓迁居于此。1936年,鲁迅在此逝世。1951年1月7日,鲁迅故居恢复原貌,对外开放。

鲁迅故居屋前有一个小花圃,植有桃、紫荆、石榴等树木。屋内陈列家具多为原物。底层前间是客厅,沿西墙放有书橱和瞿秋白留赠的书桌。后间是餐室,东墙放西式衣帽架。二楼前间是卧室兼书斋,东面有一张铁

鲁迅故居

床，沿西墙放大衣柜、茶几、藤椅和镜台等，镜台上陈列着外国版画；墙边五斗橱上挂着周海婴出生16天的油画像；南窗糊彩色玻璃纸，窗下书桌上放着文具、烟具和花具；窗边壁上日历为"民国二十五年10月19日"，镜台上闹钟指针停在"5时25分"，显示鲁迅逝世的时间。二楼后间有储物室、卫生间。三楼前间为海婴与保姆的卧室，有阳台，陈设简单。后间客房放着简单的卧具、桌椅和书橱。三楼后有楼梯通楼顶。鲁迅在此居住期间，先后编辑了《南腔北调集》、《伪自由书》、《准风月谈》等7部杂文集，《引玉集》、《凯绥·珂勒惠支版画选集》等木刻作品集，翻译《死魂灵》《俄罗斯童话》等外国名著。鲁迅还曾掩护瞿秋白夫妇、冯雪峰等共产党人在此居住。

旅游区域及进出条件：

鲁迅故居位于鲁迅公园旁的大陆新村。交通便利，公交21路、47路、52路等多条线路以及轨道交通3号线、8号线、10号线等可到达。

保护与开发现状：

对外开放。1977年被上海市人民政府列为上海市文物保护单位。

名称：1933 老场坊

编号：HK07

资源类型：FAZ

单体资源等级：5

行政位置：溧阳路611号

地理位置：31°15′22.50″N
　　　　　121°29′14.10″E

性质与特征：

1933老场坊曾经是上海工部局宰牲场，为当时远东地区最大的宰牲场。目前是一座保存相当完好的宰牲场建筑。1929年2月，公共租界最高行政机构工部局在虹口区肇勒路（今沙泾路10号）购买了1.2万平方米土地。从1930年起，营建当时远东地区最大的现代化屠宰场。1933年11月竣工，1934年1月投入使用。建筑内部分为宰牲场、废肉抛弃所、鲜肉市场和冷藏室。1958年后曾陆续被数十家单位用作厂房。现为"1933老场坊"创意产业集聚区。

1933老场坊由英国建筑设计大师巴尔弗斯（Balfours）设计，余洪记营造厂建造。全部按照英国宰牲场的格局设计建造，建筑风格朴实无华，大气而不张扬，建筑材料（包括石子和沙土）都从英国进口。钢筋混凝土结构，建筑面积3.17万平方米。大楼空间布局奇特，外方内圆，东、南、西、北的4栋建筑围成的四方形厂区与中间一座24边形的主楼通过楼梯相连。整个建筑高低错落，廊道盘旋，设计精密，宛如迷宫，却又次序分明。加工车间采用"无梁楼盖"，融合着巴西利卡式元素，建筑艺术与生产工艺完美结合，堪称远东一流。沿街立面全是花纹精美的镂空小方格窗，外观十分典雅。每

1933老场坊之一

层楼尽管结构复杂，但是水平地面都是一次性浇筑，铺马赛克地面。加工车间采用了"无梁楼盖"的施工技术，柱子直接顶在天花板上，这在当时是一种比较先进的建筑技术，它解决了一般大柱上必须加梁的弊端，使利用空间大大扩张，全世界这样格局和规模的宰牲场只有3座。设计师匠心独运，厂房设计卓越，流程组织精密。装载牛或猪的卡车到达底楼后，将牲畜赶到一个由围墙围起的坡道上，坡道地面建得很粗糙，是专门的防滑设计；到达二楼就是很滑的马赛克地面，这里有一个机关，通过地面一个陷阱式的设计，牲畜会滑入独立的处理室，有专门人员将牲畜电击后在没有知觉的情况下再宰杀处理。每层楼内部有完整的流水线，天花板上有传输挂钩，将牲畜倒挂传输到各个流程。每间车间有自己的通道，但又互相连接，最窄的楼梯只容一人通过。动物内脏通过滑道滑到相关的流程上。最后的一步就是滑到底楼的杂碎间，有专门的货车来运输。1933老场坊作为宰牲场时，每天可以宰杀300头牛、500头羊、100头牛犊和300头猪。

旅游区域及进出条件：

1933老场坊位于溧阳路沙泾路口。交通便利，公交6路、13路、17路等多条线路以及轨道交通4号线、10号线等可到达。

保护与开发现状：

对外开放。被虹口区人民政府列为虹口区文物保护单位。2007年被国家旅游局命名为全国工业旅游示范点。

名称：鲁迅纪念馆

编号：HK08

资源类型：FDD

单体资源等级：4

行政位置：甜爱路200号

地理位置：31°16′13.80″N
　　　　　121°28′40.32″E

性质与特征：

鲁迅纪念馆1951年建成开馆，周恩来同志题写馆名。1956年迁址鲁迅公园内，

1933 老场坊之二

鲁迅纪念馆

1998年扩建。该馆占地面积4 212平方米，建筑面积5 043平方米，1999年新馆建成开放。

鲁迅纪念馆是一座中西合璧的二层江南庭院式建筑。底层建有文化名人专库"朝华文库"，学术报告厅"树人堂"，专题展厅"奔流艺苑"等。二层为"鲁迅生平陈列厅"，面积1 650平方米，收藏文物资料20余万件。陈列厅以鲁迅手稿、文献照片、遗物为主体，辅以雕塑、场景、蜡像、多媒体等多种展示方法，分为新文学开山、新人造就者、文化播火人、精神界战士、华夏民族魂五大专题，表现鲁迅为追求民族和社会的解放而英勇不屈地进行斗争的生平业绩。

鲁迅纪念馆还编辑出版鲁迅研究书籍，开展学术交流活动，并负责鲁迅墓、鲁迅故居的保护管理等工作。

旅游区域及进出条件：

鲁迅纪念馆位于鲁迅公园，近鲁迅故居。交通便利，公交21路、52路等多条线路以及轨道交通3号线、8号线、10号线等可到达。

保护与开发现状：

对外开放。2001年被中共中央宣传部命名为全国爱国主义教育示范基地。2005年被上海市红色旅游工作协调小组命名为上海红色旅游基地。现为上海市爱国主义教育基地。

名称：上海大厦

编号：HK09

资源类型：FDD

单体资源等级：4

行政位置：北苏州路20号

地理位置：31°14′47.46″N
121°29′07.56″E

性质与特征：

上海大厦原名百老汇大厦，东临大名路（原百老汇路），南临苏州河汇入黄浦江处的外白渡桥，占地面积5 225平方米，建筑面积2.46万平方米，由英商安利

上海大厦

洋行业广地产公司投资，英国建筑师法雷瑞（Bright Fraser）设计，新仁记营造厂和久记营造厂等6家营造厂承包，1930年开建，1934年建成。它是一幢主要接待英、美洋行老板及高级职员等的旅馆兼公寓，因傍百老汇路（今大名路）顶端，故名百老汇大厦。1937年8月，淞沪会战爆发，百老汇大厦被日军占用。1939年3月，业广地产公司将大楼卖给日资恒产株式会社。1945年，改为励志社第七招待所。1951年，改名上海大厦。1980年，改建为酒店，内部设施豪华，262间客房舒适宽敞，均以古典主义以及新古典主义艺术风格装饰，设有中、美、英、法、日、阿拉伯特色的高级套房。

上海大厦坐北朝南，二十二层，楼高76.7米，1949年前是上海仅次于国际饭店的最高建筑。为钢框架结构，建筑体型呈"八"字形，既可使四翼的房间获得较好的朝向，又可以提高建筑容积率。整体建筑风格是将现代装饰艺术派与美国现代高层建筑艺术风格相结合。立面为中高两低跌落式构图，从十一层起逐层收进，所有顶部沿口均饰以统一的几何形连续装饰图案，轮廓线丰富。外墙底层为暗绿色花岗石贴面，上为浅褐色泰山面砖贴面，窗裙部分拼成图案，色调和谐统一。它是上海高层建筑趋向现代主义风格的早期代表，是上海的标志性建筑之一。

旅游区域及进出条件：

上海大厦位于北苏州路吴淞路口，邻近外白渡桥。交通便利，公交19路、33路、61路等多条线路以及轨道交通2号线、10号线等可到达。

保护与开发现状：

对外开放，现为酒店。1989年被上海市人民政府列为上海市优秀历史建筑。

名称：多伦路
编号： HK10
资源类型： FDB
单体资源等级： 4
行政位置： 多伦路
地理位置： 31°15′50.22″N
　　　　　121°28′45.36″E

性质与特征：

多伦路是上海著名的文化名人街，位于虹口区中部偏西，东起四川北路，向西折北至东江湾路，呈"L"形。长500多米，宽10～13米，街短而窄，路曲且幽，夹街小楼鳞次栉比。

20世纪初期，多伦路地块还是宝山县一处不起眼的村落和纵横交错的无名小浜。随着淞沪铁路和北四川路（今四川北路）的先后建成而身价倍增。清宣统三年（1911年），被英国传教士窦乐安（Darrock）看中，将今201弄以南狭长的小路及路西的小浜填浜拓宽，进行越界筑路，并命名为窦乐安路。1918年，又与201弄以北较宽的道路相连接，形成现在的路况。1943年7月30日和8月1日，上海市政府先后正式收回法租界和公共租界。同年10月1

日，又将租界内和越界筑路的245条道路全部更名，窦乐安路改名为多伦路。20世纪20～30年代，多伦路路面属租界当局管辖，两边属华界当局管理。抗日战争期间，又成为日本海军保甲区。多伦路在1949年前的近40年间，留下了一大批近代优秀建筑、名人旧居和遗址，使其成为一块地理位置优越、文化底蕴深厚、文化资源丰富的独特路段与街坊。

多伦路名人故居众多，在20世纪20～30年代，鲁迅、郭沫若、茅盾、康有为、叶圣陶、瞿秋白、沈尹默、内山完造等30余位中外现代文化名人曾经在多伦路一带居住和工作，留下了众多的故居。在景云里，鲁迅、茅盾、叶圣陶等大文学家毗邻而居，成为一种百年难遇的文化现象。此外，商务印书馆、良友图书公司、广学会、中华艺术大学等一大批中外文化机构的遗址和遗迹也在此附近，还有公啡咖啡馆、新雅茶室等，所有这些共同营造出多伦路浓郁的文化氛围，使其享有"中国现代文化重镇"之誉。

多伦路沿街20余幢公馆、洋房建筑特色鲜明，历史价值深厚，其建筑样式包括英国式、法国式、日本式、荷兰式、西班牙式、伊斯兰式，以及中西合璧式等。而永安里的近300幢新式里弄（石库门）建筑群，更是目前上海中心城区内的海派居民居住区，它们与周边山阴路、溧阳路、甜爱路一带的特色建筑一起构成了上海城市历史文化风貌区，成为海派建筑的"露天博物馆"。

旅游区域及进出条件：

多伦路毗邻四川北路商业街。交通便利，公交21路、47路、52路等多条线路以及轨道交通3号线、4号线、8号线、10号线等可到达。

保护与开发现状：

对外开放。2007年被上海市商务委员会命名为上海特色商业街。

名称：**朱屺瞻艺术馆**
编号：HK11
资源类型：FAE
单体资源等级：4
行政位置：欧阳路580号
地理位置：31°15′34.44″N
　　　　　121°28′54.36″E

性质与特征：

朱屺瞻艺术馆是收藏、陈列、研究中国当代书画大师朱屺瞻书画艺术以及开展

朱屺瞻艺术馆

艺术交流活动的美术专业机构，占地面积 800 余平方米，建筑面积 2 000 平方米，展厅面积 850 平方米，1995 年建成开馆。朱屺瞻艺术馆收藏有朱屺瞻作品 100 余件，收藏当代名家作品 70 余件，以及朱屺瞻收藏的历代名家字画 30 件。

朱屺瞻（1892～1996 年），江苏太仓人，早年入上海图画美术学院学西洋画，毕业后留校任教。1949 年，历任上海中国画院画师、华东师范大学和上海大学兼职教授。朱屺瞻作品构思精巧，用色大胆，笔墨酣畅淋漓，富于奇趣。朱屺瞻代表作有《朱屺瞻画集》《朱屺瞻画选》《癖斯居画谭》等。

旅游区域及进出条件：

朱屺瞻艺术馆位于欧阳路大连路口。交通便利，公交 70 路、79 路、100 路等多条线路以及轨道交通 3 号线、8 号线、10 号线等可到达。

保护与开发现状：

对外开放。

名称：**上海港国际客运中心**
编号：HK12
资源类型：FFC
单体资源等级：4
行政位置：东大名路 500 号
地理位置：31°14′58.62″N
　　　　　121°29′33.96″E

性质与特征：

上海港国际客运中心是一个集邮轮码头和商业办公为一体的综合设施，一期工程 2008 年启用。

上海港国际客运中心有 880 米岸线，国际客运码头面积 2 万平方米，水深 9～13 米，有 3 个可停靠 7 万～8 万吨级豪华邮轮的泊位，码头年吞吐能力 100 万人次。上海港国际客运中心建设包括港务综合楼、观光候船大厅、港务大楼、写字楼以及艺术画廊、音乐文化中心等 13 个项目。港务设施布置在 5 万平方米绿地下，地面部分为玻璃幕墙球体建筑"观光候船大厅"，高

13 米；二层为登船厅。整个建筑仿佛是一滴刚刚滴落在黄浦江边的晶莹湛蓝的水滴。二期工程拟建 9 幢写字楼，1 个音乐文化中心和 1 个画廊。前排 6 幢写字楼带有景观功能，适合用作企业总部或地区总部；半地下的商业中心将汇集世界级时尚品牌，其中的音乐文化中心和休闲广场将建成引领生活品质的先锋地带。

旅游区域及进出条件：

上海港国际客运中心位于东大名路溧阳路口，邻近黄浦公园。公交 22 路、33 路、37 路等多条线路可到达。

保护与开发现状：

对外开放。

名称：**中国左翼作家联盟成立大会会址纪念馆**

编号：HK13

资源类型：FDD

单体资源等级：4

行政位置：多伦路 201 弄 2 号

地理位置：31°15′55.86″N

121°28′35.64″E

性质与特征：

中国左翼作家联盟成立大会会址纪念馆占地面积 498 平方米，建筑面积 674 平方米，展示面积 267 平方米，砖混结构，英国新古典主义艺术风格，假三层，建于 1924 年。1930 年 3 月 2 日，中国左翼作家联盟成立大会在这幢花园住宅内召开，从此标志着中国左翼文化运动的蓬勃开展。1989 年在多伦路 145 号建纪念馆，2001 年迁回多伦路 201 弄 2 号开馆。

纪念馆建筑整体形态采用英国新古典主义时期的城市住宅营造形态，局部使用简化的古典建筑处理。如沿街东立面的山墙，呈曲线形，带有欧洲传统住宅特征，且在南向外墙面镶贴石材，产生十分华丽的外观效果。整个建筑有明显的横三段处理手法，建筑的比例及构图严谨，阳台立面对称。在细部装饰上，设计精美流畅，比例匀称。如窗楣设置平拱浮雕，底层基座及入口处等采用多立克柱式，额枋上出现巴洛克式的卷涡、水草等曲线花纹，反映出立面处理是以古典主义的纯净风格为主的，是英国 19 世纪新古典主义住宅建筑的经典之作。住宅底层中间部位是大客厅，两侧厢房，东侧为书房，西侧为餐厅。楼上是主人的大小卧室和起居室、卫生间、储藏室等。楼梯、过道、客厅等部位均采用中式的木装修工艺。屋内厅室采用石膏平顶，有线脚，地坪底层用马赛克、釉面砖铺设；楼层地板用柳安木铺设，用柚木作护墙板，这些均为传统装饰。

中国左翼作家联盟成立大会会址纪念馆一层为 1930 年 3 月 2 日中国左翼作家联盟成立大会会场；二层为展厅，分为创建·历程、文学·成就、抗争·牺牲、纪念·研究 4 个部分，以珍贵文物史料和现代展示手段详尽地介绍了中国左翼作家联盟 6 年间

中国左翼作家联盟成立大会会址纪念馆

的活动与成就。

旅游区域及进出条件：

中国左翼作家联盟成立大会会址纪念馆位于多伦路文化名人街。交通便利，公交 21 路、47 路、52 路等多条线路以及轨道交通 3 号线、8 号线、10 号线等可到达。

保护与开发现状：

对外开放。1980 年被上海市人民政府列为上海市文物保护单位。2005 年被上海市红色旅游工作协调小组命名为上海红色旅游基地。现为上海市爱国主义教育基地。

名称：**鲁迅公园**

编号：HK14

资源类型：FAD

单体资源等级：4

行政位置：四川北路 2288 号

地理位置：31°16′13.80″N
　　　　　121°28′40.32″E

性质与特征：

鲁迅公园（原名虹口公园）所在地最初为农田村舍，称金家厍。清光绪二十八年（1902 年），采用英国风景园林专家斯德克（W.Lnnes Stuckey）的公园规划设计方案，开始动工建设。清光绪三十年（1904 年）正月，工部局首任园地监督阿瑟（Mr. Athur）卸任，由园艺和植物专家苏格兰人麦格雷戈（D.Macgregor）接替，在麦格雷戈的主持下，公园的建设速度加快了。清光绪三十二年（1906 年），公园局部对外国人开放，清宣统元年（1909 年），全面对外国人开放。清光绪二十七年（1901 年）筹建时，公园名为新娱乐场（又称靶子场公园），清光绪二十九年（1903 年）改称虹口娱乐场，1922 年改名为虹口公园。当时，虹口区一带日侨较多，他们习称虹口公园为新公园。1945 年，抗日战争胜利后改名为中正公园。1951 年，又恢复为虹口公园。1988 年，正式更名为鲁迅公园。现全园面积为 23 万平方米。

早期的鲁迅公园是一个按英式风格布

鲁迅公园

局的自然风景园，公园内景色赏心悦目。当时的公园大门内是一片圆形的草地，草地四周是一条4.57米宽的道路。在草地的东北角，有一座用毛石叠砌的西式岩石园，在岩石园纵横交错的园路终点，是一个圆形的石洞。再向西，在草坪与草坪之间的小河上，有一座乡村式的小桥。草坪的西面有湖，湖中小岛上建亭，亭四周密植翠竹。大门附近草坪中央设音乐台，人们常在此举行音乐会。草坪旁有玫瑰园，园中立玫瑰亭。公园西有一片面积约为全园总面积三分之一的大草坪，北部边界设有一个半圆形的花园，中置日晷，花园前有睡莲池。1920年前后，在公园内挖小溪、池塘，初步形成水系。池内植水生植物，小溪狭处有木桥，宽阔处设浅滩，滩上植灯芯草、蘘花草和其他禾本科植物。公园内绿化布局也作了较大的调整。1923年，草花园在音乐台附近落成，园内种植各种草花和温室盆栽花卉，在园两边的花坛上，有75种大理花、矮牵牛花、金鱼草和菊花。1933年，在公园北端建亭状紫藤棚，南部筑大假山，溪上建两座平桥，湖边砌了驳岸，在大门内筑圆形大花坛。1949年后，公园内景观并没有重大的变化。公园现有的布局是在原来的英国自然风景园的基础上改建的，植物配置符合上海地区温和湿润、四季分明的气候特点。园路侧安排了大面积缓坡草坪，草坪边缘点缀孤植树、树群和自然式花坛，同时，还采用草地缓坡接水的方法来处理水岸关系，使之自然过渡。

早期，鲁迅公园是一个以体育活动为主的综合性公园，曾举办过两届远东运动会。1949年前常被军队、警察作为操练和阅兵的场所，最早使用公园的是租界的准军事组织万国商团。当时，上海周围政治、军事形势一有风吹草动，万国商团就入园操练。20世纪20年代，各派军阀为争夺上海而发生混战时，万国商团每天清晨和傍晚坚持入园操练达两年之久。驻扎在虹口区一带的日本军队也多次在虹口公园操练和接受检阅。1932年4月29日，日军为庆祝日本天长节，在公园举行阅兵仪式。韩国抗日勇士尹奉吉向阅兵台投掷炸弹，当场将日军白川义则大将等人炸死，酿成震惊中外的"白川事件"。

旅游区域及进出条件：

鲁迅公园位于四川北路甜爱路口。交通便利，公交18路、21路、52路等多条线路以及轨道交通3号线、8号线、10号线等可到达。

保护与开发现状：

对外开放。2002年被上海市绿化和市容管理局评为上海市四星级公园。2010年被全国旅游景区质量等级评定委员会评为国家AAA级旅游景区。

名称：多伦路250号花园住宅
编号： HK15
资源类型： FDA
单体资源等级： 4
行政位置： 多伦路250号
地理位置： 31°15′59.36″N
　　　　　　121°28′38.13″E
性质与特征：

多伦路250号花园住宅建于1924年，曾是孔祥熙在沪上三处豪居之一，俗称"孔公馆"。该花园住宅占地面积1 082平方米，建筑面积637平方米，为砖木结构二层建

筑，具有圆顶、尖塔、马蹄形拱、石造花窗格和釉面砖镶嵌等浓厚的阿拉伯建筑风格。平面呈扇形布局，沿街立面做弧面处理，主入口设于转角正中处。底层门窗柱为伊斯兰式，具有修长的圆柱。门窗均凹进，拱券，木制朱红色门窗框。窗下均有精美浮雕装饰，上部拱券内缘作锯齿状。正门上方出挑小阳台，由石牛腿支撑。灰白色大理石贴面，上部有马赛克贴面画装饰。东侧墙壁下部为圆拱形窗和修长的立柱连续组合；上部为连续的直窗和假窗虚实并举，凹凸有致。屋顶设有两座马蹄卷四方亭。大厅彩色瓷砖铺地，从地面到天花板，包括楼梯扶手皆雕文镂花。

旅游区域及进出条件：

多伦路250号花园住宅位于四川北路多伦路口。交通便利，公交21路、47路、52路等多条线路以及轨道交通3号线、4号线、8号线、10号线等可到达。

保护与开发现状：

对外开放。1989年被上海市人民政府列为上海市优秀历史建筑。同年，被上海市人民政府列为上海市文物保护单位。

沈尹默故居

名称：沈尹默故居

编号： HK16

资源类型： FDD

单体资源等级： 4

行政位置： 海伦路504号

地理位置： 31°15′38.04″N
121°28′58.20″E

性质与特征：

沈尹默（1883～1971年）为新文化运动先驱、著名学者、书法大师。1946年，沈尹默由重庆来沪居住此处。沈尹默故居占地面积96平方米，建筑面积200平方米，1990年修复开馆。赵朴初题写馆名。

沈尹默故居为砖木结构三层西式建筑。底层为陈列室，矗立着沈尹默半身塑像，陈列橱里有沈尹默生前用过的眼镜、笔筒，及其书法集、诗词集等著作。二层是书房兼画室，陈列沈尹默的部分书法精品。

旅游区域及进出条件：

沈尹默故居位于海伦路。交通便利，公交14路、55路、61路等多条线路以及轨道交通3号线、4号线、10号线等可到达。

保护与开发现状：

对外开放。1988年被虹口区人民政府列为虹口区文物保护单位。

多伦路250号花园住宅

名称：**犹太难民纪念碑**
编号：HK17
资源类型：FCH
单体资源等级：4
行政位置：霍山路 118 号
地理位置：31° 15′ 20.88″ N
　　　　　121° 30′ 23.28″ E

性质与特征：

犹太难民纪念碑位于霍山公园，是为纪念第二次世界大战期间日本侵华当局在上海虹口地区设立的犹太人隔离区而于 1994 年建立的。

1933 年，希特勒在纳粹统治地区推行排犹、灭犹政策，大批欧洲犹太人被迫背井离乡到世界各地寻求栖身之处。当时，由于上海特殊的地理位置和政治条件，它是世界上唯一不需要入境签证和财产担保便可入境的城市，所以中欧地区的许多犹太人来到上海避难。据统计，1938～1941 年，有 2 万余名犹太难民从欧洲来到上海，他们多数安置在虹口区舟山路、霍山路一带。霍山公园坐南朝北，东、西、南三面皆为民宅，是一处面积较小的公园。霍山路和舟山路是两条不足 10 米宽的马路，路两侧的建筑物至今仍保存着 20 世纪 30 年代建造的具有欧式建筑风格的房屋。犹太难民在这一带定居后，舟山路和霍山路很快成为一个商业中心，还出现了不少具有中欧风格的房屋。霍山公园门前的街市上开设了露天咖啡馆、面包房、酒吧、西餐馆等，浓郁的中欧生活情调使不少犹太难民把该地区称为"小维也纳"。

1943 年 2 月 18 日，日本当局命令所有 1937 年后抵沪的犹太难民迁入"无国籍难民隔离区"，对其行动加以限制。因霍山公园正处于隔离区的中央，犹太人又多数喜爱户外活动和集会，因此，小小的霍山公园便成为当年犹太难民的主要游憩之地和室外休闲集会场所。

第二次世界大战结束后，犹太人陆续离开了上海，但这段历史却铭记在他们的史册上。20 世纪 80 年代，当年的"中国犹太人"

犹太难民纪念碑

纷纷携带子女重返故里，寻根访友，参观旅游。1993年，以色列总理拉宾在访华时，特地来到霍山公园参观，并留下了一句发自肺腑的话语："第二次世界大战时上海人民卓越无比的人道主义壮举，拯救了千万犹太人民，我谨以以色列政府的名义表示感谢！"

1994年4月19日，为纪念二战期间曾在提篮桥地区生活居住的犹太难民，虹口区人民政府在园中显要位置设置了一座宽1.5米、高2米，题为"二战期间犹太难民居住区"的黑色大理石纪念碑。纪念碑正面用中文、英文、希伯来文镌刻着如下的说明词："第二次世界大战期间，数万犹太人为逃避法西斯的迫害来到上海，日本侵华当局以犹太难民'无国籍'为由设立隔离区，对他们的行动加以限制。此区域西起公平路，东至通北路，南起惠民路，北至周家嘴路。"反面镌刻着"二战期间犹太难民居住区碑志"。这块黑色大理石碑镶嵌在米白色的花岗石上，纪念碑右上角有一个和平鸽图案。周围绿树环绕、庄严肃穆，常有外籍观光者特地赶来参观和凭吊。2005年，澳大利亚著名当代作家、长篇小说《辛德勒的方舟》的作者马斯·肯尼利来此参观，其小说后来被著名美国导演斯皮尔伯格拍成电影《辛德勒的名单》，轰动全世界。

旅游区域及进出条件：

犹太难民纪念碑位于霍山公园，邻近上海犹太难民纪念馆。交通便利，公交22路、28路、33路等多条线路以及轨道交通4号线等可到达。

保护与开发现状：

对外开放。

名称： 山阴路历史文化风貌区
编号： HK18
资源类型： FDC
单体资源等级： 4
行政位置： 四川北路街道、欧阳路街道
地理位置： 31°16′01.20″N
　　　　　　121°28′49.02″E

山阴路历史文化风貌区

性质与特征：

山阴路历史文化风貌区面积129万平方米，东界欧阳路—四达路—宝安路—物华路—四平路，南界邢家桥北路—长春路—海伦西路，西界宝山路—东江湾路，北界大连西路。风貌区内建筑大部分建造于1900～1941年。

山阴路历史文化风貌区以成片集中的早期花园洋房和新式里弄及其革命史迹为主要特征，有不同类型的里弄30余条，花园住宅近百幢。优秀历史建筑主要有：孔祥熙公馆（多伦路）、白崇禧公馆（多伦路）、鲁迅故居（山阴路）、鸿德堂（多伦路）、千爱里（山阴路）、溧阳路花园住宅等。主要景观道路有：山阴路、溧阳路、甜爱路、四川北路、长春路、祥德路等。

旅游区域及进出条件：

山阴路历史文化风貌区位于虹口区中部。交通便利，公交21路、47路、52路等多条线路以及轨道交通3号线、4号线、8号线、10号线等可到达。

保护与开发现状：

对外开放。2003年被上海市城市规划

提篮桥历史文化风貌区

管理局（现上海市规划和国土资源管理局）划定为上海市中心城区历史文化风貌区。风貌区内多处建筑被上海市人民政府列为上海市文物保护单位和上海市优秀历史建筑。

名称：提篮桥历史文化风貌区

编号： HK19

资源类型： FDC

单体资源等级： 4

行政位置： 提篮桥街道

地理位置： 31°15′26.88″N
121°30′20.82″E

性质与特征：

提篮桥历史文化风貌区面积29万平方米，东界保定路—长阳路—临潼路，南界杨树浦路，西界海门路，北界昆明路—唐山路—舟山路。风貌区内建筑大多建造于20世纪早期。

提篮桥历史文化风貌区是昔日上海公共租界东区最繁华的地段，曾经是第二次世界大战期间欧洲犹太难民聚居地，该区以其特殊建筑、宗教场所、里弄住宅为主要特征。优秀历史建筑主要有：提篮桥监狱（长阳路）、上海犹太难民纪念馆（长阳路）、霍山路119～137号、杨树浦路197～213号、榆林路43号、47号、59号、63号大宅，临潼路25～89号、99弄，舟山路沿路住宅等。主要景观道路有：舟山路、长阳路等。

旅游区域及进出条件：

提篮桥历史文化风貌区位于虹口区南部。交通便利，公交22路、28路、33路等多条线路以及轨道交通4号线等可到达。

保护与开发现状：

对外开放。2003年被上海市城市规划管理局（现上海市规划和国土资源管理局）划定为上海市中心城区历史文化风貌区。风貌区内多处建筑被上海市人民政府列为上海市优秀历史建筑。

名称：河滨公寓

编号： HK20

资源类型： FDA

单体资源等级： 4

行政位置： 北苏州路340号

地理位置： 31°14′44.64″N
121°28′52.56″E

性质与特征：

河滨公寓（又名河滨大楼）是20世纪30年代上海建筑规模最大的公寓大楼，时称"亚洲第一公寓"，是典型的"亲水"建筑，坐落于苏州河北岸。河滨公寓西近福建路桥、东邻四川路桥，两桥横跨苏州河。四川路桥北堍是上海邮政总局大楼绿色的钟楼，风景极佳。该公寓占地面积约7000平方米，建筑面积5.4万平方米，1935年建成使用。

20世纪20～30年代，上海开始建造高楼大厦，并以其为现代化的标志。河滨公寓的原址是沙逊集团于清光绪十三年（1887年）购建的宝康里。到1931年，使用40多年的宝康里房子早已破败，于是便拆除弄堂建造公寓大楼。至今，北苏州路400号的墙壁上还嵌有"E. D. S."字样的石头，这是新沙逊洋行创始人伊利亚斯·大卫·沙逊（Elias David Sassoon）姓名的英文缩写，也是新沙逊洋行行名的缩写。

河滨公寓由英商公和洋行设计，新申营造厂承建，为美国近代公寓式建筑，外观简洁，设计讲究。河滨公寓的地块形状如手枪，被巧妙地设计成"S"形带状平面，在"枪把"处划出一个弯，这样既解决了通风采光的问题，同时"S"形又是沙逊英文名字的首字母，深得沙逊洋行的赞许。原楼高七层，钢筋混凝土结构，建成初期作为商住楼使用，底层分租给商店，二层是公司或洋行的写字间，三层到七层为公寓。公寓内部格局分为2间套和3间套两种。套间内有走廊、会客室、卧室、储藏室、卫生间。大楼有中央暖气装置，冷热水管兼备。每层还有12间小房间供仆役居住，称为"仆室"。建筑用料考究，墙身采用大块防火石棉砖，地板用硬木细条拼花。大楼内部交通方便，有出入门11处，楼梯7座，升降电梯9部。底层还建有设备齐全的游泳池1座，池长15.5米，宽9米，深2.1米。1978年，在原大楼基础上加建三层，中部顶楼加建塔楼，因而楼高为十一层。

河滨公寓建成后，美国著名影片公司，如环球、米高梅、哥伦比亚、雷电华、联美等公司的上海分公司曾在这里租住办公。底层和二楼被京沪、沪杭甬铁路局租用。抗日战争结束后，英国鹰狮分公司迁入此楼。当年在公寓居住的以英国人、西班牙人、葡萄牙人居多，他们大多是在虹口区一带经商的商人和高级职员。1938年，曾在此楼设立上海犹太难民接待站。1942年，太平洋战争爆发，上海沦陷，河滨公寓被日军强行占领，并在此建造临时集中营，关押从各地抓来的英美侨民。抗战胜利后，

河滨公寓

这里一度曾为联合国善后救济总署使用。1949年后，河滨公寓由上海市人民政府接管，分配给知识分子和干部居住。

旅游区域及进出条件：

河滨公寓位于北苏州河畔，东靠江西北路，西接河南中路，南沿苏州河，北临天潼路。交通便利，公交19路、25路等多条线路以及轨道交通2号线、10号线等可到达。

保护与开发现状：

现为居民住宅。1994年被上海市人民政府列为上海市优秀历史建筑。

名称：**精武体育会**

编号：HK21

资源类型：FBD

单体资源等级：4

行政位置：四川北路1702弄30号、34号

地理位置：31°15′29.03″N
　　　　　121°28′58.40″E

性质与特征：

精武体育会是清末建立的以武术为主的现代民间体育社团的所在地，清宣统二年（1910年）由著名爱国武术家霍元甲创办。1922年迁址四川北路1702弄30号，建起了以"中央精武"命名的"中央大会堂"。1929年租用1702弄34号，1994年拆除"中央大会堂"，建起了"精武大厦"。

霍元甲（1868～1910年），字俊卿，祖籍河北，世居天津静海小南河村（今属天津市西青区精武镇）。1910年7月7日，霍元甲在上海创办了"中国精武体操会"（后改名精武体育会）。孙中山先生赞扬霍元甲"欲使国强，非人人习武不可"之信念和将霍家拳公诸于世的高风亮节精神，亲笔写下了"尚武精神"4个大字惠赠精武体育会，并为精武会会刊《精武本纪》撰序。1910年9月14日，霍元甲被日本人毒害而死，次年迁葬于天津小南河村南。精武体育会在我国近代武术史上占有重要地位。精武体育会的会徽、会旗以体、智、德三星为标记，代表着以三育为宗旨，倡导爱国、修身、正义、助人的精武精神。

旅游区域及进出条件：

精武体育会邻近四川北路东宝兴路口。交通便利，公交21路、52路、65路等多条线路以及轨道交通3号线、4号线、10号线等可到达。

保护与开发现状：

对外开放。精武体育会被虹口区人民政府列为虹口区文物保护单位。精武体育2007年被上海市人民政府列为上海市非物质文化遗产。

名称：**中国共产党在虹口史料陈列馆**

编号：HK22

资源类型：FAE

单体资源等级：3

行政位置：多伦路215号

地理位置：31°15′35.58″N
　　　　　121°28′36.24″E

性质与特征：

中国共产党在虹口史料陈列馆为中国共产党早期领导人和著名人士在虹口开展革命活动的史料展馆，占地面积260平方米，2007年建成开馆。

该史料陈列馆分为重要旧址遗址、重要活动与事件、中国共产党领导的左翼文化活动、进步文学团体和在虹口居住过的进步爱国人士4个部分，展出了历史照片140多幅以及珍贵实物近百件。该馆陈列

精武体育会

中国共产党在虹口史料陈列馆

有毛泽东1919年3月两次到虹口区武昌路口日本邮船会社三菱码头为赴法勤工俭学学生送行的资料和照片；1932年10月15日，陈独秀在虹口区岳州路永兴里11号被捕后巡捕房的相关记录；陈荒煤、夏衍、柔石、丁玲，以及胡风夫妇曾经使用过的物品等。楼内还有中国共产党第四次全国代表大会史料陈列馆，其陈列分为风起云涌、历史丰碑、唤起工农三部分，同样展出了大量的历史照片、史料及实物等。

旅游区域及进出条件：

中国共产党在虹口史料陈列馆位于多伦路文化名人街。交通便利，公交21路、47路、52路等多条线路以及轨道交通3号线、4号线、8号线、10号线等可到达。

保护与开发现状：

对外开放。中国共产党第四次全国代表大会于1925年1月11～22日在东宝兴路254弄28支弄8号召开，原址毁于一·二八淞沪抗战。中国共产党第四次全国代表大会遗址1987年被上海市人民政府列为上海市文物保护单位。

名称：内山书店旧址
编号： HK23
资源类型： FDD
单体资源等级： 3
行政位置： 四川北路2048号
地理位置： 31°16′00.30″N
　　　　　　121°28′45.12″E

性质与特征：

内山书店旧址是20世纪20～30年代上海左翼作家销售进步书籍、进行中日文化交流活动的场所，占地面积676平方米，建筑面积1 494平方米。1917年，该书店由内山完造开设于魏盛里（四川北路1881弄），1929年迁至今址。

内山书店旧址为砖木结构，假三层西式建筑。鲁迅及当时的一些进步文化人常来内山书店购书、漫谈、会客。内山书店曾设"文艺漫谈会"，参加者有郁达夫、田汉、欧阳予倩等留日回国青年文学家。方志敏在南昌狱中的文稿书信、北平与东北地下党转给鲁迅的信件等，也曾由内山书店转交。内山完造（1885～1959年），日本社会活动家。1959年，内山完造以日中友好协会副会长身份来华访问时病逝于北京，遵其遗嘱安葬于上海万国公墓。

旅游区域及进出条件：

内山书店旧址位于四川北路山阴路口。交通便利，公交21路、47路、52路等多条线路以及轨道交通3号线、4号线、8号线、10号线等可到达。

保护与开发现状：

对外开放。1980年被上海市人民政府列为上海市文物保护单位。

内山书店旧址

名称：和平公园

编号：HK24

资源类型：FAD

单体资源等级：3

行政位置：天宝路891号

地理位置：31°16′24.84″N
　　　　　　121°29′46.02″E

性质与特征：

和平公园初名提篮公园，是以中国自然园林风格为特色的综合性公园，其所在地在抗日战争前由徐家宅、董家宅和翁家宅（亦称翁家巷）3个村落组成。1958年征地建设公园，1959年4月22日公园正式开放，取名为提篮公园。1959年10月1日，为纪念中华人民共和国成立10周年，大型石雕和平鸽（在文革中被毁）在公园内落成，由此公园定名为和平公园。公园占地面积17.63万平方米，其中水域面积3.3万平方米。

公园总体布局从实际出发，模拟自然。在原仓库上堆土建成高低起伏的丘陵，将原有河道洼地改造成以聚为主、以分为辅的曲折水面，并使之贯通全园。在大假山前有宽阔的河面，水深约2.5米，其中可划船处水深约1.3米。在公园中心河面设有九曲桥、六角湖心亭，组成主次分明的湖景，增添水上游览的情趣。园西南处设有小桥、流水、亭廊、假山、百花馆等。在绿化种植设计方面，丘陵区域以常绿乔灌木为主，沿河道处借用杭州西湖一株垂柳一株桃的设计理念来配置植物，园路两侧植落叶乔木，以悬铃木为主。公园分为3个景观区域：风景游览区、动物观赏区、儿童娱乐区。

旅游区域及进出条件：

和平公园北至大连路，南沿新港路，西依天宝路。交通便利，公交14路、79路等多条线路以及轨道交通8号线、10号线等可到达。

保护与开发现状：

对外开放。2010年被全国旅游景区质量等级评定委员会评为国家AAA级旅游景区。

名称：淞沪铁路江湾站旧址

编号：HK25

资源类型：EBE

单体资源等级：3

行政位置：汶水东路广纪路口

地理位置：31°17′31.11″N
　　　　　　121°29′00.01″E

和平公园

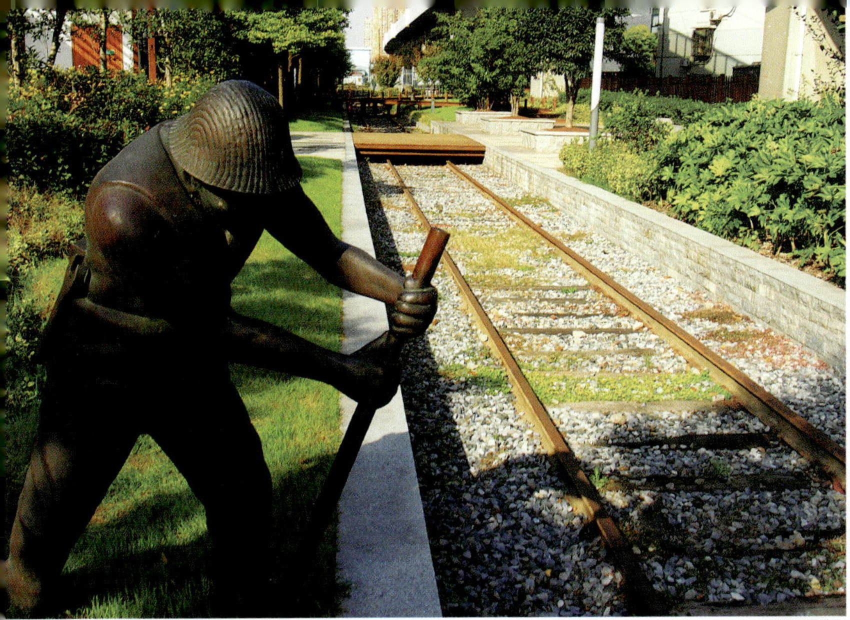

8260

江湾站
8260

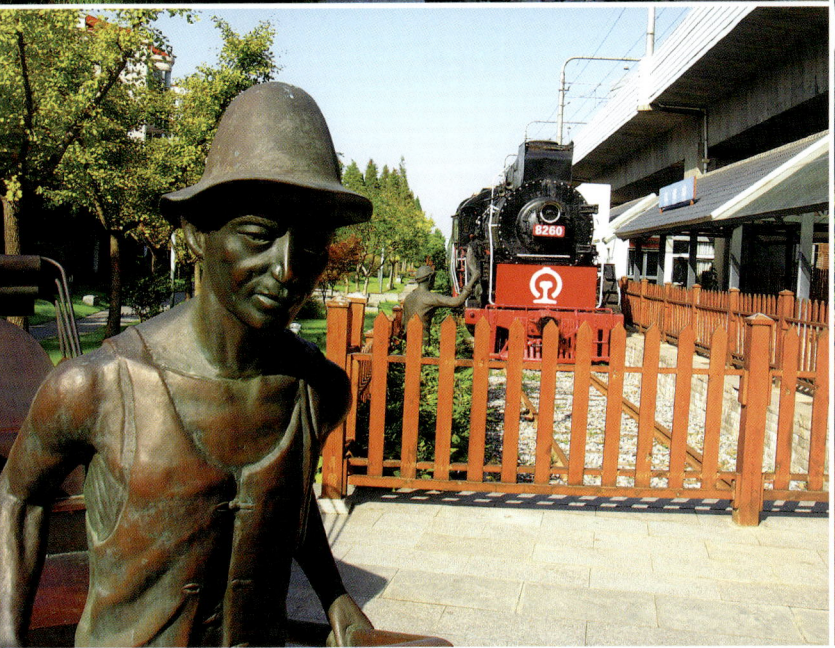

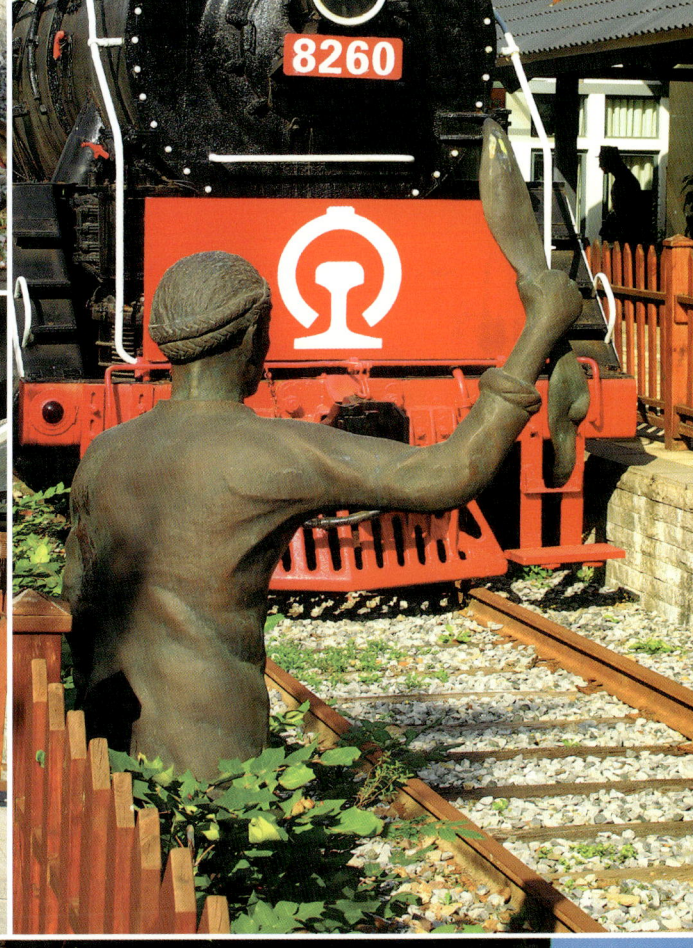

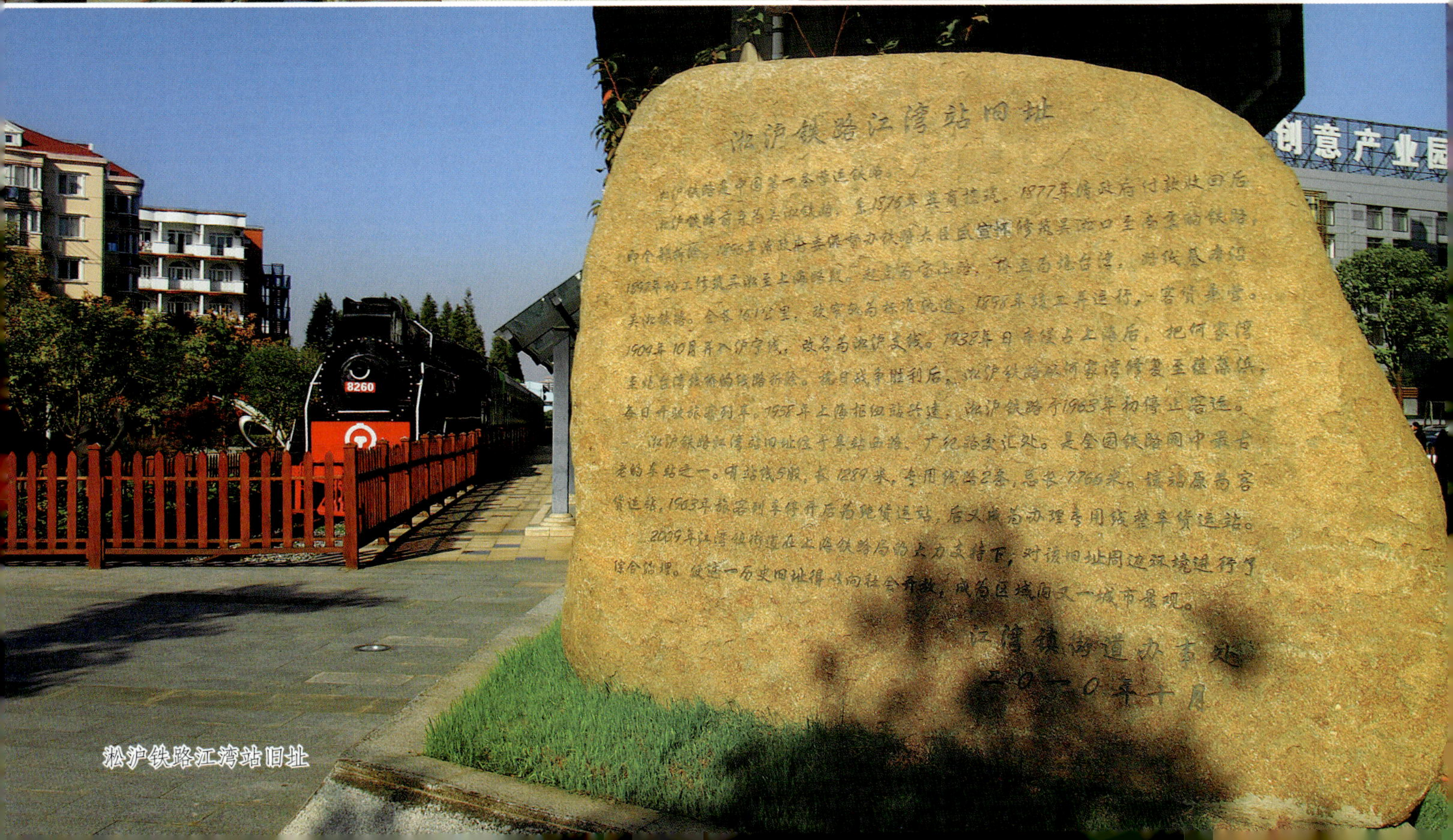
淞沪铁路江湾站旧址
每日开驶旅客列车。1958年上海枢纽站扩建，淞沪铁路于1963年初停止客运。
淞沪铁路江湾站旧址位于车站西路、广纪路交汇处。是全国铁路网中最古
老的车站之一。有站线5股，长1289米，专用线路2条，总长7766米。该站原为客
货运站，1963年旅客列车停开后为纯货运站，后又成为办理专用线整车货运站。
2009年江湾镇街道在上海铁路局的大力支持下，对该旧址周边环境进行了
综合治理。使这一历史旧址得以向社会开放，成为区域内又一城市景观。
江湾镇街道办事处
二〇一〇年十月
创意产业园

淞沪铁路江湾站旧址

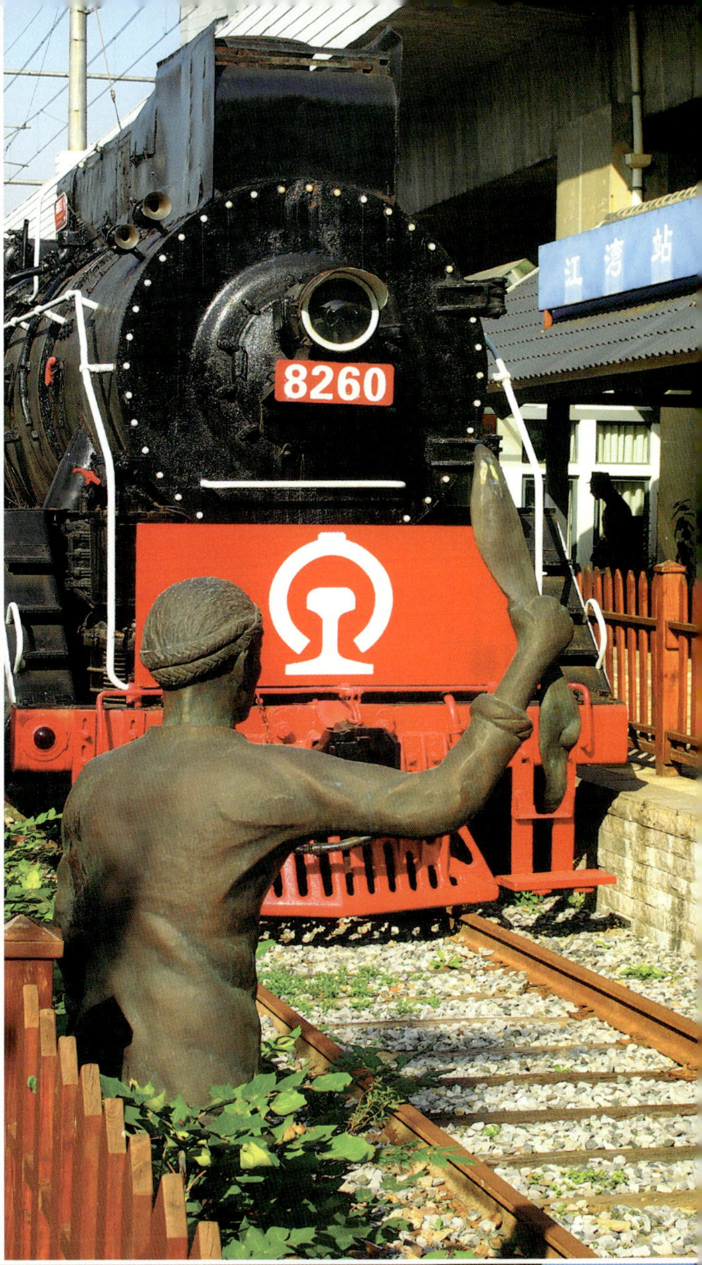

性质与特征：

淞沪铁路的前身是吴淞铁路，是中国第一条商用铁路。清同治十三年（1874年），英商怡和洋行等27家洋行组成的吴淞道路公司，以修筑马路为名，强行购地筹建上海至吴淞的铁路，以利于当年海上物资经由铁路运往市区。清光绪二年（1876年），上海至江湾段铁路建成并通车营业，每日往返6次，年底延伸至吴淞。在此期间，火车在江湾不慎压死兵士一人，引起沿途居民恐慌。清政府以私筑铁路为由，出面干涉，并以28.5万两白银买回该段铁路。次年全线拆除，移往台湾基隆海口。清光绪二十三年（1897年），清政府委派盛宣怀以官款再建淞沪铁路，线路大体循原来走向，终点延至河南北路，全线长16.09千米，于清光绪二十四年（1898年）通车。1949年后，淞沪铁路经多次改造，一直使用至1970年后才逐步拆除。

淞沪铁路大部分路段在虹口区境内。所谓"淞"即指吴淞江，弯弯的吴淞江在江湾镇蜿蜒流过，清乾隆年间（1736～1795年）的上海大埠江湾镇因而得名。在规划淞沪铁路的时候，江湾镇作为淞沪铁路第一期工程的终点站曾为近代中国现代化的标志，在中外报纸上频繁出现，遂为人所知。清光绪二年（1876年）7月3日，从天后宫北（今河南北路、塘沽路口）到江湾段正式通车。当年12月1日，全长14.5千米的淞沪铁路建成通车。经过百余年的运营，至20世纪90年代中期，淞沪铁路南段（汶水东路—北站）被拆除，由如今的轨道交通3号线所替代。

为了真实还原中国铁路第一站的历史风貌景观，再现当年的盛景，2010年江湾镇决定在旧址上恢复淞沪铁路江湾镇站原貌，并将老式蒸汽机火车头及火车车厢重新运回江湾镇站原址，根据当年的候车站台情景，重新建造了仿旧站台。在3节车厢内还悬挂了当年淞沪铁路江湾镇站的历史照片，市民在这里可以一睹百年淞沪铁路的历史。2011年正式对外开放。

旅游区域及进出条件：

淞沪铁路江湾站旧址位于汶水东路广纪路口西北。交通便利，公交51路、59路等多条线路以及轨道交通3号线等可到达。

保护与开发现状：

对外开放。

名称：四川北路
编号： HK26
资源类型： FDB
单体资源等级： 3
行政位置： 四川北路
地理位置： 31°16′09.00″N
121°28′40.44″E

性质与特征：

四川北路是上海开埠以后较早建成的马路之一，位于虹口区西南部。南起北苏州路，北至东江湾路、花园路口，与塘沽路、海宁路、虬江路、溧阳路等28条路相交。长3 071米，宽13.8～23.0米，车行道宽8.8～15.3米。

四川北路是一条现代化的平民商业大街，以高品位、中低价面向广大工薪阶层，为上海市著名商业街，主要有上海市第七百货商店、虹口食品商场、远东电器商厦、天兴百货商场、叶大昌食品店、珍宝银楼等名特商店以及新凯福大酒店、新亚大酒店、白厦宾馆、香港美发厅、昆山花园路小商品市场等；沿途文化娱乐、教育卫生、邮电通信单位较多。据《2006年四川北路改造发展规划》记载：四川北路中段被确立为以"具有海派文化背景的商务、休闲、购物、生态和娱乐"为主的商业一条街，称为四川北路的"黄金腰带"；南段（苏州河—海宁路）主要定位为"河岸式时尚和休闲街区"；北段（海伦西路—虹口体育场）定位为"文化和体育观赏性街区"。综合各段的商业规划定位，分别突出休闲、购物和文化三大主题。

旅游区域及进出条件：

四川北路南起四川路桥北堍，北至东江湾路。交通便利，公交21路、52路、65路等多条线路以及轨道交通3号线、4号线、8号线、10号线等可到达。

保护与开发现状：

对外开放。

名称：**甜爱路**
编号：HK27
资源类型：FDB
单体资源等级：3
行政位置：甜爱路
地理位置：31°16′00.21″N
　　　　　121°29′01.29″E

性质与特征：

甜爱路南起四川北路，北至甜爱支路。长520米，宽13米。原系靶场内小路。1920年筑，名公园靶子场路。因与千爱里相通，又称千爱里（路）。抗日战争胜利后，按谐音改称"甜爱路"。数十年来，甜爱路以其独有的宁静和独特的情调被誉为"上海最浪漫的马路"。恋人们在此漫步，享受爱情的甜蜜。甜爱路口有一只特别的爱情邮筒，从这个爱情邮筒投入的每一封信，都将被盖上一枚英文"爱"的邮戳，让收件人通过这个邮戳感受到一份爱心与浪漫，留作永久的纪念。无数对情侣手拉手漫步在这条甜爱路上，他们还可以朗读道路两侧由古今中外著名爱情诗篇组成的"爱情墙"上的诗句，久久回味……

这段名为甜爱的路，迎接过许许多多对幸福的情侣，见证了他们最初甜蜜的爱。

旅游区域及进出条件：

甜爱路邻近鲁迅公园和鲁迅纪念馆。交通便利，公交21路、47路、167路等多条公交线路以及轨道交通3号线、8号线

甜爱路

等可到达。

保护与开发现状：
　　对外开放。

名称： 新亚大酒店
编号： HK28
资源类型： FDD
单体资源等级： 3
行政位置： 天潼路422号
地理位置： 31°14′43.08″N
　　　　　　121°29′08.07″E

性质与特征：

　　新亚大酒店是四川北路商业街上著名的建筑，1934年建成营业，1937年后一度被日军侵占，设为东亚黄道会、中华民国维新政府。抗战胜利后，该大楼被联合国善后救济总署、美国陆军顾问团租用，1949年恢复酒店经营。1987年，新亚大酒店进行全面改建。2003年再次翻修，翻修后的楼高九层。现拥有各类客房约340间。

　　1928年，新亚大酒店在广州创办，由海外华侨和港澳商人入股，以鲜美的粤菜闻名于世，其菜肴在东南亚游客中很有影响。20世纪30年代，新亚大酒店的早茶风靡上海滩。

　　新亚大酒店大楼为钢筋混凝土结构，楼高八层，现代派建筑艺术风格。大楼的平面呈弧形，顶部建塔楼。主楼占地面积1 733平方米，副楼占地面积133平方米，共计占地面积1 866平方米，建筑面积15 900平方米。由五和洋行英国建筑师席拉设计（另一说法是由著名粤籍建筑师李锦沛设计），桂兰记营造厂承造。大楼立面线条粗直、简洁明快。建

新亚大酒店

筑下部外墙采用棕色錾斧石，上部镶贴棕色面砖。大楼全部采用钢门、钢窗，由大东钢窗有限公司制造，式样美观，开启灵便，光线充足。大楼内部所有的陈设都是聘请美术家设计的。旧时底层有2间大客厅，其余是中菜间、西菜间、茶点部、理发部、鲜花部等。中西餐室有约克洋行承装的冷暖气管，这在当时上海旅馆业中是少有的。一层至六层有大小住房350余间。七层有可坐千人的大礼堂和大花园。八楼阳台是屋顶花园。垂直交通装有奥迪斯电梯，电梯出口是穿堂，有方形立柱，显得雄伟气派。大楼的上下交通除电梯外，每层还有宽大的白色扶梯。新亚大酒店有一条精致优雅的长廊，总长度100米，被称为"香榭丽舍廊"。这里所有的客房内都有一部《圣经》，每周还请牧师来布道。新亚大酒店的清洁女工主要是招广东的船妇，因为她们有清洁的好习惯，用抹布揩地板，这样更能体现出酒店的岭南风格。

旅游区域及进出条件：

新亚大酒店位于天潼路四川北路口。交通便利，公交19路、21路、65路等多条线路以及轨道交通2号线、10号线等可到达。

保护与开发现状：

对外开放。1994年被上海市人民政府列为上海市优秀历史建筑。

名称：霍山公园
编号：HK29
资源类型：FAD
单体资源等级：3
行政位置：霍山路118号
地理位置：31°15′20.88″N
　　　　　121°30′23.28″E

性质与特征：

霍山公园旧称斯塔德利公园、舟山公园。1912年，居住在这一带的西方侨民集资租赁公园所在地，辟为侨民儿童游戏场所。1917年，经租界纳税人年会批准，工部局以1.88万两白银购买了这块面积为3 647平方米的土地，改建为公园。同年8月，公园对外籍儿童开放，取名斯塔德利公园（Studley Park）。20世纪20年代初期，公园门口辟建舟山路，园名因此改为舟山公园。1944年，更名为霍山公园。公园占地面积3 687平方米。

公园初建时，只种植了一些花草树木，设置了少量的儿童游戏设施。1925年建一凉亭。1927年建盥洗室和饮水喷泉。1978年整修时，建造了棚架、围栏。1983年，对公园绿化进行了调整，以悬铃木为行道树，周植石榴、棕榈、珊瑚、夹竹桃、红叶李、女贞、木槿、葡萄、月季、海棠等。园中心有一葡萄架，左右两侧花坛植月季、海棠。园南部是儿童活动区，有跷跷板、滑梯、荡椅等游乐设施。园西部亭廊是老年人的游憩场所。1994年，园内新建一座犹太难民纪念碑。

旅游区域及进出条件：

霍山公园近霍山路临潼路口。交通便利，公交22路、28路、33路等多条线路以及轨道交通4号线等可到达。

保护与开发现状：

对外开放。

霍山公园

名称：**上海益民食品一厂历史展示馆**

编号：HK30

资源类型：FAE

单体资源等级：3

行政位置：香烟桥路13号

地理位置：31°15′45.78″N
　　　　　　121°29′34.70″E

性质与特征：

上海益民食品一厂历史展示馆是中国现代食品业的专业展馆，占地面积2 904平方米，建筑面积2 320平方米，2009年建成开馆。

上海益民食品一厂是中国现代食品工业的发祥地，也是"光明"品牌食品的诞生地。其前身是1913年成立的美商海宁洋行。1949年后，在时任副厂长江泽民同志的倡导和组织下，更名为上海益民食品一厂，并创建了中国冷饮自己的品牌——光明牌。其品牌标记取形"火炬"，由56根射线组成，代表了中国56个民族；立名"光明"，寓意"解放了，天亮了，新中国一片光明"。1951年6月，"光明牌"商标注册成功。"光明牌"不但开创了中国冷饮民族品牌的先河，还开创了一个"光明"食品工业的新时代。从生产冷饮开始，"光明牌"食品逐步扩展到各类罐头食品、代乳粉、奶粉、糖果、巧克力、饮料等，成为国内第一家具有较大生产规模的综合性食品工业企业。上海益民食品一厂历史展示馆通过老厂新生迎光明、一心一意谋发展、与时俱进创辉煌、丹心一片铸厂魂四大部分，展示了我国现代食品工业的发展史和老一辈革命家保家护厂的光辉业绩。纪念性建筑主要有：厂史展览馆、西班牙式小洋楼（复原）、木质冷却水塔（复原）等。

旅游区域及进出条件：

上海益民食品一厂历史展示馆位于香烟桥路。交通便利，公交14路、47路、55路等多条线路以及轨道交通4号线、10号线等可到达。

上海益民食品一厂历史展示馆

保护与开发现状：

对外开放。现为上海市爱国主义教育基地。

名称：**下海庙**

编号：HK31

资源类型：FAC

单体资源等级：3

行政位置：昆明路73号

地理位置：31°15′25.74″N
　　　　　　121°30′09.78″E

性质与特征：

下海庙（俗称夏海庙、义王庙）是当地渔民、居民奉祀海神祈佑平安的民间神庙，地处下海浦，有房屋9间，始建于清乾隆年间（1736～1795年）。此后几经毁建，1941年由僧人觉莲募资重建。

下海庙现有建筑面积1 800平方米，1992年恢复为佛教活动场所。寺内建有三殿：前殿大雄宝殿，供奉释迦牟尼佛像、观音像、地藏菩萨像；后殿供奉西方三圣像、千手千眼观音像等；东殿供奉天妃娘娘像

等。另设有斋堂等附属建筑。

旅游区域及进出条件：

下海庙位于昆明路。交通便利，公交13路、19路、25路等多条线路以及轨道交通4号线等可到达。

保护与开发现状：

对外开放。

名称：空间188创意产业园

编号：HK32

资源类型：FAZ

单体资源等级：2

行政位置：东江湾路188号

地理位置：31°16′06.48″N
121°28′26.16″E

性质与特征：

空间188创意产业园又称上海市数字媒体产业园，是一个以研发设计和文化传媒为主的创意产业集聚区，原址为上海无线电八厂的老厂房和五幢20世纪20年代的老洋房，占地面积1.3万平方米，建筑面积3万平方米。

空间188创意产业园的装饰设计融合了老洋房的雅致底蕴与老厂房的通透开敞，具有独特的园区风格。园内集聚了从事数字电视制作、网络运营、数据传播、终端设备等公司所组成的TMT产业研发团队。园内同时引进了中西餐厅、日式料理、主题酒吧、咖啡吧和休闲娱乐中心等配套服务设施。

旅游区域及进出条件：

空间188创意产业园邻近虹口足球场。交通便利，公交18路、51路、70路等多条线路以及轨道交通3号线、8号线等可到达。

下海庙

保护与开发现状：

对外开放。2007年被国家旅游局命名为全国工业旅游示范点。

名称：景灵堂

编号： HK33

资源类型： FAC

单体资源等级： 2

行政位置： 昆山路135号

地理位置： 31°15′05.76″N
121°28′59.64″E

性质与特征：

景灵堂是清光绪八年（1882年）美国监理会在上海创建的一座教堂，原名"景林堂"，为纪念中西书院创始人美国传教士林乐知（Young Allen）而命名，当时为上海最大的基督教堂，1924年举行献堂仪式。主楼占地面积1 067平方米，建筑面积1 646平方米。1937年8月13日，淞沪会战爆发，景林堂所在的虹口区成为战区，信徒均逃往苏州河以南，堂址被日军占用。几经迁址，抗日战争胜利后迁回原址。1958年，景林堂被定为虹口区4所联合礼拜场所之一。1979年，恢复宗教活动。1980年改名"景灵堂"，1983年扩建开放，面积为811平方米。

景灵堂为砖木结构，主楼三层，可容纳1 500人。景灵堂知名信徒有：宋耀如（Charlie Song）为景灵堂牧师，宋庆龄母亲设有专座，宋美龄为唱诗班成员，蒋介石1930年在此受洗礼。景灵堂每周有查经聚会、青年聚会、祷告会、老年团契、读经识字班、唱诗班练唱活动等。每星期日参加礼拜人数有约4 600人。景灵堂的唱诗

虹口区

景灵堂

班成员有100多人，唱诗班参加者经过严格训练，合格者才能上台，星期日每场礼拜都有唱诗班献唱。

旅游区域及进出条件：

景灵堂位于昆山路，近乍浦路。交通便利，公交52路、55路等多条线路以及轨道交通4号线、10号线等可到达。

保护与开发现状：

对外开放。1994年被上海市人民政府列为上海市优秀历史建筑。

名称：李白烈士故居

编号： HK34

资源类型： FDD

单体资源等级： 2

行政位置： 黄渡路107弄15号

地理位置： 31°16′11.88″N
121°28′40.56″E

性质与特征：

李白（1910～1949年）烈士故居占地面积116平方米，建筑面积230平方米，砖木结构，三层欧式联排花园别墅，曾是李白1945～1948年期间的居住地和中共秘密电台所在地。1987年对外开放，1998年进行保护性修缮。李白烈士故居的一层、二层为李白生平事迹陈列室，系统地介绍李白生平和战斗业绩。三层按原样恢复李白生前住所，陈列有发报机、电讯器材工具等。李白长期从事中共地下工作，1948年被捕，1949年5月7日在浦东戚家庙就义。

旅游区域及进出条件：

李白烈士故居位于黄渡路四川北路口。交通便利，公交18路、21路、70路等多条线路以及轨道交通3号线、8号线等可到达。

保护与开发现状：

对外开放。1985年被上海市人民政府列为上海市文物保护单位。2005年被上海市红色旅游工作协调小组命名为上海红色旅游基地。现为上海市爱国主义教育基地、上海市青少年教育基地。

名称：梅亭

编号： HK35

资源类型： FDD

单体资源等级： 2

行政位置： 四川北路2288号

地理位置： 31°16′13.80″N
121°28′40.32″E

性质与特征：

梅亭是1994年为纪念韩国义士尹奉吉（1908～1932年）而建造的，它是一座具有韩式建筑风格的亭榭。1995年，在梅亭的周边种植梅花200棵，建成梅园，并树碑石，碑名为"尹奉吉义举纪念地"。梅亭内设有尹奉吉生平陈列室。尹奉吉（号梅轩），1930年离开家乡流亡到中国，参加了韩国著名爱国人士金九等领导下的抗日斗争。1932年4月29日，侵沪日军在虹口公园（今鲁迅公园）举行规模盛大的"天长节"庆祝活动。尹奉吉用特制的炸弹炸死、炸伤了包括新任日本陆军总司令白川义则大将

李白烈士故居

梅亭

在内的日本高级军官7人，成为震惊中外的"白川事件"。爆炸发生后，尹奉吉被捕，并于当年12月在日本被枪决。

从此，尹奉吉成为民族英雄而受到韩国人民的广泛尊敬。梅亭、梅园建成后，金泳山、李洪九等韩国政要等都曾前来参观。

旅游区域及进出条件：

梅亭位于鲁迅公园。交通便利，公交18路、21路、52路等多条线路以及轨道交通3号线、8号线等可到达。

保护与开发现状：

对外开放。

名称：曲阳公园

编号：HK36

资源类型：FAD

单体资源等级：2

行政位置：中山北一路880号

地理位置：31°17′17.64″N
　　　　　121°29′00.24″E

性质与特征：

曲阳公园是以体育活动为特色的公共绿地，占地面积6.47万平方米，1997年建成开园。

曲阳公园分为四大景区。模纹花坛区，入口处为欧式毯纹花坛，西式柱廊，中央为喷泉，建体育运动塑像。室外的卡丁车场引进日本赛车，赛车活动惊险刺激。健身活动区，有国际标准网球场、游船、儿童娱乐城，以及桌球、乒乓球等。安静休闲区，以黄石假山与长堤湖为中心，建船坞晓春、廊桥揽月、飞瀑泻银等景观。

旅游区域及进出条件：

曲阳公园西沿中山北一路，南依中山北二路，北近甘河路，东邻东体育会路。

曲阳公园

交通便利，公交 51 路、100 路等多条线路以及轨道交通 3 号线等可到达。

保护与开发现状：

对外开放。2011 年被上海市绿化和市容管理局评为上海市四星级公园。

名称：鸿德堂

编号：HK37

资源类型：FAC

单体资源等级：2

行政位置：多伦路 59 号

地理位置：31°15′50.34″N
　　　　　121°28′40.50″E

性质与特征：

鸿德堂是美国长老会为纪念该会的著名传教士、美华书馆负责人费启鸿（Geoge F. Fitch，1845～1923 年）所建，占地面积 662 平方米，建筑面积 1 102 平方米，1928 年建成使用。1937 年，八一三事变爆发，鸿德堂迁出，抗日战争胜利后在原址复堂。1958 年，该堂成为宗教联合会的办事处，并被定为虹口区 4 个基督教联合礼拜场所之一。1990 年修缮整新，于 1992 年 8 月 30 日正式复堂。鸿德堂每星期日上午举行礼拜一次，有 500 多人参加。此外，每周还有祷告会、唱诗班活动等。现底楼大厅建有"苏州刺绣展览"。

鸿德堂建堂时，正值国内民族主义高涨，基督教内提倡本土化，因此教堂设计打破传统的教堂建筑式样，屋顶采用中国传统的斗拱飞檐结构。教堂平面呈长方形，二层，因上层中厅高出两边侧廊，故外观拟三层。底层设小厅，还办了修德小学，二层为礼拜用大厅，主楼建筑面积为 700 多平方米。入口处上部建楼阁式方形钟楼，覆盖重檐四方攒尖顶。房屋外墙青砖砌筑，并有仿木构架的红色水泥圆柱，檐下绘重彩画。其建筑外貌为中国宫殿风格，局部处理则为中西结合。

旅游区域及进出条件：

鸿德堂位于多伦路文化名人街。交通便利，公交 18 路、47 路、52 路等多条线路以及轨道交通 3 号线、4 号线、8 号线、10 号线等可到达。

保护与开发现状：

对外开放。1994 年被上海市人民政府列为上海市优秀历史建筑。

鸿德堂

名称：**多伦路66号花园住宅**

编号：HK38

资源类型：FDA

单体资源等级：2

行政位置：多伦路66号

地理位置：31°15′51.66″N
　　　　　121°28′40.58″E

性质与特征：

多伦路66号花园住宅原为薛氏住宅，又名薛公馆，建筑面积450平方米，占地面积374平方米，建于1920年。

多伦路66号花园住宅由清水砖砌筑而成，屋高两层，砖混结构，面向东，宅邸有较大的庭院。外貌为殖民地外廊式建筑，受英国乔治王朝时期和维多利亚时代建筑艺术风格的影响，以建筑立面整齐的柱式外廊为特征，以连续半拱券为主要元素。房屋的顶层退为平台，局部设老虎窗，女儿墙为杯形栏杆，上饰水泥望柱。各层均有砖砌走廊，层间为廊式内台，出檐较浅，檐口有细部齿饰。层间采用窗间墙连贯，分割成许多小方格（有9~12个），窗裙内收，窗楣细部用一小牛腿支撑。建筑平面强调横向构图，西南转角处的开间设塔楼造型。底层廊柱墙有盾形花饰，层间用砖盾壁柱。向东入口门廊为古典主义建筑艺术风格，一对爱奥尼克柱分立左右。建筑体量庞大，整体典雅庄重。

该花园住宅原系薛姓商贾寓所。80多年前，薛氏眷族就寓居在这条窦乐安路（今多伦路）。据称，房主人父辈为晚清官吏，与袁世凯关系甚密。到第二代便开始经商，薛公馆即为绸缎庄薛老板所建。抗日战争时期曾为日军所霸占，作为日本海军武官府驻地。

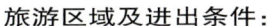

旅游区域及进出条件：

多伦路66号花园住宅位于多伦路文化名人街中段，近四川北路。交通便利，公交18路、47路、52路等多条线路以及轨道交通3号线、4号线、8号线、10号线等可到达。

保护与开发现状：

现为居民住宅。

名称：**多伦路85号花园住宅**

编号：HK39

资源类型：FDA

单体资源等级：2

行政位置：多伦路85号

地理位置：31°15′50.87″N
　　　　　121°28′39.07″E

性质与特征：

多伦路85号花园住宅是一幢日式小洋房，建于1930年。

该建筑具有东西方建筑相结合的特征，

多伦路66号花园住宅

反映出日本式建筑从近代建筑向现代建筑演变的简化趋势。该建筑为复式"人"字形屋顶，铺盖小青瓦；中国传统的歇山式山墙、平拱木门窗；外墙立面采用现代式装修手法，贴面为拉毛水泥。北立面门廊为罗马式建筑风格，采用古罗马式的券、拱及柱；走入室内，可见向外的门窗大多是推拉式的；木棍方格糊纸，很轻，内部隔断也是轻质的。由于日本传统风尚是席地坐卧，所以室内高度约为2.5米，木地板架得比较高。前檐下设平台，很适合做家务。整幢建筑显得古朴、优雅。

从1860年起，日本侨民开始来到上海定居。20世纪初，日本人大量来到上海，虹口区的北四川路、吴淞路一带已发展成为日本人的居住区。到30年代，上海日本人的数量已远远超过其他国家的侨民。日本人还在虹口区一带设立神社、寺庙，并在沿街马路建造日本式民宅建筑。日本式建筑以洗练简洁、优雅洒脱见长，多伦路85号花园住宅就是其中之一。

旅游区域及进出条件：

多伦路85号花园住宅位于多伦路文化名人街，近四川北路。交通便利，公交18路、47路、52路等多条线路以及轨道交通3号线、4号线、8号线、10号线等可到达。

保护与开发现状：

对外开放，现为商业设施。

名称：多伦路93号花园住宅

编号： HK40

资源类型： FDA

单体资源等级： 2

行政位置： 多伦路93号

地理位置： 31°15′50.76″N
121°28′38.17″E

性质与特征：

多伦路93号花园住宅原为王造时寓所，建筑面积920平方米，庭院面积近200平方米，建于1920年。

该建筑是简化的新古典主义建筑艺术风格的花园住宅，砖混结构，共二层，面朝南沿街建造。建筑平面为"凹"字形，立面对称，作三段划分，以竖线条构图为主。外形呈三面围合状，中部底层主入口处，一层、二层均设有简化了的仿古希腊科林斯柱。两侧建有多角形柱廊，形成南立面中部虚、两边实的构图，屋面错落起伏，平台顶部中间设三角形断檐山墙，刻有山花，局部仿巴洛克建筑特征。两边置有两垛弓形山墙作细部装饰，具有强烈的装饰效果，使建筑显得既别致又气派。平台上的女儿墙，以垂直线条为主要造型特色，辅以西式装饰栏杆。平挑檐，落地长钢窗，石拱券作框，檐口等细部有古典风格的小装饰。

多伦路85号花园住宅

多伦路93号花园住宅

王造时，清光绪二十九年（1903 年）诞生于江西安福。早年求学于清华大学，其间参加五四运动。1925 年，王造时留学美国威斯康星大学，获政治学博士学位。1930 年回沪，任光华大学文学院院长。九一八事变后，他积极从事抗日救亡运动，组织上海各大学的抗日救国会。1936 年，任全国各界救国联合会常委；同年 11 月 23 日，与沈钧儒等 7 人被国民党政府逮捕入狱，即闻名沪上的"七君子"事件。抗日战争爆发后，王造时获释，曾在上海创办自由出版社及前进中学。1949 年后，曾任全国政协委员、复旦大学教授等职。1971 年 8 月病逝于上海，生前著作有《荒谬集》，译作有《历史哲学》《美国外交政策史》等，这些著作均在多伦路93号花园住宅内完稿。

旅游区域及进出条件：

多伦路93号花园住宅位于多伦路文化名人街，近四川北路。交通便利，公交 18 路、47 路、52 路等多条线路以及轨道交通 3 号线、4 号线、8 号线、10 号线等可到达。

保护与开发现状：

对外开放，现为商业设施。

名称：多伦路208号花园住宅
编号：HK41
资源类型：FDA
单体资源等级：2
行政位置：多伦路 208 号
地理位置：31°15′56.95″N
　　　　　121°28′37.67″E

性质与特征：

多伦路208号花园住宅原为陈仲篪住宅，建于 20 世纪 20 年代。

该建筑是一幢具有欧洲文艺复兴样式的花园住宅，假三层，面朝西北，平缓四坡顶屋面，有老虎窗，盖红瓦，出檐较深，外墙立面采用水泥块贴面，横线勾缝比较显著，强调水平线，使整个建筑显得简洁、稳重。北立面二层露台挑出较深，围栏处理呈几何化特征，北立面对称的窗形围以古典样式的窗饰。底层北入口门头带有层层叠叠的砖砌拱券，受当时盛行的罗马建筑艺术风格的影响。西立面入口门廊由 4 根简化的爱奥尼克柱支撑，显得古朴庄严。室内均是木装修，石膏平顶，线脚较繁复。

多伦路208号花园住宅

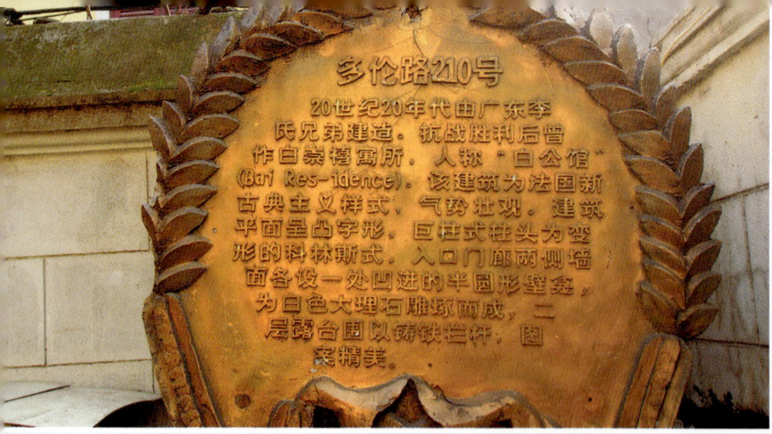

多伦路 210 号花园住宅

庭院面积受沿街影响，栽树稀疏，花卉较少，而庭院中一缸良种金鱼则显示出生机和灵动。

陈仲篪是广东商人，来沪投资不到数年便发家致富。他看中了这条文脉浓郁的窦乐安路（今多伦路），并在此"黄金宝地"上建起了这幢外观具有欧洲文艺复兴时期建筑特色的花园住宅。

旅游区域及进出条件：

多伦路208号花园住宅位于多伦路文化名人街，近四川北路。交通便利，公交21路、47路、52路等多条线路以及轨道交通3号线、4号线、8号线、10号线等可到达。

保护与开发现状：

现为居民住宅。

名称：**多伦路210号花园住宅**

编号：HK42

资源类型：FDA

单体资源等级：2

行政位置：多伦路210号

地理位置：31°15′57.14″N
　　　　　121°28′37.99″E

性质与特征：

多伦路210号花园住宅于20世纪20年代建造，宅主原是广东中山来沪商贾唐林生。该建筑为砖混结构，坐北朝南，高二层，占地面积638米，建筑面积967平方米，建筑体量为多伦路住宅之最。其建筑设计为新古典主义风格，整个建筑平面呈"凸"字形，主立面对称构图，横纵三段式划分，横向中央凸出部分采用简化的科林斯巨柱式，形成开敞柱廊，柱廊两侧墙面各设一处凹进的半圆形壁龛，为白色大理石雕琢而成。二层露台围以铸铁栏杆，其图案精美。建筑外观典雅，气势恢宏。庭院内遍植冬青、棕榈、梧桐、腊梅等各式花木。后来被转卖给日本人，抗日战争结束后作为敌产被国民党政府接收。之后成为白崇禧在沪官邸，人称白公馆。

旅游区域及进出条件：

多伦路210号花园住宅位于多伦路文化名人街。交通便利，公交21路、47路、52路等多条线路以及轨道交通3号线、4号线、8号线、10号线等可到达。

保护与开发现状：

对外开放，现为医疗机构。2005年被上海市人民政府列为上海市优秀历史建筑。

名称：**多伦路240号花园住宅**

编号：HK43

资源类型：FDA

单体资源等级：2

行政位置：多伦路240号

地理位置：31°15′58.68″N
　　　　　121°28′38.03″E

性质与特征：

多伦路240号花园住宅为一幢欧式新古典主义艺术风格的花园住宅，建筑面积900平方米，建于20世纪30年代初期。

该建筑为平面融进山根的"山"字，镂空的椭圆形宅标精致地点缀在外立面的窗饰和栏杆上，有鲜明的标志性。建筑西立面造型效仿古罗马建筑中横三段（即台基、门窗或柱廊、檐部），柱子及各段的比

多伦路240号花园住宅

例严格遵守古典主义建筑艺术法则，强调水平方向，层间上下檐追求平衡，装饰力求古朴，略带有现代气息。三层对称外挑阳台、平台顶上的棚式老虎窗、二层宽敞柱廊及柱间的细部装饰，不禁让人想起法国的枫丹白露宫。底层地坪用大青石铺设，花岗石作基础，清水砖墙立面，大券式门洞，骑楼式走廊。二层采用大屏幕玻璃钢窗，风格各异。古典组合柱式作墙体立面支撑，柱式上的浮雕，仿佛建筑上的绣花；全白的粉饰，局部镶嵌清水砖墙，呈现出典雅秀气之感。在后来的建筑改造中，设计师通过深入摸索原建筑结构骨架中隐含的韵律，将各个界面的装饰构成要素融合在一起，整合成新的空间结构秩序。着重在中厅部位设立了一个承上启下的楼梯，使得多层次空间布局在变动的行进线支持下显得气韵流畅、生气勃勃，极富感染力。室内的主要界面浑然一体，个性鲜明，且具有整体气势。

旅游区域及进出条件：

多伦路240号花园住宅位于多伦路文化名人街，近四川北路。交通便利，公交21路、47路、52路等多条线路以及轨道交通3号线、4号线、8号线、10号线等可到达。

保护与开发现状：

对外开放，现为商业设施。

名称：四川北路公园

编号： HK44

资源类型： FAD

单体资源等级： 1

行政位置： 四川北路1428号

地理位置： 31°15′19.92″N
　　　　　121°28′46.02″E

性质与特征：

四川北路公园是虹口区一块开放式公共绿地，占地面积4.24万平方米，2002年建成开园。

四川北路公园以"绿脉、水脉、文脉"为主线，主要景观有：虹舞乐章、绿音琴阶、银盘托月、翠黛霓林、碧玉虹峰、兰桂飘香、夕阳幽篁等。公园有丰富的生态景观和植物景观,植雪松、广玉兰、银杏等乔木约1 300株、灌木约36万株、草坪9 800平方米。

旅游区域及进出条件:

四川北路公园西起四川北路,东至衡水路。交通便利,公交21路、52路、65路等多条线路以及轨道交通3号线、4号线、10号线等可到达。

保护与开发现状:

对外开放。2005年被上海市绿化和市容管理局评为上海市四星级公园。

名称:**昆山公园**

编号:HK45

资源类型:FAD

单体资源等级:1

行政位置:昆山花园路13号

地理位置:31°15′03.66″N
　　　　　121°28′54.78″E

性质与特征:

昆山公园所在地原为一块荒地,中间有一个面积4 293平方米的无主养鸭塘,周围居民也在此倾倒垃圾。清光绪二十一年(1895年),公共租界工部局以1.5万两白银从中国地方当局那里获取了水塘及其旁边的4 673平方米土地,又以6 318两白银向外资上海土地投资有限公司购得相邻的2 173平方米土地。同年开始施工,填平池塘,种树栽花。清光绪二十四年(1898年)正式开放,开始取名为虹口公园。清光绪三十二年(1906年),虹口娱乐场(今鲁迅公园)局部开放。因此,此地改名昆山广场儿童公园,也称昆山儿童游戏场。1934年,改名昆山公园。

建园之初,公园四周以高1.52米、长341.38米的木栅栏封闭,环园植乔木38株。园中央大草坪是儿童的主要活动场所,草坪边建直径为5.49米的凉亭4座,各亭有园路相通。1949年底修复时,种植和移植树木600余株,铺草皮929平方米。1982年

昆山公园

建造亭廊、棚架、地坪、围栏,园门迎面栽雪松、棕榈、红叶李、腊梅、罗汉松等;左右两侧小花坛中,月季花、茶花、黄馨、迎春争相斗艳,公园四周栽种杉树、梧桐;公园东部有亭廊组合建筑。根据小说《红岩》中宋振中烈士的形象,1989年在公园中部建起一座高1.8米的青铜"小萝卜头"塑像。全园有树木35种约500株。

旅游区域及进出条件:

昆山公园西临百官街,北界昆山路,东邻乍浦路。交通便利,公交14路、25路、63路等多条线路以及轨道交通3号线、4号线、10号线等可到达。

保护与开发现状:

对外开放。

名称:**淞沪铁路天通庵站遗址**

编号:HK46

资源类型:EBE

单体资源等级:1

行政位置:同心路宝山路口

地理位置:31°15′56.60″N
　　　　　121°28′47.52″E

性质与特征:

淞沪铁路天通庵站遗址为中国第一条营运铁路淞沪铁路的纪念性保护标志。淞沪铁路全长为16.09千米,沿线设宝山路站、天通庵路站、江湾站等8个站。20世纪60年代后客货运营停止。天通庵站位于天通

庵路、同心路、宝山路交汇处，在一·二八事变和八一三淞沪抗战中都曾经历过战火的洗礼，是中国现代史上重要的战争遗址。1997年因建设轨道交通3号线而被拆除。2007年在原址上建造了纪念标志，并由上海铁路局提供当年拆卸下来的老铁轨、枕木、信号灯等物品，整修后放置在原址，供市民参观。

旅游区域及进出条件：

淞沪铁路天通庵站遗址位于同心路宝山路口。交通便利，公交47路、51路等多条线路以及轨道交通3号线、8号线等可到达。

保护与开发现状：

对外开放。2006年被虹口区人民政府列为虹口区纪念地。

名称：**虹口耶稣圣心堂**

编号：HK47

资源类型：FAC

单体资源等级：1

行政位置：南浔路246号

地理位置：31°15′01.74″N
121°29′15.48″E

性质与特征：

虹口耶稣圣心堂全称"救世耶稣至圣之心堂"，是上海公共租界中早期的天主教堂。清同治十三年（1874年），由法国耶稣会在虹口南浔路投资兴建。清光绪二年（1876年）竣工并举行开堂弥撒。1982年，在原址南侧重建。

虹口耶稣圣心堂建筑为西班牙风格，堂区总面积约为2 890平方米，建筑构件包括一座教堂，两座二层洋楼、厨房食堂、小花园和堂场。全堂可容纳千余位教友。建堂初属洋泾浜天主堂管辖（今黄浦区四川南路若瑟堂），自1884年起独立，

淞沪铁路天通庵站遗址

虹口耶稣圣心堂

自成一堂区,为虹口地区主要教堂之一。清光绪十二年(1886年),虹口耶稣圣心堂周围已有教友 600 余人。此后,很快发展成为当时上海教区新的活动中心。清光绪二十六年(1900年),中外教友已超过 2 000 人。1941~1942 年,教友已达到 6 900 余人。由于虹口耶稣圣心堂靠近浦江北岸的有利地理位置,因此不仅吸引了众多的葡萄牙籍教友,而且还吸引了外轮上大量菲律宾籍船员教友。第二次世界大战初期,堂区接纳犹太信徒 300 余人,以后又有日本籍教友加入,并设有日语弥撒、教理班和日文小图书馆等。抗战胜利后,犹太人和日本人纷纷离沪,外籍教友逐渐减少。到 1948 年,在虹口耶稣圣心堂教友名册中,仍有葡、菲等国外教友 500 多人。因此,虹口耶稣圣心堂是沪上早期的一所重要的涉外教堂,其周边区域成为外籍教友的聚居区。

1949 年后,该教堂仍有宗教活动。文革期间,教堂内设施全部被破坏。此后,被浦光电表厂占用,改建为厂房。文革后期,原教堂主体建筑被拆除。1982 年,在被占用的南面小礼堂的基础上改建新堂,同年 12 月 24 日,举行复堂大礼弥撒。改建后的教堂为二层建筑,楼下设圣堂,面积约 200 平方米,可容纳 300 余人;其余为生活用房、会议室、办公室、接待室等。虹口耶稣圣心堂原属总铎级教堂,堂区范围为虹口区,现经教区改制后,属于市东总铎区管辖,成为虹口区宗教活动和宗教文化传承的重要场所之一。

旅游区域及进出条件:

虹口耶稣圣心堂位于南浔路塘沽路口。交通便利,公交 19 路、22 路等多条线路以及轨道交通 10 号线等可到达。

保护与开发现状:

对外开放。

名称:凉城公园
编号: HK48
资源类型: FAD
单体资源等级: 1
行政位置: 凉城路 800 号
地理位置: 31°17′57.54″N
　　　　　　121°28′02.40″E

性质与特征:

凉城公园所在地原为虹口区江湾镇西巷村的农田村舍,1992 年为凉城小区配套建设而征用农地建造公园。1994 年施工,1995 年对外开放,占地面积 1.37 万平方米。

凉城公园以"凉"为主题,以"绿"为基调,营造"凉风习习,凉荫阵阵"的意境。园北主景由睡莲池、演出平台、休息亭、活动地坪等组成。园南设儿童乐园、棚架、花坛等。睡莲池位于公园东北部,呈半圆形,面积 400 平方米。池四周水泥驳岸,岸边以铁管铁索作围栏。在池东北岸的中心处建一圆形临水演出平台。池西南岸有临水六角亭,亭内三面设坐凳,亭前花坛中植五针松。在六角亭两侧对称地建有两座方亭,亭内两面设坐凳。三亭均为钢筋混凝土结构，平顶，绿色琉璃瓦披檐。园中部西面，正对公园西大门有顶牛雕塑，以大理石贴面，中间一层为高 0.5 米的八角形花岗岩基座，上层为高 1.8 米的青石抽象雕塑，状似两牛相顶。雕塑后以一片雪松为背景，树下铺植草皮。儿童乐园在公园东南部，有电瓶车、海洋球、蹦蹦床、观览车、碰碰船、高架脚踏车等游乐设施。

全园种植各种树木约 1.36 万株，采取小片群落配置手法，充分运用乔、灌、藤、竹、草坪作地被覆盖。外围以常绿树为主，适当密植大树，中间低疏开阔。

旅游区域及进出条件：

凉城公园东邻居民新村，西临凉城路，南沿车站北路。公交 142 路、160 路等多条线路可到达。

保护与开发现状：

对外开放。

凉城公园

江湾公园

名称：江湾公园

编号：HK49

资源类型：FAD

单体资源等级：1

行政位置：新市北路 1505 号

地理位置：31°18′27.48″N
　　　　　121°28′37.44″E

性质与特征：

江湾公园原名丰镇公园，占地面积为 1.07 万平方米，始建于 1996 年。2009 年秋，适逢"迎世博 600 天"计划而进行改造，并更名为江湾公园。

为塑民族之魂，弘扬城市精神，该园设计以江湾第一人——名将韩世忠为主题。韩世忠是南北宋之交抗金战争中涌现出的名将，其名声仅次于岳飞。韩世忠曾屯兵于江湾，江湾镇因此而兴。园内有江湾开篇、蕲王府石、鼓仪红亭、望江楼阁、一步岩、点兵台、四季景石、江湾源等景点。园内曲径通幽，绿树成荫，可供社区居民修身养性。

旅游区域及进出条件：

江湾公园位于新市北路场中路口。交通便利，公交 52 路、66 路、97 路等多条线路以及轨道交通 3 号线等可到达。

保护与开发现状：

对外开放。

杨浦区

上 海 旅 游 资 源 图 志

概况

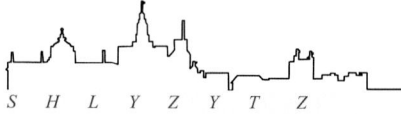

杨浦区位于上海市中心城区东北部，东、南与浦东新区隔黄浦江相望，西临虹口区，北与宝山区接壤，区域面积60.56平方千米。黄浦江支流杨树浦港纵贯区境南北，杨浦即以此演变而得名。2012年度，杨浦区户籍人口109.32万人，辖11个街道（定海路街道、平凉路街道、江浦路街道、四平路街道、控江路街道、长白新村街道、延吉新村街道、殷行街道、大桥街道、五角场街道、新江湾城街道）和1个镇（五角场镇）。2012年度，全区预计完成地区生产总值1 201.11亿元，第二、第三产业的增加值比例为62.1:37.4（不含烟草业为21.6:77.5）。2012年度，全区旅游星级宾馆、旅行社完成营业收入50.4亿元，同比增长33.0%

杨浦区区境成陆较迟，隶属关系变化不大。清雍正二年（1724年），区境北部属宝山县殷行乡和江湾乡一部分。1912年，区境虬江以北属宝山县殷行乡，虬江以南、租界线以北属上海县引翔乡。1927年，上海特别市成立，引翔、江湾、殷行3个乡划归上海特别市。抗日战争胜利后，3个乡分属新市街区和江湾区，原租界部分设榆林和杨树浦两区。1952年，新市、江湾两区合并为江湾区；1960年，杨树浦、榆林两区合并为杨浦区。1956～1984年，江湾区部分先后划入杨浦区。

1927年7月，上海特别市政府成立。为了与租界相抗衡，制定了"大上海计划"，选址今五角场地区的翔殷路以北、闸殷路以南、淞沪路以东、黄浦江以西的土地作为市中心区，规划设有行政区、商业区、住宅区以及相应的交通设施，包括铁路、港口、道路等。20世纪30年代的"大上海计划"，是近代上海第一个大型的城市规划。区域内仍保存有旧上海特别市政府大楼旧址、市博物馆、市体育场、市图书馆等优秀历史建筑。

杨浦区近代工业始于19世纪80年代。其百年工业的遗存有杨树浦发电厂、杨树浦水厂等。杨浦区也被誉为"上海学府中央区"，复旦大学、同济大学是历史悠久、学科门类齐全的综合性大学，其校园内保留着众多优秀历史建筑。杨浦区内还有国家AAAA级旅游景区共青森林公园。

五角场既是整个北上海地区的旗舰型高端商业中心，又是上海市东北部地区的交通枢纽。五角场地区交通四通八达，四平路直通外滩，黄兴路连接内环高架路，杨浦大桥通往浦东新区，邯郸路毗邻大柏树地区，翔殷路通向军工路及翔殷路隧道，淞沪路与新江湾城地区及宝山区相连。

旅游资源列表

编号	名称	行政位置	资源类型	单体资源等级	地理位置
YP01	杨树浦水厂	杨树浦路830号	FAF	5	31°18′33.12″N 121°30′53.64″E
YP02	杨树浦煤气厂	杨树浦路2524号	FAF	5	31°17′36.90″N 121°32′43.66″E
YP03	上海国际时尚中心	杨树浦路2866号	FAZ	5	31°16′17.07″N 121°33′26.68″E
YP04	复旦大学历史建筑群	邯郸路220号	FAA	5	31°17′55.02″N 121°29′57.66″E
YP05	杨浦大桥	杨浦区、浦东新区	FFA	5	31°15′25.09″N 121°32′28.70″E
YP06	杨树浦发电厂	杨树浦路2800号	FAF	5	31°16′31.50″N 121°33′03.40″E
YP07	江湾历史文化风貌区	五角场街道、五角场镇	FDC	4	31°18′59.14″N 121°31′14.93″E
YP08	飞机楼	长海路174号	FDD	4	31°18′37.08″N 121°31′23.22″E
YP09	旧上海特别市政府大楼旧址	清源环路650号	FDD	4	31°18′40.98″N 121°31′16.92″E
YP10	共青森林公园	军工路2000号	FAD	4	31°19′00.50″N 121°32′56.90″E
YP11	同济大学历史建筑群	四平路1239号	FAA	4	31°17′09.10″N 121°30′05.50″E
YP12	创智天地	淞沪路234号	FAZ	3	31°18′43.30″N 121°30′54.30″E
YP13	江湾体育中心	国和路346号	FBD	3	31°18′33.12″N 121°30′53.64″E

续表

编号	名称	行政位置	资源类型	单体资源等级	地理位置
YP14	新江湾城湿地公园	殷行路880号	BBB	3	31°19′51.72″N 121°30′56.28″E
YP15	和平之后圣母堂	惠民路692号	FAC	3	31°15′28.63″N 121°31′15.06″E
YP16	中国烟草博物馆	长阳路728号	FAE	3	31°15′49.50″N 121°30′50.16″E
YP17	上海海洋大学博物馆	军工路318号	FAE	3	31°17′35.60″N 121°33′19.30″E
YP18	上海印刷博物馆	水丰路100号	FAE	3	31°17′05.70″N 121°32′29.20″E
YP19	黄兴公园	国顺东路369号	FAD	3	31°17′50.40″N 121°31′43.86″E
YP20	复旦大学博物馆	邯郸路220号	FAE	3	31°17′56.40″N 121°29′44.64″E
YP21	中国武术博物馆	长海路399号	FAE	3	31°18′40.98″N 121°31′16.92″E
YP22	杨浦公园	双阳路369号	FAD	2	31°16′59.94″N 121°32′02.58″E
YP23	沪东工人文化宫	平凉路1500号	FAE	2	31°16′03.30″N 121°32′07.56″E
YP24	杨浦区城市规划展示馆	长阳路1111号	FAE	2	31°16′23.40″N 121°31′13.86″E
YP25	内江公园	控江路261号	FAD	2	31°17′21.24″N 121°32′26.64″E
YP26	延春公园	营口路20号	FAD	2	31°17′24.66″N 121°31′51.84″E

续表

编号	名称	行政位置	资源类型	单体资源等级	地理位置
YP27	民星公园	嫩江路1111号	FAD	2	31°18′59.16″N 121°31′51.84″E
YP28	江浦公园	长阳路1111号	FAD	2	31°16′23.40″N 121°31′13.86″E
YP29	沪东堂	国和路350号	FAC	2	31°18′29.71″N 121°31′09.60″E
YP30	国歌展示馆	荆州路151号	FAE	2	31°15′31.11″N 121°30′54.06″E
YP31	惠民公园	惠民路724号	FAD	1	31°15′37.68″N 121°31′03.78″E
YP32	平凉公园	平凉路1738号	FAD	1	31°16′09.66″N 121°32′17.88″E
YP33	波阳公园	波阳路200号	FAD	1	31°16′27.60″N 121°32′50.70″E
YP34	复兴岛公园	共青路386号	FAD	1	31°17′16.44″N 121°33′28.38″E
YP35	松鹤公园	抚顺路240号	FAD	1	31°16′55.98″N 121°30′35.22″E
YP36	工农公园	包头路929号	FAD	1	31°19′41.28″N 121°32′01.08″E
YP37	四平科技公园	四平路1777号	FAD	1	31°17′21.00″N 121°30′11.82″E
YP38	法善庵	政本路338号	FAC	1	31°17′17.04″N 121°30′38.52″E

杨树浦水厂

旅游资源单体

名称：**杨树浦水厂**
编号：YP01
资源类型：FAF
单体资源等级：5
行政位置：杨树浦路830号
地理位置：31°18′33.12″N
　　　　　121°30′53.64″E

性质与特征：

杨树浦水厂始建于清光绪七年（1881年），为中国早期供水行业生产能力最强的地面水厂，占地面积12.9万平方米，建筑面积1.28万平方米。清光绪六年（1880年），上海英商在英国伦敦成立上海自来水股份有限公司，并于次年在黄浦江边建造了自来水厂。该厂由英国设计师哈特设计。清光绪九年五月二十五日（1883年6月29日），时任北洋通商务大臣的李鸿章拧开阀门开闸放水，标志着中国第一座现代化水厂正式建成。杨树浦水厂向当时的公共租界、法租界及静安寺以东的越界筑路地段供水。当年每天平均供水3 698立方米，以后供水区域不断扩大。从20世纪30年代起，水厂不断扩建，占地面积增加了3倍，生产工艺得到改善，制水能力不断提高。到1937年抗日战争前夕，水厂经过长期经营，制水设备、输水管道、生产技术、生产规模及经营管理都已达到相当高的水平，成为当时远东最大的现代化水厂。

杨树浦水厂建筑外形如同中世纪的英国城堡，承重墙体由清水砖砌筑，立面腰线嵌红砖，墙身压顶雉堞缺口，雉堞的压顶、窗框、腰线等均用水泥粉出凸线，墙面转

折交界处为水泥隅石形状。尤其是那些装饰性元素，使得这座建筑成为沪上工业厂房中的异数。现用作厂房和办公楼。厂区内绿树环抱，绿化覆盖率达30%。

旅游区域及进出条件：

杨树浦水厂位于杨浦大桥浦西段西侧。交通便利，公交28路、80路、135路等多条线路以及轨道交通4号线等可到达。

保护与开发现状：

对外开放。1989年被上海市人民政府列为上海市文物保护单位和上海市优秀历史建筑。

杨树浦煤气厂之二

名称：**杨树浦煤气厂**
编号：YP02
资源类型：FAF
单体资源等级：5
行政位置：杨树浦路2524号
地理位置：31°17′36.90″N
　　　　　121°32′43.66″E

性质与特征：

杨树浦煤气厂占地面积9.1万平方米，建筑面积4.7万平方米，筹建于1932年，1934年建成投产。1942年被"大上海瓦斯株式会社"接管。1945年被国民政府上海公用局接管。1952年改名上海杨树浦煤气厂。

清道光二十三年（1843年）上海开埠后，外国商人纷纷来沪投资办厂。清同治四年（1865年），上海第一家煤气厂在苏州河畔建成，同年11月即开始向公共租界供应煤气并用于照明。繁荣的南京路开始启用煤气灯照明，道路面貌焕然一新，上海公用事业也由此开始。至1929年，上海城市煤气供应量已超出2 000万立方米，急需扩大生产。原苏州河畔的煤气厂由于苏州河航道狭窄，船舶拥挤，运输能力受到限制，所以英商选中在黄浦江边新建煤气厂。杨树浦煤气厂始建于1932年，两年后建成投产。杨树浦煤气厂建成时日产煤气11.3万立方米，包括水煤气5.67万立方米，占全市煤气消费量的80%。

杨树浦煤气厂现存的老建筑办公楼与杨树浦煤气厂同时期建造，坐北朝南，楼高三层，建筑面积约1 185平方米，砖混结构，现代派风格。立面层间有腰线，黄色面砖墙面，饰转角隅石，北立面局部饰山花装饰。厂内最大的储气柜是上海现存最早的煤气贮存设备，为英商20世纪30年代设计制造。由1万多个铆钉焊接而成，可存储2万立方米煤气容量。

旅游区域及进出条件：

杨树浦煤气厂北临杨树浦路，南接黄浦江。公交28路、135路等线路可到达。

保护与开发现状：

暂不对外开放。1999年被上海市人民政府列为上海市优秀历史建筑。2004年被杨浦区人民政府列为杨浦区文物保护单位。

杨树浦煤气厂之一

名称：上海国际时尚中心

编号：YP03

资源类型：FAZ

单体资源等级：5

行政位置：杨树浦路 2866 号

地理位置：31°16′17.07″N
　　　　　121°33′26.68″E

性质与特征：

　　上海国际时尚中心位于黄浦江北岸的原上海第十七棉纺织总厂旧址，总建筑面积约 14.3 万平方米。中心外墙为清水红砖，既保留了 20 世纪 20 年代老上海工业文明的历史"年轮"，又融入了当代时尚的审美元素。上海国际时尚中心同时具备时尚多功能秀场、时尚接待会所、时尚创意办公、时尚精品仓、时尚公寓酒店和时尚餐饮娱乐六大功能区域。多功能秀场建筑面积近 9 400 平方米，拥有包括木平台、展厅、接待大厅、主秀场、后场、报告厅等多个功

上海国际时尚中心

能区域。主秀场面积约1 500平方米，是一个长58米、宽26米，最高可达7米的无柱空间，配备了包括摇头灯、染色灯、成像灯等在内的专业的灯光及音响设备，是举办设计师作品发布、服装服饰品牌发表、新车展示、大型庆典活动以及企业年会的场所，可同时容纳800名观众观看时装秀。秀场后台可同时供300名模特及工作人员化妆候场，其规模居亚洲之最。这里不仅是上海乃至全国设施最完备、配套最齐全的专业秀场，而且也是世界顶级品牌发布的首选地，成为上海国际服装文化节、上海时装周的主场，成为人们接触时尚、了解时尚、感受与体验时尚的新天地。2011年上海旅游节开幕式在上海国际时尚中心举行。

旅游区域及进出条件：

上海国际时尚中心位于杨树浦路，近军工路隧道。公交60路、135路、577路等多条线路可到达。

保护与开发现状：

对外开放。

名称：复旦大学历史建筑群

编号：YP04

资源类型：FAA

单体资源等级：5

行政位置：邯郸路220号

地理位置：31°17′55.02″N
121°29′57.66″E

性质与特征：

复旦大学历史建筑群位于邯郸路校区，其主要建筑有相辉堂，原名登辉楼，二层砖混结构，平瓦坡屋面，占地面积600平方米，建筑面积1 200平方米。建于1921年，1947年重建落成，1984年大修后改名为相辉堂，以纪念马相伯、李登辉两位前校长。老校门为一层（局部二层）砖混结构，牌楼门样式，屋檐出挑，清水红砖墙体，挑檐下部正中白色粉刷额枋写着"复旦大学"

复旦大学历史建筑群

杨浦大桥

四个大字，3个门洞以红砖柱相隔，门旁墙面有混凝土花饰，建于19世纪50年代。校史馆为二层砖木结构，始建于1921年，1929年添建两翼。数学楼（金融研究所、子彬院）为二层砖混结构，近似欧洲哥特式建筑风格，1926年落成。

复旦大学（原名复旦公学）是教育部直属全国重点大学之一，前身为震旦学院，名列国家"985工程"和"211工程"高校建设行列。目前有邯郸、枫林、张江、江湾四大校区，总占地面积约240万平方米，其中邯郸校区占地面积约100万平方米。创建于清光绪三十一年（1905年），是我国早期比较正规的私立高校。

旅游区域及进出条件：

复旦大学历史建筑群位于邯郸路，近五角场。交通便利，公交59路、60路、99路等多条线路以及轨道交通10号线等可到达。

保护与开发现状：

对外开放。复旦大学多处建筑被上海市人民政府列为上海市优秀历史建筑。

名称：**杨浦大桥**
编号：YP05
资源类型：FFA
单体资源等级：5
行政位置：杨浦区、浦东新区
地理位置：31°15′25.09″N
　　　　　121°32′28.70″E

性质与特征：

杨浦大桥是一座跨越黄浦江的双塔双索面斜拉桥，总长7 654米，主桥长1 172米，跨径602米，宽30.35米，共设6车道，1993年建成通车。

杨浦大桥全桥设计精巧、造型优美，呈倒"Y"钻石形，犹如彩虹横跨浦江两岸。高208米的塔柱似利剑刺破青天，无数根排列整齐的斜拉钢索仿佛一架硕大无比的竖琴迎风弹奏。桥面采用柱式灯具双排照明，主塔上设航空障碍灯，钢梁上设航道灯，入夜时分，灯火辉煌，似彩龙飞舞。

旅游区域及进出条件：

杨浦大桥架设于宁国路至罗山路之间的黄浦江江面上，离外滩5.3千米，与南浦大桥相距11千米。交通便利，公交8路、

杨树浦发电厂

28路、135路等多条线路以及轨道交通6号线等可到达。

保护与开发现状：

对外开放。

名称：杨树浦发电厂

编号：YP06

资源类型：FAF

单体资源等级：5

行政位置：杨树浦路2800号

地理位置：31°16′31.50″N
121°33′03.40″E

性质与特征：

杨树浦发电厂前身是建于清光绪八年（1882年）的英商中国第一家电气公司——上海电光公司。清光绪十九年（1893年）被工部局收购，清宣统三年（1911年）筹建新厂，时称"工部局电气处江边蒸汽发电站"，1913年建成并运行发电，到1923年已成为远东最大的火力发电厂。1929年被美商摩根集团以8 100万两白银收购，转为美商经营，改称上海电力公司。1950年实行军事管制并收归国有，成为中央直属企业，定名为杨树浦发电厂。

1949年，杨树浦发电厂总装机容量为19.85万千瓦，占当时全国总装机容量的10.5%，其发电量约为上海地区总发电量的70%。除有1台高温高压设备装有带压缩空气自动燃烧控制装置的锅炉外，其余设备中一半以上为低温低压链式锅炉，发电标准煤耗率为530克／千瓦·时以上。1949年以后，电厂逐步拆除全部18台低压低效链式锅炉，代之以高温高压自动控制燃烧的煤粉炉；拆除了4台低参数、低效率的小型机组，代之以高温高压机组（部分为前置机组）；一些原有低压机组均由高压前置机供汽发电，提高了自动化水平。1985年，电厂总装机容量达26.42万千瓦，其中高压机组10.87万千瓦，年发电量17.03亿千瓦·时，年利用小时数达6 447小时。发电标准煤耗已降到400克／千瓦·时，

供电煤耗421克／千瓦·时。

杨树浦发电厂主要历史建筑有大烟囱，它是上海工业时代的象征，高105米，为当时中国的最高建筑；办公楼，为西式白色建筑，钢筋混凝土结构，楼高四层，1920年建成；循泵房，为三层砖瓦结构，建于1921年；铁皮车间，为发电机房，单层建筑，钢结构，砖砌外墙，建于1912年。

旅游区域及进出条件：

杨树浦发电厂位于杨树浦路贵阳路口。公交28路、60路、135路等多条线路可到达。

保护与开发现状：

暂不对外开放。1994年被上海市人民政府列为上海市优秀历史建筑。2004年被杨浦区人民政府列为杨浦区文物保护单位。

名称：江湾历史文化风貌区

编号：YP07

资源类型：FDC

单体资源等级：4

行政位置：五角场街道、五角场镇

地理位置：31°18′59.14″N
121°31′14.93″E

性质与特征：

江湾历史文化风貌区占地面积458万平方米，形成于20世纪30年代，范围包括中原路—虬江路—黑山路—政通路—国和路—翔殷路—黄兴路—国权路—邯郸路—淞沪路—闸殷路—世界路—嫩江路。1927年上海被定为上海特别市，1929年实施孙中山将上海建成"东方大港"的宏伟目标，鉴于当时市区环境的复杂性，上海城市建设只能绕开租界和旧市区在东北部江湾（五角场镇）地区进行。因此，五角场被选定为上海特别市新的市中心区，并实施近代上海第一个大型城市规划——"大上海计划"。

江湾历史文化风貌区的历史建筑主要包括具有中国传统建筑艺术风格的旧上海特别市政府大楼（上海体育学院办公楼），

古朴的旧上海市图书馆（同济中学图书馆），中西合璧的旧上海市博物馆（长海医院影像楼），号称远东之最的旧上海市体育场（江湾体育中心），长海医院内的旧中国航空协会（飞机楼）等。

旅游区域及进出条件：

江湾历史文化风貌区位于杨浦区中部，涉及五角场街道和五角场镇。交通便利，公交8路、59路、90路等多条线路以及轨道交通10号线等可到达。

保护与开发现状：

对外开放。2005年被上海市城市规划管理局（现上海市规划和国土资源局）划定为上海市郊区及浦东新区历史文化风貌区。

名称：飞机楼
编号：YP08
资源类型：FDD
单体资源等级：4
行政位置：长海路174号
地理位置：31°18′37.08″N
　　　　　121°31′23.22″E

性质与特征：

飞机楼（旧中国航空协会）是一座历史文化建筑，是在当时上海特别市新的市中心区（五角场）旧上海市博物馆（长海医院影像楼）旁建造的旧中国航空协会会所及陈列馆，占地面积6 666平方米，1936年落成。

江湾历史文化风貌区

飞机楼

飞机楼结构分两部分。第一部分由机首和前翼组成，楼高三层。机首的底层为会客室，循扶梯盘旋而上，可达顶层。顶层为纪念堂，建为圆形环墙，嵌以黑色大理石。中间呈圈状，建三祭台。祭台正中镶着蓝色玻璃，阳光透过玻璃，直射大厅，此即"皇穹宇"。再登高可达白石砌成的"圜丘坛"。坛分三层，三围用石倍数均依"九"增减，被称为"小天坛"。前翼的一层、二层，为航空陈列馆和航空图书馆。第二部分由机身和尾翼组成，楼高二层，为旧中国航空协会办公室。穿过机舱走道，便达二层高的尾翼，尾翼上镶有"中国航空协会"字样。在飞机楼举行过中国建筑展览会、航空简易展览会、中国航空购机纪念会等重大活动。

旅游区域及进出条件：

飞机楼位于第二军医大学附属长海医院病房楼东侧。交通便利，公交28路、61路、139路等多条线路以及轨道交通8号线等可到达。

保护与开发现状：

对外开放。2005年被上海市人民政府列为上海市优秀历史建筑。

名称：旧上海特别市政府大楼旧址

编号：YP09

资源类型：FDD

单体资源等级：4

行政位置：清源环路650号

地理位置：31°18′40.98″N
　　　　　121°31′16.92″E

性质与特征：

旧上海特别市政府大楼旧址位于上海市区东北方向的五角场地区，1931年开工，1933年落成，占地面积6 000平方米，建筑面积8 982平方米，是20世纪30年代中国建筑师设计的优秀代表作。现为上海体育学院办公楼。

1929年7月，上海特别市政府第123次会议通过一项决议，划定上海市区东北方向五角场一带约4.67平方千米土地作为上海特别市新的中心区域进行建设，后来被称为"大上海计划"。1929年10月1日，市政府悬赏3 000元公开征集市政府大楼设计图案，1930年2月获奖设计图案正式揭晓。市政府以此为范本，取其所长，设计了新的实施方案，1931年6月，正式开工建设。1932年1月中旬，正当工程即将竣工之时，爆发了一·二八淞沪战争，日军进攻上海，五角场、江湾至闸北地区都处于战争区域，工程被迫停工。1932年3月停战，7月重新开工，1933年10月10日正式落成。市政府大楼落成当日，全市放假一天，10余万名中外人士汇聚广场参加了庆典活动。

大楼为中国清代宫殿式样。建筑底层基座以石望柱围栏，大台阶直达二层门厅大平台，台阶中央系石雕御道，绿色的琉璃瓦顶盖，顶下有拱眼窗夹层，中国梁柱式结构主体的立面，采用彩釉花形装饰。大楼共四层，东西长93米，中部宽25米，建筑高度31米。入口处在第一层，"十"字形穿堂，有前、后、东、西四门，有宽大扶梯两座和电梯两部，可直达4楼。底楼设有传达室、保险库、接待室、食堂和厨房；二楼为大礼堂、图书室、会议室；三楼中部为市长和高级职员办公室，两侧为各科室办公室；四楼为公役休息处、储藏室、档案室和电话总机房。大楼各室装有防暑扇119只，并铺设御寒用的热水管道，保证一旦户外温度为0℃时室内可达22℃。各楼均设厕所、盥洗间与消防设备。楼前是可容纳10万人集会的市政广场。广场上坐北向南的建筑是中山纪念堂，其中央竖立着著名雕塑家江小鹏创作的孙中山塑像。

旅游区域及进出条件：

旧上海特别市政府大楼旧址位于上海体育学院。交通便利，公交61路、90路、187路等多条线路以及轨道交通8号线等可到达。

保护与开发现状：

对外开放。1989年被上海市人民政府列为上海市文物保护单位和上海市优秀历史建筑。

名称：**共青森林公园**
编号：YP10
资源类型：FAD
单体资源等级：4
行政位置：军工路2000号
地理位置：31°19′00.50″N
　　　　　121°32′56.90″E

性质与特征：

共青森林公园是以森林景观为特色的国家级森林公园，东濒黄浦江，占地面积108.78万平方米。1957年，建共青苗圃。1980年5月，被批准改建为共青森林公园。1986年10月1日正式开放。同年11月，时任中共中央总书记胡耀邦为公园题写了园名。

共青森林公园园景以植物景观为主，具有自然、粗犷、野趣又宁静的景观风貌。全园划分12个景区。公园东北"松涛幽谷"丘陵起伏，蜿蜒曲折。山间植雪松约1750株，

旧上海特别市政府大楼旧址

共青森林公园

形成壮观的雪松林带,松涛阵阵、高耸挺拔、气势磅礴。"丛林原趣"位于松涛幽谷之北的公园东北部,占地面积约2 400平方米,主要种植银杏、池杉、香樟、白榆等高大乔木,配以贴梗海棠、栀子花、夹竹桃等灌木及野生地被植物,组成茂密的高低层次分明的植物群落。1994年,原位于公园西南部的人生纪念林转移至此,供游人植树栽花,以纪念人生重大喜庆节日(如生日、结婚等)。公园中部"水乡映秀"小河蜿蜒,两岸群植竹、杉及灌木,河边杨柳飘丝,南岸树丛中隐现竹亭。共青森林公园以种植乔木为主要特色,并根据不同的地形地貌配植花灌木,力求体现自然森林景观,创造模拟自然的人工植物群落;在林间空旷地带多以野生地被植物形成大面积草坪,体现大自然的野趣。

旅游区域及进出条件:

共青森林公园位于杨浦区东北隅,东濒黄浦江,西临军工路。交通便利,公交102路、124路、147路等多条线路以及轨道交通8号线等可到达。

保护与开发现状:

对外开放。2002年被上海市绿化和市容管理局评为上海市五星级公园。2004年被全国旅游景区质量等级评定委员会评为国家AAAA级旅游景区。2010年被中国科学技术协会认定为全国科普教育基地。

名称:**同济大学历史建筑群**
编号:YP11
资源类型:FAA
单体资源等级:4
行政位置:四平路1239号
地理位置:31°17′09.10″N
　　　　　121°30′05.50″E

性质与特征:

同济大学历史建筑群的大部分建筑于1949年以后建成。同济大学是教育部直属重点大学,国家"211工程"、"985工程"重点建设高校。前身为德国人于清光绪三十三年(1907年)创办的"德文医学堂",1927年改为"国立同济大学"。1946年后发展为拥有理、工、医、文、法五大学院的综合性大学。1952年院系调整后成为国内土木建筑领域规模最大、专业最全的工科大学。

同济大学历史建筑群主要历史建筑有大礼堂,为一层建筑,钢筋混凝土联方网架结构,整体式落地拱,建于1962年;测量学院,为二层(局部三层)砖混结构,"人"字形坡屋面,和式风格,建于1940年;南北楼,由2幢四层砖混结构房屋组成的教学楼,在校门两侧对称布局,相向而立,外貌古朴端庄,呈中国复古主义建筑风格,建于1953~1954年;一·二九大楼,为坡屋面且设计精巧的礼堂,建于1942年;机电厂,为一层砖拱顶结构,双曲壳板屋面,

同济大学历史建筑群

建于 1955 年；工程试验馆，为三层砖混结构，建于 1960 年；羽毛球馆，为一层砖混结构的房屋，木制的门式桁架结构体系，建于 1940 年；校门，为一层砖混结构，牌楼门样式，建于 1950 年，1997 年改造，居中的老校门被现代玻璃环廊环绕；图书馆裙房，为二层砖混结构，建于 1965 年；文远楼，为三层框架结构，建于 1953 年。

旅游区域及进出条件：

同济大学历史建筑群位于四平路，邻近内环高架路。交通便利，公交 55 路、61 路、147 路等多条线路以及轨道交通 8 号线、10 号线等可到达。

保护与开发现状：

对外开放。2005 年被上海市人民政府列为上海市优秀历史建筑。2012 年被上海市科学技术委员会命名为上海市科普教育基地。

名称：**创智天地**
编号：YP12
资源类型：FAZ
单体资源等级：3
行政位置：淞沪路 234 号
地理位置：31°18′43.30″N
　　　　　121°30′54.30″E

性质与特征：

创智天地是杨浦区为智慧型创业者及科技人员打造的公共活动中心、创新服务中心和"三区联动"（大学校区、科技园区、公共社区）示范社区，占地面积 84 万平方米，建筑面积 100 万平方米，2008 年陆续入驻开业。创智天地依托周边著名高等学府，以推动科技创新和创业为宗旨。其主要区域有创智天地广场，为智能办公楼、商业、研发、休闲、文化设施；创智坊，为公寓、办公、零售、休闲、娱乐多功能社区；科技园，为办公楼，重点引进企业总部；江湾体育中心，为多功能、全天候的综合性体育休闲场所。

旅游区域及进出条件：

创智天地位于淞沪路政立路口。交通便利，公交 8 路、55 路、61 路等多条线路以及轨道交通 10 号线等可到达。

保护与开发现状：

对外开放。

名称：**江湾体育中心**
编号：YP13
资源类型：FBD
单体资源等级：3
行政位置：国和路 346 号
地理位置：31°18′33.12″N
　　　　　121°30′53.64″E

创智天地

性质与特征：

江湾体育中心（旧上海市体育场）是当年实施"大上海计划"所建的重要公共建筑，由运动场、体育馆、游泳池三大建筑构成，建筑面积7.9万平方米，1935年建成并交付使用。2008年修缮改建后全面开放。

江湾体育中心是创智天地独具特色的公共活动平台，集体育比赛、文体演出、健身休闲、餐饮娱乐于一体，开创了上海"一站式休闲健身"服务的先河。江湾体育中心的主要建筑有能容纳2.5万人的椭圆形（长

江湾体育中心

330米，宽175米）足球场，球类项目综合体育馆（长82米，宽41米的原江湾体育馆），以及拥有宽20米、长50米的标准泳道的温水游泳馆；还有超大型室外球场区等，并设有中式庭院、大型停车场等配套设施。

旅游区域及进出条件：

江湾体育中心位于国和路政立路口，近创智天地及复旦大学、上海财经大学等高等学府。交通便利，公交8路、61路、90路等多条线路以及轨道交通10号线等可到达。

保护与开发现状：

对外开放。1989年被上海市人民政府列为上海市文物保护单位和上海市优秀历史建筑。

名称： 新江湾城湿地公园
编号： YP14
资源类型： BBB
单体资源等级： 3
行政位置： 殷行路880号
地理位置： 31°19′51.72″N
　　　　　　121°30′56.28″E

性质与特征：

新江湾城湿地公园是上海市区内的生态湿地，为原江湾机场的一部分，占地面积1.2万平方米。

新江湾城湿地公园少干扰，多野趣。清明时节，江南草长，柔柳嫩蒿随风摇曳，水面清澈，一片淡青色，在阳光照耀下，水面波光粼粼，点点跳跃。公园沿河道而建，河岸对面是农田，面临公园一侧则是拔地而起的新型现代生活小区。这里有柔美摇曳的垂柳，有团团簇簇的鲜花，有奇石铺成的道路，是户外休闲的首选之地。

旅游区域及进出条件：

新江湾城湿地公园位于殷行路。交通便利，公交61路、90路等多条线路以及轨道交通8号线、10号线等可到达。

保护与开发现状：

对外开放。

新江湾城湿地公园之一

新江湾城湿地公园之二

名称：**和平之后圣母堂**

编号：YP15

资源类型：FAC

单体资源等级：3

行政位置：惠民路692号

地理位置：31°15′28.63″N
　　　　　121°31′15.06″E

性质与特征：

　　和平之后圣母堂（简称和平堂）始建于1928年，1930年落成，可容纳1 000余人。和平之后圣母堂的建筑外形属于哥特式风格。堂内祭台正方供奉和平之后圣母头戴皇冠、怀抱小耶稣的塑像，美丽又端庄。1936年起，该堂由法国耶稣会改为西班牙耶稣会管理，并隶属于中国天主教安庆教区。1949年后在和平之后圣母堂对面创立了"和平诊所"，医务人员均是外国修女，为居住在堂口附近的居民看病送药。文革期间关闭，1982年9月归还上海教区。1990年11月11日举行复堂庆典。新堂融

和平之后圣母堂之二

合传统与现代建筑艺术风格，堂内宽敞明亮，可容纳300余人。

旅游区域及进出条件：

　　和平之后圣母堂位于惠民路汾州路口。交通便利，公交25路、37路、137路等多条线路以及轨道交通4号线等可到达。

保护与开发现状：

　　对外开放。

和平之后圣母堂之一

名称：**中国烟草博物馆**

编号：YP16

资源类型：FAE

单体资源等级：3

行政位置：长阳路728号

地理位置：31°15′49.50″N
　　　　　121°30′50.16″E

性质与特征：

　　中国烟草博物馆是集收藏、展示和研究功能于一体的中国烟草专业博物馆，建筑面积9 617平方米，展示面积3 500平方米，有文物、文献藏品约16万件，2004年建成开馆。

　　中国烟草博物馆建筑以大型商船和玛雅神庙为设计理念，长80米，宽25米，高30米。外墙中部镶有长140米、高4.1

米的巨型花岗石浮雕；馆前矗立5根直径0.85米、均高9米的大型图腾柱，刻有龙、凤、狮、鹤、马等吉祥物。馆内设有烟草发展历程、烟草农业、烟草工业、烟草经贸、烟草管理、烟草文化、吸烟与控烟7个展区，另外还有1个文献馆以及报告厅、机动展厅、大型藏库、资料数据库、导游系统、茶室、烟吧等辅助设施。

旅游区域及进出条件：

中国烟草博物馆位于长阳路通北路口，邻近惠民公园。交通便利，公交22路、33路、80路等多条线路以及轨道交通4号线等可到达。

保护与开发现状：

对外开放。2012年被上海市科学技术委员会命名为上海市科普教育基地。现为上海市爱国主义教育基地。

名称：**上海海洋大学博物馆**
编号：YP17
资源类型：FAE
单体资源等级：3
行政位置：军工路318号
地理位置：31°17′35.60″N
　　　　　121°33′19.30″E

性质与特征：

上海海洋大学（原名上海水产大学）博物馆是现代化鲸类标本专题性展示馆和鲸类科普教育基地，建筑面积1 036平方米，2002年正式开放。

上海海洋大学博物馆陈列有国家重点保护动物抹香鲸外形标本、骨骼标本各1个。抹香鲸标本是迄今为止国内最大的齿鲸标本，长18.4米，重60吨。此外，还展出多种贝壳和珊瑚标本，包括鹦鹉螺、红翁戎螺等名贵品种。上海海洋大学博物馆设鲸馆、上海水生生物科技馆等，融收藏与展示、教育与科研等多种功能为一体。

旅游区域及进出条件：

上海海洋大学博物馆位于上海海洋大学。公交59路、103路、124路等多条线

中国烟草博物馆

上海海洋大学博物馆

上海印刷博物馆

路可到达。

保护与开发现状：

对外开放。2012年被上海市科学技术委员会命名为上海市科普教育基地。

名称：上海印刷博物馆

编号： YP18

资源类型： FAE

单体资源等级： 3

行政位置： 水丰路100号

地理位置： 31°17′05.70″N
121°32′29.20″E

性质与特征：

上海印刷博物馆展示面积约500平方米，建立于1998年。

上海印刷博物馆由史料馆和器材馆两大馆区构成，包括具有代表性的文物、印刷品等800余件制作精良的展品。展示分为印刷术的起源、发展与外传，近代印刷术的传入与发展，上海印刷工业，印刷体验，印刷精品展五部分，详实地反映了中国印刷术的发展史，展示了以上海为代表的中国近代印刷工业振兴发展的历程，体现了中国传统印刷技术的先进水平和丰硕成果。

旅游区域及进出条件：

上海印刷博物馆邻近周家嘴路内江路口。交通便利，公交22路、33路、60路等多条线路以及轨道交通8号线等可到达。

保护与开发现状：

对外开放。2012年被上海市科学技术委员会命名为上海市科普教育基地。现为上海市爱国主义教育基地。

名称：黄兴公园

编号： YP19

资源类型： FAD

单体资源等级： 3

行政位置： 国顺东路369号

地理位置： 31°17′50.40″N
121°31′43.86″E

性质与特征：

黄兴公园是具有良好生态环境和体育健身功能的大型公共绿地，占地面积62.4万平方米，2001年建成开放。

黄兴公园运用大手笔塑造了山地、坡地、缓坡、湖面等地形地貌，通过植物景观与水景观相结合的造景手法，使公园景观面貌四季宜人，形成山水交融的都市森林风貌和健身功能兼备的综合性休闲园林。

公园内建有黄兴铜像，高2.8米。黄兴（1874～1916年）是中国革命先行者孙中山的挚友，与孙中山一起被公认为中华民国开国二杰。

黄兴公园

旅游区域及进出条件：

黄兴公园位于五角场镇南侧，东起营口路，西近黄兴路，南临走马塘，北靠国顺东路。交通便利，公交28路、80路、147路等多条线路以及轨道交通8号线、10号线等可到达。

保护与开发现状：

对外开放。2009年被全国旅游景区质量等级评定委员会评为国家AAA级旅游景区。

名称：复旦大学博物馆

编号：YP20

资源类型：FAE

单体资源等级：3

行政位置：邯郸路220号

地理位置：31°17′56.40″N
121°29′44.64″E

性质与特征：

复旦大学博物馆展示面积1 600平方米，1992年正式开馆。

复旦大学博物馆为校园的早期建筑，坐西朝东，楼高两层。馆内藏品2 000件，为河南省博物馆、洛阳文物工作队、上海博物馆所捐赠，另为校图书馆、文博学院、生物系的旧藏，涉及陶瓷器、青铜器等各类古代艺术珍品，其中历代古钱币收藏较为系统，300件殷商甲骨文片弥足珍贵，还藏有一批当代中国书画名家作品和美国抽象艺术画作，这里的台湾高山族民俗文物藏量亦居大陆收藏之首。

旅游区域及进出条件：

复旦大学博物馆位于复旦大学邯郸路校区西部大草坪旁200号楼。交通便利，公交59路、139路、140路等多条线路以及轨道交通10号线等可到达。

保护与开发现状：

对外开放。

复旦大学博物馆

名称：中国武术博物馆

编号：YP21

资源类型：FAE

单体资源等级：3

行政位置：长海路399号

地理位置：31°18′40.98″N
121°31′16.92″E

性质与特征：

中国武术博物馆坐落在上海体育学院新综合馆内，总面积2 000平方米，2007年11月落成，是一家全方位展示武术历史与文化的博物馆。

中国武术博物馆分为拳械厅、历史厅、临展厅、立体影院和数字化多媒体互动区域。从现有藏品2 000余件中精选出500余件，结合文献、图片资料及多媒体展示手段，全方位、多角度地展示了中国武术

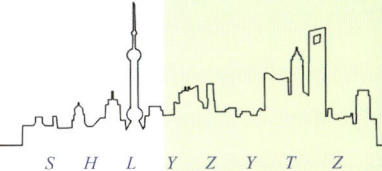

中国武术博物馆

的博大精深。整个展馆设计风格朴素传统，但又不失现代气息。其馆藏文物有弥足珍贵的唐代武士俑、在古代被奉为武林练功秘籍的武术书籍、先秦时期的青铜兵器，以及不同时期与武术有关的石雕木刻匾额证章等等。

旅游区域及进出条件：

中国武术博物馆位于上海体育学院。交通便利，公交61路、90路等多条线路以及轨道交通8号线等可到达。

保护与开发现状：

对外开放。2012年被上海市科学技术委员会命名为上海市科普教育基地。

名称：杨浦公园

编号：YP22

资源类型：FAD

单体资源等级：2

行政位置：双阳路369号

地理位置：31°16′59.94″N
　　　　　121°32′02.58″E

性质与特征：

杨浦公园为模拟杭州西湖景观而建的大型综合性园林，占地面积22.36万平方米，1958年建成开放，后经5次扩建。

杨浦公园采用江南传统造园手法，以水面为重心，用桥、亭、廊、花架等园林建筑与植物组成5个游览景区，分别为愉湖景区、中央景区、动物景区、游乐景区和牡丹园景区。主要景点包括羊哺玉雕、假山瀑布、大草坪、愉湖风光、高坡花带、碧水榭、茶苑、方亭池景等。

旅游区域及进出条件：

杨浦公园位于杨浦区中部，东界隆昌路，西迄双阳路，南临辽源东路，北沿控江路。交通便利，公交6路、28路、33路等多条线路以及轨道交通8号线等可到达。

保护与开发现状：

对外开放。2010年被上海市绿化和市容管理局评为上海市四星级公园。

杨浦公园

名称：沪东工人文化宫

编号：YP23

资源类型：FAE

单体资源等级：2

行政位置：平凉路1500号

地理位置：31°16′03.30″N
　　　　　121°32′07.56″E

性质与特征：

沪东工人文化宫（又名东宫）是上海东部地区的职工文化活动场所，建筑面积2.46万平方米。1958年建成开放，2001年改建后再次开放。

沪东工人文化宫主体建筑楼高六层，呈对称格局。沪东工人文化宫集影视演出、演艺策划、会务会展、教育培训、娱乐休闲、艺术交流、餐饮健身、商务办公为一体，有8个功能活动区、3 000平方米的开放式文化活动广场、5 000平方米的绿化休闲庭园，以及迎接上海解放纪念群雕等。园区内绿化覆盖率达20.5%。

旅游区域及进出条件：

沪东工人文化宫位于杨浦大桥浦西段东侧。公交8路、25路、155路等多条线路可到达。

保护与开发现状：

对外开放。

杨浦区城市规划展示馆

杨浦区城市规划展示馆为钢框架、玻璃幕墙、轻钢屋面结构，水滴形平面造型与玻璃、片岩立面相结合，使整幢建筑显得通透而质朴。展示馆楼高二层，底层展馆主要为公共空间及杨浦区规划展示，分为杨浦概况、领导关心、百年文明、三区融合（总体规划）、重点地区、专业规划和建设成果7个部分。中央主展区通过展版、展墙、模型、多媒体、影音投影等多种手段展示杨浦区总体规划"三区融合、联动发展"的核心理念。上层展馆主要为功能空间，设有虚拟现实演示中心、会议室、贵宾室等。

旅游区域及进出条件：

杨浦区城市规划展示馆位于长阳路与江浦路交界处的江浦公园。交通便利，公交22路、33路、70路等多条线路以及轨道交通8号线等可到达。

保护与开发现状：

对外开放。

沪东工人文化宫

名称：杨浦区城市规划展示馆

编号：YP24

资源类型：FAE

单体资源等级：2

行政位置：长阳路1111号

地理位置：31°16′23.40″N
　　　　　121°31′13.86″E

性质与特征：

杨浦区城市规划展示馆占地面积928平方米，建筑面积1 428平方米，2005年9月20日建成开馆。

名称：内江公园

编号：YP25

资源类型：FAD

单体资源等级：2

行政位置：控江路261号

地理位置：31°17′21.24″N
　　　　　121°32′26.64″E

性质与特征：

内江公园是沪东地区的仿古园林，占地面积1.55万平方米，1984年建成开放。

内江公园的布局仿古典园林，双重园门，分内外两院。外院为皂瓦白墙、方砖地坪，设花窗宫灯，置山石盆景。内院为芭蕉丛生、纤枝满墙，经月洞门豁然开朗，别有天地。公园内一泓湖水，南窄北宽。湖畔长廊、圆亭典雅古朴，曲桥凌架，茗乡馆滨湖而建。公园西南隅枇杷园，亭馆对峙，曲廊相连，冬寒枇杷花开亦觉春意盎然，陈从周因此题"忘寒居"。公园内遍植松柏翠竹，象征健康长寿。

内江公园

旅游区域及进出条件：

内江公园位于控江路内江路口。交通便利，公交6路、22路、60路等多条线路以及轨道交通8号线等可到达。

保护与开发现状：

对外开放。2008年被上海市绿化和市容管理局评为上海市三星级公园。

名称：**延春公园**
编号：YP26
资源类型：FAD
单体资源等级：2
行政位置：营口路20号
地理位置：31°17′24.66″N
　　　　　121°31′51.84″E

性质与特征：

延春公园为延吉小区配套而建的公共绿地，占地面积1.29万平方米，1987年10月建成开放。公园以镂空花墙融园景于新村绿化之中，使延吉新村春意更浓，故将原名"靖宇"改为"延春"。2003年因地铁建设需要，公园部分土地被借用。2006年12月，公园经改建后重新开放。

园内多栽花灌木，繁花似锦、四季有花，还种植各类乔木近百种。公园布局合理，景观丰富，以景观大道为主干，道端廊架，背后扇形茶室造型新颖，休闲广场供市民活动，西南、东南隅绿荫丛中，分别置游乐设施和健身器材，满足不同年龄市民休憩、锻炼等活动要求。

旅游区域及进出条件：

延春公园位于营口路靖宇东路口，东临水丰路，南邻延吉东路。交通便利，公交28路、60路、145路等多条线路以及轨道交通8号线等可到达。

保护与开发现状：

对外开放。2008年被上海市绿化和市容管理局评为上海市三星级公园。

杨浦区

延春公园

名称：**民星公园**
编号：YP27
资源类型：FAD
单体资源等级：2
行政位置：嫩江路 1111 号
地理位置：31°18′59.16″N
　　　　　121°31′51.84″E

性质与特征：
　　民星公园的所在地原为农田，1994 年建成开园，占地面积 3.33 万平方米。
　　民星公园植被以常绿树、果树和花灌木为主，以大块面布局组成多处景观，构成多层次的立体绿化。园路曲折，植被起伏，乔木、灌木、地被植物浑然一体，因此环境十分优美。公园内的亭、廊、水池、花架、石桌、石凳等为社区居民锻炼身体、休闲娱乐提供了方便。

旅游区域及进出条件：
　　民星公园北沿嫩江路，西临中原路，东邻包头路，南靠民星路。交通便利，公交 28 路、61 路、139 路等多条线路以及轨道交通 8 号线等可到达。

保护与开发现状：
　　对外开放。2002 年被上海市绿化和市容管理局评为上海市三星级公园。

民星公园

名称：**江浦公园**
编号：YP28
资源类型：FAD
单体资源等级：2
行政位置：长阳路 1111 号
地理位置：31°16′23.40″N
　　　　　121°31′13.86″E

江浦公园

性质与特征：
　　江浦公园是为周边社区配套建设的公共绿地，占地面积 3.85 万平方米，2005 年建成开放。
　　江浦公园有绿地面积 2.59 万平方米，水域面积 4 705 平方米。公园内布局及植物配置合理，建筑小品精致，设施完善。主要景点有今昔广场、假山叠水、水榭（茶室）、旱喷广场、休息廊架、木栈道、中心景观长桥、篮球运动场等。这些景点与林荫路、乔木、花灌木、地被植物、水景等共同营造出环境优美的休闲健身场所。

旅游区域及进出条件：
　　江浦公园东起齐齐哈尔路，西至江浦路，南沿长阳路，北至昆明路。交通便利，公交 22 路、33 路、70 路等多条线路以及轨道交通 8 号线等可到达。

保护与开发现状：
　　对外开放。2007 年被上海市绿化和市容管理局评为上海市三星级公园。

沪东堂

名称：**沪东堂**
编号：YP29
资源类型：FAC
单体资源等级：2
行政位置：国和路350号
地理位置：31°18′29.71″N
　　　　　　121°31′09.60″E

性质与特征：

　　沪东堂是上海地区一座重要的基督教堂，位于宁国路486弄51号，建于1912年，建筑面积400余平方米，可容纳400余人聚会。1958年实行联合礼拜时被保留下来。文革中被关闭。1982年圣诞节重新开放，恢复礼拜。此后，信徒逐年增多。1996年，在国和路政立路口重建新堂，1997年12月22日落成，可容纳1 800个信徒聚会，建筑面积2 370平方米，堂高24米，钟楼高42米，为上海1949年以后新建的规模较大的教堂。

旅游区域及进出条件：

　　沪东堂位于国和路政立路口。交通便利，公交8路、61路、90路等多条线路以及轨道交通10号线等可到达。

保护与开发现状：

　　对外开放。

名称：**国歌展示馆**
编号：YP30
资源类型：FAE
单体资源等级：2
行政位置：荆州路151号
地理位置：31°15′31.11″N
　　　　　　121°30′54.06″E

性质与特征：

　　国歌展示馆分为上下两层，建筑面积1 500平方米，2009年建成开馆。

　　国歌展示馆具有四大功能：展示功能主要介绍历史痕迹、祖国发展、感人瞬间和爱国氛围等；教育功能主要是以全国学生、军人、企事业单位职工和公务员为主体，为开展爱国主义教育提供良好的服务；

收藏功能是指具备史料馆功能，不断收集资料和实物，不断积累和更新展品；研究功能主要是开展国歌的历史地位及其作用的研究。国歌展示馆以叙事为主线，以音像效果为主要技术手段，展示过程旋律激昂，震撼心灵。

旅游区域及进出条件：

国歌展示馆位于大连路长阳路口，东起荆州路，南邻霍山路。交通便利，公交22路、25路、33路等多条线路以及轨道交通4号线等可到达。

保护与开发现状：

对外开放。2012年被上海市科学技术委员会命名为上海市科普教育基地。现为上海市爱国主义教育基地。

名称：**惠民公园**
编号：YP31
资源类型：FAD
单体资源等级：1
行政位置：惠民路724号
地理位置：31°15′37.68″N
　　　　　121°31′03.78″E

惠民公园

性质与特征：

惠民公园是社区型公共绿地，占地面积8 000平方米，前身为犹太人惠民路公墓，1959年改建为公园，1979年修建开放。

惠民公园为庭院式布局，东窄西宽，有紫藤长廊连接东、西两区。沿围墙植常绿树丛，散栽花灌木，以大叶黄杨为绿篱。进大门的广场用作拳操场地，散栽梧桐，有六角亭供人小憩。公园内遍植黑松、龙柏、珊瑚、蚊母、香樟、白玉兰、广玉兰、海棠、石榴、丁香、花桃、桂花、腊梅等51个品种1 480余株乔灌木。东区延伸入石库门民居中。

旅游区域及进出条件：

惠民公园北临惠民路，东近许昌路，西邻汾州路。交通便利，公交25路、37路、80路等多条线路以及轨道交通4号线等到达。

保护与开发现状：

对外开放。

国歌展示馆

杨浦区
YANGPUQU

平凉公园

名称：**平凉公园**

编号：YP32

资源类型：FAD

单体资源等级：1

行政位置：平凉路 1738 号

地理位置：31°16′09.66″N
121°32′17.88″E

性质与特征：

平凉公园为社区公共绿地，占地面积 1.36 万平方米，1958 年建成开放，2001 年扩建开放。

平凉公园中部有以广玉兰为主体的草坪，草坪北面的茶室有密林、长廊、花架、莲池依傍。公园东北部的六角亭倚石栽花，还有紫藤、罗汉松、柳杉、水杉、石榴等植物环抱。公园虽地处闹市，却是闹中取静。

旅游区域及进出条件：

平凉公园位于临青路与宁武路之间，南邻杭州路。公交 25 路、28 路等多条线路可到达。

保护与开发现状：

对外开放。

名称：**波阳公园**

编号：YP33

资源类型：FAD

单体资源等级：1

行政位置：波阳路 200 号

地理位置：31°16′27.60″N
121°32′50.70″E

性质与特征：

波阳公园为社区公共绿地，占地面积 9 000 平方米，始建于 1931 年，1977 年重建开放。

波阳公园环路外侧为乔灌木丛，内侧为草坪荷池。公园以香樟、广玉兰、罗汉松、水杉、棕榈等乔木为主体。公园大门内大花坛中植一株高 4 米的大叶黄杨球，花坛

波阳公园

两侧有桂花林、玉兰园、雪松林、茶花园等景观。草坪占公园面积的三分之一，草坪西北部有荷池、曲廊、环形石径、苍翠花木等，公园东南面为儿童游戏区，置有滑滑梯、跷跷板等。

旅游区域及进出条件：

波阳公园位于波阳路贵阳路口。公交25路、28路、60路等多条线路可到达。

保护与开发现状：

对外开放。

名称：复兴岛公园

编号：YP34

资源类型：FAD

单体资源等级：1

行政位置：共青路386号

地理位置：31°17′16.44″N
　　　　　121°33′28.38″E

性质与特征：

复兴岛公园占地面积4.19万平方米，1951年建成开放。

复兴岛公园以植物造景为主体。植有香樟、广玉兰、龙柏、黑松、水杉、紫藤等乔灌木71种3 360余株，草坪面积1.2万平方米，种植大量地被植物。公园四周以棕榈、珊瑚等树木作绿篱。公园南面为苗圃，培植温室花卉。公园北面为大草坪，植有香樟树，草坪南面有廊。公园中央为庭院区，保留日式风格，以园路分割为东、西两部分。路东侧小丘散置石块，植海桐、大叶黄杨等常绿球形灌木，土丘西北部有"心"字形小池，池中有一岛，池南设平桥。路西侧小园有紫藤长廊，旁有小草坪，周围是桂花林及林荫小道。

旅游区域及进出条件：

复兴岛公园位于杨浦区东部、复兴岛中部。公交59路、103路、124路等多条线路可到达。

保护与开发现状：

对外开放。

名称：松鹤公园

编号：YP35

资源类型：FAD

单体资源等级：1

行政位置：抚顺路240号

地理位置：31°16′55.98″N
　　　　　121°30′35.22″E

性质与特征：

松鹤公园占地面积1.4万平方米，1986年改建开放。

松鹤公园以茶室居中，三面环水，一

复兴岛公园

松鹤公园

工农公园

座石桥连接曲廊、花架。池岸造型自然，垂柳倒映。湖畔有圆亭东西对峙，环形小道贯穿全园。小道外侧土山起伏，一片苍翠，湖东草坪似毯，湖西曲径纵横。石笋园有鹤雕五羽，白身黑翅红顶，栩栩如生，并环以翠竹、寿星桃、桂花、红枫等，景色自然。西首园门内有假山莲池，汉白玉仙鹤伴老寿星雕像背倚松林，寓意"松鹤延年"。

旅游区域及进出条件：

松鹤公园位于抚顺路，近抚顺路桥。交通便利，公交14路、115路、142路等多条线路以及轨道交通8号线、10号线等可到达。

保护与开发现状：

对外开放。2011年被上海市绿化和市容管理局评为上海市三星级公园。

名称：工农公园

编号： YP36

资源类型： FAD

单体资源等级： 1

行政位置： 包头路929号

地理位置： 31°19′41.28″N
121°32′01.08″E

性质与特征：

工农公园为社区公共绿地，占地面积1.6万平方米，1992年建成开放。

工农公园充分运用障景、对景等造园手法，景随步移，小中见大。公园内种植乔木1 000余株、花灌木5 000余株、草坪2 000平方米，并配置有红枫等色叶树种及石笋、湖石等建筑小品；还有以茶室为中心的老人活动区，以月季园为中心的青年活动区，供集体活动的大草坪，以及儿童活动区等服务设施。

旅游区域及进出条件：

工农公园东临包头路，南依开鲁路。交通便利，公交61路、124路等多条线路以及轨道交通8号线等可到达。

保护与开发现状：

对外开放。

名称：四平科技公园

编号： YP37

资源类型： FAD

单体资源等级： 1

行政位置： 四平路1777号

地理位置： 31°17′21.00″N
121°30′11.82″E

性质与特征：

四平科技公园占地面积约7万平方米，2001年建成。

四平科技公园

四平科技公园主要以草坪、喷泉、植物造型等来构筑景观，绿地面积4.7万平方米。公园内建有"科技与人类、历史、发展"的主题雕塑1座、科技孵化楼3幢。公园建成后，重点吸纳了从事信息技术产业、生物工程产业、环保产业等高新技术产业的中、大型企业入驻。整个公园环境优美，绿树掩映，清幽宁静，很好地体现了科技与生态的完美融合。

旅游区域及进出条件：

四平科技公园位于四平路国泰路口，南靠中山北二路。交通便利，公交55路、61路等多条线路以及轨道交通10号线等可到达。

保护与开发现状：

对外开放。2007年被上海市绿化和市容管理局评为上海市二星级公园。

名称：法善庵
编号：YP38
资源类型：FAC
单体资源等级：1
行政位置：政本路338号
地理位置：31°17′17.04″N
　　　　　121°30′38.52″E

性质与特征：

法善庵是一座佛教寺院，建筑面积约1 200平方米。始建于清末。1996年修复竣工。1997年10月佛像开光。

法善庵雄伟壮观，佛像庄严。主要建筑有大雄宝殿、伽蓝殿、念佛堂、藏经阁、功德堂、素斋部和尼众寮房等。

旅游区域及进出条件：

法善庵位于政本路国科路口，与同济大学、复旦大学、黄兴公园等为邻。交通便利，公交14路、142路等多条线路以及轨道交通10号线等可到达。

保护与开发现状：

对外开放。

法善庵